Volvo XC60 och XC90
Gör-det-själv-handbok

M R Storey

Modeller som behandlas

(5697SV/5630 - 272)

XC60 (två- och fyrhjulsdrivning) och XC90 med 2,0 liters (1984 cm^3) och 2,4 liters (2400/2401 cm^3) turbodieselmotorer

Täcker INTE bensinmodeller

© Haynes Group Limited 2014

En bok i **Haynes serie Gör-det-själv handböcker**

Alla rättigheter förbehålles. Ingen del av bokens texter, tabeller och illustrationer får eftertryckas, kopieras eller registreras elektroniskt eller mekaniskt, utan skriftligt medgivande från förlaget. Detta inkluderar bland annat fotokopiering och dataregistrering.

ISBN **978 0 85733 697 2**

Haynes Group Limited
Haynes North America, Inc

www.haynes.com

Ansvarsfriskrivning

Det finns risker i samband med fordonsreparationer. Förmågan att utföra reparationer beror på individuell skicklighet, erfarenhet och lämpliga verktyg. Enskilda personer bör handla med vederbörlig omsorg samt inse och ta på sig risken som utförandet av bilreparationer medför.

Syftet med den här handboken är att tillhandahålla omfattande, användbar och lättillgänglig information om fordonsreparationer för att hjälpa dig få ut mesta möjliga av ditt fordon. Den här handboken kan dock inte ersätta en professionell certifierad tekniker eller mekaniker. Det finns risker i samband med fordonsreparationer.

Den här reparationshandboken är framtagen av en tredje part och är inte kopplad till någon enskild fordonstillverkare. Om det finns några tveksamheter eller avvikelser mellan den här handboken och ägarhandboken eller fabriksservicehandboken, se fabriksservicehandboken eller ta hjälp av en professionell certifierad tekniker eller mekaniker.

Även om vi har utarbetat denna handbok med stor omsorg och alla ansträngningar har gjorts för att se till att informationen i denna handbok är korrekt, kan varken utgivaren eller författaren ta ansvar för förlust, materiella skador eller personskador som orsakats av eventuell felaktig eller utelämnad information.

Innehåll

DIN VOLVO XC

Reparationer vid vägkanten

Veckokontroller

Smörjmedel och vätskor

Däcktryck

UNDERHÅLL

Rutinunderhåll och service

Innehåll

REPARATIONER OCH RENOVERING

Motor och tillhörande system

Växellåda

Bromsar och fjädring

Kaross och utrustning

Kopplingsscheman

REFERENS

Sakregister

XC90 introducerades för första gången i juni 2002 men försäljningen inleddes inte förrän år 2003. XC60 lanserades i maj 2008 och försäljningen inleddes senare under samma år. Beskrivs av Volvo som lyxiga SUV:ar (Sports Utility Vehicles) men kallas oftare "soft roaders". Båda modellerna har en viss off-road-förmåga men ingen av dem kan beskrivas som verkliga off road-bilar. Alla XC90-modeller är fyrhjulsdrivna (som kallas AWD – All Wheel Drive av Volvo). XC60-modellerna är antingen AWD eller framhjulsdrivna (FWD).

Alla motorer är 5-cylindriga *common rail* dieselmotorer som tidigare har använts i andra Volvo-bilar. En version på 2,0 liter introducerades för XC60-modellerna år 2010. Motorn på 2,0 liter monteras inte i XC90-modellerna.

Växellådorna är antingen femväxlade eller sexväxlade manuella växellådor eller sexväxlade "Geartronic" automatväxellådor med datorstyrning. Automatväxellådorna har två lägen som låter föraren välja mellan växlingsegenskaper som lämpar sig för normala körförhållanden eller vinterkörförhållanden.

AWD-modellerna har en fördelnings-växellåda, kardanaxel, en "aktiv vid behovs-koppling" (AOC - active on demand coupling) en bakdifferential och två bakhjulsdrivaxlar. AOC reglerar den mängd kraft som levereras till bakhjulen.

Bilen har skivbromsar runt om med låsningsfria bromsar (ABS) och elektronisk bromskraftfördelning (EBD) monterad som standard. Många modeller har dessutom antispinn- och stabilitetskontroll. Volvo kallar detta DSTC (Dynamic Stability and Traction Control).

Servostyrning som standard på alla modeller. En motordriven pump tillhandahåller kraft till styrningen i alla modeller förutom nyare XC60-modeller. Dessa modeller har en elektrohydraulisk servostyrningspump (EHPS).

Ett stort utbud av standard- och extrautrustning finns som tillval till hela serien för att tillfredsställa så gott som alla smaker. Precis som med alla Volvo-modeller är säkerheten av största vikt och det omfattande krockkuddssystemet och sidokrockskyddssystemet (SIPS) bidrar till en genomgående mycket hög säkerhetsnivå för både förare och passagerare.

Under förutsättning att regelbunden service utförs enligt tillverkarens rekommendationer kommer XC60/90 att ge många års tillförlitlig användning. Trots motorns komplexitet är motorrummet relativt rymligt och de flesta komponenter som behöver regelbunden översyn är placerade lättåtkomligt.

Din Volvo-handbok

Syftet med den här handboken är att hjälpa dig få så stor glädje av din bil som möjligt. Det kan göras på flera sätt. Boken är till hjälp vid beslut om vilka åtgärder som ska vidtas (även då en verkstad anlitas för att utföra själva arbetet). Den ger även information om rutinunderhåll och service, och föreslår arbetssätt för ändamålsenliga åtgärder och diagnos om slumpmässiga fel uppstår. Förhoppningsvis kommer handboken dock att användas till försök att klara av arbetet på egen hand. Vad gäller enklare jobb kan det till och med gå snabbare att ta hand om det själv än att först boka tid på en verkstad och sedan ta sig dit två gånger, en gång för att lämna bilen och en gång för att hämta den. Och kanske viktigast av allt: en hel del pengar kan sparas genom att man undviker de avgifter verkstäder tar ut för att kunna täcka arbetskraft och övriga omkostnader.

Handboken innehåller teckningar och beskrivningar som förklarar de olika komponenternas funktion och utformning. Alla arbetsförfaranden är beskrivna och fotograferade i tydlig ordningsföljd, steg för steg. Bilderna är numrerade efter det avsnitt och den punkt som de illustrerar. Om det finns fler än en bild per punkt anges ordningsföljden mellan bilderna 1a, 1b, osv.

Hänvisningar till "vänster" eller "höger" avser vänster eller höger för en person som sitter i förarsätet och tittar framåt.

Tack till.

Upphovsrätten till vissa illustrationer tillhör Volvo Car Corporation och används med deras tillstånd. Tack till Draper Tools Limited, som stod för en del av verktygen, samt till alla i Sparkford som hjälpte till att producera den här boken.

Att arbeta på din bil kan vara farligt. Den här sidan visar potentiella risker och faror och har som mål att göra dig uppmärksam på och medveten om vikten av säkerhet i ditt arbete.

Allmänna faror

Skållning

• Ta aldrig av kylarens eller expansionskärlets lock när motorn är het.
• Motorolja, automatväxellådsolja och styrservovätska kan också vara farligt varma om motorn just varit igång.

Brännskador

• Var försiktig så att du inte bränner dig på avgassystem och motor. Bromsskivor och -trummor kan också vara heta efter körning.

Lyftning av fordon

• Vid arbete nära eller under ett lyft fordon, använd alltid extra stöd i form av pallbockar eller använd ramper.
Arbeta aldrig under en bil som endast stöds av en domkraft.

• När muttrar eller skruvar med högt åtdragningsmoment skall lossas eller dras, bör man lossa dem något innan bilen lyfts och göra den slutliga åtdragningen när bilens hjul åter står på marken.

Brand och brännskador

• Bränsle är mycket brandfarligt och bränsleångor är explosiva.
• Spill inte bränsle på en het motor.
• Rök inte och använd inte öppen låga i närheten av en bil under arbete. Undvik också gnistbildning (elektrisk eller från verktyg).
• Bensinångor är tyngre än luft och man bör därför inte arbeta med bränslesystemet med fordonet över en smörjgrop.
• En vanlig brandorsak är kortslutning i eller överbelastning av det elektriska systemet. Var försiktig vid reparationer eller ändringar.
• Ha alltid en brandsläckare till hands, av den typ som är lämplig för bränder i bränsle- och elsystem.

Elektriska stötar

• Högspänningen i tändsystemet kan vara farlig, i synnerhet för personer med hjärtbesvär eller pacemaker. Arbeta inte med eller i närheten av tändsystemet när motorn går, eller när tändningen är på.
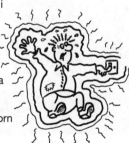

• Nätspänning är också farlig. Se till att all nätansluten utrustning är jordad. Man bör skydda sig genom att använda jordfelsbrytare.

Giftiga gaser och ångor

• Avgaser är giftiga. De innehåller koloxid vilket kan vara ytterst farligt vid inandning. Låt aldrig motorn vara igång i ett trångt utrymme, t ex i ett garage, med stängda dörrar.

• Även bensin och vissa lösnings- och rengöringsmedel avger giftiga ångor.

Giftiga och irriterande ämnen

• Undvik hudkontakt med batterisyra, bränsle, smörjmedel och vätskor, speciellt frostskyddsvätska och bromsvätska. Sug aldrig upp dem med munnen. Om någon av dessa ämnen sväljs eller kommer in i ögonen, kontakta läkare.
• Långvarig kontakt med använd motorolja kan orsaka hudcancer. Bär alltid handskar eller använd en skyddande kräm. Byt oljeindränkta kläder och förvara inte oljiga trasor i fickorna.
• Luftkonditioneringens kylmedel omvandlas till giftig gas om den exponeras för öppen låga (inklusive cigaretter). Det kan också orsaka brännskador vid hudkontakt.

Asbest

• Asbestdamm kan ge upphov till cancer vid inandning, eller om man sväljer det. Asbest kan finnas i packningar och i kopplings- och bromsbelägg. Vid hantering av sådana detaljer är det säkrast att alltid behandla dem som om de innehöll asbest.

Speciella faror

Flourvätesyra

• Denna extremt frätande syra bildas när vissa typer av syntetiskt gummi i t ex O-ringar, tätningar och bränsleslangar utsätts för temperaturer över 400 °C. Gummit omvandlas till en sotig eller kladdig substans som innehåller syran. *När syran väl bildats är den farlig i flera år. Om den kommer i kontakt med huden kan det vara tvunget att amputera den utsatta kroppsdelen.*
• Vid arbete med ett fordon, eller delar från ett fordon, som varit utsatt för brand, bär alltid skyddshandskar och kassera dem på ett säkert sätt efteråt.

Batteriet

• Batterier innehåller svavelsyra som angriper kläder, ögon och hud. Var försiktig vid påfyllning eller transport av batteriet.
• Den vätgas som batteriet avger är mycket explosiv. Se till att inte orsaka gnistor eller använda öppen låga i närheten av batteriet. Var försiktig vid anslutning av batteriladdare eller startkablar.

Airbag/krockkudde

• Airbags kan orsaka skada om de utlöses av misstag. Var försiktig vid demontering av ratt och/eller instrumentbräda. Det kan finnas särskilda föreskrifter för förvaring av airbags.

Dieselinsprutning

• Insprutningspumpar för dieselmotorer arbetar med mycket högt tryck. Var försiktig vid arbeten på insprutningsmunstycken och bränsleledningar.

⚠️ *Varning: Exponera aldrig händer eller annan del av kroppen för insprutarstråle; bränslet kan tränga igenom huden med ödesdigra följder*

Kom ihåg...

ATT

• Använda skyddsglasögon vid arbete med borrmaskiner, slipmaskiner etc, samt vid arbete under bilen.

• Använda handskar eller skyddskräm för att skydda händerna.

• Om du arbetar ensam med bilen, se till att någon regelbundet kontrollerar att allt står väl till.

• Se till att inte löst sittande kläder eller långt hår kommer i vägen för rörliga delar.

• Ta av ringar, armbandsur etc innan du börjar arbeta på ett fordon - speciellt med elsystemet.

• Försäkra dig om att lyftanordningar och domkraft klarar av den tyngd de utsätts för.

ATT INTE

• Ensam försöka lyfta för tunga delar - ta hjälp av någon.

• Ha för bråttom eller ta osäkra genvägar.

• Använda dåliga verktyg eller verktyg som inte passar. De kan slinta och orsaka skador.

• Låta verktyg och delar ligga så att någon riskerar att snava över dem. Torka upp olje- och bränslespill omgående.

• Låta barn eller husdjur leka nära en bil under arbetets gång.

Följande sidor är tänkta att vara till hjälp vid hantering av vanligt förekommande problem. Mer detaljerad information om felsökning finns i slutet av boken, och beskrivningar av reparationer finns i bokens olika huvudkapitel.

Om bilen inte startar och startmotorn inte går runt

☐ Om det är en modell med automatväxellåda, se till att växelväljaren står i läge 'P' eller 'N'.

☐ Öppna motorhuven och se till att batteripolerna är rena och åtdragna.

☐ Slå på strålkastarna och försök starta motorn. Om strålkastarljuset försvagas mycket under startförsöket är batteriet troligen urladdat. Lös problemet genom att använda startkablar (se nästa sida) och en annan bil.

Om bilen inte startar trots att startmotorn går runt som vanligt

☐ Finns det bränsle i tanken?

☐ Finns det fukt i elsystemet under motorhuven? Slå av tändningen och torka bort synlig fukt med en torr trasa. Spreja en vattenavvisande aerosolprodukt (WD-40 eller något likvärdigt) på tändnings- och bränslesystemets elanslutningar.

1 Ta bort batterikåpan och kontrollera att batterikablarna är ordentligt anslutna.

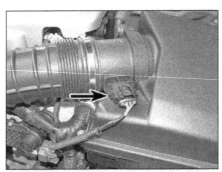

2 Kontrollera att luftflödesmätarens kablage är ordentligt anslutet.

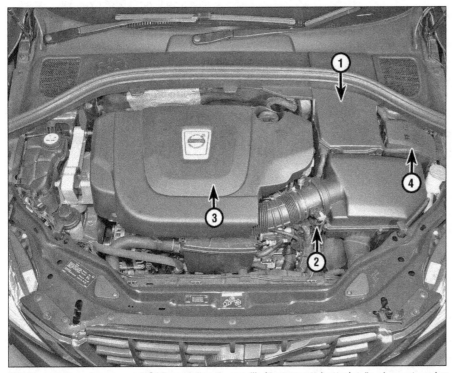

XC60-modellen visas, men XC90-modellen är snarlik förutom att batteriet är placerat under lastområdet baktill i bilen. Kontrollera att alla elektriska kopplingar sitter korrekt (med tändningen avstängd) och spraya dem med vattenavstötande medel av typen WD-40 om problemet misstänks bero på fukt

3 Ta bort motorkåpan och kontrollera bränslefördelarskenan och insprutningsventilen med avseende på säkerheten.

4 Kontrollera att alla säkringar till motorrummet är hela.

Starthjälp

När en bil startas med hjälp av ett laddningsbatteri, observera följande:

✔ Innan det fulladdade batteriet ansluts, kontrollera att tändningen är avslagen.

✔ Se till att all elektrisk utrustning (lysen, värme, vindrutetorkare etc.) är avslagen.

✔ Observera eventuella speciella föreskrifter som är tryckta på batteriet.

✔ Kontrollera att laddningsbatteriet har samma spänning som det urladdade batteriet i bilen.

✔ Om batteriet startas med startkablar från batteriet i en annan bil, får bilarna INTE VIDRÖRA varandra.

✔ Växellådan ska vara i neutralt läge (PARK för automatväxellåda).

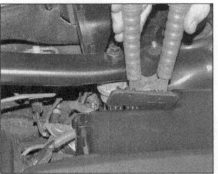

1 Anslut den röda startkabeln till batteriets pluspol genom hålet i batteriets kåpa

2 Anslut den andra änden av den röda startkabeln till pluspolen (+) på laddningsbatteriet

3 Anslut den ena änden av den svarta startkabeln till minuspolen (-) på laddningsbatteriet

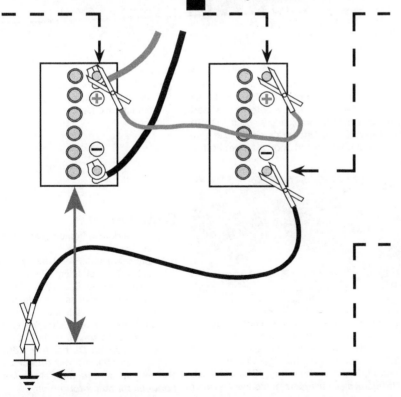

4 Anslut den andra änden av den svarta startkabeln till jordanslutningen på vänster fjäderben i motorrummet

5 Se till att startkabalarna inte kommer i kontakt med kylfläkten. Drivremmar eller andra rörliga delar på motorn

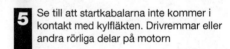

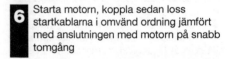

6 Starta motorn, koppla sedan loss startkablarna i omvänd ordning jämfört med anslutningen med motorn på snabb tomgång

Hjulbyte

 Varning: *Byt aldrig däck om du befinner dig i en situation där du riskerar att bli påkörd av annan trafik. Försök att stanna på en parkeringsficka eller på en mindre avtagsväg om du befinner dig på en hårt trafikerad väg. Håll uppsikt över passerande trafik när du byter däck. Det är lätt att bli distraherad av arbetet med hjulbytet.*

Förberedelser

☐ Vid punktering, stanna så snart det är säkert för dig och dina medtrafikanter.

☐ Parkera om möjligt på plan mark där du inte hamnar i vägen för annan trafik.

☐ Använd varningsblinkers om det behövs.

☐ Varna andra trafikanter för bilens närvaro med en varningstriangel (obligatorisk utrustning).

☐ Dra åt handbromsen och lägg i ettan eller backen (eller parkeringsläge på modeller med automatväxellåda).

☐ Blockera det hjul som är placerat diagonalt sett från det hjul som ska tas bort – använd t.ex. några stora stenar.

☐ Använd en brädbit för att fördela tyngden under domkraften om marken är mjuk.

Hjulbyte

1 I XC60-modellerna är reservhjulet (om ett sådant finns) placerat under bagageutrymmets golvskydd. Lyft ut reservhjulet, ta bort redskapsfacket och placera hjulet under tröskeln som en försiktighetsåtgärd så att domkraften inte kan välta. Observera att reservhjulet kan vara av nödhjulstyp.

2 I XC90-modeller är reservhjulet placerat under bilen. Lyft upp bagageutrymmesskyddet, lyft ut domkraften och använd domkraftens handtag för att sänka ner reservhjulet.

3 Ta bort hjulsidan från hjulet om en sådan finns. Lossa alla hjulskruvar ett halvt varv och inte mer innan du lyfter upp bilen. Använd den speciella adaptern på modeller med lättmetallfälgar.

4 Placera domkraftens lyftsadel i den förstärkta lyftningspunkten närmast det hjul som ska bytas (XC90 visas). Vrid handtaget tills domkraftens bas kommer i kontakt med marken och kontrollera sedan att basen är placerad direkt under tröskeln. Lyft upp bilen så att hjulet går fritt från marken.

5 Om däcket är platt måste du kontrollera att bilen lyfts upp tillräckligt mycket så att reservhjulet kan monteras. Ta bort skruvarna och lyft bort hjulet från bilen. Placera det under tröskeln i stället för reservhjulet som en försiktighetsåtgärd mot att domkraften välter.

6 Montera reservhjulet, sätt sedan in var och en av hjulskruvarna och dra åt dem måttligt med fälgkorset.

7 Sänk ner bilen på marken, dra sedan slutligen åt hjulskruvarna i diagonal ordningsföljd. Observera att hjulmuttrarna ska dras åt till angivet moment så snart som möjligt.

8 En del modeller har inte något reservhjul monterat. I dessa modeller finns det en liten kompressor och en flaska med tätningsmedel. Fullständiga instruktioner finns på kompressorns lock. Observera att tätningsmedlet inte reparerar stora skärskador eller skador på däckets sidovägg.

Slutligen...

☐ Lägg in domkraften och verktygen på rätt platser i bilen.

☐ Kontrollera lufttrycket i det nymonterade däcket. Om det är lågt eller om en tryckmätare inte finns tillgänglig, kör långsamt till närmaste bensinstation och kontrollera/justera trycket.

☐ Se till att det skadade däcket eller hjulet repareras så snart som möjligt.

 Varning: *Du bör inte köra fortare än 50 km/h när du kör bilen med ett nödhjul monterat – läs i bilens handbok för mer information*

Att hitta läckor

Pölar på garagegolvet (eller där bilen parkeras) eller våta fläckar i motorrummet tyder på läckor som man måste försöka hitta. Det är inte alltid så lätt att se var läckan är, särskilt inte om motorrummet är mycket smutsigt. Olja eller andra vätskor kan spridas av fartvinden under bilen och göra det svårt att avgöra var läckan egentligen finns.

 Varning: *De flesta oljor och andra vätskor i en bil är giftiga. Vid spill bör man tvätta huden och byta indränkta kläder så snart som möjligt*

 Lukten kan vara till hjälp när det gäller att avgöra varifrån ett läckage kommer och vissa vätskor har en färg som är lätt att känna igen. Det är en bra idé att tvätta bilen ordentligt och ställa den över rent papper över natten för att lättare se var läckan finns. Tänk på att motorn ibland bara läcker när den är igång.

Olja från sumpen

Motorolja kan läcka från avtappnings-pluggen . . .

Frostskydd

Läckande frostskyddsvätska lämnar ofta kristallina avlagringar liknande dessa.

Olja från oljefiltret

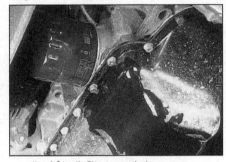

. . . eller från oljefiltrets packning.

Bromsvätska

Läckage vid ett hjul är nästan alltid bromsvätska.

Växellådsolja

Växellådsolja kan läcka från tätningarna i ändarna på drivaxlarna.

Servostyrningsvätska

Servostyrningsvätska kan läcka från styrväxeln eller dess anslutningar.

Bogsering

När ingenting annat hjälper kan du behöva bli bogserad hem. Eller kanske är det du som får hjälpa någon annan med bogsering. Hur som helst underlättar det om du vet hur man går tillväga. Bogsering längre sträckor bör överlåtas till verkstäder eller bärgningsfirmor. Kortare sträckor går det utmärkt att låta en annan privatbil bogsera, men tänk på följande:

☐ Bogseringsöglan är placerad bredvid reservhjulet. Bänd upp kåpan och skruva in bogseringsöglan. Använd ett fälgkors för att dra åt öglan helt.

☐ Den bakre bogseringsöglan finns under bakvagnen.

☐ Använd en riktig bogserlina – de är inte dyra. Den bil som bogseras måste ha en skylt i bakrutan som visar BOGSERING. Bogserlinan

får endast fästas i de bogseringsöglor som finns.

☐ Vrid alltid tändningsnyckeln till läget ”on” när bilen bogseras så att rattlåset låses upp och så att körriktningsvisaren och bromsljusen fungerar.

☐ Lossa handbromsen och lägg växeln i friläge innan bogseringen börjar. I modeller med automatisk växellåda gäller de speciella föreskrifterna nedan (bogsera inte om du är osäker eftersom växellådan kan skadas):

a) *Bilen får endast bogseras framåt.*
b) *Växelväljarspaken måste vara i läget N.*
c) *Bilen får inte bogseras i över 50 km/h eller längre än 50 kilometer.*

☐ Observera att du behöver trycka hårdare än vanligt på bromspedalen när du bromsar eftersom vakuumservon bara fungerar när motorn är igång.

☐ I och med att servostyrningen inte fungerar krävs det mer kraft än vanligt för att styra bilen.

☐ Föraren av den bogserade bilen måste vara noga med att hålla bogserlinan spänd hela tiden för att undvika ryck.

☐ Se till att båda förarna känner till den planerade färdvägen innan ni startar.

☐ Bogsera aldrig längre sträcka än nödvändigt och håll lämplig hastighet (högsta tillåtna hastighet vid bogsering är 30 km/h). Kör försiktigt och sakta ner mjukt och långsamt innan korsningar.

☐ Föraren i den bogserande bilen måste accelerera väldigt försiktigt från stillastående och han/hon måste tänka på den extra längd som tillkommer när han/hon tar ut svängarna i korsningar, rondeller etc.

Inledning

Det finns ett antal mycket enkla kontroller som endast tar några minuter i anspråk, men som kan bespara dig mycket besvär och stora kostnader.

Dessa Veckokontroller kräver inga större kunskaper eller specialverktyg och den korta tid de tar att utföra kan visa sig vara väl använd tid, till exempel:

☐ Att hålla ett öga på däckens skick och lufttryck förebygger inte bara att de slits ut i förtid utan kan också rädda liv.

☐ Många motorhaverier orsakas av elektriska problem. Batterirelaterade fel är särskilt vanliga och genom regelbundna kontroller kan de flesta av dessa förebyggas.

☐ Om det uppstår en läcka i bromssystemet

kanske den upptäcks först när bromsarna slutar fungera. Vid regelbundna kontroller av bromsoljenivån uppmärksammas sådana fel i god tid.

☐ Om olje- eller kylvätskenivån blir för låg är det betydligt billigare att laga läckan direkt än att bekosta dyra reparationer av de motorskador som annars kan uppstå.

Kontrollpunkter i motorrummet

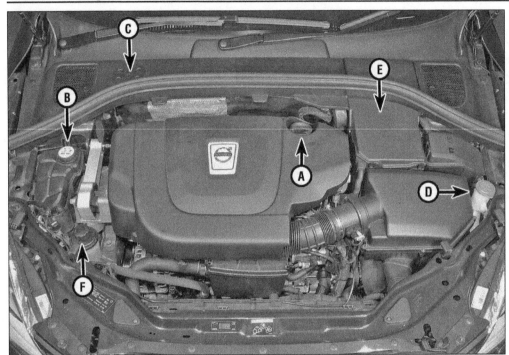

◀ **XC60**

A Oljepåfyllningslock

B Kylvätskebehållare (expansionskärl)

C Bromsvätskebehållare (under kåpa)

D Spolarvätskebehållare

E Batteri

F Servooljebehållare

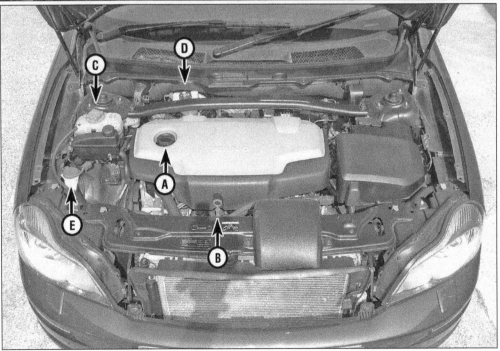

◀ **XC90**

A Oljepåfyllningslock

B Oljemätsticka

C Kylvätskebehållare (expansionskärl)

D Bromsvätskebehållare

E Spolarvätskebehållare

Motoroljenivå

Innan arbetet påbörjas

✔ Se till att bilen står på plan mark.
✔ Kontrollera oljenivån när motorn är i arbetstemperatur och mellan 2 och 5 minuter efter motorn har slagits av.

 HAYNES TiPS *Om oljenivån kontrolleras direkt efter att bilen körts, kommer en del av oljan att vara kvar i den övre delen av motorn. Detta ger felvisande avläsning på mätstickan.*

Korrekt oljetyp

Moderna motorer ställer höga krav på oljans kvalitet. Det är mycket viktigt att man använder en lämplig olja till sin bil (se Smörjmedel och vätskor).

Bilvård

● Om oljan behöver fyllas på ofta bör bilen kontrolleras med avseende på oljeläckor. Lägg ett rent papper under motorn över natten och se om det finns fläckar på det på morgonen. Om det inte finns några läckor kanske motorn bränner olja.
● Oljenivån ska alltid vara någonstans mellan oljemätstickans övre och nedre markering (se bild 3). Om oljenivån är för låg kan motorn ta allvarlig skada. Oljetätningarna kan gå sönder om man fyller på för mycket olja.

1 I de flesta modeller är oljemätstickan placerad framtill på motorn och oljepåfyllningslocket är placerat längst upp på motorn (se Kontrollpunkter i motorrummet för exakt placering). I modeller utan oljemätsticka kan oljenivån kontrolleras genom att man slår på tändningen och rullar genom informationsdisplayen tills oljenivån visas. Fullständig information finns i användarhandboken och i kapitel 1A i denna handbok. Dra upp oljemätstickan.

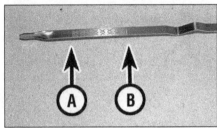

3 Observera att oljenivån på oljemätstickans ände (XC60-modellen visas) ska vara mellan det övre märket (B) och det nedre märket (A). Ungefär 1,0 liter olja höjer nivån från det nedre märket till det övre märket.

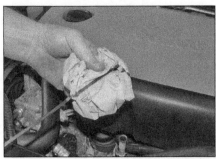

2 Torka av oljan från mätstickan med en ren trasa eller en bit papper. Sätt in den rena oljemätstickan i röret och ta sedan ut den igen.

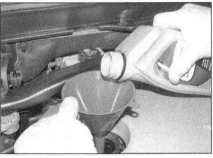

4 Oljan fylls på genom påfyllningslocket. Skruva loss locket och ta bort det. Fyll på nivån. Du kan behöva en tratt för att minska spillet. Tillsätt oljan långsamt och kontrollera nivån på oljemätstickan ofta. Överfyll inte. Sätt tillbaka locket när du är klar.

Kylvätskenivå

⚠ **Varning: Skruva ALDRIG av expansionskärlets lock när motorn är varm på grund av risken för brännskador. Låt inte behållare med kylvätska stå öppna eftersom vätskan är giftig.**

Bilvård

● Ett slutet kylsystem ska inte behöva fyllas på regelbundet. Om kylvätskan behöver fyllas på ofta har bilen troligen en läcka i kylsystemet. Kontrollera kylaren, alla slangar och fogytor efter stänk och våta märken och åtgärda eventuella problem.

● Det är viktigt att frostskyddsmedel används i kylsystemet året runt, inte bara under vintermånaderna. Fyll inte på med enbart vatten, då sänks frostskyddets koncentration.

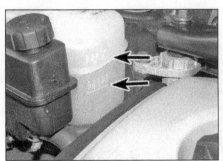

1 Kylvätskenivån varierar beroende på motorns temperatur. När motorn är kall ska kylvätskenivån vara mellan märkena MIN/MAX på behållarens sida (XC90 visas). När motorn är varm stiger nivån.

2 Vänta med att fylla på kylvätska tills motorn är kall. Skruva försiktigt loss locket till expansionskärlet och ta bort det för att släppa ut övertrycket ur kylsystemet.

3 Fyll på nivån genom att tillsätta en blandning av vatten och frostskyddsmedel till expansionskärlet. Du kan behöva en tratt för att minska spillet. Sätt tillbaka locket och dra åt ordentligt.

Broms- och kopplingsvätskenivå

Observera: *I modeller med manuell växellåda förser vätskebehållaren även kopplingens huvudcylinder med vätska.*

Innan arbetet påbörjas

✔ Se till att bilen står på plan mark.
✔ Renlighet är mycket viktig vid hantering av bromssystemet och därför ska du vara noga med att rengöra runt behållarlocket innan du fyller på. Använd endast ren bromsvätska.

Säkerheten främst!

● Om bromsvätskebehållaren måste fyllas på ofta har bilen fått en läcka i bromssystemet. Detta måste undersökas omedelbart. Observera att nivån sjunker naturligt när bromsbeläggen slits men den får aldrig tillåtas sjunka under MIN-märket.

● Vid en misstänkt läcka i systemet får bilen inte köras förrän broms/kopplingssystemet har kontrollerats. Ta aldrig några risker med bromsarna.

⚠ *Varning: Bromsolja kan skada dina ögon och bilens lack. Var därför ytterst försiktig när du arbetar med den. Använd inte vätska ur kärl som har stått öppna en längre tid. Bromsvätska drar åt sig fukt från luften vilket kan försämra bromsegenskaperna avsevärt.*

1 MIN- och MAX-märkena finns på behållarens framsida i motorrummets högra bakre hörn. Vätskenivån måste alltid hållas mellan dessa två markeringar.

2 Ta bort locket för att kontrollera vätskenivån i XC60-modellerna. MAX-märket är synligt när påfyllningslocket har tagits bort.

3 Om vätskebehållaren behöver fyllas på bör området runt påfyllningslocket först rengöras för att förhindra att hydraulsystemet förorenas. Skruva loss locket och placera det på en absorberande trasa.

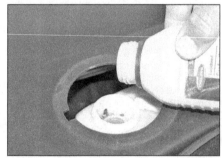

4 Fyll på vätska försiktigt. Var noga med att inte spilla på de omgivande komponenterna. Använd bara bromsolja av angiven typ. Om olika typer blandas kan systemet skadas. När oljenivån är återställd, skruva på locket och torka bort eventuellt utspilld vätska.

Servooljenivå

Innan arbetet påbörjas

✔ Parkera bilen på ett plant underlag.
✔ Sätt ratten i rakt fram-läge.
✔ Motorn ska vara avstängd och kall.

HAYNES TiPS *För att få en korrekt nivåmätning får inte ratten vridas medan nivån kontrolleras.*

Säkerheten främst!

● Servooljebehållaren sitter till höger i motorrummet.

1 MAX- och MIN-markeringarna visas på behållaren i XC60-modellerna.

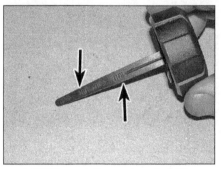

2 I XC90-modellerna har behållarens påfyllningslock en mätsticka.

3 Om det krävs påfyllning ska du torka rent runt påfyllningslocket, ta bort locket och fylla på med angiven vätska.

Däckskick och lufttryck

Det är viktigt att däcken är i bra skick och att de har rätt tryck. Om ett däck går sönder vid hög hastighet kan det vara väldigt farligt.

Däckens slitage påverkas av körstil – hårda inbromsningar och accelerationer eller tvära kurvtagningar leder till högt slitage. Generellt sett slits framdäcken ut snabbare än bakdäcken. Axelvis byte mellan fram och bak kan jämna ut slitaget, men om detta är effektivt kan du komma att behöva byta ut alla fyra däcken samtidigt!

Ta bort spikar och stenar som fastnat i däckmönstret så att de inte orsakar punktering. Om det visar sig att däcket är punkterat när en spik tas bort, sätt tillbaka spiken för att

märka ut platsen för punkteringen. Byt sedan omedelbart ut det punkterade däcket och lämna in det till en däckverkstad för reparation.

Kontrollera regelbundet däcken med avseende på skador i form av rispor eller bulor, särskilt på däcksidorna. Skruva loss däcken med jämna mellanrum för att rengöra dem invändigt och utvändigt. Undersök hjulfälgarna efter rost, korrosion eller andra skador. Lättmetallfälgar skadas lätt om man kör på trottoarkanten vid parkering. Stålhjul kan också bli buckliga. Om ett hjul är svårt skadat är ett hjulbyte ofta den enda lösningen.

Nya däck ska balanseras när de monteras

men de kan också behöva balanseras om i takt med att de slits ut eller om motvikten på hjulfälgen ramlar av. Obalanserade däck slits ut snabbare än balanserade och orsakar dessutom onödigt slitage på styrning och fjädring. Vibrationer är ofta ett tecken på obalanserade hjul, särskilt om vibrationerna förekommer vid en viss hastighet (oftast runt 70 km/tim). Om vibrationerna endast känns genom styrningen är det troligen bara framhjulen som behöver balanseras. Om vibrationerna däremot känns i hela bilen är det antagligen bakhjulen som är obalanserade. Balansering av hjul ska utföras av en lämpligt utrustad verkstad.

1 Mönsterdjup - visuell kontroll

Originaldäcken har slitagevarningsband (B), som blir synliga när däcken slitits ner till ungefär 1,6 mm. En trekantig markering på däcksidan (A) anger bandens placering.

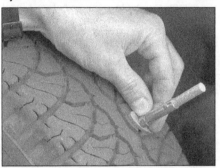

2 Mönsterdjup - manuell kontroll

Mönsterdjupet kan också kontrolleras med hjälp av en enkel och billig mönsterdjups-mätare.

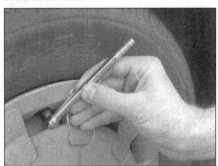

3 Däcktryck – kontroll

Kontrollera däcktrycket regelbundet när däcken är kalla. Justera inte däcktrycket omedelbart efter det att bilen har använts, det kommer att resultera i felaktigt tryck.

Däckslitage

Slitage på sidorna

Lågt däcktryck (slitage på båda sidorna)
Är trycket i däcken för lågt kommer däcket att överhettas på grund av för stora rörelser och mönstret kommer att ligga an mot underlaget på ett felaktigt sätt. Det bidrar till sämre väggrepp och betydande slitage och risken för punktering på grund av upphettning ökar.
Kontrollera och justera trycket
Felaktig cambervinkel (slitage på en sida)
Reparera eller byt ut fjädringsdetaljer
Hård kurvtagning
Sänk hastigheten!

Slitage i mitten

För högt däcktryck
För högt lufttryck orsakar snabbt slitage av mittersta delen av däcket, dessutom sämre väggrepp, stötigare gång och risk för stöt-skador i korden.
Kontrollera och justera trycket

Om däcktrycket ibland måste ändras till högre tryck avsett för maximal lastvikt eller ihållande hög hastighet, glöm inte att minska trycket efteråt.

Ojämnt slitage

Framdäcken kan slitas ojämnt på grund av felaktig hjulinställning. De flesta däckåter-försäljare och verkstäder kan kontrollera och justera hjulinställningen till en låg kostnad.
Felaktig camber- eller castervinkel
Reparera eller byt ut fjädringsdetaljer
Defekt fjädring
Reparera eller byt ut fjädringsdetaljer
Obalanserade hjul
Balansera hjulen
Felaktig toe-inställning
Justera framhjulsinställningen
Observera: *Den fransiga ytan i mönstret, ett typiskt tecken på toe-slitage, kontrolleras bäst genom att man känner med handen över ytan.*

Spolarvätskenivå

● Spolarvätskekoncentrat rengör inte bara rutan utan fungerar även som frostskydd så att spolarvätskan inte fryser under vintern, då den behövs som mest. Fyll inte på med enbart vatten eftersom spolarvätskan då späds ut och kan frysa.

● Kontrollera vindrute- och bakrutespolarnas funktion. Justera munstyckena med ett stift vid behov så att de sprutar mot en punkt som ligger något högre än mitten av torkområdet.

⚠ **Varning: Använd aldrig kylvätska i spolarsystemet. Det kan missfärga eller skada lacken.**

1 Behållaren till vindrute- och bakrutespolarsystemen är placerade i motorrummets främre vänstra hörn i XC60-modellerna och på höger sida framtill i XC90-modellerna. Öppna locket om påfyllning krävs.

2 När behållaren fylls på ska spolarvätskekoncentrat tillsättas enligt rekommendationerna på flaskan.

Elsystem

✔ Kontrollera alla yttre lampor samt signalhornet. Se aktuella avsnitt i kapitel 12 för närmare information om någon av kretsarna inte fungerar.

✔ Se över alla tillgängliga kontaktdon, kablar och kabelklämmor så att de sitter ordentligt och inte är skavda eller skadade.

 Om bromsljus och körriktningsvisare behöver kontrolleras när ingen medhjälpare finns till hands, backa upp mot en vägg eller garageport och sätt på ljusen. Ljuset som reflekteras visar om de fungerar eller inte.

1 Om enstaka blinkers, stoppljus, bromsljus eller strålkastare inte fungerar beror det antagligen på en trasig glödlampa som behöver bytas ut. Se kapitel 12 för mer information. Om båda bromsljusen är sönder är det möjligt att kontakten är defekt (se kapitel 9).

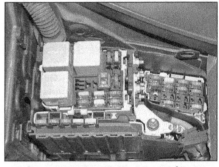

2 Om mer än en blinker eller strålkastare inte fungerar har troligen en säkring gått eller ett fel uppstått i kretsen (se kapitel 12). Huvudsäkringarna är placerade under motorhuven på vänster sida i motorrummet. Fler säkringar och reläer är placerade under handskfacket (XC60) och på vänster sida i bagageutrymmet (alla modeller).

3 XC90-modellerna har säkringar placerade på instrumentbrädans högra ände. Fler säkringar är placerade under instrumentbrädans högra ände.

4 Ta bort säkringen med hjälp av det medföljande plastverktyget när den ska bytas. Sätt in en ny säkring med samma kapacitet som du kan köpa i biltillbehörsbutiker. Om säkringen utlöses upprepat hänvisas till kapitel 12 för att lokalisera felet.

Torkarblad

Kontrollera torkarbladens skick. Om de är spruckna, ser slitna ut eller om rutan inte torkas ordentligt ska de bytas ut. För bästa tänkbara sikt bör torkarbladen bytas årligen.

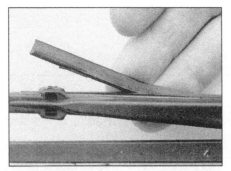

1 Kontrollera torkarbladens skick. Om de är spruckna, ser slitna ut eller om rutan inte torkas ordentligt ska de bytas ut. För bästa tänkbara sikt ska torkarbladen bytas varje år som en naturlig sak.

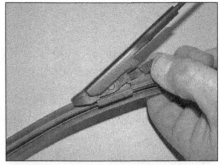

2 Böj ut torkararmen så långt från rutan det går innan den spärras. Vrid bladet 90°, lyft sedan av det från torkararmen. Montera det nya bladet men omvänt mot demonteringen. Glöm inte att kontrollera bakluckans torkarblad också.

Batteri

Varning: Läs säkerhetsföreskrifterna i "Säkerheten främst!" i början av denna handbok innan något arbete utförs på bilens batteri.

✔ Se till att batterilådan är i gott skick och att klämman sitter ordentligt. Rost på plåten, hållaren och batteriet kan avlägsnas med en lösning av vatten och bikarbonat. Skölj noggrant alla rengjorda delar med vatten. Alla rostskadade metalldelar ska först målas med en zinkbaserad grundfärg och därefter lackeras.

✔ Kontrollera regelbundet (ungefär var tredje månad) batteriets laddningstillstånd enligt kapitel 5.

✔ Om batteriet är urladdat och det behövs starthjälp för att starta bilen, se *Reparationer vid vägkanten.*

 HAYNES TiPS *Korrosion på batteriet kan minimeras genom att man stryker lite vaselin på batteriklämmorna och polerna när man dragit åt dem.*

1 I XC60-modellerna är batteriet placerat under ett skydd på vänster sida baktill i motorrummet.

2 I XC90-modellerna är batteriet placerat under golvet i bagageområdet.

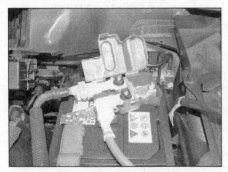

3 Kontrollera att batteriklämmorna är åtdragna för att säkerställa goda elektriska anslutningar. Det ska inte gå att rubba dem. Kontrollera även kabeln med avseende på sprickor och uppfransade ledare.

4 Om synlig korrosion finns (vita porösa avlagringar), ta bort kablarna från batteripolerna och rengör dem med en liten stålborste. Sätt sedan tillbaka dem. I biltillbehörsbutiker kan man köpa ett särskilt verktyg för rengöring av batteripoler . . .

5 . . . såväl som batteriets kabelklämmor.

Smörjmedel och vätskor

Motor	Multigrade motorolja, viskositet SAE 0W-30
Kylsystem	Rådfråga verkstaden
Växellåda	
Manuell växellåda	Volvo olja MTF 97309
Automatväxellåda	Volvo automatväxelolja JWS 3309
Broms- och kopplingssystem	Hydraulvätska till DOT 4+
Servostyrningssystem	Volvo servoolja M2C204-A

Däcktryck

Obs: *De däcktryck som specificeras i tabellen nedan är standardtryck. Trycken som gäller specifikt för varje fordon anges på en klisterlapp som är fäst på vänster dörrstolpe. Använd de tryck som anges på klisterlappen om de skiljer sig från de som anges här.*

Däcktryck (kallt)	**Fram**	**Bak**
XC60, alla modeller:		
Normal belastning	2.4 bar (35 psi)	2.4 bar (35 psi)
Full belastning*	2.7 bar (39 psi)	2.7 bar (39 psi)
XC90, däck på 17 och 18 tum (43-46cm)		
Normal belastning	2.2 bar (32 psi)	2.2 bar (32 psi)
Full belastning*	2.7 bar (39 psi)	2.7 bar (39 psi)
XC90, däck på 19 och 20 tum (48-51cm)		
Normal belastning	2.4 bar (35 psi)	2.4 bar (35 psi)
Full belastning*	2.7 bar (39 psi)	2.7 bar (39 psi)
Reservhjul, alla modeller	4.2 bar (61 psi)	4.2 bar (61 psi)

Fullt däcktryck kan användas i alla förhållanden för att uppnå bäst bränsleekonomi, detta på bekostnad av något hårdare körning vid lätt lastning.

Kapitel 1
Rutinunderhåll och service

Innehåll

Svårighetsgrader

| Enkelt, passar novisen med lite erfarenhet | | Ganska enkelt, passar nybörjaren med viss erfarenhet | | Ganska svårt, passar kompetent hemmamekaniker | | Svårt, passar hemmamekaniker med erfarenhet | | Mycket svårt, för professionell mekaniker | 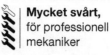 |

Smörjmedel och vätskor

Se slutet av *Smörjmedel och vätskor.*

Volymer

Motorolja

*Avtappning och påfyllning inklusive filterbyte:

2,0 liter (D5204T2/T3):	5,9 liter
2,4 liter:	
D5244T/T2/**T3**.	6,5 liter
D5244T4/T5/T6/T7/T18	5,7 liter

Kylsystem

XC60

Upp till 2010	12,65 liter
Från 2010	8,9 liter

XC90:

Upp till 2011	12,5 liter
Från 2011	8,9 liter

Bränsletank

XC60:	70 liter
XC90:	68 liter

Manuell växellåda

M66	2,0 liter

Automatväxellåda

Tappa av och fyll på	7,1 liter (ungefär)

Kylsystem

Angiven frostskyddsblandning	50 % frostskyddsmedel/50 % vatten

Observera: *Se kapitel 3 för ytterligare information.*

Bromsar

Bromsbeläggens minimitjocklek	2,0 mm

Fjärrkontrollbatteri

Typ	CR 2032 3V

Åtdragningsmoment

	Nm	lbf ft
Automatväxellåda:		
Avtappningsplugg.	35	26
Påfyllningsplugg.	35	26
Integrerad nivåplugg.	8	6
Bränslefilterkåpa.	25	18
Drivremsspännare	24	18
Hjulskruvar	140	103
Oljeavtappningsplugg	35	26
Oljefilterkåpa	25	18
Överföringsremskiva (motor med EHPS)	24	18

* *Alla volymer är ungefärliga. Volvo räknar upp en avsevärd variation när det gäller oljevolymer. Kontrollera alltid motornumret mot den volym som anges i ägarhandboken.*

Underhållsintervallen i denna handbok förutsätter att arbetet utförs av en hemmamekaniker och inte av en verkstad. Dessa är de genomsnittliga underhållsintervall som rekommenderas av tillverkaren för bilar som körs under normala förhållanden. Naturligtvis kan man förvänta sig en del variationer i dessa intervaller beroende på det område där bilen används och de förhållanden

som den utsätts för. Om bilen konstant ska hållas i toppskick bör vissa moment utföras oftare. Vi rekommenderar regelbundet underhåll eftersom det höjer bilens effektivitet, prestanda och andrahandsvärde.

När bilen är ny ska den få service av en auktoriserad återförsäljares verkstad (eller annan verkstad som har godkänts av biltillverkaren) för att garantin ska gälla.

Biltillverkaren kan avslå garantianspråk om du inte kan bevisa att service har utförts på det sätt och vid de tidpunkter som har angivits, och då endast med originalutrustning eller delar som har godkänts som likvärdiga.

Om bilen körs på dammiga vägar, används till bärgning, körs mycket i kösituationer eller korta körsträckor ska intervallen kortas av.

Var 500:e km eller en gång i veckan
☐ Se Veckokontroller.

Var 15 000:e km eller var 6:e månad beroende på vilket som kommer först
☐ Byte av motorolja och filter – modeller t.o.m. 2010 (avsnitt 3).

Observera: *Även om Volvo rekommenderar att motoroljan och filtret byts var 30 000:e km eller var 12:e månad är täta olje- och filterbyten bra för motorn. Vi rekommenderar därför byte av oljan oftare.*

Var 30 000 km eller var 12:e månad beroende på vilket som kommer först
Förutom de åtgärder som räknas upp ovan ska följande vidtas:
☐ Kontrollera bromsbeläggens skick (avsnitt 4).
☐ Undersök motorrummet grundligt för att upptäcka vätskeläckor (avsnitt 5).
☐ Kontrollera styrningens och fjädringens komponenter med avseende på skick och säkerhet (avsnitt 6).
☐ Kontrollera drivaxeldamaskernas tillstånd (avsnitt 7).
☐ Undersök kopplingens komponenter (avsnitt 8).
☐ Byt pollenfiltret (avsnitt 9).
☐ Kontrollera batteriets elektrolytnivå (avsnitt 10).
☐ Inspektera underredet, bromssystemets hydraulrör och hydraulslangar och bränsleledningarna (avsnitt 11).
☐ Kontrollera avgassystemets skick och säkerhet (avsnitt 12).
☐ Kontrollera handbromsen (avsnitt 13).
☐ Kontrollera säkerhetsbältenas skick (avsnitt 14).
☐ Smörj låsen och gångjärnen (avsnitt 15).
☐ Kontrollera strålkastarinställningen (avsnitt 16).
☐ Kontrollera koncentrationen av frostskyddsmedel i kylvätskan (avsnitt 17).
☐ Återställ indikatorn för påminnelse om service (avsnitt 18).
☐ Landsvägsprov (avsnitt 19).
☐ Kontrollera luftkonditioneringssystemets funktion (avsnitt 20).
☐ Dränera vatten från bränslefiltret (avsnitt 21).
☐ Byt fjärrkontrollens batteri (avsnitt 22).

Var 60 000:e km eller vart annat år beroende på vilket som kommer först
Förutom de åtgärder som räknas upp ovan ska följande vidtas:
☐ Byt luftrenarelementet (avsnitt 23).
☐ Kontrollera automatväxeloljans nivå (avsnitt 24).
☐ Byt bränslefiltret (avsnitt 25).

Var 150 000:e km eller vart 5:e år beroende på vilket som kommer först
Förutom de åtgärder som räknas upp ovan ska följande vidtas:
☐ Byt kamremmen och spännaren (avsnitt 26).

Observera: *Det är lämpligt att detta intervall reduceras för bilar som används intensivt, dvs. huvudsakligen kortare resor eller körning med många starter och stopp. Det är upp till ägaren att bestämma hur ofta remmen ska bytas, men det är viktigt att komma ihåg att motorn skadas allvarligt om remmen går sönder.*

☐ Byt drivremmen (avsnitt 27).

Vartannat år, oberoende av körsträcka
☐ Byt bromsvätskan (avsnitt 28).

Vart 3: år, oberoende av körsträcka
☐ Byt kylvätskan (avsnitt 29).
Observera: *Detta arbete ingår inte i Volvos schema och ska inte behövas om man använder det frostskyddsmedel som Volvo rekommenderar.*

Översikt under motorhuven (XC60)

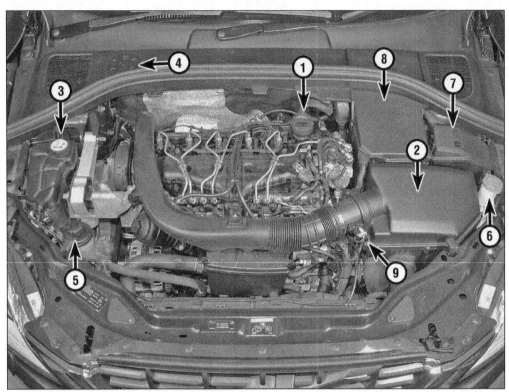

1 Oljepåfyllningslock
2 Luftfilter
3 Kylvätskebehållare
4 Bromsvätskebehållare (under kåpa)
5 Servooljebehållare
6 Spolarvätskebehållare
7 Säkringsdosa
8 Batteri
9 Luftflödesmätare

Översikt under motorhuven (XC90)

1 Oljemätsticka
2 Oljepåfyllningslock
3 Luftfilter
4 Kylvätskebehållare
5 Bromsvätskebehållare
6 Servooljebehållare
7 Spolarvätskebehållare
8 Säkringsdosa

Underredet sett framifrån (XC60)

1 Oljeavtappningsplugg
2 Oljenivågivare
3 Luftkonditioneringskompressor
4 Motoroljekylare
5 Nedre länkarm
6 Styrstag
7 Växellådans avtappnings-/
  nivåplugg
8 Bromsok

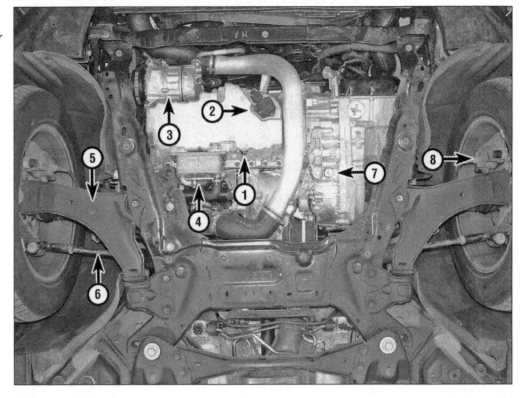

Underredet sett bakifrån (XC60)

1 Bränslefilter
2 Bränsletank
3 Bakljuddämpare
4 Nedre länkarm
5 Krängningshämmare
6 Länkarm
7 Kardanaxel
8 Haldex-enhet
9 Bakdifferential
10 Stötdämpare
11 Drivaxel

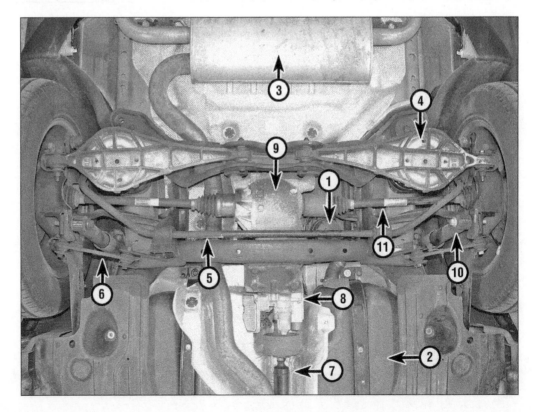

Underredet sett framifrån (XC90)

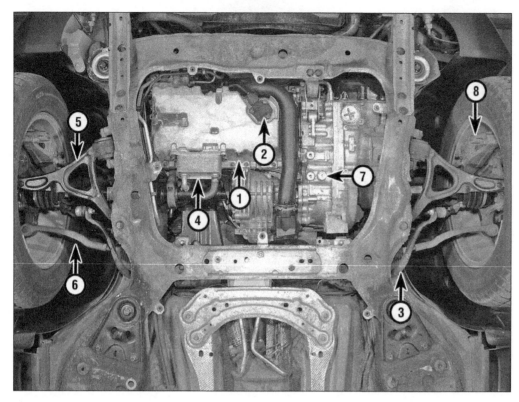

1 Oljeavtappningsplugg
2 Oljenivågivare
3 Krängningshämmare
4 Motoroljekylare
5 Länkarm
6 Styrstag
7 Växellådans avtappnings-/
   nivåplugg
8 Bromsok

Underredet sett bakifrån (XC90)

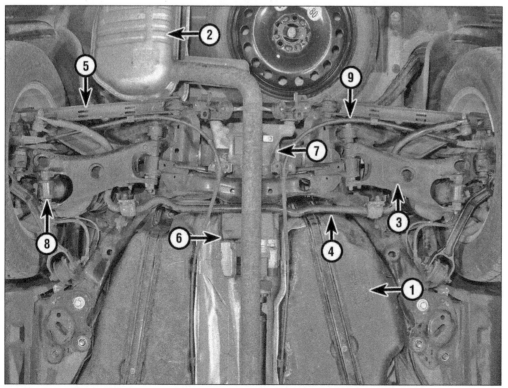

1 Bränsletank
2 Bakljuddämpare
3 Nedre länkarm
4 Krängningshämmare
5 Länkarm
6 Haldex-enhet
7 Bakdifferential
8 Stötdämpare
9 Handbromsvajer

1 Inledning

Syftet med det här kapitlet är att hjälpa hemmamekaniker att underhålla sina bilar för att de ska få så hög säkerhet, driftekonomi, livslängd och så höga prestanda som möjligt.

Kapitlet innehåller ett underhållsschema samt avsnitt som i detalj behandlar posterna i schemat. Bland annat behandlas användbara saker som kontroller, justeringar och byte av delar. På de tillhörande bilderna av motorrummet och bottenplattan visas de olika delarnas placering.

Underhållsschemat för tid/körsträcka och de följande avsnitten ger dig ett tydligt underhållsprogram som, om du följer det, bidrar till att din bil fungerar både länge och säkert. Planen är heltäckande så om man väljer att bara underhålla vissa delar, men inte andra, vid angivna tidpunkter går det inte att garantera samma goda resultat.

Under arbetet med bilen kommer det att visa sig att många arbeten kan – och bör – utföras samtidigt, antingen för att en viss typ av åtgärd ska utföras eller för att två separata delar råkar finnas nära varandra. Om bilen lyfts av någon orsak kan t.ex. kontroll av avgassystemet utföras samtidigt som styrning och fjädring kontrolleras.

Det första steget i underhållsprogrammet består av förberedelser innan arbetet påbörjas. Läs igenom relevanta avsnitt, gör sedan upp en lista på vad som behövs och skaffa fram verktyg och delar. Om problem dyker upp, rådfråga en specialist på reservdelar eller vänd dig till återförsäljarens serviceavdelning.

Serviceintervallvisning

Alla modeller är utrustade med in servicedisplayindikator i instrumentbrädan. När en förutbestämd körsträcka, tidsperiod eller ett förutbestämt antal timmar av motoranvändning har förflutit sedan visningen återställdes senast tänds servicelampan och den påminner om när nästa service krävs.

Visningen ska inte nödvändigtvis användas som en definitiv riktlinje för din Volvos servicebehov men det är en bra påminnelse för att se till att servicen inte förbises av misstag. Ägare av äldre bilar eller personer med låg årlig körsträcka kan känna att de behöver lämna bilen på service oftare och då är kanske inte serviceintervallvisningen lika relevant.

Se avsnitt 18 för tillvägagångssättet för återställning.

2 Rutinunderhåll

1 Om underhållsschemat följs noga från det att bilen är ny och om vätske- och oljenivåerna och de delar som är utsatta för stort slitage kontrolleras enligt denna handboks rekommendationer hålls motorn i bra skick och behovet av extra arbete minimeras.
2 Ibland går motorn dåligt på grund av bristande underhåll. Risken för detta ökar om bilen är begagnad och inte fått tät och regelbunden service. I sådana fall kan extra arbeten behöva utföras, utöver det normala underhållet.
3 Om motorslitage misstänks ger ett kompressionstest (enligt beskrivningen i avsnitt 2A) värdefull information om de inre huvuddelarnas totala prestanda. Ett kompressionsprov kan användas för att avgöra omfattningen på det kommande arbetet. Om något av proven avslöjar allvarligt inre slitage är det slöseri med tid och pengar att utföra underhåll på det sätt som beskrivs i detta kapitel, om inte motorn först renoveras.
4 Följande åtgärder är de som oftast behövs för att förbättra effekten hos en motor som går dåligt:

I första hand

a) Rengör, kontrollera och testa batteriet (se "Veckokontroller" och avsnitt 10).
b) Kontrollera alla motorrelaterade oljor och vätskor (se "Veckokontroller").
c) Byt drivremmen (avsnitt 27).
d) Kontrollera skicket för luftrenarens filterinsats och byt vid behov (se avsnitt 23).
e) Byt bränslefiltret (se avsnitt 25).
f) Kontrollera skicket på samtliga slangar och leta efter läckor (se avsnitt 5).

5 Om ovanstående åtgärder inte har någon inverkan ska följande åtgärder utföras:

Sekundära åtgärder

Allt som anges under *I första hand*, plus följande:
a) Kontrollera laddningssystemet (kapitel 5).
b) Kontrollera bränslesystemet (kapitel 4A).
c) Kontrollera förvärmningssystemet (kapitel 5).

Var 15 000:e km eller var 6:e månad

3 Motorolja och filter – byte

Observera: *En del XC60-modeller har inte en konventionell mätsticka. I dessa modeller är en elektronisk mätare monterad – se nedan för detaljerad information.*

1 Se till att alla nödvändiga verktyg finns tillgängliga innan arbetet påbörjas. Se även till att ha gott om trasor och tidningar till hands för att torka upp allt spill. Oljan ska helst bytas medan motorn fortfarande är uppvärmd till normal arbetstemperatur just när den blivit körd. Varm olja och slam rinner lättare då. Se dock till att inte vidröra avgassystemet eller andra heta delar vid arbete under bilen. Använd handskar för att undvika skållning och för att skydda huden mot irritationer och skadliga föroreningar i använd motorolja.
2 Det går att komma åt bilens undersida om bilen kan lyftas, köras upp på en ramp eller ställas på pallbockar (se *Lyftning och stödpunkter*). Oavsett metod, se till att bilen står plant, eller om den lutar, att sumpens avtappningsplugg befinner sig nederst på motorn. Lossa skruvarna och ta bort motorns undre skyddskåpa (**se bild**) för att komma åt sumpen och avtappningspluggen.
3 Placera behållaren under avtappningspluggen och skruva loss pluggen (**se bild**). Om det går, försök pressa pluggen mot sumpen när den skruvas loss för hand de sista varven.

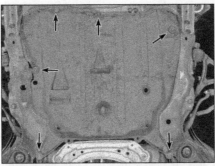

3.2 Skruva loss skruvarna (se pilar) och ta bort motorns undre skyddskåpa (XC90 visas)

3.3 Skruva loss oljeavtappningspluggen (se pil)

3.5 Montera en ny tätningsbricka på oljeavtappningspluggen

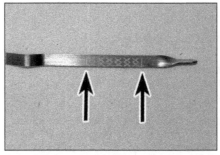

3.8a Märkena för maximi- och miniminivå är placerade på det streckade avsnittet på mätstickan (XC60 visas)

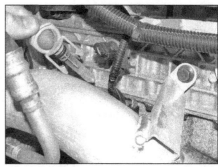

3.8b I modeller utan en vanlig mätsticka är en liten mätsticka monterad.

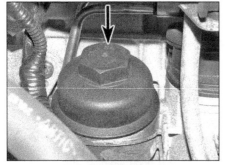

3.12 Oljefiltret (se pil)

3.13a Skruva loss filterkåpan ...

liter olja fylls på kommer nivån att höjas till stickans maximinivå **(se bild)**.

9 Starta motorn. Det tar några sekunder innan varningslampan för oljetryck slocknar eftersom filtret måste hinna fyllas med olja. Starta inte motorn medan lampan lyser. Kör motorn i några minuter och leta under tiden efter läckor runt oljefiltertätningen och avtappningspluggen. Montera tillbaka motorns undre skyddskåpa.

10 Stäng av motorn och vänta ett par minuter på att oljan ska rinna tillbaka till sumpen. Kontrollera oljenivån igen när den nya oljan har cirkulerat och filtret är fullt. Fyll på mer olja om det behövs. I modeller utan en traditionell mätsticka sätter du in fjärrkontrollnyckeln och håller start/stopp-knappen intryck under ungefär 2 sekunder. Detta placerar tändningen i läget "on". Vrid nu tumhjulet på vänster plasttapp tills oljenivåfunktionen visas.

11 Ta hand om den använda motoroljan på ett säkert sätt och i enlighet med gällande miljöförordningar (se *Allmänna reparationsanvisningar*).

Byte av oljefilter

12 Oljefiltret är placerat på motorns främre del och går att komma åt uppifrån. Dra plastkåpan över motorn rakt upp för att lossa den från fästena **(se bild)**.

13 Använd en hylsa eller skiftnyckel för att skruva loss filterkåpan och ta bort den **(se bilder)** följt av den gamla filterinsatsen. Kassera filterkåpans O-ringstätning. En ny måste monteras.

14 Rengör insidan av filtret och kåpan med en ren, luddfri trasa.

15 Stryk på ett tunt lager ren motorolja på den nya O-ringstätningen och placera den på filterkåpan **(se bild)**. Sätt in filterinsatsen, skruva sedan filterkåpan på plats på motorn tills den sitter fast, dra sedan åt den till angivet moment.

3.13b och ta bort filterinsatsen

3.15 Montera den nya O-ringstätningen på filterkåpan

4 Låt oljan rinna ut i behållaren och kassera pluggens tätningsbricka. En ny bricka måste användas.

5 Ge den gamla oljan tid att rinna ut. Observera att det kan bli nödvändigt att flytta behållaren när oljeflödet minskar. När all olja har runnit ut, torka av avtappningspluggen och dess gängor i sumpen. Sätt sedan tillbaka pluggen med en ny tätningsbricka **(se bild)** och dra åt den till angivet moment.

6 Ta bort behållaren med gammal olja och

verktygen under bilen. Sänk sedan ner bilen.

7 Byt oljefiltret enligt beskrivningen nedan.

8 Ta bort mätstickan och oljepåfyllningslocket från motorn. Fyll på motorolja och använd korrekt kvalitet och typ av olja (se *Smörjmedel och vätskor* och Specifikationer). Häll först i hälften av den angivna mängden olja. Vänta sedan några minuter så att oljan hinner rinna ner i sumpen. Fortsätt hälla i olja, lite i taget, tills nivån når upp till mätstickans nedre nivåmarkering. Om ytterligare ungefär 1,2

Var 30 000:e km eller var 12:e månad

4 Kontroll av bromsbeläggens slitage

1 Lyft upp bilens framvagn eller bakvagn

och stötta den på pallbockar (se *Lyftning och stödpunkter* i referensavsnittet).

2 Ta bort hjulen för att lättare komma åt bromsoken.

3 Kontrollera att friktionsmaterialet på vart och ett av bromsbeläggen inte är tunnare än

den rekommenderade minimitjockleken som anges i Specifikationer **(se bild)**. Om något av bromsbeläggen har slitits ner till eller under den angivna gränsen måste *alla fyra* bromsbeläggen på den delen av bilen bytas som en sats (dvs. alla de främre beläggen eller alla de bakre beläggen).

4 För en fullständig kontroll ska bromsbeläggen demonteras och rengöras. Bromsokens funktion kan då kontrolleras och bromsskivorna kan undersökas fullständigt. Se kapitel 9 för mer information.

5 Kontroll under motorhuven – slangar och läckage

Varning: Byte av luftkonditioneringens slangar måste överlåtas till återförsäljarens verkstad eller till en specialist på luftkonditionering med tillgång till utrustning för att tryckutjämna systemet på ett säkert sätt. Ta aldrig bort slangar eller komponenter från luftkonditioneringen innan systemet har tryckutjämnats.

Allmänt

1 Höga temperaturer i motorrummet kan orsaka skador på gummi- och plastslangarna som används för motorn, tillbehörs- och avgassystemen. Kontrollera alla sådana slangar regelbundet och leta efter sprickor, lösa klämmor, hårdnat material och läckor.

2 Kontrollera omsorgsfullt de större övre och nedre kylarslangarna **(se Haynes tips)** tillsammans med de andra kylsystemslangar och metallrör med mindre diametrar. Glöm inte värmeslangarna/värmerören som går från motorn till mellanväggen. Undersök varje slangs hela längd, byt slangar som är spruckna, svullna eller visar tecken på skador. Sprickor kan synas tydligare om man klämmer på slangen.

3 Se till att alla slanganslutningar är ordentligt åtdragna. Om de fjäderklämmor som används för att fästa en del av de slangar som verkar lossna ska de uppdateras med klämmor av skruvtyp för att förhindra risken för läckor.

4 En del andra slangar fästs på sina beslag med klämmor av skruvtyp. Där klämmor av skruvtyp används ska du kontrollera att de är tillräckligt spända. I annat fall kan slangen läcka. Om klämmor av skruvtyp inte används, se till att slangen inte har expanderat och/eller hårdnat där den ansluter till fästet. I annat fall kan det uppstå läckage **(se bild)**.

5 Kontrollera alla vätskebehållare, påfyllningslock, avtappningspluggar och fästen etc., sök efter tecken på läckage av olja, växellåds- och/eller hydraulisk bromsolja, kylvätska och servoolja. Om bilen vanligtvis parkeras på samma plats kan en närmare undersökning av marken där avslöja eventuella läckor. Bry dig inte om den vattenpöl som luftkonditioneringssystemet lämnar efter sig. Så snart du har upptäckt ett läckage måste du hitta källan och åtgärda problemet. Om olja har fått läcka en tid krävs ofta en ångtvätt, högtryckstvätt eller liknande för att det ska gå att tvätta bort den samlade smutsen så att den exakta källan till läckan kan lokaliseras.

4.3 Kontrollera tjockleken för bromsbeläggets friktionsmaterial genom att ta bort ett framhjul

Vakuumslangar

6 Det är relativt vanligt att vakuumslangarna, framförallt i avgassystemen, är numrerade respektive färgkodade eller att de identifieras av ingjutna färgade ränder. Olika system kräver slangar med olika väggtjocklek, hållbarhet och temperaturtålighet. När slangarna byts ut ska de alltid ersättas med nya slangar av samma typ och material.

7 Det enda effektiva sättet att kontrollera en slang är ofta att ta bort den från bilen. Om fler än en slang tas bort måste slangarna och fästena märkas så att monteringen blir korrekt.

8 När du kontrollerar vakuumslangarna ska du även kontrollera eventuella T-fästen i plast. Undersök fästena och leta efter sprickor och kontrollera slangarna där de sitter över fästena så att de inte är åldrade och kan börja läcka.

9 En liten bit vakuumslang kan användas som ett stetoskop för att upptäcka vakuumläckor. Håll ena slangänden nära örat och för stetoskopet över vakuumslangarna och fästen, lyssna efter det "väsande" ljud som tyder på en vakuumläcka.

⚠️ *Varning: Var noga med att inte låta "stetoskopslangen" komma i kontakt med rörliga motorkomponenter som drivremmen, kylarfläkten etc.*

HAYNES TiPS

En läcka i kylsystemet syns normalt som vita eller frostskyddsmedelsfärgade avlagringar på området runt läckan.

Bränsleslangar

⚠️ *Varning: Innan du utför följande arbete ska du ta del av föreskrifterna i "Säkerheten främst!" i början av denna handbok och följa dem underförståttsom beskrivet. Bränsle är en mycket farlig och flyktig vätska och de föreskrifter som är nödvändiga vid hantering av bränsle kan inte betonas för mycket.*

10 Kontrollera att bränsleslangarna inte har skadats eller skavts. Leta extra noga efter sprickor på de ställen där slangarna böjs och precis framför fästen, t.ex. där en slang sitter fast vid bränslefiltret.

11 Använd bränsleledningar av hög kvalitet vid byten, de har oftast ordet "Fluoroelastomer" tryckt på slangen. Använd under inga omständigheter vakuumslangar som inte är förstärkta, genomskinliga plastslangar eller vattenslangar istället för bränsleledningar.

12 Klämmor av fjädertyp används ofta på bränsleledningar. Dessa klämmor förlorar ofta sin spänning med tiden och kan töjas ut vid demonteringen. Uppdatera alla klämmor av fjädertyp till skruvklämmor när en slang byts.

13 Om du misstänker en läcka ska du komma ihåg att en läcka syns tydligare när systemet har fullt arbetstryck, till exempel när motorn är igång eller strax efter avstängning.

Metalledningar

14 Bitar av metallrör används ofta som bränsleledningar mellan bränslefiltret och motorn. Kontrollera noga att metallrören inte är böjda eller veckade och att de inte börjat spricka.

15 Om du måste byta en metallbit av bränsleledningen ska du endast använda heldragna stålrör, eftersom koppar- och aluminiumrör inte är tillräckligt starka för att klara av normala motorvibrationer.

16 Kontrollera bromsledningarna av metall där de går in i huvudcylindern och ABS-hydraulenheten så att de inte är spruckna eller så att beslagen inte sitter löst. Om det finns tecken på bromsvätskeläckage ska du omedelbart utföra en noggrann undersökning av bromssystemet.

5.4 Kontrollera att alla slanganslutningar är täta och att de inte har några tecken på slitage

6.2 Kontrollera skicket på kuggstångens gummidamasker

6.5 Kontrollera hjullagrets slitage genom att ta tag i hjulet och försöka gunga det

6 Styrning och fjädring – kontroll

Framhjulsupphängning och styrinrättning

1 Dra åt handbromsen. Lyft upp framvagnen och ställ den på pallbockar (se *Lyftning och stödpunkter*).
2 Undersök spindelledernas dammskydd och styrinrättningens damasker. De får inte vara spruckna eller skavda och gummit får inte ha torkat **(se bild)**. Slitage på någon av dessa delar gör att smörjmedel läcker ut och att smuts och vatten kan tränga in, vilket snabbt sliter ut spindellederna eller styrinrättningen.
3 Kontrollera servostyrningens slangar och leta efter tecken på nötning och åldrande och undersök rör- och slanganslutningar för att se om det finns oljeläckage. Leta även efter läckor under tryck från styrinrättningens gummidamasker, vilket indikerar trasiga tätningar i styrinrättningen.
4 Kontrollera om det finns tecken på vätskeläckage runt fjädringsbenets stomme eller från gummidamasken runt kolvstången (om en sådan finns). Om vätska upptäcks är stötdämparen defekt invändigt och ett byte krävs.
5 Ta tag i hjulet upptill och nedtill och försök rucka på det **(se bild)**. Ett ytterst litet spel kan märkas men om rörelsen är stor krävs en närmare undersökning för att fastställa orsaken. Fortsätt rucka på hjulet medan en

7.1 Kontrollera drivaxeldamaskernas tillstånd

medhjälpare trycker på bromspedalen. Om spelet försvinner eller minskar markant är det troligen fråga om ett defekt hjullager. Om spelet finns kvar när bromsen är nedtryckt rör det sig om slitage i fjädringens leder eller fästen.
6 Fatta sedan tag i hjulet på sidorna och försök rucka på det igen. Märkbart spel beror antingen på slitage på hjullager eller styrstagets spindelleder. Om den yttre styrstagsänden är sliten är den synliga rörelsen tydlig. Om den inre spindelleden misstänks vara sliten kan detta kontrolleras genom att man placerar handen över kuggstångens gummidamask och tar tag om styrstaget. När hjulet ruckas kommer rörelsen att kännas vid den inre spindelleden om den är sliten.
7 Leta efter glapp i fjädringsfästenas bussningar genom att bända mellan relevant komponent och dess fästpunkt med en stor skruvmejsel eller ett plattjärn. En viss rörelse är att vänta eftersom bussningarna är av gummi men eventuellt större slitage visar sig tydligt. Kontrollera även skicket på synliga gummibussningar, leta efter bristningar, sprickor eller föroreningar i gummit.
8 Ställ bilen på marken och låt en medhjälpare vrida ratten fram och tillbaka ungefär en åttondels varv åt vardera hållet. Det ska inte finnas något, eller bara ytterst lite, spel mellan rattens och hjulens rörelser. Kontrollera noga lederna och fästena enligt tidigare beskrivning om spelet är större men kontrollera dessutom om rattstångens universalknutar är slitna samt även själva kuggstångsväxeln.
9 Stötdämparens effektivitet kan kontrolleras genom att man trycker ner och släpper upp bilen i de båda främre hörnen. Generellt återgår karossen till sitt normala läge och stoppar efter det att den har tryckts ner. Om bilen fortsätter att gunga är stötdämparen förmodligen skadad. Undersök även stötdämparens övre och nedre fästen med avseende på tecken på slitage eller vätskeläckage.

Bakhjulsupphängning

10 Klossa framhjulen och ställ bakvagnen på pallbockar (se *Lyftning och stödpunkter*).
11 Kontrollera om de bakre hjullagren är slitna, använd metoden som anges för de främre hjullagren (punkt 5).
12 Leta efter glapp i fjädringsfästenas

bussningar genom att bända mellan relevant komponent och dess fästpunkt med en stor skruvmejsel eller ett plattjärn. En viss rörelse är att vänta eftersom bussningarna är av gummi men eventuellt större slitage visar sig tydligt. Kontrollera stötdämparnas tillstånd enligt beskrivningen ovan.

7 Drivaxeldamask – kontroll

1 Hissa upp bilen och stöd den på pallbockar (Se *Lyftning och stödpunkter*), vrid ratten till fullt utslag och vrid sedan hjulet långsamt. Undersök skicket på de yttre drivknutsdamaskerna och kläm ihop damaskerna så att vecken öppnas **(se bild)**. Leta efter spår av sprickor, bristningar och åldrat gummi som kan släppa ut fett och släppa in vatten och smuts i drivknuten. Kontrollera även damaskernas klamrar vad gäller åtdragning och skick. Upprepa dessa kontroller på de inre drivknutarna. Om skador eller åldrande upptäcks bör damaskerna bytas enligt beskrivningen i kapitel 8A.
2 Kontrollera samtidigt de yttre drivknutarnas allmänna skick genom att först hålla fast drivaxeln och sedan försöka snurra på hjulen. Upprepa denna kontroll genom att hålla fast den inre leden och försöka rotera drivaxeln. Varje märkbar rörelse i drivknuten är ett tecken på slitage i knuten, på slitage i drivaxelräfflorna eller på att en av drivaxelns fästskruvar/fästmuttrar är lös.

8 Kopplingskontroll

1 Kontrollera att kopplingspedalen rör sig mjukt och lätt hela vägen och att själva kopplingen fungerar som den ska, utan att slira eller dra.
2 Skruva loss de två skruvarna och ta bort den nedre delen av instrumentbrädan över pedalerna för att komma åt kopplingspedalen och lägg på några droppar ljus olja på kopplingspedalens styrskruv. Montera tillbaka panelen.
3 Kontrollera bränsleledningarnas och bränsleslangarnas tillstånd inifrån motorrummet.

9 Pollenfilter – byte

1 Skruva loss de två skruvarna och ta bort den nedre delen av instrumentbrädan över passagerarutrymmets fotutrymme. Lossa lampan i fotutrymmet när panelen tas bort.
2 Demontera den främre delen av mittkonsolens vänstra sidopanel enligt beskrivningen i avsnitt 11.
3 Dra tillbaka mattan något och lossa kåpan

för pollenfilter. Ta bort skruvarna från kåpan i XC90-modellerna. Ta bort filtret **(se bilder)**. I XC60-modellerna är det enklare att komma åt med handskfacket demonterat (enligt beskrivningen i kapitel 11).

4 För det nya filtret på plats, montera tillbaka kåpan och montera tillbaka den nedre delen av instrumentbrädan och konsolens sidopanel. Observera att i XC90-modellerna passar filtret i den mindre öppningen. Det andra spåret är avsett för modeller med en luftkvalitetsgivare.

10 Batteriets elektrolytnivå – kontroll

⚠ Varning: Elektrolyten i batteriet består av utspädd syra – det är en god idé att använda lämpliga gummihandskar. Överfyll inte cellerna vid påfyllningen så att elektrolyten rinner över. Spola bort elektrolyten utan dröjsmål vid spill. Montera tillbaka locken på cellerna och skölj batteriet med rikligt med rent vatten. Försök inte suga ut eventuellt överflödig elektrolyt.

1 I XC60-modellerna är batteriet placerat på motorrummets vänstra sida. I XC90-modellerna är batteriet placerat under det bakre lastutrymmet.

2 Alla modeller som täcks av den här handboken är utrustade med ett underhållsfritt batteri som standardutrustning eller också kan de ha fått ett sådant batteri monterat. Om batteriet i din bil är märkt med Freedom, Maintenance-Free eller något liknande behövs det ingen kontroll av elektrolytnivån (batteriet är helt förseglat och ska inte fyllas på).

3 Batterier som kräver att elektrolytnivån ska kontrolleras känns igen på att det finns borttagbara lock över de sex cellerna – batterihöljet är dessutom genomskinligt ibland så att det är enklare att kontrollera elektrolytnivån.

4 Ta bort locken över cellerna och titta antingen ner i cellerna för att se nivån eller kontrollera nivån med hjälp av märkena på batterihöljet. Elektrolyten ska gå ungefär 15 mm över batteriplattorna.

5 Fyll på lite i sänder med destillerat (avjoniserat) vatten tills nivån i alla sex cellerna

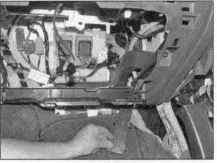

9.3a Lossa kåpan (XC60) . . .

är korrekt – fyll inte cellerna över kanten. Torka upp eventuellt spill och montera sedan tillbaka locken.

6 Ytterligare information om batteriet, laddning och starthjälp finns i början av den här handboken och i kapitel 5.

11 Underrede och bränsle-/bromsledning – kontroll

1 Med bilen upplyft och stöttad på pallbockar (se *Lyftning och stödpunkter*) eller placerad över en smörjgrop, gå igenom underredet och hjulhusen noggrant och leta efter tecken på skador och korrosion. Undersök undersidan av sidokarmunderstyckena extra noga samt alla områden där lera kan samlas.

2 Om tydlig korrosion och rost förekommer, tryck och knacka på den angripna panelen med en skruvmejsel och kontrollera om angreppet är så allvarligt att panelen behöver repareras. Om det inte är mycket korrosion på panelen, ta bort rosten och stryk på ett nytt lager underredsbehandling. I kapitel 11 finns mer information om karossreparationer.

3 Undersök samtidigt de behandlade nedre karosspanelerna med avseende på stenskott och allmänt skick.

4 Undersök alla bränsle- och bromsledningar på underredet, leta efter skador, rost, korrosion och läckage. Se också till att de är ordentligt fästa med klämmorna. Kontrollera om PVC-lagret på ledningarna är skadat, där ett sådant finns **(se bild)**.

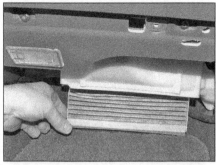

9.3b . .. och ta bort pollenfiltret (XC90)

5 Undersök de böjliga bromsslangarna i närheten av de främre oken och bakaxeln där de utsätts för mest rörelse. Böj dem mellan fingrarna (men böj dem inte för mycket, då kan höljet skadas) och kontrollera att inga sprickor, skåror eller delningar förekommer.

12 Avgassystem – kontroll

1 Med kall motor (minst tre timmar efter det att bilen har körts), kontrollera hela avgassystemet från motorn till änden av avgasröret. Detta ska helst utföras på en lyft där man har obehindrad åtkomst Om det inte finns någon lyft tillgänglig lyfter du upp och stöder fordonet på pallbockarna (se *Lyftning och stödpunkter*).

2 Kontrollera rören och anslutningarna efter tecken på läckor, allvarlig korrosion eller skador. Se till att alla fästbyglar och gummifästen är i gott skick och ordentligt åtdragna Om något av fästena ska bytas ska du se till att de nya är av korrekt typ **(se bild)**. Läckage i någon fog eller annan del visar sig vanligen som en sotfläck i närheten av läckan.

3 Undersök samtidigt bilens undersida efter hål, korrosion, öppna skarvar och liknande som kan leda till att avgaser kommer in i passagerarutrymmet. Täta alla karossöppningar med silikon eller karosskitt med hänsyn tagen till den värme som genereras av avgassystemet och avgaserna.

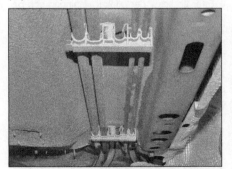

11.4a Kontrollera bränsleslangarnas tillstånd och leta efter tecken på läckor

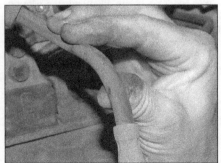

11.4b Kontrollera tillståndet för bromsslangarna av gummi genom att böja dem något och leta efter sprickor

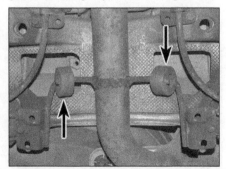

12.2 Se till att gummiavgasfästena är i gott skick

13.5 Ta bort låsringen

4 Skrammel och andra missljud kan ofta härledas till avgassystemet, speciellt till gummifästen. Försök rubba systemet, ljuddämparen (ljuddämparna) och katalysatorn. Om några komponenter kan komma i kontakt med karossen eller fjädringen ska avgassystemet säkras med nya fästen.

13 Handbroms – kontroll och justering

Varning: I modeller som är utrustade med en elektronisk parkeringsbroms (EPB) utförs justeringen av parkeringsbromsen med hjälp av diagnostisk utrustning. Därför ska uppgiften överlåtas till en Volvoverkstad eller annan lämplig specialist.

Observera: *Tidiga XC90-modeller är utrustade med ett självjusterande system som är placerat i den fotmanövrerade pedalen. Om dessa modeller inte redan har uppgraderats till den senare specifikationen (manuell justering) enligt beskrivningen nedan ska detta göras.*

1 I XC90-modellerna kan parkeringsbromsen justeras manuellt.
2 Innan justeringen utförs ska du köra bilen sakta ungefär 400 meter på en lugn väg med handbromsen åtdragen några hack. Detta rensar bort eventuell rost och eventuella avlagringar från handbromsens belägg och trumma.
3 Manövrera parkeringsbromsens fotpedal inifrån bilen och kontrollera att full bromsverkan uppnås på bakhjulen mellan 2 och 5 klick på pedalens spärr. Om så inte är fallet fortsätter du på följande sätt:

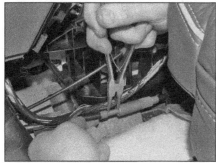

13.6 Justera kabeln med en lämplig tång

4 Ta bort panelen från mittkonsolens vänstra sida och lokalisera vajerjusteraren.
5 Ta bort låsringen **(se bild)** och lossa vajern genom att vrida den medurs. Montera tillbaka låsringen och trampa sedan ned manöverpedalen till den första klämman på spärrmekanismen.
6 Använd en tång för att försiktigt bända isär justerarens delar **(se bild)**. Justeringen är korrekt när bakhjulen är helt låsta när fotpedalen är på den andra till den femte kuggen på spärrmekanismen.
7 Montera tillbaka mittkonsolens sidopanel.

14 Säkerhetsbälte – kontroll

1 Kontrollera att säkerhetsbältena fungerar ordentligt och är i gott skick. Undersök om bältesväven är fransad eller har revor. Kontrollera att bältena dras tillbaka mjukt och inte kärvar i spolarna.
2 Kontrollera säkerhetsbältenas fästen och se till att alla skruvar är ordentligt åtdragna.

15 Kontroll och smörjning av dörrar, baklucka och motorhuv

1 Kontrollera att dörrarna, motorhuven och bakluckan stängs ordentligt. Kontrollera att motorhuvens säkerhetsspärr fungerar korrekt. Kontrollera dörrstängningsremsornas funktion.
2 Smörj gångjärnen, dörrstängningsremsorna, låstungorna och motorhuvens spärr sparsamt med lite olja eller fett.
3 Om någon av dörrarna, motorhuven eller bakluckan inte stängs effektivt eller ser ut som om den inte är i jämnhöjd med de omgivande panelerna ska du utföra de relevanta åtgärder som krävs för justering som finns i kapitel 11.

16 Strålkastarinställning – kontroll

Korrekt inställning av strålkastarna kan endast utföras med optisk utrustning och ska därför överlåtas till en Volvo-verkstad eller en annan lämpligt utrustad verkstad. Alla MOT testcentra har lämplig utrustning.

Grundläggande justering kan utföras i nödfall och mer detaljerad information om detta finns i kapitel 12.

17 Frostskyddsmedel – kontroll av koncentration

1 Kylsystemet ska fyllas med rekommenderad frostskydds- och korrosionsskyddsvätska. Vätskans koncentration kan reduceras efter en tid på grund av påfyllning (detta kan undvikas genom påfyllning av korrekt frostskyddsblandning) eller förlust av vätska. Om förlust av kylvätska har upptäckts är det viktigt att göra den nödvändiga reparationen innan ny vätska tillsätts. Vilken exakt bandning av frostskyddsmedel och vatten som du ska använda beror på de relativa väderförhållandena. Blandningen ska innehålla minst 40 % men inte mer än 70 % frostskyddsmedel. Studera tabellen med blandningsförhållande på frostskyddsmedlets behållare innan du tillsätter kylvätska. Använd frostskyddsmedel som uppfyller biltillverkarens specifikationer.
2 Ta bort locket från expansionskärlet försiktigt när motorn är kall. Om motorn inte är helt kall ska du lägga en tygtrasa över locket innan du tar bort det och ta bort det långsamt så att eventuellt tryck släpps ut.
3 Frostskyddstestare finns i biltillbehörsbutiker. Sug upp lite kylvätska från expansionstanken och kontrollera hur många plastkulor som flyter i provaren. Normalt måste 2 eller 3 kulor flyta för korrekt koncentration av frostskyddsmedel men följ tillverkarens anvisningar.
4 Om koncentrationen är felaktig är det nödvändigt att antingen ta en del av kylvätskan och tillsätta frostskyddsmedel eller alternativt tappa av den gamla kylvätskan och tillsätta ny kylvätska med korrekt koncentration.

18 Indikator för påminnelse om service – återställning

Observera: *Indikatorn för påminnelse om service (SRI) kan även återställas med lämplig diagnostisk utrustning.*

XC60-modellerna

1 Sätt in fjärrkontrollen i urtaget i instrumentbrädan.
2 Tryck snabbt på start/stopp-knappen – detta är läge I.
3 Tryck på återställningsknappen och håll den intryckt.
4 Tryck in fjärrkontrollen helt i urtaget.
5 Tryck på start/stopp-knappen och håll den intryckt i två sekunder för att slå på tändningen.
6 Efter tio sekunder blinkar visningen och på senare modeller tänds en gul varningslampa.
7 Släpp återställningsknappen för trippmätaren inom fyra sekunder. En ljudsignal meddelar att återställningen har slutförts.

XC90-modellerna

8 Vrid tändningsnyckeln till läge I.
9 Tryck på återställningsknappen på färdmätaren och håll den intryckt.
10 Vrid nyckeln till läge II inom två sekunder.
11 Håll återställningsknappen intryckt tills det ursprungliga värdet har återställts. I alla modeller utom de allra tidigaste modellerna tänds en gul varningslampa.
12 Släpp återställningsknappen inom fyra sekunder efter det att den gula

varningslampan har tänts (eller inom fyra sekunder efter återställningen av trippmätaren på väldigt tidiga modeller). Ett varningsljud hörs om återställningen lyckades. Observera att om trippmätaren redan har återställts ska återställningsknappen hållas in under minst tio sekunder och maximalt fjorton sekunder.

13 I en del modeller kan det krävas ett alternativt tillvägagångssätt.

14 Vrid tändningsnyckeln till läge I.

15 Tryck på återställningsknappen på färdmätaren och håll den intryckt.

16 Vrid tändningsnyckeln till läge II.

17 Vänta i tio sekunder och släpp sedan återställningsknappen när informationslampan börjar blinka.

19 Landsvägsprov

Bromssystem

1 Kontrollera att bilen inte drar åt ena hållet vid inbromsning och att hjulen inte låser sig vid hård inbromsning.

2 Kontrollera att ratten inte vibrerar vid inbromsning. Observera att en del vibrationer kan kännas under kraftig inbromsning – detta är en normal egenskap för de låsningsfria bromsarnas (ABS) funktion och indikerar normalt inte något fel.

3 Kontrollera att handbromsen fungerar korrekt och att den håller bilen stillastående i en backe.

4 Kontrollera bromsservoenhetens funktion enligt följande, med motorn avstängd. Tryck ner fotbromsen fyra eller fem gånger för att släppa ut vakuumet. Starta sedan motorn. När motorn startar ska pedalen ge efter märkbart medan vakuumet byggs upp. Låt motorn gå i minst två minuter och stäng sedan av den. Om bromspedalen nu trycks ner igen ska det gå att höra ett väsande ljud från servon medan pedalen trycks ner. Efter ungefär fyra eller fem nedtryckningar ska väsandet inte längre höras och pedalen ska kännas betydligt fastare.

Styrning och fjädring

5 Kontrollera om bilen uppför sig normalt med avseende på styrning, fjädring, köregenskaper och vägkänsla.

6 Kör bilen och var uppmärksam på ovanliga vibrationer eller ljud.

7 Kontrollera att styrningen känns bra utan överdrivet fladder eller ojämnheter och lyssna efter fjädringsmissljud vid kurvtagning och gupp.

Drivlina

8 Kontrollera funktionen för motorn, växellådan och drivlinan.

9 Kontrollera att motorn startar som den ska både när den är kall och när den är varm.

10 Lyssna efter onormala ljud från motorn och växellådan.

11 Kontrollera att motorn går jämnt på tomgång och att den inte tvekar vid acceleration.

12 Kontrollera att alla växlar går i mjukt utan missljud och att växelspaken går jämnt och inte känns inexakt eller hackig i modeller med manuell växellåda.

13 Kontrollera att drivningen känns mjuk i modeller med automatväxellåda – det ska inte förekomma några ryck eller "fladdrande" motorvarvtal när växlingar görs. Kontrollera att alla växellägena kan väljas med bilen stillastående.

Koppling

14 Kontrollera att kopplingspedalen rör sig mjukt och lätt hela vägen och att själva kopplingen fungerar som den ska, utan att slira eller dra. Om rörelsen är ojämn eller stel i en del lägen ska systemets komponenter kontrolleras enligt beskrivningen i kapitel 6.

Parkerings-/frilägesbrytare

15 I modeller som är utrustade med automatväxellåda ska funktionen för lägesbrytaren för Park/Neutral kontrolleras. När bilen fungerar korrekt startar den endast med växelväljaren i parkerings- (P) eller friläget (N).

16 Flytta växelväljaren till valfritt läge (annat än parkerings- eller friläget) med handbromsen åtdragen och fotbromsen nedtrampad och försök starta bilen.

17 Om bilen startar ska du stoppa den omedelbart och kontrollera lägesbrytarens funktion enligt beskrivningen i kapitel 7B.

Instrument och elektrisk utrustning

18 Kontrollera funktionen för alla instrument och den elektriska utrustningen.

19 Kontrollera att instrumenten ger korrekta avläsningar och slå i tur och ordning på all elektrisk utrustning för att kontrollera att den fungerar korrekt.

20 Luftkonditioneringssystem – kontroll

⚠ **Varning: Luftkonditioneringssystemet står under högt tryck. Lossa inte eventuella beslag och ta inte bort några komponenter förrän efter systemet har tömts. Luftkonditioneringens kylmedium måste tömmas korrekt i en godkänd typ av behållare hos en auktoriserad verkstad eller en reparationsverkstad för luftkonditionering i bilar som har kapacitet att hantera kylmediet på ett säkert sätt. Använd alltid ögonskydd när du lossar luftkonditioneringens beslag.**

1 Följande underhållskontroller ska utföras regelbundet för att säkerställa att systemet fortsätter att fungera med högsta tänkbara effektivitet:

a) Kontrollera drivremmen. Om den är sliten eller försämrad ska den bytas (se avsnitt 27).

b) Kontrollera systemets slangar. Leta efter sprickor, bubblor, hårda punkter och slitage. Undersök slangarna och alla beslag med avseende på oljebubblor och utsipprad vätska. Om det finns tecken på slitage, skador eller läckor ska slangen (slangarna) bytas.

c) Undersök kondensorns flänsar med avseende på löv, insekter och annat skräp. Använd en "flänskam" eller tryckluft för att rengöra kondensorn.

d) Kontrollera att tömningsröret från förångarens framsida är rent – observera att det är normalt att det droppar klar vätska (vatten) härifrån när systemet används i en sådan utsträckning att det kan bli en ganska stor pöl under bilen när den är parkerad.

⚠ **Varning: Bär skyddsglasögon vid arbete med tryckluft.**

2 Det är en god idé att använda systemet under ungefär 30 minuter minst en gång i månaden i synnerhet under vintern. En lång tid utan användning kan leda till att säkringarna hårdnar och ett senare funktionsavbrott.

3 På grund av luftkonditioneringssystemets komplexitet och den specialutrustning som krävs för att utföra service på den ingår inte djupgående reparationer i denna handbok med undantag för de tillvägagångssätt som täcks i kapitel 3.

4 Den vanligaste orsaken till dålig kylning är helt enkelt en låg kylmedelsladdning i systemet. Om det uppstår en märkbar förlust när det gäller utmatad kall luft hjälper följande snabbkontroll dig att avgöra om kylmedienivån är låg.

5 Värm upp motorn till normal arbetstemperatur.

6 Placera luftkonditioneringens temperaturväljare i den kallaste inställningen och ställ fläkten på den högsta inställningen. Öppna dörrarna – för att se till att luftkonditioneringssystemet inte stängs av så snart det har kylt ner passagerarutrymmet.

7 När kompressorn är aktiverad – kompressorkopplingen ger ifrån sig ett hörbart klickljud och mitten av kopplingen roterar – känn på inlopps- och utloppsrören på kompressorn. Den ena sidan ska vara kall och den andra varm. Om det inte finns någon märkbar skillnad mellan de två rören är det något fel på kompressorn eller systemet. Det kan vara låg laddning – det kan vara något annat. Ta bilen till en auktoriserad verkstad eller till en luftkonditioneringsexpert för bilar.

21 Bränslefilter – vattenavtömning

1 Bränslefiltret är placerat nära höger bakhjul bak i bilen. I XC60-modellerna är det

21.1 Anslut en slang och lossa bränslefiltrets dräneringsskruv (se pil)

22.1a Ta bort nödnyckeln från fjärrkontrollen

22.1b Använd en skruvmejsel för att bända upp kåpans bakkant

nära bakhjulsupphängningens hjälpram. I XC90-modellerna är filtret placerat bredvid bränsletanken på höger sida. Anslut en slang till dräneringsskruven och placera den öppna änden i en behållare. Lossa dräneringsskruven på filtrets undersida högst 4 varv **(se bild)**.

2 Tappa ur ungefär 10 cl vätska och dra åt dräneringsskruven.

3 Starta motorn och leta efter läckor.

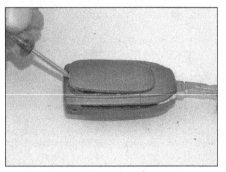

22.2 Bänd upp kåpan

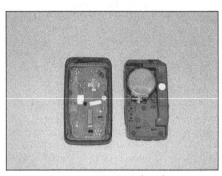

22.3a Ta bort batteriet från kåpan och notera samtidigt dess riktning

22 Fjärrkontrollbatteri – byte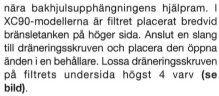

1 För XC60-modellerna gäller att du ska ta ut nödnyckeln från fjärrkontrollens ena ände, sedan använda en liten flatbladig skruvmejsel för att försiktigt bända upp lockets bakkant **(se bilder)**. Ta bort locket.

2 För XC90-modellerna gäller att du ska bända loss locket **(se bild)**.

3 Ta bort batteriet från kontrollen och notera dess riktning **(se bilder)**. Undvik att vidröra batteriet och kontakterna med fingrarna.

4 Montera det nya batteriet i kontrollen, montera tillbaka locket och sätt tillbaka nödnyckeln.

22.3b Montera det nya batteriet i kåpan i XC60-modellerna ...

22.3c ... och i XC90-modellerna

Var 60 000:e km eller vart annat år

23.1 Koppla loss the MAF-givaren

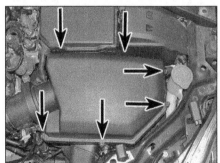

23.2 Skruva loss de skruvar (se pilar) som håller fast luftrenarhusets kåpa

23 Luftrenarelement – byte

XC60

1 Lossa kabelstammen och lossa anslutningskontakten från sensorn för att undvika påkänning på MAF-givaren **(se bild)**.

2 Skruva loss de skruvar som håller fast luftrenarhusets kåpa och lyft upp den **(se bild)**.

3 Lyft av luftrenarelementet från dess placering och observera hur det är monterat **(se bild)**.

4 Undersök om det finns skräp i huset med filtret borttaget. Ta bort eventuellt skräp med en dammsugare eller ta bort hela huset och vänd det upp och ned.

5 Montera det nya elementet, montera tillbaka kåpan och dra åt de skruvar som håller fast den.

XC90

6 Ta bort kåpan **(se bild)**.

7 Ta bort skruvarna från kåpan och lyft ut filtret **(se bilder)**.

8 Undersök om det finns skräp i huset med filtret borttaget. Ta bort eventuellt skräp med en dammsugare eller ta bort hela huset och vänd det upp och ned.

9 Montera det nya elementet, montera tillbaka kåpan och dra åt de skruvar som håller fast den.

---

24 Automatväxellåda – vätskenivåkontroll och byte

Observera: *Om lampan för oljebyte i växellådan tänds kan den endast återställas med särskild testutrustning från Volvo. Arbetet bör överlåtas till en Volvo-verkstad eller lämpligt utrustad specialist.*

Allmänt

1 Om växellådan måste fyllas på regelbundet är detta ett tecken på läckage. Läckaget måste då snarast spåras och åtgärdas.

2 Vätskans skick ska kontrolleras i samband med nivåkontrollen. Om vätskan på mätstickan är svart eller mörkt rödbrun eller om den luktar bränt ska den bytas ut. Om osäkerhet råder beträffande vätskans skick kan dess färg och lukt jämföras med ny vätska.

3 Om bilen används regelbundet för kortare resor, taxiarbete eller om den ofta används med släp måste växellådsoljan bytas ut regelbundet. Om bilen har körts en längre sträcka eller om bilens historia är okänd kan det också vara klokt att byta ut oljan. Normalt behöver dock oljan inte bytas ut.

Vätskenivåkontroll

4 Automatväxellådans vätska måste hela tiden hålla rätt nivå. Låg vätskenivå kan leda till att utväxlingen slirar eller slutar fungera medan för hög nivå kan leda till skumbildning, läckage och skadad växellåda.

5 Helst ska växellådsoljenivån kontrolleras när växellådan är varm (50 °C till 60 °C).

6 Parkera bilen på plant underlag, dra åt handbromsen ordentligt och ta bort motorns underskydd.

7 Ta bort luftrenarhuset enligt beskrivningen i kapitel 4A.

8 Rengör området ovanpå växellådan och runt påfyllningspluggen. Använd sedan en T55-torxbits och skruva loss påfyllningspluggen **(se bild)**.

9 Passa in en slangände i påfyllningsöppningen och fäst en tratt i andra änden. Montera provisoriskt tillbaka luftrenarhuset.

10 Starta motorn. Med motorn på tomgång trycker du ner bromspedalbrytaren och flyttar

23.3 Lyft upp kåpan och ta bort luftrenarelementet

23.7a Ta bort kåpans skruvar

växelväljaren genom alla växellägen (stanna två sekunder på varje läge). Avsluta med att återgå till läge P.

11 Med motorn igång, skruva loss nivåpluggen från mitten av växellådans avtappningsplugg med en T40-torxbits **(se bild)**. Om det inte kommer någon vätska från spaköppningen ska du fylla på den angivna vätskan (se *Smörjmedel och vätskor*) genom tratten och slangen tills den kommer ut därifrån. Sätt tillbaka avtappningspluggen, med en ny tätningsbricka om det behövs, och dra åt den till angivet moment. Observera att vätsketemperaturen **inte får** överstiga 60 °C.

12 Stanna motorn, ta bort luftrenarhuset och dra åt vätskepåfyllningspluggen till angivet moment. Sätt dit en ny tätningsbricka.

13 Monterat tillbaka luftrenarhuset enligt beskrivningen i kapitel 4A och montera sedan tillbaka motorns undre skyddskåpa.

24.8 Skruva loss växellådans påfyllningsplugg (se pil)

23.6 Ta bort kåpan

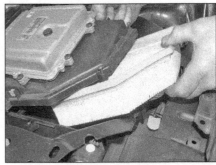

23.7b För ut luftfiltret

Vätskepåfyllning

Observera: *Automatväxelolja behöver normalt inte bytas. Det måste endast utföras på bilar som huvudsakligen används för bogsering eller som taxibilar.*

Observera: *Mät alltid den mängd vätska som tas ut från växellådan som en kontroll vid byte av vätskan. Detta ger en god indikation om den mängd vätska som måste fyllas på i växellådan.*

14 Helst ska växellådans olja tappas ur när växellådan är varm (vid normal arbetstemperatur). Observera att vätsketemperaturen inte får överstiga 60 °C, annars blir den uppmätta nivån felvisande.

15 Lyft upp bilens framvagn och bakvagn i tur och ordning och ställ den på pallbockar (se *Lyftning och stödpunkter*). Bilen måste stå på plan mark.

16 Skruva loss skruvarna och ta bort motorns undre skyddskåpa.

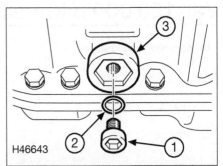

24.11 Växellåda nivåplugg (1), avtappningsplugg (3) och tätningsbricka (2)

24.18 Tappa av vätskan

25.2 Tappa av vätskan i ett lämpligt kärl

25.3a Ta bort huset...

25.3b ... ta loss filtret ...

25.3c ... och tätningen

28 Skruva loss nivåpluggen från mitten av avtappningspluggen och fyll på vätska genom påfyllningshålet tills den börjar rinna ut genom nivåpluggshålet. Montera tillbaka nivå och påfyllningspluggen och dra åt den till angivet moment.
29 Montera tillbaka luftrenarhuset.

25 Bränslefilter – byte

Observera: Se till att bränsletanken är mindre än 3/4 full innan du tar bort filtret.
1 Bränslefiltret är placerat nära höger bakhjul bak i bilen. I XC60-modellerna är det nära bakhjulsupphängningens hjälpram. I XC90-modellerna är filtret placerat bredvid bränsletanken på höger sida.
2 Placera ett kärl under filtret, lossa sedan dräneringsskruven på filtrets undersida och låt vätskan rinna ut (se bild).
3 Använd en universalavdragare eller ett filterborttagningsverktyg för att skruva loss filtret från huset (se bilder). Var beredd på spill.
4 Se till att den lilla O-ringstätningen sitter på filtrets övre del och sätt sedan dit den stora O-ringstätningen på filterhuset. Montera den nya filterinsatsen i filterhållaren och sätt sedan dit enheten i huset. Se till att insatsens övre del passar in i huset. Dra åt filtret för hand tills tätningen kommer i kontakt med hållaren, dra sedan åt den till angivet moment.
5 Starta motorn och leta efter läckor.

17 Placera ett kärl under växellådan och skruva loss nivåpluggen från mitten av avtappningspluggen med hjälp av en T40-torxbits (se bild 24.11).
18 Skruva loss avtappningspluggen från växellådan och låt vätskan rinna ut (se bild). Sätt tillbaka avtappningspluggen med en ny tätning och dra åt den till angivet moment.
19 Montera tillbaka nivåpluggen men dra endast åt den för hand på det här stadiet.
20 Demontera luftrenarhuset enligt beskrivningen i kapitel 4A.
21 Rengör området ovanpå växellådan, runt påfyllningspluggen. Använd sedan en T55-torxbits och skruva loss påfyllningspluggen (se bild 24.8).
22 Lossa vätskereturslangen från kylenheten bredvid kylaren och fäst en bit genomskinlig slang på kylenheten. Volvos specialverktyg nr

999 7363 kan vara användbart för detta arbete. Stick in slangen i dräneringsbehållaren.
23 Använd en tratt och fyll på 4,0 liter av den angivna vätskan i växellådshuset genom påfyllningshålet.
24 Montera tillbaka luftrenarenheten temporärt. Dra åt handbromsen och kontrollera att växelspaken är i läge P.
25 Starta motorn och låt den gå på tomgång. Lägg i alla växellägen, stanna två sekunder på varje läge. Slå av motorn när det syns luftbubblor i den genomskinliga slangen som är fäst på kylenheten.
26 Fyll på 2,0 liter av den angivna vätskan. Starta sedan motorn igen och låt den gå på tomgång. Slå av motorn när det syns luftbubblor i den genomskinliga slangen.
27 Koppla loss den genomskinliga slangen från kylenheten och återanslut vätskereturslangen.

Var 150 000:e km eller vart 5:e år

26 Kamrem och spännare – byte

Se kapitel 2A.

27 Drivrem – byte

1 Drivremmen överför kraft från

vevaxelremskivan till generatorn, styrpumpen och luftkonditioneringskompressorn (efter tillämplighet).
2 Lyft först upp framvagnen och stötta den ordentligt på pallbockar för att ta bort drivremmen (se Lyftning och stödpunkter). Skruva loss fästena och ta bort motorns undre skyddskåpa. Ta bort höger framhjul och hjulhusfoder. Ta bort plastkåpan ovanpå motorn.
3 Den korrekta drivremsspänningen uppnås av en automatisk justerar- och spännarenhet. Denna enhet är fastskruvad på motorns främre del och har en fjäderbelastad

tomgångsremskiva. Modeller som är utrustade med elektrohydraulisk servostyrning (EHPS) har en separat "spänn"-rem som driver luftkonditioneringskompressorn.

Modeller med EHPS

4 Använd en lämplig torxbits för att vrida remspännaren moturs och lossa remmens spänning. Observera huvudremmens väg och ta bort den (se bild). Kontrollera att det inte finns några ojämnheter på spännarremskivan och att den inte är skadad. Byt om det behövs.

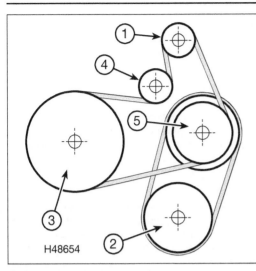

27.4 Multiremsdragning – modeller med EHPS

1 Generatorns remskiva
2 Remskiva till AC-kompressor
3 Vevaxelns remskiva
4 Spännare
5 Överföringsremskiva

H48654

27.7 Montera en ny rem

5 I tidiga modeller ska du lossa de fyra skruvar som håller fast huvuddrivremmens remskiva på överföringsremskivan och ta bort remskivan.

6 Kapa spännremmen med en lämplig sidavbitare eller en mindre bågfil.

7 Montera den nya remmen med Volvos eget spännverktyg (Volvo 9997250) eller använd en påsättare för eftermarknaden. Vi lyckades få på remmen på remskivorna utan att använda några specialverktyg **(se bild)**.

8 Vrid runt remskivan flera gånger med remmen monterad för att kontrollera att den nya remmen löper korrekt i remskivans spår.

9 Montera huvuddrivremmens remskiva och dra åt skruvarna till angivet moment.

10 Vrid huvuddrivremsspännaren och montera den nya remmen. Lossa spännaren.

11 Vrid motorn i den normala riktningen och kontrollera att den nya remmen är rätt monterad.

Modeller med servostyrning av standardtyp

12 Ta bort drivremskåpan om sådan finns.

13 Använd Volvos verktyg nr 999 7109 eller en T60 torxbits och en skiftnyckel för att vrida spännaren medurs och därigenom lossa spänningen. Sätt in enett lämpligt borrs genom låshålet. Dra av remmen från alla remskivor, lossa sedan spännaren och ta bort remmen **(se bilder)**.

14 Kontrollera spännaren och tomgångsremskivorna med avseende på grovhet eller skada. Byt om det behövs.

15 Montera den nya skruven löst över remskivorna och spännaren och se till att den sitter korrekt – vänta dock med att sätta på remmen på den övre remskivan (servostyrningspumpen) **(se bild)**.

16 Vrid spännaren medurs, för sedan på drivremmen på den övre remskivan. Lossa spännaren som nu gör justeringen automatiskt.

Alla modeller

17 Montera tillbaka det inre hjulhusfodret och motorns undre skyddskåpa. Montera motorkåpan.

18 Montera tillbaka hjulet och sänk ner bilen på marken. Dra åt hjulskruvarna till angivet moment.

27.13a Använd en fast nyckel (se pil) ...

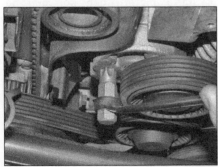

27.13b ... eller en T60 torxbits för att vrida spännaren medurs

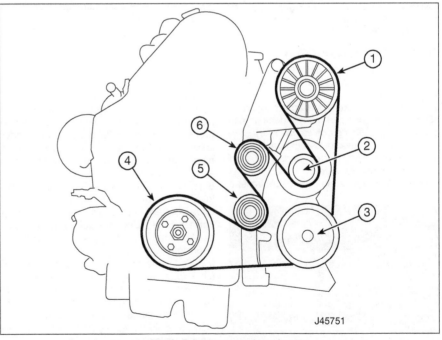

J45751

27.15 Drivremmens dragning

1 Remskiva till servostyrningspumpen
2 Generatorns remskiva
3 Remskiva till AC-kompressor
4 Vevaxelns remskiva
5 Spännare
6 Tomgångsremskiva

Vartannat år, oberoende av körsträcka

28 Bromsolja – byte

 Varning: Hydraulisk bromsolja kan skada ögonen och bilens lack, så var ytterst försiktig

vid hanteringen. Använd aldrig vätska som stått i ett öppet kärl under någon längre tid eftersom den absorberar fukt från luften. För mycket fukt i bromsoljan kan medföra att bromseffekten minskar, vilket är livsfarligt.

Tillvägagångssättet är snarlikt det som gäller för luftning av hydraulsystemet enligt

beskrivningen i kapitel 9 med undantag av att bromsvätskebehållaren ska tömmas med en hävert och att man ska låta den gamla vätska tränga ut vid luftningen av varje del av kretsen.

Eftersom kopplingens hydraulsystem delar vätskebehållare med bromssystemet kan du behöva lufta kopplingen också (se kapitel 6).

Vart 3: år, oberoende av körsträcka

29 Kylvätska – byte

Observera: *Om äkta Volvo kylvätska i angiven mängd har bibehållits i systemet kontinuerligt är det normalt inte nödvändigt att byta kylvätska. För att vara helt säker på att kylvätskans frostskydds- och korrosionsskyddsegenskaper är korrekta rekommenderas dock ett regelbundet byte.*

 Varning: Vänta till dess att motorn är helt kall innan detta arbete påbörjas. Låt inte frostskyddsmedel komma i kontakt med huden eller lackerade ytor på bilen. Spola omedelbart bort eventuellt spill med stora mängder vatten. Lämna aldrig frostskyddsmedel stående i en öppen behållare eller i en pöl på marken eller garagegolvet. Barn och husdjur lockas av den söta lukten men frostskyddsmedel är dödligt giftigt att förtära.

Tömning av kylsystemet

1 När du ska tömma systemet, ta först bort expansionskärlets påfyllningslock (se *Veckokontroller*).
2 Om det krävs ytterligare arbetsutrymme, höj framvagnen och stötta den ordentligt med pallbockar (se *Lyftning och stödpunkter*).
3 Skruva loss skruvarna och ta bort motorns undre skyddskåpa, placera sedan ett stort tömningstråg under kylaren.
4 Lossa tömningskranen i det nedre vänstra

29.4 Kylarens tömningskran (se pil)

hörnet på kylaren, fäst en slang på rörstumpen och låt kylvätskan rinna ner i tråget. Om ingen avtappningskran är monterad ska du försiktigt lossa klämman och lossa kylarens nedre slang (se bild).

Spolning av systemet

5 Med tiden kan kylsystemet gradvis förlora effekt allt eftersom kylaren fylls med rost och andra avlagringar. Detta är särskilt troligt om en sämre typ av frostskyddsmedel har använts. För att minimera risken för detta ska du, förutom att alltid använda frostskyddsmedel av bra kvalitet och rent, mjukt vatten, spola systemet enligt följande om någon del av systemet har åtgärdats och/ eller när kylvätskan byts.
6 När kylvätskan är uttömd ska du stänga avtappningskranarna och fylla på systemet med rent vatten. Montera expansionskärlets påfyllningslock, starta motorn och värm upp den till normal arbetstemperatur. Stäng sedan av motorn, låt den svalna helt och töm systemet igen. Upprepa om det behövs tills endast rent vatten kommer ut ur systemet. Avsluta med att fylla på med angiven kylvätskeblandning.
7 Om du endast har använt rent, mjukt vatten och frostskyddsmedel av bra kvalitet och kylvätskan har bytts vid de angivna tidpunkterna räcker den ovanstående proceduren för att hålla systemet rent under en längre tid. Om systemet har försummats på något sätt krävs dock en noggrannare metod, enligt följande.
8 Tappa först ur kylvätskan. Koppla sedan loss kylarens övre och nedre slang. Sätt in en trädgårdsslang i kylarens övre slanganslutning och låt vatten cirkulera genom kylaren tills det kommer ut rent vatten från den nedre öppningen.
9 För att spola motorn tar du bort termostaten (se kapitel 3), sätt in trädgårdsslangen i termostathuset och låt vatten cirkulera tills det kommer ut rent vatten från den nedre slangen. Om det fortfarande inte kommer ut rent vatten efter en rimlig tid ska kylaren spolas med en rengöringsvätska av god kvalitet.
10 Vid kraftig nedsmutsning kan man behöva bakspola kylaren. Ta bort kylaren (se kapitel 3) för att göra detta, vänd den upp och ned och sätt in trädgårdsslangen i det nedre utloppet.

Fortsätt att spola tills rent vatten kommer ut från det övre slangutloppet. Ett liknande tillvägagångssätt kan användas för att spola värmepaketet.
11 Användning av kemiska rengöringsmedel är endast nödvändig som en sista utväg. Normalt förhindrar användning av korrekt kylvätska förorening av systemet.

Påfyllning av kylvätska

12 När kylsystemet är tömt och har spolats igenom, se till att alla komponenter och slanganslutningar som har rörts är ordentligt fastsatta och att avtappningskranen är ordentligt åtdragen. Montera tillbaka motorns undre skyddskåpa som tagits bort för åtkomst. Sänk ner bilen, om den är upplyft.
13 Förbered en tillräcklig mängd av den angivna kylvätskeblandningen (se Specifikationer); Se till att ha lite för mycket så att du kan fylla på igen senare.
14 Fyll långsamt på systemet genom expansionskärlet. Eftersom kärlet är systemets högsta punkt ska all luft i systemet förflyttas till tanken av den stigande vätskan. Långsam påfyllning minskar risken att luft stängs in och bildar hindrande bubblor. Det hjälper dessutom om de stora kylarslangarna kläms ihop försiktigt under påfyllningen.
15 Fortsätt påfyllningen tills kylvätskenivån når expansionskärlets MAX-nivålinje och vänta sedan i några minuter. Fortsätt samtidigt att klämma kylarslangarna. När nivån slutar sjunka fyller du på upp till MAX-nivån och sätter tillbaka expansionskärlets lock.
16 Starta motorn och kör den på tomgångsvarvtal tills den har värmts upp till normal drifttemperatur. Om nivån i expansionskärlet sjunker betydligt, fyll på till MAX-nivåmarkeringen för att minska mängden luft som cirkulerar i systemet.
17 Stoppa motorn, låt den svalna **helt** (om möjligt över natten), ta sedan bort expansionskärlets påfyllningslock och fyll på tanken till MAX-nivålinjen. Sätt tillbaka påfyllningslocket och dra åt det ordentligt samt skölj bort eventuellt utspilld kylvätska från motorrummet och karossen.
18 Efter påfyllningen ska du alltid undersöka alla systemets komponenter (men framförallt anslutningar som har rörts under tömning och

spolning) och kontrollera om de visar tecken på kylvätskeläckage. Ny frostskyddsvätska har en sökfunktion som snabbt avslöjar alla svaga punkter i systemet.

Luftlås

19 Om du efter att ha tömt och fyllt på systemet ser symptom på överhettning som inte fanns tidigare beror detta nästan alltid på att det finns luft någonstans i systemet som orsakar luftfickor och hindrar kylvätskans flöde Luft fastnar vanligtvis på grund av att systemet fylls på för snabbt.

20 Om du misstänker att det finns en luftficka, försök först att försiktigt klämma på alla synliga kylvätskeslangar. När man klämmer på en kylvätskeslang som är full av luft känns den annorlunda än en slang full av kylvätska. När systemet har fyllts på försvinner de flesta luftfickor efter att systemet har svalnat och fyllts upp.

21 Med motorn igång och på sin normala arbetstemperatur, slå på värmeenheten och värmeenhetens fläkt och kontrollera om det kommer värme. Om det finns tillräckligt med kylvätska i systemet kan bristande värme bero på en luftficka i systemet.

22 Luftfickorna kan ha allvarligare effekter än att bara minska värmen från värmeenheten – en stor luftficka kan minska kylvätskeflödet runt motorn. Kontrollera att kylarens övre slang är varm när motorn har nått arbetstemperatur. En kall överslang kan orsakas av en luftficka (eller av en stängd termostat).

23 Om problemet kvarstår, stanna motorn och låt den svalna **helt** innan du skruvar loss expansionskärlets påfyllningslock eller lossar slangarna för att tömma ut luften som är kvar. I värsta fall kan systemet behöva tömmas delvis eller helt (den här gången kan kylvätskan sparas för återanvändning) och spolas för att få bort problemet.

Kapitel 2 Del A
Reparationer med motorn kvar i bilen

Innehåll

Svårighetsgrader

Enkelt, passar novisen med lite erfarenhet	Ganska enkelt, passar nybörjaren med viss erfarenhet	Ganska svårt, passar kompetent hemmamekaniker	Svårt, passar hemmamekaniker med erfarenhet	Mycket svårt, för professionell mekaniker

Specifikationer

Allmänt

Motortyp	Vätskekyld, dubbla överliggande kamaxlar, 20 ventiler, rak femcylindrig, med både motorblock och topplock av lättmetall, med cylinderfoder av gjutjärn
Motorkoder	D5204 T2, D5204 T3 D5244 T4, D5244 T5, D5244 T10, D5244 T11, D5244 T14 och D5244 T18
Volym:	
D5204	1984 cc
D5244	2400 cc
Lopp: D5204	81,0 mm
D5244	81,0 mm
Kolvslag:	
D5204	77,0 mm
D5244	93,15 mm

Motorkod	Utgående effekt	Vridmoment
D5204 T2	120 kW	400 Nm vid 1400 till 2750 varv/minut
D5204 T3	120 kW	400 Nm vid 1500 till 2850 varv/minut
D5244 T4	136 kW	350 Nm vid 1750 till 3250 varv/minut
D5244 T5	120 kW	340 Nm vid 1750 till 3000 varv/minut
D5244 T10	151 kW	420 Nm vid 1500 till 3000 varv/minut
D5244 T11	158 kW	420 Nm vid 1500 till 3250 varv/minut
D5244 T14	129 kW	420 Nm vid 1500 till 2750 varv/minut
D5244 T16	120 kW	420 Nm vid 1500 till 2500 varv/minut
D5244 T18	147 kW	420 Nm vid 1900 till 2800 varv/minut

Kompressionsförhållande	17.3:1 till 18.0:1 beroende på motor. Rådfråga en Volvo-verkstad for en exakt specifikation
Tändningsföljd	1-2-4-5-3
Placering för cylinder 1	Kamremsänden

Kamaxel

Drivning	Kuggrem

Ventiler

Ventilspel	Hydrauliska kompensatorer – det behövs ingen justering

Topplockspackning – välja

Kolvens utbuktning över packningsytan (se text):	Min	Max
1 hål	0,26 mm	0,47 mm
2 hål	0,47 mm	0,52 mm
3 hål	0,52 mm	0,57 mm
4 hål	0,57 mm	0,62 mm
5 hål	0,62 mm	0,74 mm

Smörjningssystem

Oljepumpstyp	Monterad på motorblockets framsida och drivs direkt från vevaxeln
Oljetryck - minimum (motorn i arbetstemperatur):	
Vid tomgång (vid 800 varv/minut på 2-litersmotorn)	1,0 bar
Vid 4000 varv/minut	3,5 bar

Åtdragningsmoment

	Nm
Anslutning till turboaggregatets oljeavtappningsrör	12
Avgasrör till turboaggregatet	24
Bränslefördelarskena/insprutningsventilernas röranslutningar:*	
Steg 1	10
Steg 2	Vinkeldra ytterligare 60°
Bränslefördelarskenans fästskruvar	24
Bränsleinsprutningspump	18
Drivplatta:*	
Steg 1	45
Steg 2	Vinkeldra ytterligare 50°
Drivremsspännare	24
Fästskruvar till katalysator	10
Glödstift	8
Kamaxeldrevskruv	30
Kamaxelgivare	10
Kamaxelkåpa	10
Kamaxellageröverfall	10
Kamaxelns ändtätning/lageröverfall (M7)	17
Kamremmens tomgångsöverföring	24
Kamremsspännare	24
Kolvavkylningsmunstycken	17
Kolvens kylventil	51
Kylvätsketemperaturgivare	22
Momentomvandlarens skruvar*	60
Motorfästen (XC60):	
Höger sida:*	
Fästbygel (M12)	80
Fäste på topplocket	48
Skruvar till momentstag*	110
Vänster sida:*	
Fästbygel:	
M8	24
M12	80
Fäste till växellåda	175
Motorfästen (XC90):	
Bakre momentstag (på växellådan)	50
Bakre momentstag (på hjälpramen)	
Steg 1	65
Steg 2	Vinkeldra ytterligare 90°
Främre fäste (M10)	50
Höger fäste (till motor):	
M10	
Steg 1	35
Steg 2	Vinkeldra ytterligare 60°
M8	
Steg 1	20
Steg 2	Vinkeldra ytterligare 60°
Höger fäste (på hjälpramen):	
Steg 1	120
Steg 2	Vinkeldra ytterligare 40°
Övre fäste (på fjäderbenstornet)	50
Övre fäste (fjäderbensstöd på fjäderben och på motorn)	85
Övre fäste (på motorn)	50

Åtdragningsmoment (forts.)

	Nm
Mutter till vevaxeldrev	300
Oljefilter	25
Oljekylarens fästskruvar	17
Oljepumpens skruvar	10
Oljetryckskontakt	27
Oljeupptagarrör	17
Skruva till vevaxelremskiva:*	
Steg 1	35
Steg 2	Vinkeldra ytterligare 50°
Skruvar till insprutningsventil*	13
Sump:	
Sump på växellåda	50
Sump till motor	17
Sumpens avtappningsplugg (motorolja)	38
Svänghjul:*	
Steg 1	45
Steg 2	Vinkeldra ytterligare 65°
Topplocksskruvar:*	
2,4 liters motor	
Steg 1	20
Steg 2	Lossa
Steg 3	20
Steg 4	50
Steg 5	Vinkeldra ytterligare 90°
Steg 6	Vinkeldra ytterligare 90°
2,0 liters motor	
Steg 1	20
Steg 2	Lossa
Steg 3	20
Steg 4	50
Steg 5	Vinkeldra ytterligare 120°
Steg 6	Vinkeldra ytterligare 120°
Turboaggregat till grenrör	35
Tvärbalk katalysator	24
Vakuumpump	17
Vevaxelns mellandel:	
Dra åt i följande ordningsföljd:	
M10*	20
M10	40
M8	24
M7	17
M10	Vinkeldra ytterligare 110°
Vevstakens överfall*:	
Steg 1	30
Steg 2	Vinkeldra ytterligare 90°

* Återanvänds inte. Volvo anger att om ett fäste kräver vinkelåtdragning måste det alltid bytas. Alla fästen som hålls fast av gänglåsningsmassa måste också bytas. Mutter med en nyloninsats måste alltid bytas.

1 Allmän information

Inledning

Motorerna är vattenkylda, har dubbla överliggande kamaxlar, 20 ventiler, raka femcylindriga motorer med en volym på 2,0 och 2,4 liter, med både motorblocket och topplocket tillverkat av lättmetallegering, med cylinderhylsor av gjutjärn. Motorn är tvärställd i bilens främre del, med växellådan till vänster om motorn.

Topplocket har kamaxlar som drivs av en tandad kamrem från vevaxeln till insugskamaxeln. Ett tandat drev på insugsaxeln driver ett motsvarande drev på avgaskamaxeln. En Oldham-koppling på insugskamaxelns vänstra ände driver låg-/högtrycksbränslepumpen, medan vakuumpumpen drivs från avgaskamaxelns vänstra ände. Topplocket innehåller även de 20 insugs- och avgasventilerna (4 per cylinder) som stängs av enkla spiralfjädrar och går i styrningar som är intryckta i topplocket. Kamaxeln styr ut ventilerna via vipparmarna av rulltyp som styr topplockets hydrauliska ventillyftare. Dessutom innehåller topplocket oljekanaler för matning och smörjning av de hydrauliska ventillyftarna.

Alla motorer har direktinsprutning där virvelkamrarna är integrerade med kolvarnas ovandelar. Topplocket innehåller två separata insugsportar per cylinder. Dessa portar har olika längd och geometri för att säkerställa en effektivare förbränning och minskade utsläpp.

Vevaxeln i smitt stål är av typen med sex lager och ramlagerskålarna nr 5 (från kamremssidan) innehåller separata tryckbrickor för kontroll av vevaxelns axialspel. Insugskamaxeln drivs av en kuggrem från vevaxeldrevet och remmen driver även vattenpumpen på motorns baksida.

Kolvarna är tillverkade i aluminiumsilikonlegering med grafittäckta mantlar för att minska friktionen. Kolvarna har

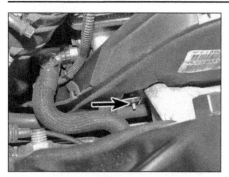

3.1 Skruva loss fästbygeln (se pil) på kamremskåpans främre del

inbyggda kylkanaler med olja som matas ut av fasta munstycken på cylindrarnas fot. När varje kolv når den nedre änden av sitt slag linjerar oljemunstycket med ett hål längst ner på kolven, och olja tvingas genom kylkanalen.

Motorn har ett fullständigt smörjningssystem. Det finns en duocentrisk inre oljepump av drevtyp på vevaxelns främre del. Oljefiltret är av papperstyp och är monterat på motorblockets främre del.

Använda kapitlet

I det här kapitlet beskrivs de reparationer som kan utföras med motorn monterad i bilen. Om motorn har tagits ur bilen och tagits isär enligt beskrivningen i del B kan alla preliminära isärtagningsinstruktioner ignoreras.

Observera att även om det är möjligt att fysiskt renovera delar som kolven/vevstaken medan motorn sitter i bilen, så utförs sällan sådana åtgärder separat. Normalt måste flera ytterligare åtgärder utföras (för att inte nämna rengöring av komponenter och smörjkanaler) Av den anledningen klassas alla sådana åtgärder som större renoveringsåtgärder och beskrivs i del B i det här kapitlet.

Del B beskriver demontering av motor/växellåda samt tillvägagångssättet för de reparationer som kan utföras med motorn/växellådan demonterad.

Reparationer med motorn kvar i bilen

Följande moment kan utföras utan att motorn tas bort:

a) *Drivrem – demontering och montering.*
b) *Kamaxlar – demontering och montering.*

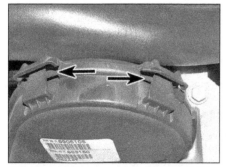

3.2 Lossa klämmorna (se pilar) som håller fast kamremskåpan

c) *Kamaxelns oljetätningar – byte.*
d) *Kamaxeldrev – demontering och montering.*
e) *Kylvätskepump – demontering och montering (se kapitel 3)*
f) *Vevaxeltätning – byte.*
g) *Vevaxeldrev – demontering och montering.*
h) *Topplock – demontering och montering.*
i) *Motorfästen – kontroll och byte.*
j) *Oljepump och upptagare – demontering och montering.*
k) *Sump – demontering och montering.*
j) *Kamrem, drev och kåpa – demontering, kontroll och montering.*

Observera: *Det går att demontera kolvar och vevstakar (sedan topplock och sump demonterats) utan att lyfta ur motorn från bilen. Detta rekommenderas dock inte. Arbete av denna typ är mycket enklare att utföra med motorn på en arbetsbänk, enligt beskrivningen i kapitel 2B.*

2 Kompressions- och tryckförlustprov – beskrivning och tolkning

Kompressionsprov

Observera: *Det krävs en kompressionsprovare som kan användas på dieselmotorer för det här provet.*

1 Om motorns prestanda sjunker, eller om den misständer, kan ett kompressionsprov ge ledtrådar till motorns skick. Om kompressionsprov tas regelbundet kan de ge förvarning om problem innan några andra symptom uppträder.

2 En kompressionsprovare speciellt avsedd för dieselmotorer måste användas eftersom trycket är högre. Provaren är ansluten till en adapter som är inskruvad i glödstiftshålet. Det är inte troligt att det är ekonomiskt försvarbart att köpa en sådan provare för sporadiskt bruk, men det kan gå att låna eller hyra en. Om detta inte är möjligt, låt en verkstad utföra kompressionsprovet.

3 Såvida inte specifika instruktioner som medföljer provaren anger annat ska följande iakttagas:

a) *Batteriet ska vara väl laddat, luftfiltret måste vara rent och motorn ska hålla normal arbetstemperatur.*
b) *Alla glödstift ska tas bort innan provet påbörjas.*
c) *Motorstyrmodulens relä måste tas bort från säkrings- och relähuset.*

4 Det finns ingen anledning att hålla gaspedalen nedtryckt under provet eftersom en dieselmotors luftintag inte är strypt.

5 Tillverkarna anger inte någon slitagegräns för kompressionstryck. Rådfråga en Volvo-verkstad eller dieselspecialist om du är tveksam om ett avläst tryck är godtagbart.

6 Orsaken till dålig kompression är svårare att fastställa på en dieselmotor än en bensinmotor. Effekten av att tillföra olja i cylindrarna (vått

prov) är inte entydig, eftersom det finns en risk att oljan sätter sig i urtagen på kolvkronorna i stället för att ledas till kolvringarna. Följande kan dock användas som en grov diagnos.

7 Alla cylindrar ska producera ungefär samma tryck. En skillnad på mer än 5,0 bar mellan två av cylindrarna indikerar ett fel. Observera att kompressionen ska byggas upp snabbt i en fungerande motor; om kompressionen är låg i det första kolvslaget och sedan ökar gradvis under följande slag är det ett tecken på slitna kolvringar. Lågt tryck som inte höjs är ett tecken på läckande ventiler eller trasig topplockspackning (eller ett sprucket topplock).

8 Lågt tryck i två angränsande cylindrar är nästan helt säkert ett tecken på att topplockspackningen mellan dem är trasig.

Tryckförlustprov

9 Ett tryckförlustprov mäter hur snabbt trycket sjunker på tryckluft som förs in i cylindern. Det är ett alternativ till kompressionsprov som på många sätt är överlägset, eftersom den utströmmande luften anger var tryckfallet uppstår (kolvringar, ventiler eller topplockspackning).

10 Den utrustning som krävs för tryckförlusttest är som regel inte tillgänglig för hemmamekaniker. Om dålig kompression misstänks måste detta prov därför utföras av en verkstad med lämplig utrustning.

3 Kamremskåpor – demontering och montering

Demontering

1 Skruva loss skruven och ta bort rörfästbygeln på kamremskåpans främre yta **(se bild)**.
2 Lossa de 5 fästklämmorna och ta bort kåpan **(se bild)**.

Montering

3 Monteringen av kåpan görs i omvänd ordningsföljd jämfört med det relevanta tillvägagångssättet för demontering. Se till att alla rubbade slangar återansluts och hålls fast av sina relevanta klämmor.

4 Kamrem – demontering, kontroll och montering

Observera: *När kamremmen byts ska sträckaren och tomgångsremskivan också bytas enligt beskrivningen i avsnitt 5.*

Demontering

1 Kamaxeldrevet och kylvätskepumpsdrevet drivs av kamremmen från vevaxelns kedjedrev. Vevaxeln och kamaxeldrevet rör sig synkront för att försäkra korrekt ventilinställning. Om kamremmen slirar eller brister med motorn igång rubbas ventilsynkroniseringen, vilket kan leda till kontakt mellan kolvar och ventiler och därmed åtföljande allvarliga motorskador.

2 De motorer som behandlas i det här kapitlet är utformade så att kolven kommer att komma i kontakt med ventilen om vevaxeln vrids när kamremmen är demonterad. Därför är det viktigt att rätt synkronisering mellan kamaxeln och vevaxeln bibehålls när kamremmen är demonterad. Detta uppnås genom att motorn sätts i ett referensläge (även kallat övre dödpunkt eller ÖD) innan kamremmen tas bort, och att skaften sedan hindras från att rotera tills remmen har monterats tillbaka. Om motorn har tagits isär för renovering måste den ställas till ÖD vid ihopmonteringen för att korrekt axelsynkronisering ska kunna garanteras.

3 ÖD är den högsta punkt en kolv når i sin cylinder – i en fyrtaktsmotor når varje kolv ÖD två gånger per arbetscykel, en gång i kompressionstakten och en gång i avgastakten. Normalt avses med ÖD cylinder nr 1 i sitt kompressionsslag. Cylindrarna är numrerade från ett till fem, med början vid motorns kamremssida. Observera att när tändinställningsmärkena är linjerade på just den här motorn, är kolv nr 1 placerad precis före ÖD.

4 Se Koppla loss batteriet i kapitel 5 innan du börjar arbeta.

5 Lossa de främre högre hjulskruvarna, lyft sedan upp bilen och stötta den ordentligt på pallbockar (se *Lyftning och stödpunkter*). Ta bort hjulet.

6 Ta bort höger hjulhusfoder för att komma åt vevaxelremskivan **(se bild).**

7 Demontera kamremmens yttre kåpa enligt beskrivningen i avsnitt 3.

8 Lossa returslangens buntband från fästbygeln på motorns tvärbalk, lossa sedan den övre klämman och lyft bort behållaren för servostyrningsvätska från dess placering och flytta den åt ena sidan över motorns överdel. Lossa inte slangarna.

9 Ta bort drivremmen enligt beskrivningen i kapitel 1.

10 Skruva loss skruvarna och ta bort kamremmens nedre kåpa.

11 Använd en hylsnyckel på vevaxelns remskivemutter och vrid vevaxeln medurs tills markeringarna på kamaxeldrevet och den bakre kamremskåpan är inriktade mot varandra **(se bild).**

12 Skruva loss de fyra skruvarna och muttern som håller fast vevaxelns remskiva på vevaxeln/drevet. Ta sedan bort vevaxelns remskiva men lämna drevet på plats. Observera att centrummuttern sitter mycket hårt. För att förhindra vevaxeln från att rotera på modeller med manuell växellåda, lägg i den högsta växeln och låt en medhjälpare trycka ner bromspedalen så långt det går. I modeller med automatväxellåda tar du bort startmotorn enligt beskrivningen i kapitel 5. Använd en stor spårskruvmejsel och kila in den mellan drivplattans krondrevskuggar och växellådshuset.

13 Kontrollera att markeringarna på

4.6 Ta bort hjulhusfodret för att komma åt vevaxelremskivan (se pil)

kamaxeldrevet och den bakre kamremskåpan fortfarande är inriktade och att tappen på oljepumpshuset är inriktad mot med den ingjutna markeringen i fästupphöjningen till vevaxelns remskiva. Om markeringarna inte är inriktade mot varandra, sätt tillfälligt tillbaka två av fästskruvarna till vevaxelns remskiva och centrummuttern löst. Använd en stor skruvmejsel/hävarm för att vrida vevaxeln moturs tills markeringarna är inriktade mot varandra **(se bild).**

14 Lossa kamremsspännarens centrumskruv lite och använd en insexnyckel på 6 mm för att vrida spännararmen medurs till läget "klockan 10". Dra sedan åt centrumskruven lite **(se bild).**

15 Ta bort kamremmen från dreven utan att vrida på vevaxeln eller kamaxeln.

Kontroll

16 Undersök remmen noga, leta efter spår av föroreningar från kylvätska eller olja. Om så är fallet måste källan till föroreningen hittas innan arbetet återupptas. Kontrollera remmen efter tecken på slitage eller skador. Kontrollera extra noga runt remkuggarnas framkanter. Byt remmen om dess skick är tvivelaktigt; kostnaden för en ny rem är försumbar i jämförelse med kostnaderna för de motorreparationer som skulle behövas om remmen gick av under drift. Remmen måste bytas om den har gått så långt som anges av tillverkaren (se kapitel 1). Har den gått mindre är det ändå en bra idé att byta ut den, oavsett skick, som förebyggande åtgärd.

4.13 Märket på vevaxelremskivans fläns ska vara inriktat mot märket på oljepumphuset (se pilar)

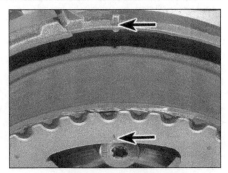

4.11 Rikta in markeringen på kamaxeldrevet mot markeringen på kamremskåpan (se pil)

Observera: *Om kamremmen inte ska monteras omedelbart är det en god idé att sätta en varningslapp på ratten, för att påminna dig själv och andra om att inte starta motorn.*

17 Snurra på remspännaren och tomgångsremskivorna och lyssna efter ljud som kan tyda på slitage i remskivornas lager. Byt remskivorna enligt beskrivningen i kapitel 5 om du är tveksam. **Observera:** *De flesta tillverkare av remmar för eftermarknaden ger inte garanti för att reservremmen inte bryts om inte ett komplett reservdelsremsats monteras. En sådan sats inkluderar normalt remspännaren, tomgångsdreven och reservfästen som bedöms som nödvändiga av remtillverkaren.*

Montering

18 Kontrollera att vevaxeln och kamaxeln fortfarande är korrekt justerade enligt beskrivningen i avsnitt 11 och 13.

19 Montera den nya remmen runt vevaxeldrevet, tomgångsöverföringen, kamaxeldrevet, kylvätskepumpens drev och spännhjulet. Kontrollera att tänderna sätter sig korrekt på dreven.

20 Se till att den främre delen av remmen är spänd – d.v.s. att allt spelrum befinner sig i den del av remmen som passerar över spännrullen.

21 Lossa spännrullens centrumskruv lite. Använd sedan en insexnyckel på 6 mm för att vrida spännararmen moturs tills den passerar det läge som visas. Vrid den sedan medurs

4.14 Använd en 6 mm insexnyckel för att placera spännararmen (se pil) ungefär vid position motsvarande klockan 10

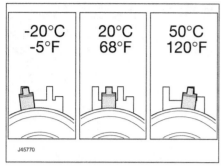

4.21 Kamremsspännarens inställningar i olika temperaturer

tills indikatorn når rätt läge **(se bild)**. Dra åt fästskruven till det angivna momentet.

22 Tryck försiktigt ner remmen mellan kamaxeldrevet och kylvätskepumpens drev och kontrollera att spännararmen rör sig fritt när remmen trycks in.

23 Vrid vevaxeln två hela varv och kontrollera sedan att tändinställningsmärket på upphöjningen på vevaxelns remskiva och kamaxeldrevet är inriktade mot varandra som de ska enligt beskrivningen i avsnitt 11 och 13.

24 Kontrollera att kamremsspännarens indikator fortfarande är i läge enligt beskrivningen i avsnitt 21. Upprepa i annat fall det arbete som beskrivs i avsnitt 21.

25 Resten av monteringen utförs i omvänd ordning jämfört med demonteringen, kom

ihåg att dra åt alla fästen till angivet moment om det är tillämpligt.

5 Kamremsspännare och drev – demontering och montering

Observera: *När kamremmen byts ska spännaren och tomgångsremskivan också bytas.*

Kamremsspännare

1 Demontera kamremmen enligt beskrivningen i avsnitt 4.

2 Skruva loss centrumskruven och ta bort spännaren.

3 Snurra på spännarrullen, känn och lyssna efter ojämnheter eller oljud eftersom det indikerar slitage i spännarrullens lager. Om du är tveksam över spännarens tillstånd ska du byta den.

4 Montera tillbaka spännaren och sätt in skruven – dra inte åt skruven helt på det här stadiet. Se till att spännarens "gaffel" placeras korrekt över flänsen på motorblocket**(se bild)**.

5 Montera tillbaka och spänn kamremmen enligt beskrivningen i avsnitt 4.

Kamaxeldrev

6 Demontera kamremmen enligt beskrivningen i avsnitt 4.

7 Skruva loss kamaxeldrevets skruvar medan

du håller fast kedjehjulet med ett verktyg som passar i kedjehjulets hål **(se bild)**. Låt inte kamaxeln rotera.

8 Demontera drevet från kamaxeln.

9 Ta bort vakuumpumpen från avgaskamaxelns vänstra ände enligt beskrivningen i kapitel 9.

10 Sätt in kamaxellåssprinten (Volvo nr 999 7007) i hålet i topplocket och i hålet i kamaxeldrevet. Om det behövs vrider du kamaxeln lite så att sprinten kan föras in. Om du inte har tillgång till en Volvo-sprint kan du tillverka en egen **(se bild)**.

11 Kontrollera att märket på vevaxeldrevet fortfarande är inriktat mot märket på oljepumphuset enligt beskrivningen i avsnitt 4, vrid sedan vevaxeln medurs (sett från kamremssidan) ungefär 15 grader.

12 Montera tillbaka kamaxeln men dra inte åt fästskruvarna mer än att drevet fortfarande kan röra sig oberoende av kamaxeln. Placera drevet så att fästskruvarna är i slutet av spåren och så att märket på drevets kant är inriktat mot märket på den inre kamremskåpan **(se bild)**.

13 Skruva loss täckpluggen från motorblockets främre vänstra yta och sätt in Volvo-verktyget, nr 999 7005. Vrid sedan vevaxeln moturs (sett från motorns kamremssida) tills vevaxelns mellanstycke för cylinder nr 5 stannar mot verktyget. Kontrollera att markeringarna på vevaxelns remskivefläns och oljepumpshuset är inriktade mot varandra. Om du inte har tillgång till verktyget kan du

5.4 Se till att spännaren placeras korrekt över flänsen (se pil) på motorblocket

5.7 Använd ett enkelt verktyg för att hålla emot kamaxeldrevet när du lossar skruvarna

5.10a Sätt in inställningsverktyget för kamaxlar genom hålet i topplocket och in i avgaskamdrevet

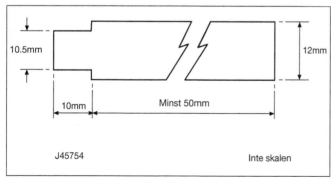

5.10b Kamaxel inställningsverktyg

5.12 Rikta in markeringen på kamaxeldrevet mot markeringen på kamremskåpan (se pilar)

tillverkat ett eget enligt de angivna måtten **(se bilder)**.

14 Montera tillbaka kamremmen enligt beskrivningen i avsnitt 18 till 23 i avsnitt 4.

15 Se till att vevaxeldrevet är inriktat mot märket på oljepumphuset och att märkena på vevaxeldrevet och den inre kamremskåpan är inriktade mot varandra, dra sedan åt kamaxeldrevets skruvar till angivet moment med hjälp av verktyget för att hålla emot drevet (se avsnitt 7).

16 Ta bort kamaxelns låsverktyg, vevaxelns stoppverktyg och montera tillbaka vakuumpumpen enligt beskrivningen i kapitel 9. Montera tillbaka täckpluggen på motorblockets främre yta.

17 Fortsätt enligt beskrivningen från avsnitt 24 i avsnitt 4.

Vevaxeldrev

18 Demontera kamremmen enligt beskrivningen i avsnitt 4.

19 Vevaxeldrevet är placerat på huvudräfflan på vevaxeln och det kan krävas en avdragare för att få av drevet **(se bild)**. Det rekommenderas inte att drevet bänds loss, eftersom kanten lätt kan gå sönder om man inte är försiktig.

20 Torka rent drevets och vevaxelns fogytor.

21 Montera drevet på vevaxeln och kontrollera att inställningsmarkeringarna fortfarande är inriktade. Observera att drevet placeras med hjälp av en huvudräffla på vevaxeln.

22 Montera den nya kamremmen runt vevaxeldrevet, tomgångsremskivan, kamaxeldrevet, kylvätskepumpens remskiva och slutligen spännhjulets remskiva.

23 Montera tillbaka remskivan på drevet och montera tillbaka vevaxelmuttern, dra åt med bara fingrarna på det här stadiet, vrid sedan vevaxeln moturs ungefär 45°.

24 Förhindra att vevaxeln roterar och dra åt drevmuttern till angivet moment, dra sedan åt remskivans skruvar till angivet moment.

25 Spänn kamremmen och slutför monteringen enligt beskrivningen i avsnitt 4.

Tomgångsremskiva

26 Demontera kamremmen enligt beskrivningen i avsnitt 4.

27 Skruva loss skruven och ta bort tomgångsremskivan **(se bild)**.

28 Resten av monteringen utförs i omvänd ordning jämfört med demonteringen, kom ihåg att dra åt alla fästen till angivet moment om det är tillämpligt.

---

6 Ventilkåpa/insugsgrenrör – demontering och montering

Demontering

1 Ventilkåpan är hopbyggd med insugsgrenröret. Ta bort plastkåpan ovanpå motorn **(se bild)**.

2 Ta bort högtrycksbränslerören och bränsleinsprutningsventilerna enligt

5.13a Skruva loss täckpluggen ...

5.13b ... och sätt in vevaxelstoppverktyget

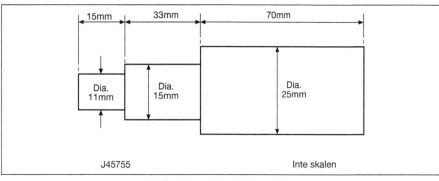

J45755   Inte skalen

5.13c Vevaxelns stoppverktyg

beskrivningen i kapitel 4A. Kassera bränslerören eftersom nya måste monteras vid monteringen.

3 Skruva loss klämmorna och ta bort luftröret

på motorns främre del, inklusive rörets fästskruv **(se bilder)**.

4 Ta bort vevhusets ventilationsslang från kåpan.

5.19 Om det behövs, använd en avdragare för att ta bort vevaxeldrevet.

5.27 Kamremmens tomgångsremskiva

6.1 Dra motorkåpan rakt upp från dess fästen

6.3a Ta bort luftröret över motorns främre del och skruva loss klämman på luftrenarhuset ...

6.3b ...och lossa stödfästet ...

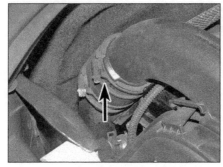

6.3c ...samt skruva loss klämman baktill i motorrummet

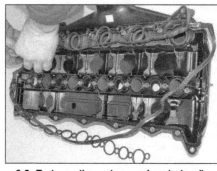

6.9 En komplicerad gummipackning är monterad på kamaxelkåpan

5 Skruva loss de 3 skruvarna och ta bort oljepåfyllningsröret från pumpen.
6 Koppla loss kontaktdonen från kamaxelgivaren och temperaturgivaren.
7 Ta bort motorfästet i XC60-modellerna enligt beskrivningen i avsnitt 12 i detta kapitel
8 Skruva loss de återstående skruvarna och lyft bort kåpan försiktigt.

Montering

9 Montera tillbaka kamaxelkåpan i omvänd ordning jämfört med demonteringen och tänk på följande:

a) *En gummipackning är monterad på kamaxelkåpans undersida (se bild). Se till att packningen sitter kvar när kåpan sätts tillbaka.*

b) *Dra åt kamaxelkåpans fästmuttrar till*

angivet moment, från de mittersta muttrarna och utåt.

7 Kamaxeltätning – byte

1 Demontera kamaxeldrevet enligt beskrivningen i avsnitt 5.
2 Använd en skruvmejsel och bänd försiktigt ut oljetätningen. Var noga med att inte skada kamaxelns yta.
3 Rengör sätet i lageröverfallet och smörj sedan olja på kanterna av den nya oljetätningen. Montera den nya oljetätningen och knacka försiktigt in den i rätt läge med en rörformig distansbricka eller hylsa mot

tätningens hårda yttre yta **(se bild)**. Tätningens ytterkant ska vara jäms med ytterkanten på tätningskåpan/topplockets gjutgods.
4 Montera kamaxeldrevet enligt beskrivningen i avsnitt 5.

8 Vevaxeltätning – byte

Höger oljetätning

1 Ta bort vevaxeldrevet enligt beskrivningen i avsnitt 5.
2 Tätningen kan bytas ut utan att oljepumpen tas bort genom att man borrar ett litet hål på diagonalt motsatt sida, sätter in en självgängande skruv och vrider runt skruven med en tång **(se bild)**. Var mycket noga med att inte repa vevaxelns yta med borrbitsen.
3 Vira tejp runt änden på vevaxeln för att undvika skador på den nya oljetätningen. Doppa den nya tätningen i ren motorolja och driv in den i huset med en träklots eller en hylsa tills den är i nivå med kanten. Kontrollera att tätningens slutna ände är riktad utåt **(se bild)**.
4 Ta bort tejpen.
5 Montera tillbaka vevaxeldrevet enligt beskrivningen i avsnitt 5.

Vänster oljetätning

6 Ta bort svänghjulet/drivplattan enligt beskrivningen i avsnitt 11.
7 Rengör ytorna på blocket och vevaxeln.

7.3a Sätt dit en ny tätning med hjälp av en rörformig distansbricka som endast ska ligga an mot tätningens hårda, yttre yta

7.3b Tätningens ytterkant ska vara jäms med ytterkanten på tätningskåpan/topplockets gjutgods

8.2a Borra ett litet hål i tätningens hårda ytterkant ...

8.2b ... sätt sedan in en självgängande skruv och dra bort tätningen

8.3a Linda tejp runt vevaxelansatsen på vevaxeln för att skydda tätningsläpparna ...

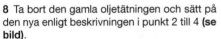

8.3b ... använd sedan en rörformig distansbricka eller en hylsa...

8.3c ... för att driva fast tätningen

8.8 Borra ett hål, sätt in en självgängande skruv och dra bort vevaxelns vänstra oljetätning

8 Ta bort den gamla oljetätningen och sätt på den nya enligt beskrivningen i punkt 2 till 4 **(se bild)**.
9 Montera tillbaka svänghjulet/drivplattan (avsnitt 11).

9 Topplock – demontering, kontroll och montering

Demontering

1 Lossa batteriets jordledning – se Koppla loss batteriet i kapitel 5.
2 Lyft upp framvagnen och ställ den på pallbockar (se *Lyftning och stödpunkter*).
3 Tappa ur motoroljan enligt beskrivningen i kapitel 1.
4 Tappa ur kylsystemet enligt beskrivningen i kapitel 1.
5 Lossa klämmorna och lossa alla luft-, kylvätske- och vakuumslangar från topplocket och notera deras placering.
6 Ta bort luftrenaren enligt beskrivningen i kapitel 4A.
7 Demontera kamremmen enligt beskrivningen i avsnitt 4.
8 Demontera kamaxlarna, vipparmarna och de hydrauliska ventillyftarna enligt beskrivningen i avsnitt 10.
9 Ta bort servostyrningspumpens stödfästbygel från topplocket tillsammans med vakuumpumpen och bränslepumpen.
10 Skruva loss de skruvar som håller fast bränslefördelarskenan och bränslerören på topplocket.
11 Skruva loss fästskruvarna och demontera värmeskyddet över avgasgrenröret.
12 Lossa EGR-rörklämman från avgasgrenröret, skruva sedan loss de skruvar som håller fast EGR-ventil-/kylar-/rörenheten på topplocket och flytta den åt enas sidan.
13 Ta bort avgasrörets främre del och skruva loss de skruvar som håller fast avgasgrenröret på topplocket enligt beskrivningen i kapitel 4A. Lossa och ta bort oljeretur- och oljematningsrören från turboaggregatet och motorblocket, lossa sedan klämman och lossa turboaggregatets utloppsrör. Lossa vakuumslangen från turboaggregatets styrventil och insugsslangen av gummi från turboaggregatet, sänk sedan försiktigt

ned turboaggregatet och grenrörsenheten på drivaxeln och kuggstången. Kassera tätningsbrickorna till turboaggregatets oljematnings- och oljereturrör – du måste montera nya.
14 Skruva loss de skruvar som håller fast kylvätskeröret på topplocket **(se bild)**.
15 Gör en slutkontroll för att se till att alla anslutningskontakter har lossats från topplocket.
16 Lossa stegvis topplocksskruvarna i omvänd ordning jämfört med åtdragningen **(se bild 9.30)**, ett halvt varv i taget, tills alla skruvar kan skruvas ur för hand. Kasta skruvarna, eftersom nya måste användas vid hopsättningen.
17 Kontrollera att inget är anslutet till topplocket och lyft sedan bort topplocket från motorblocket; be om möjligt om hjälp, eftersom enheten är tung. Placera inte topplocket nedåt på arbetsbänken – detta kan skada tätningsytan.
18 Ta bort packningen från ovansidan av blocket, observera identifieringshålen på dess främre sida. Om dessa sitter löst, dra ut dem och förvara dem tillsammans med topplocket. Kasta inte packningen än – den behövs för identifiering.
19 Om topplocket ska tas isär för översyn, se kapitel 2B

Kontroll

20 Fogytorna mellan motorblock och topplock måste vara noggrant rengjorda innan topplocket monteras. Ta bort alla packningsrester och allt sot med en plast-

eller träskrapa; och rengör även kolvkronorna. Var mycket försiktig vid rengöringen, eftersom aluminiumlegeringen lätt kan skadas. Se även till att sot inte kommer in i olje- och vattenkanalerna – detta är särskilt viktigt när det gäller smörjningen eftersom sotpartiklar kan täppa igen oljekanaler och blockera oljematningen till motordelarna. Använd tejp och papper till att försegla vatten- och oljekanaler och skruvhål i motorblocket/vevhuset.
21 Undersök fogytorna på motorblocket/vevhuset och topplocket och se om det finns hack, djupa repor och andra skador. Smärre skador kan korrigeras med slippapper men fräsning av topplocket är inte möjlig – se kapitel 2B
22 Kontrollera topplockspackningens yta med en ställinjal om den misstänks vara skev.
23 Rensa gängorna i topplocksskruvarnas hål med en passande gängtapp. Om en lämplig gängtapp inte finns tillgänglig, skär två skåror i gängorna på en gammal skruv. Det är av yttersta vikt att ingen olja eller kylvätska finns i skruvhålen, eftersom blocket annars kan spräckas av det övertryck som bildas när skruvarna sätts i och dras åt.

Montering

24 Undersök den gamla topplockspackningen och leta reda på tillverkarens identifieringsmarkeringar. Hålen går längs med packningens främre kant **(se bild)**. Under förutsättning att inte nya kolvar monterats måste den nya topplockspackningen vara av samma typ som den gamla.

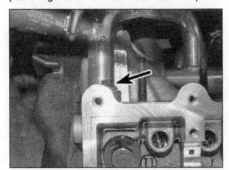

9.14 Lossa den skruv (se pil) som håller fast kylvätskeröret på topplockets bakre högra hörn

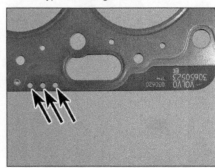

9.24 Hålen (se pilar) längs topplockspackningens kant indikerar tjockleken

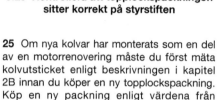

9.26 Kontrollera att topplockspackningen sitter korrekt på styrstiften

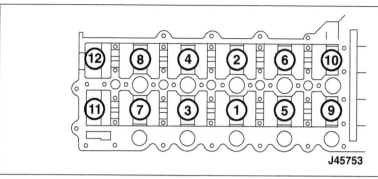

9.30 Ordningsföljd för åtdragning av topplocksskruvar

25 Om nya kolvar har monterats som en del av en motorrenovering måste du först mäta kolvutsticket enligt beskrivningen i kapitel 2B innan du köper en ny topplockspackning. Köp en ny packning enligt värdena från mätningen.

26 Lägg en ny topplockspackning på blocket och passa in den mot styrstiften (se bild). Se till att tillverkarens TOP-märke och katalognummer är vända uppåt.

27 Ta hjälp av någon och placera topplock centralt på blocket, se till att styrstiften greppar i urtagen på topplocket. Kontrollera att topplockspackningen är korrekt placerad innan du låter topplockets hela vikt vila på den.

28 Applicera ett lätt lager på gängorna och på undersidan av de nya topplocksskruvarnas skallar.

29 Skruva försiktigt in alla skruvar i respektive hål (låt dem inte falla in) och skruva in dem för hand så mycket du kan med bara fingrarna.

30 Arbeta stegvis och i den ordningsföljd som visas nedan och dra åt topplocksskruvarna till steg 1 i deras momentinställning med hjälp av en momentnyckel och en hylsa. Lossa sedan skruvarna i ordningsföljd (steg 2) och dra åt dem till steg 3 i inställningen. Dra sedan åt dem till steg 4 i inställningen i den ordningsföljd som visas (se bild).

31 När alla skruvar dragits till steg 4 ska de vinkeldras till angiven vinkel för steg 5 med en hylsa och ett förlängningsskaft. Använd samma ordningsföljd som tidigare (se bild). En vinkelmätare rekommenderas till steg 3 för exakthet. Om du inte har tillgång till en mätare, använd färg för att göra inriktningsmarkeringar mellan skruvskallen och topplocket före åtdragningen; markeringarna kan sedan användas för att kontrollera att skruven

har roterats till rätt vinkel vid åtdragningen. Upprepa proceduren och dra åt skruvarna till vinkeln som anges för steg 6.

32 Resten av monteringen sker i omvänd ordning jämfört med demonteringen. Tänk på följande:

a) Topplocksskruvarna behöver inte dras åt.
b) Dra åt alla hållare till angivet moment (där sådant angetts).
c) Fyll på kylsystemet och fyll på motoroljan enligt beskrivningen i kapitel 1.

10 Kamaxlar, vipparmar och hydrauliska ventillyftare – demontering, kontroll och montering

Demontering

1 Ta bort insugskamaxeldrevet enligt beskrivningen i avsnitt 5.

2 Ta bort kamaxelkåpan enligt beskrivningen i avsnitt 6.

3 Skruva loss den skruv som håller fast den inre kamkåpan på höger kamaxellageröverfall (se bild).

4 Ta bort vakuumpumpen (kapitel 9) och bränslepumpen (kapitel 4A).

5 Skruva loss de skruvar som håller fast vänster och höger kamaxellager/tätningskåpor (se bilder).

6 Kontrollera att kamaxellageröverfallen är märkta så att de kan monteras korrekt. Om så inte är fallet, numrera dem och börja då från kamremssidan (se bild).

9.31 Använd en vinkelmätare för att dra åt skruvarna korrekt

10.3 Inre kamremskåpeskruv

10.5a Skruva loss skruvarna och ta bort vänster ...

10.5b ... och höger lageröverfall

10.6 Lageröverfallen ska numreras, börja från kamremssidan

Se till att de monteras tillbaka som innan demonteringen.

7 Börja på insugskamaxeln och lossa var och en av lageröverfallens skruvar ett varv i taget tills kamaxeln inte längre är spänd. Ta sedan bort skruvarna och överfallen. Skruvarna måste lossas stegvis och jämnt för att förhindra att det uppstår för hög belastning och möjliga skador på kamaxeln. Upprepa det här momentet på a vgaskamaxeln.

8 Lyft ut kamaxlarna och kassera tätningen från insugskamaxeln.

9 Lyft försiktigt upp vipparmarna och de hydrauliska ventillyftarna från topplocket. Lägg dem på en ren och torr yta. Använd färg och markera deras lägen på topplocket, t.ex. A1, A2 (avgas 1, avgas 2 etc.).

Kontroll

10 Lossa de hydrauliska ventillyftarna från vipparmarna och leta efter tecken på skador **(se bild)**. Byt om det behövs.

11 Snurra rullen på var och en av vipparmarna och lyssna efter ljud från lagret **(se bild)**. Byt om det behövs.

12 Undersök kamloberna och kamaxellagertapparna och leta efter repor eller andra synliga tecken på slitage. När kamlobernas hårda yta väl har slitits bort, kommer slitaget att gå snabbt.

13 Inga specifika diametrar eller mellanrum anges av Volvo för kamaxlarna. Om de däremot är synligt slitna måste de bytas.

Montering

14 Fäst varje ventillyftare på undersidan av respektive vipparm.

15 Se till att loppen för tapparna i topplocket är rena och fria från skräp. Smörj sedan in ventillyftarna med ren motorolja och sänk ner dem till deras originallägen. Kontrollera att vipparmarnas ändar är korrekt placerade över ventilskaften **(se bild)**.

16 Kontrollera att kamaxellagrens lägen i topplocket är rena och smörj sedan dem och vipparmsrullarna med ren motorolja.

17 Placera kamaxlarna tillsammans så att markeringarna på kamdreven är inriktade mot varandra. Sänk sedan ner kamaxlarna till rätt läge igen på topplocket **(se bild)**. Smörj kamaxeltappen med ren motorolja.

18 Sätt tillbaka kamaxellageröverfallen och skruvarna i deras originallägen och dra åt skruvarna jämnt för hand tills överfallen ligger platt mot kamaxeltapparna. Montera inte höger och vänster lager-/tätningsöverfall än.

19 Dra åt lageröverfallens skruvar ett varv i taget på båda kamaxlarna tills lageröverfallen tar i topplocket. Det är mycket viktigt att lageröverfallen dras åt stegvis och jämnt, annars kan det uppstå skador på kamaxeln.

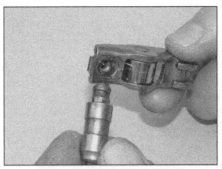

10.10 Lossa ventillyftarna från vipparmarna

10.15 Se till att vipparmarnas ändar är korrekt placerade över ventilskaftens ändar

Dra till sist åt lageröverfallens skruvar till angivet moment.

20 Sätt in kamaxellåssprinten (Volvo nr 999 7007) genom hålet i topplocket och in i hålet i kamaxeldrevet. Om det behövs kan du vrida kamaxeln lite för att sprinten ska kunna föras in med hjälp av en stor skruvmejsel i spåren på kamaxelns ände – vrid inte kamaxlarna mer än vad som är absolut nödvändigt. Om du inte har tillgång till en Volvo-sprint kan du tillverka en egen.

21 Se till att fogytorna på höger och vänster kamaxellager/tätningsöverfall är rena och torra. Applicera sedan en tunn, jämn film av flytande tätningsmedel från Volvo (Volvo nr 11 61 059) på fogytorna **(se bild)**. Använd helst en korthårig roller.

22 Sätt tillbaka höger och vänster lager-/tätningsöverfall och dra åt fästskruvarna till

10.21 Applicera tätningsmedel på topplockets/lageröverfallets tätningsyta

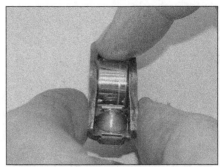

10.11 Snurra på rullen och lyssna efter ljud

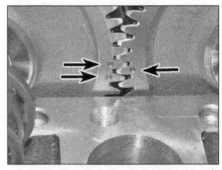

10.17 Placera kamaxlarna tillsammans så att markeringarna (se pilar) på kamdreven riktas in

angivet moment.

23 Rengör den oljetätning som sitter i lageröverfallet och smörj sedan olja på den nya oljetätningens kanter. Linda tejp runt kamaxelns ände, montera sedan en ny oljetätning och knacka den på plats försiktigt med en ihålig stång eller en hylsa på tätningens yttre hårda yta. Ta bort tejpen när du är klar.

24 Resten av monteringen sker i omvänd ordningsföljd jämfört med demonteringen. Tänk på följande:

a) Dra åt alla hållare till angivet moment (där sådant angetts).

b) Vänta i minst 30 minuter (eller helst över natten) efter att de hydrauliska ventillyftarna monterats innan motorn startas så att ventillyftarna får tid att sätta sig. Annars kommer ventilhuvudena att slå i kolvarna.

11 Svänghjul/drivplatta – demontering, kontroll och montering

Demontering

1 På modeller med manuell växellåda, demontera växellådan (se kapitel 7A) och kopplingen (se kapitel 6).

2 På modeller med automatväxellåda, demontera automatväxellådan enligt beskrivningen i kapitel 7B.

3 Skruva loss skruvarna och flytta motorns

11.3 Skruva loss skruvarna och ta bort varvtalsgivaren, komplett med fästbygeln

11.4 Det bästa är om du kan tillverka ett verktyg som spärrar svänghjulet på plats

11.8 Rikta in styrstiftet i vevaxeln mot hålet i svänghjulet som är markerat med en liten grop (se pilar)

varvtalsgivare, tillsammans med fästbygeln, åt sidan **(se bild)**.

4 Sätt tillfälligt i en skruv i motorblocket och använd en bredbladig skruvmejsel till att hålla svänghjulet/drivplattan eller tillverka ett specialverktyg **(se bild)**.

5 Skruva loss de multiräfflade skruvarna som håller fast svänghjulet/drivplattan på vevaxeln och lyft bort svänghjulet/drivplattan – svänghjulet är tungt! Kasta skruvarna och använd nya vid monteringen.

Kontroll

6 Undersök svänghjulet/drivplattan och leta efter tecken på slitage eller skada. Undersök om startkransens tänder är slitna. Om drivplattan eller krondrevet är skadade måste hela drivplattan bytas ut. Dock kan svänghjulets krondrev bytas separat från svänghjulet men du bör överlåta detta arbete till en Volvo-verkstad. Om kopplingsfriktionsytan är missfärgad eller överdrivet repig kan den eventuellt slipas om men detta arbete bör överlåtas till en Volvo-verkstad.

7 På modeller med ett tvåmassesvänghjul kontrollerar du radialspelet genom att vrida svänghjulets andra massa åt ett håll tills fjädern börjar spännas. Låt sedan svänghjulet skjuta bakåt – gör ett inställningsmärke mellan den första och den andra massan. Vrid nu svänghjulet i motsatt riktning tills fjädern börjar spännas – gör ett annat inställningsmärke mellan de två massorna. Avståndet mellan de

två markeringarna måste vara mindre än 35 mm.

Montering

8 Passa in svänghjulet/drivplattan mot vevaxeln, rikta in styrstiftet mot motsvarande hål i svänghjulet/drivplattan **(se bild)**.

9 Sätt i de nya skruvarna och dra åt dem korsvis, gradvis och jämnt till angivet moment för steg 1 och sedan till den vinkel som anges för steg 2. Använd samma metod som under demonteringen för att hindra svänghjulet/drivplattan från att rotera.

10 Resten av monteringen sker i omvänd ordningsföljd jämfört med demonteringen.

12 Motorfästen – kontroll och byte

Kontroll

1 Lyft upp bilens framvagn och stötta den säkert på pallbockar och ta sedan bort underskyddet om det krävs bättre åtkomst.

2 Kontrollera om gummifästena är spruckna, förhårdnade eller har lossnat från metallen någonstans. Byt fästet om du ser tecken på sådana skador.

3 Kontrollera att fästenas hållare är hårt åtdragna. Använd en momentnyckel om möjligt.

4 Undersök om fästet är slitet genom att

försiktigt bända det med en stor skruvmejsel eller en kofot och se om det föreligger något fritt spel. Där detta inte är möjligt, låt en medhjälpare vicka på motorn/växellådan framåt/bakåt och i sidled, medan du studerar fästet. Visst spel finns även hos nya komponenter, men kraftigt slitage märks tydligt. Om för stort spel förekommer, kontrollera först att hållarna är ordentligt åtdragna, och byt sedan slitna komponenter enligt beskrivningen nedan.

Byte

XC60

Höger fäste

5 Dra plastkåpan på motorn rakt uppåt och ta bort den från motorrummet **(se bild)**.

6 Demontera det övre momentstaget enligt beskrivningen nedan.

7 Placera en garagedomkraft under motorsumpens högra del för att avlasta den. Placera en bit trä mellan domkraftsskallen och sumpen för att förhindra att skador uppstår.

8 Skruva loss de 4 övre fästskruvarna och de 3 nedre fästskruvarna **(se bilder)**. Det går nu att ta bort fästet.

9 Monteringen görs i omvänd ordning jämfört med demonteringen och skruvarna ska dras åt till korrekt moment.

Vänster fäste

10 Dra plastkåpan på motorn rakt uppåt och ta bort den från motorrummet.

12.5 Dra motorkåpan av plast rakt upp från dess fästen

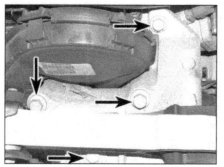

12.8a Skruva loss de övre fästskruvarna (se pilar) ...

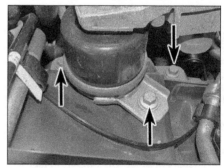

12.8b ... och de nedre fästskruvarna

12.13 Flytta säkringsdosan åt ena sidan

12.15a Skruva loss de övre fästskruvarna ...

12.15b ... och de nedre fästskruvarna

11 Demontera luftrenarhuset enligt beskrivningen i kapitel 4A.
12 Ta bort batteriet och batterihyllan enligt beskrivningen i kapitel 5.
13 Flytta säkringsdosan till ena sidan genom att skruva loss fästskruven, lossa klämman vid basen och skjuta ut den mot motorn **(se bild)**.
14 Placera en garagedomkraft under motorsumpens högra del för att avlasta den. Placera en bit trä mellan domkraftsskallen och sumpen för att förhindra att skador uppstår.
15 Skruva loss de 4 stora muttrarna och de 2 små skruvarna ovanpå fästet, skruva sedan loss de 2 nedre skruvarna **(se bilder)**. Det går nu att ta bort fästet.
16 Monteringen utförs i omvänd ordningsföljd jämfört med demonteringen och skruvarna ska dras åt till korrekt moment.

Övre momentstag

17 Skruva loss den skruv som håller fast kylvätskeexpansionskärlet och flytta kärlet till ena sidan **(se bilder)**.
18 Skruva loss momentstagets fästskruv på fjädringsbenstornet och motorfästbygeln och för bort momentstaget **(se bilder)**.
19 Placera momentstaget och dra åt de nya fästanordningarna till korrekt moment.
20 Montera tillbaka kylvätskeexpansionskärlet

Nedre momentstag

21 Lyft upp framvagnen och ställ den på pallbockar (se *Lyftning och stödpunkter*).
22 Skruva loss skruvarna och ta bort motorns undre skyddskåpa.
23 Skruva loss skruvarna och för bort momentstaget **(se bild)**.
24 Placera momentstaget och dra åt de nya fästanordningarna till korrekt moment.
25 Montera tillbaka underskyddet och sänk ner bilen på marken.

XC90

Observera: *Frånsett det övre momentstaget/ fästet är alla andra fästen fästa på hjälpramen. För byte av något av dessa måste motorn lyftas upp på en lämplig domkraft med hjälp av en träbit för att sprida tyngden på motorsumpen. Om tyngden inte sprids ut skadas detta sumpen.*
26 Lyft upp bilens framvagn - se *Lyftning och stödpunkter* i referensavsnittet. Ta bort motorns undre skyddskåpa.

12.17a Skruva loss den skruv som håller fast kylvätskeexpansionskärlet ...

12.17b ... och flytta det åt ena sidan

Övre momentstag

27 Ta bort motorkåpan.
28 Ta bort fjäderbensstödet genom att skruva

loss det vid båda fjäderbenstornen och vid det övre fästet.
29 Skruva loss och ta bort fästet från motorn **(se bild)**.

12.18a Skruva loss fästskruven på fjädringsbenstornet ...

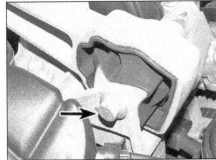

12.18b ... och motorfästbygeln

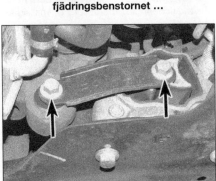

12.23 Skruva loss de nedre fästskruvarna till momentstag (se pilar)

12.29 Det övre fästet

12.30 Fjäderbenstornets fäste

12.36 Det främre motorfästet

12.39 Det bakre momentstaget

12.44 Höger fäste

30 Skruva loss och ta bort fästena från fjäderbenstornen **(se bild)**.
31 Monteringen sker i omvänd ordning jämfört med demonteringen. Dra åt skruvarna till angivet moment.

Främre fäste

32 Ta bort fjäderbensstödet från motorns övre del.
33 Ta bort sumpskyddet och stötta sedan upp motorn med en lämplig domkraft.
34 Skruva loss kablaget från fästet och bänd loss vakuumslangen om en sådan finns.
35 Ta bort den nedre fästskruven – går att komma åt genom hjälpramen eller den övre fästmuttern.
36 Ta bort de övre fästskruvarna och ta bort fästet från bilen **(se bild)**.
37 Monteringen sker i omvänd ordning jämfört med demonteringen. Dra åt skruvarna till angivet moment.

Bakre momentstag

38 Ta bort fjäderbensstödet från motorns övre del.

39 Skruva loss och ta bort momentstaget **(se bild)**. Skilj länkarmen och ta bort den separat.
40 Monteringen sker i omvänd ordning jämfört med demonteringen. Dra åt skruvarna till angivet moment.

Höger fäste

41 Ta bort fjäderbensstödet från motorns övre del.
42 Ta bort höger framhjul och ta sedan delvis bort hjulhusfodret.
43 Demontering och montering kräver att motorn lyfts upp till en rimlig höjd. För att möjliggöra detta ska du ta bort hjälpramens fästskruv från det främre fästet och 1 av skruvarna från länkarmen på det bakre momentstaget.
44 Skruva loss och ta bort fästet **(se bild)**.
45 Monteringen sker i omvänd ordning jämfört med demonteringen. Dra åt skruvarna till angivet moment.

13 Sump – demontering, kontroll och montering

Demontering

1 Lyft upp framvagnen och ställ den på pallbockar (se *Lyftning och stödpunkter*).
2 Skruva loss skruvarna och ta bort motorns undre skyddskåpa.
3 Töm ut motoroljan enligt beskrivningen i kapitel 1.
4 Ta bort drivremmen enligt beskrivningen i kapitel 1.
5 Skruva loss de 3 skruvarna och flytta luftkonditioneringskompressorn åt ena sidan.

Använd en ståltråd för att fästa kompressorn på en lämplig del av karossen eller chassit.
6 Skruva loss skruven/muttern och dra bort oljemätstickans styrhylsa från sumpen.
7 Lossa anslutningskontakten, skruva loss de 3 skruvarna och demontera oljenivågivaren från sumpen.
8 Oljekylaren (i förekommande fall) är fäst på sumpen med fyra skruvar. Skruva loss skruvarna och dra kylaren bakåt. Var beredd på oljespill.
9 Demontera laddluftröret under sumpen. Skruva loss klämmorna i varje ände och skruva loss den skruv som håller fast fästbygeln.
10 Lossa de skruvar som håller fast sumpen och ta bort dem alla, förutom en skruv i varje hörn.
11 Knacka försiktigt på sumpens sidor och ändar tills tätningen mellan motorn och sumpen lossnar. Skruva loss de återstående skruvarna och ta bort sumpen. Kasta O-ringarna från sumpens högra ände/främre kant, du måste sätta dit nya.

Montering

12 Rengör sumpens och blockets fogytor.
13 Stryk på ett tunt och jämnt lager av flytande tätningsmedel från Volvo (nr 116 1771) på sumpens fogyta och passa in de nya O-ringstätningarna på motorblockets yta **(se bilder)**. Sumpen måste återmonteras inom 5 minuter efter det att tätningsmedlet har applicerats.
14 Sätt tillbaka sumphuset och sätt dit fästskruvarna, dra endast åt dem för hand på det här stadiet. Observera att de tre längsta skruvarna sitter på oljepumpsänden, och de fyra något kortare skruvarna sitter på växellådsänden **(se bild)**.

13.13a Stryk på ett tunt och jämnt lager tätningsmedel från Volvo...

13.13b ...och byt O-ringarna (se pilar)

13.14 De något kortare skruvarna sitter på växellådssidan

14.2 Skruva loss de fyra skruvarna till oljepumpen (se pilar)

14.5 Skruva loss skruvarna till oljepumpskåpan (se pilar)

14.6a Ta bort tryckkolven...

15 Sätt tillbaka skruvarna mellan sumpen och växellådan och dra åt dem till angivet moment.

16 Börja från växellådsänden och dra åt skruvarna mellan sumpen och motorn parvis till angivet moment.

17 Resten av monteringen sker i omvänd ordning jämfört med demonteringen. Tänk på följande:

a) Byt O-ringstätningarna mellan oljekylaren och sumpen.

b) Dra åt alla hållare till angivet moment (där sådant angetts).

c) Montera ett nytt motoroljefilter och fyll på motorolja enligt beskrivningen i kapitel 1.

d) Volvo rekommenderar att man väntar minst 2 timmar innan motorn startas så att tätningsmedlet kan härda helt.

14 Oljepump – demontering, kontroll och montering

Demontering

1 Ta bort vevaxelns högra tätning enligt beskrivningen i avsnitt 8.

2 Skruva loss de fyra skruvar som håller fast oljepumpen vid framsidan av motorblocket **(se bild)**.

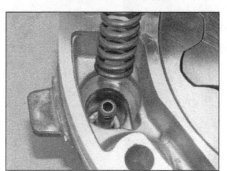

14.6b ... fjäder ...

3 Lossa pumpen försiktigt genom att bända bakom de övre och nedre separeringstapparna med en skruvmejsel. Ta bort pumpen och ta loss packningen.

4 Rengör pumpens och motorblockets fogytor noggrant och ta bort alla spår av gammal packning. Kasta O-ringstätningen, du måste sätta dit en ny.

Kontroll

5 Skruva loss pumpkåpans två fästinsexskruvar samtidigt som du håller ihop pumphalvorna och ta sedan bort kåpan. Var beredd på att övertrycksventilens fjäder skjuter iväg **(se bild)**.

6 Anteckna var de är placerade och ta bort

14.6c ... och rotorer

övertrycksventilens fjäder och tryckkolv samt pumprotorerna **(se bilder)**.

7 Bänd loss vevaxelns oljetätning om du inte redan har gjort det.

8 Rengör alla komponenter noga och undersök sedan om rotorerna, huset och kåpan har några skador eller är slitna.

9 I skrivande stund fanns inga specifikationer för renovering eller kontroll av pumpen. Man verkar inte heller kunna köpa inre pumpdelar separat.

10 Sätt tillbaka den inre rotorn med markeringarna vända mot pumphuset **(se bild)**.

11 Sätt tillbaka den yttre rotorn på huset, se till att markeringen på rotorn är vänd mot motorblocket **(se bild)**.

14.10 Sätt dit den inre rotorn med markeringarna (se pilar) vända mot pumphuset ...

14.11 ... och den yttre rotorn med markeringen (se pil) vänd mot motorblocket

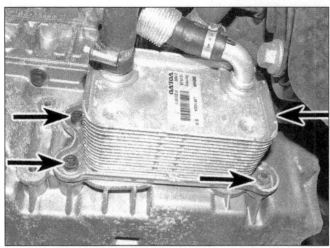

15.3 Skruva loss oljekylarskruvarna (se pilar)

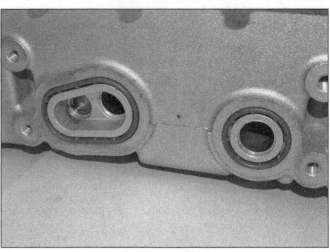

15.4 Oljekylarens O-ringar

12 Sätt tillbaka övertrycksventilens fjäder och tryckkolv. Sätt sedan dit kåpan och dra åt fästskruvarna ordentligt.

Montering

13 Montera tillbaka pumpen på blocket med en ny packning och O-ring. Använd pumpens fästskruvar som guider och dra pumpen på plats med vevaxelremskivans mutter och mellanläggsbrickor. Med pumpen på plats, dra åt fästskruvarna diagonalt till angivet moment.

14 Montera en ny oljetätning i vevaxelns högra ände enligt beskrivningen i avsnitt 8.

15 Oljekylare –
demontering och montering

Demontering

1 Tappa ur motoroljan och kylvätskan enligt beskrivningen i kapitel 1.

2 Lossa slangklämman och koppla loss kylvätskeslangarna från kylaren på sumpens baksida.

3 Skruva loss skruvarna som fäster kylaren på

sumpen och ta hand om O-ringstätningarna när kylaren tas bort. Var beredd på vätskespill **(se bild)**.

Montering

4 Kontrollera att fogytorna på sumpen och oljekylaren är rena och sätt sedan tillbaka kylaren med nya O-ringstätningar. Dra åt fästskruvarna ordentligt **(se bild)**.

5 Återanslut kylvätskeslangarna och fäst dem med nya klämmor om nödvändigt.

6 Fyll på motorolja och kylsystemet enligt beskrivningen i kapitel 1.

Kapitel 2 Del B:
Motor – demontering och reparationer

Innehåll

Svårighetsgrader

Enkelt, passar novisen med lite erfarenhet 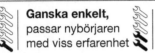	Ganska enkelt, passar nybörjaren med viss erfarenhet	Ganska svårt, passar kompetent hemmamekaniker 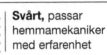	Svårt, passar hemmamekaniker med erfarenhet	Mycket svårt, för professionell mekaniker

Specifikationer

Topplock
Skevhetsgränser – maximalt godtagbara värden:
På längden	0,05 mm
På tvären...	0,02 mm
Höjd	149,4 ± 0,15 mm

Insugsventiler
Huvuddiameter..	28,0 ± 0,01 mm
Skaftdiameter..	5,975 ± 0,015 mm
Längd	98,1 ± 0,07 mm
Ventilsätesvinkel.....................................	45° ± 0,5°

Avgasventiler
Huvuddiameter..	26,2 ± 0,1 mm
Skaftdiameter..	5,975 ± 0,015 mm
Längd	97,7 ± 0,07 mm
Ventilsätesvinkel.....................................	45,0° ± 0,5°

Ventilstyrningar
Spel mellan ventilskaft och ventilstyrning	50-70 mikron

Kolvar
Spel mellan kolv och cylinderlopp	0,010 till 0,030 mm

Kolvringar
Spelrum i spår:
Övre kompressionstakt.................................	0,120 till 0,160 mm
Andra kompressionstakt................................	0,070 till 0,110 mm
Oljekontroll	0,030 till 0,070 mm

Ändgap (mätt i cylindern):
Kompressionsringar	0,20 till 0,40 mm
Oljekontroll	0,25 till 0,50 mm

Vevaxel
Axialspel	0,08 till 0,19 mm

Åtdragningsmoment
Se kapitel 2A.

1 Allmän information

I det här kapitlet beskrivs hur man tar bort motorn/växellådan från bilen och hur man renoverar topplocket, motorblocket och andra delar i motorn.

Informationen omfattar allt ifrån allmänna råd beträffande förberedelser för renovering och inköp av reservdelar till detaljerade anvisningar steg-för-steg, för demontering, kontroll, renovering och montering av motorns komponenter.

Från och med avsnitt 5 bygger alla instruktioner på antagandet att motorn har tagits ut ur bilen. För information när det gäller reparationer med motorn kvar i bilen samt demontering och montering av de nödvändiga externa komponenterna för en fullständig renovering, se kapitel 2A och avsnitt 4. Hoppa över de förberedande demonteringsåtgärder som beskrivs i del A som inte längre är aktuella när motorn väl tagits ut ur bilen.

2 Motor och växellåda, demontering – förberedelser och varningar

Om du har beslutat att en motor måste demonteras för renovering eller större reparationer, bör följande förberedande åtgärder vidtas.

Det är mycket viktigt att ha tillgång till en lämplig arbetsplats. Tillräckligt med arbetsutrymme behövs, samt plats för att förvara bilen. Om en verkstad eller ett garage inte finns tillgängligt krävs åtminstone en plan och ren arbetsyta.

Om möjligt, rensa några hyllor nära arbetsytan där motordelarna och tillbehör kan läggas när de demonterats och tagits isär. Då är det lättare att hålla delarna rena och det är mindre risk att de skadas. Om delarna läggs i grupper tillsammans med tillhörande fästelement etc., går det snabbare vid monteringen och risken för sammanblandning minskar.

Rengör motorrummet och motorn/växellådan innan du påbörjar demonteringen; då blir det lättare att se och att hålla verktygen rena.

Du bör kunna ta hjälp av en medhjälpare; många moment under arbetet med att lyfta ur motorn kräver att flera åtgärder utförs samtidigt, och då räcker inte en person till. Säkerheten är av största vikt, med tanke på att arbete av denna typ innehåller flera farliga moment. En andra person bör alltid finnas till hands för att kunna vara till hjälp när det behövs. Om detta är första gången du demonterar en motor, är det dessutom bra att få goda råd från någon som gjort det tidigare.

Planera arbetet i förväg. Skaffa alla verktyg och all utrustning som behövs innan arbetet påbörjas. Tillgång till följande gör att demontering och montering av motorn/växellådan kan göras säkert och relativt enkelt: en motorlyft – anpassad till en högre vikt än den sammanlagda vikten av motorn och växellådan, en kraftig garagedomkraft, en komplett uppsättning nycklar och hylsor enligt beskrivningen i slutet av den här handboken, träblock och gott om trasor och rengöringsmedel för att torka upp spill av olja, kylvätska och bränsle. Ett antal plastlådor av olika storlekar att förvara sammanhörande isärtagna delar i. Se till att vara ute i god tid om utrustning måste hyras, och utför alla arbeten som går att göra utan den i förväg; det sparar både tid och pengar.

Räkna med att bilen inte kommer att gå att använda på ett bra tag, särskilt om du tänkt göra en renovering på motorn. Läs igenom hela detta avsnitt och tänk ut en arbetsgång baserat på egen erfarenhet och på vilka verktyg, hur lång tid och hur stort arbetsutrymme som finns tillgängligt. En del av renoveringen kanske måste utföras av en Volvo-verkstad eller en specialist. Dessa har ofta fulltecknade kalendrar, så det är en god idé att fråga dem innan man börjar demontera eller ta isär motorn, för att få en uppfattning om hur lång tid det kan ta att utföra arbetet.

När motorn tas ut ur bilen, var metodisk när de externa komponenterna kopplas loss. Om kablar och slangar märks när de tas bort kommer monteringen att gå mycket enklare.

Var alltid mycket försiktig när motorn/växellådan lyfts ur motorrummet. Oförsiktighet kan leda till allvarliga skador. Om det behövs är det bättre att vänta på hjälp, istället för att riskera personskador och/eller skada på bildelarna genom att fortsätta ensam. Med god planering och gott om tid kan ett arbete av denna natur utföras framgångsrikt och olycksfritt, trots att det är fråga om ett omfattande arbete.

I alla modeller som täcks av denna handbok demonteras motorn och växellådan som en komplett enhet, uppåt och ut ur motorrummet. Motorn och växellådan skiljs sedan med enheten på bänken.

3 Motor och växellåda – demontering, isärtagning och montering

Demontering – alla modeller

1 Öppna motorhuven och ta bort motorkåpan.
2 Ta bort batteriet och batterilådan enligt beskrivningen i kapitel 5 (endast XC60).
3 Ta bort luftrenarenheten och alla luftkanaler, inklusive turboaggregatets inlopp (om tillämpligt) enligt beskrivningen i relevant del av kapitel 4A.
4 Lyft upp och stötta bilens framvagn (se Lyftning och stödpunkter i referensavsnittet).
5 Se relevanta kapitel och:
   a) Tappa av kylsystemet (kapitel 1).
   b) Om motorn ska demonteras ska motoroljan tappas ur (kapitel 1).
   c) Ta bort drivremmen och spännaren (kapitel 1).
   d) Ta bort katalysatorn och partikelfiltret (kapitel 4B).
   e) Ta bort kylfläkten (kapitel 3).
   f) Ta bort de övre och nedre momentstagen (kapitel 2A).
   g) Ta bort generatorn (kapitel 5).
   h) Ta bort kardanaxeln (AWD-modeller) (kapitel 8B).
   i) Ta bort båda framaxlarna enligt beskrivningen i kapitel 8A – inte nödvändigt i XC90-modellerna om hjälpramen demonteras samtidigt med motorn.
6 Lossa växellådans kablar enligt beskrivningen i kapitel 7A eller 7B.
7 Flytta säkringsdosan i motorrummet (central elektrisk enhet) åt ena sidan och skruva loss jordkablarna under luftrenarhuset (se bild).
8 Lossa alla relevanta anslutningskontakter, luftrör och kylvätskeslangar (se bilder).

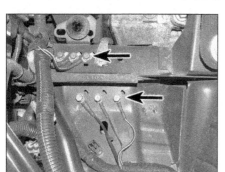

3.7 Lossa jordkablarna under luftrenarhuset

3.8a Lossa alla relevanta slangar ...

3.8b ... och fästen

9 I modeller med automatväxellåda ska du lossa vätskerören till växellådans oljekylare vid växellådan **(se bild)**.

10 I modeller med manuell växellåda ska du lossa matningsledningen till kopplingens slavcylinder enligt beskrivningen i kapitel 6.

11 Ta bort hjulhusfodret på höger sida och lossa anslutningskontakten **(se bild)**.

12 Skruva loss de skruvar som håller fast servostyrningspumpen på fästbygeln och fäst den på hjälpramens främre del med hjälp av buntband.

13 Lossa luftkonditioneringskompressorns anslutningskontakt, skruva loss fästskruvarna och fäst kompressorn på en lämplig punkt på den främre panelen eller hjälpramen med hjälp av buntband. Var för siktig så att inte luftkonditioneringsrören skadas. Det finns inget behov att tömma ut luftkonditioneringens kylmedium om inte motorn ska demonteras genom motorrummets främre del (endast XC60).

XC60-modellerna

Observera: *Volvo föreslår lyft av den kombinerade motor- och växellådsenheten från bilen men vi fann dock att detta är omöjligt. Istället demonterade vi hela främre delen av bilen (kylare, kondensor, laddluftkylare och den främre tvärbalken) och drog motorn och växellådan framåt för demontering.*

14 Om detta inte redan har gjorts ska PAS-pumpen tas bort från motorns sida i modeller som är utrustade med vanlig servostyrning. Ta bort fästbygeln från röret vid motorns kamremsände (höger). Flytta röret åt sidan.

15 Fäst en lyftkedja/lyftlina på transportbyglarna på motorns överdel, för sedan en motorlyft/motorkran på plats och hissa upp motorn.

16 Gör en slutkontroll för att säkerställa att alla slangar och allt elektriskt kablage mellan motor/växellådan och bilen har lossats.

17 Skruva loss de skruvar som håller fast motorfästena enligt beskrivningen i kapitel 2A, lyft sedan och för motor-/växellådsenheten från motorrummet. Det är ytterst viktigt att få assistans av en medhjälpare och att föra enheten utan att bilens kaross skadas etc.

XC90-modellerna

Observera: *Motorn och växellådan tas bort underifrån i XC90-modellerna, antingen komplett med den främre hjälpramen eller genom att hjälpramen tas bort först. För att möjliggöra detta måste bilens framvagn lyftas upp tillräckligt så att motorn kan tas bort underifrån bilen.*

18 Lossa extravärmarens anslutningskontakt om en sådan finns. Lossa bränslerören och kylvätskerören från värmaren för att undvika spill.

19 Borra ur nitarna från innerskärmens framkant.

20 Ta bort krängningshammarstången från de främre fjäderbenstornen.

21 Lyft av PAS-behållaren och expansionskärlet. Fäst båda på motorns överdel.

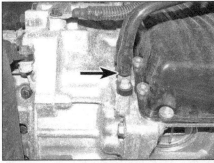

3.9 Automatväxellådans oljekylarrör (XC90 visas)

22 Lossa parallellstagsänden från vridnavet på båda sidorna.

23 Ställ styrningen i rakt fram-läge och mät avståndet från parallellstagsändens låsmutter till en lämplig fast punkt på kuggstången. Ta ut tändningsnyckeln och ta sedan bort klämskruven från rattstången. För av stången från kuggstången.

24 När rattstången har lossats **ska du inte** låta rattstången vridas eftersom detta skadar det extra säkerhetssystemets (SRS) urfjäder.

25 Montera motorkranen och kom ihåg att lyfta kranarmen först (eftersom motorn ska sänkas, inte lyftas upp från motorrummet) **(se bild)**.

26 Ta bort skruvarna från hjälpramen och sänk ned hjälpramen något så att styrarmarna kan lossas från de nedre kullederna.

27 Håll fast drivaxelns yttre drivknut och dra bort axeln från framhjulsnavet nu när styrarmarna är fria från framhjulsnaven.

28 Låt drivaxlarna vila på styrarmarna.

29 Gör en slutkontroll för att säkerställa att alla slangar och allt elektriskt kablage mellan motor/växellådan och bilen har lossats.

30 Sänk ned motorn, växellådan och hjälpramen från bilen.

31 Skilj motorn och växellådan från hjälpramen.

Isärtagning

32 Ta bort startmotorn.

33 Ta bort stödfästbygeln från fördelningsväxellådan och skruva sedan loss och ta bort fördelningsväxellådan i AWD-modeller (All wheel Drive).

Modeller med manuell växellåda

34 Ta bort skruvarna som fäster växellådan vid motorn. Observera skruvarnas placering. De är olika långa.

35 Dra bort växellådan från motorn med hjälp av en medhjälpare. Låt den inte hänga på den ingående axeln när den är fri från styrhylsorna.

Modeller med automatväxellåda

36 Vrid vevaxeln med hjälp av en hylsnyckel på remskivans mutter, tills det går att komma åt en av fästskruvarna mellan momentomvandlaren och drivplattan genom öppningen på motorns baksida. Arbeta genom öppningen och skruva loss skruven med en

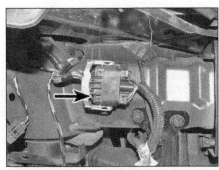

3.11 Lossa anslutningskontakten (se pil) bakom höger hjulhusfoder fram

TX50 hylsa. Vrid vevaxeln så mycket som behövs och ta bort de återstående skruvarna på samma sätt. Observera att nya skruvar krävs vid monteringen.

37 Ta bort skruvarna som fäster växellådan vid motorn. Observera skruvarnas placering. De är olika långa.

38 Tillsammans med en medhjälpare, dra växellådan rakt av från motorns styrhylsor och se till att momentomvandlaren sitter kvar på växellådan. Använd åtkomsthålet i växelhuset för att hålla omvandlaren på plats.

Montering

Modeller med manuell växellåda

39 Se till att kopplingen är korrekt centrerad och att urkopplingskomponenterna sitter monterade på svänghjulskåpan. Applicera inget fett på växellådans ingående axel, styrhylsan eller själva urkopplingslagret eftersom dessa komponenter har friktionsreducerande lager som inte behöver smörjas.

40 För växellådan rakt in på sin plats och fäst den med motorns styrhylsor. Sätt tillbaka skruvarna som håller fast växellådan vid motorn och dra åt dem till angivet moment. Montera tillbaka startmotorn.

Modeller med automatväxellåda

41 Spola ur oljekylaren med ren växellådsolja innan växellådan monteras. Gör på följande sätt. Fäst en slang vid den övre anslutningen, häll automatväxellådsolja genom slangen och samla upp den i en behållare placerad under returslangen (se *Smörjmedel och vätskor*).

3.25 Montera motorkranen

42 Rengör kontaktytorna på momentomvandlaren och drivplattan samt växellådans och motorns fogytor. Smörj momentomvandlarens styrningar och motorns/växellådans styrstift lätt med fett.

43 För växellådan rakt in på sin plats och fäst den med motorns styrhylsor. Sätt tillbaka de skruvar som håller fast växellådan vid motorn och dra åt dem lätt först i diagonal ordningsföljd, och sedan till angivet moment.

44 Montera momentomvandlaren på drivplattan med nya skruvar. Vrid vevaxeln för att komma åt skruvarna på samma sätt som vid demonteringen. Vrid sedan momentomvandlaren med hjälp av åtkomsthålen i växelhuset. Sätt i och dra åt alla skruvar först för hand och sedan till angivet moment.

Alla modeller

45 Resten av monteringen sker i stort sett i omvänd ordning mot demonteringen. Tänk på följande:

a) *Dra åt alla fästen till angivet moment och vinkel, efter tillämplighet. Se relevanta kapitel i denna handbok för åtdragningsmoment som inte direkt rör motorn.*

b) *Fyll på motorolja och kylvätska i motorn vid behov enligt beskrivningen i kapitel 1.*

c) *Läs avsnitt 16 innan motorn startas.*

4 Motorrenovering – inledande information

Det är mycket enklare att ta isär och arbeta med motorn om den är fastsatt i ett motorställ. Sådana ställ kan oftast hyras från en verkstad. Innan motorn monteras i stället ska svänghjulet/drivplattan demonteras så att ställets skruvar kan dras ända in i motorblocket/vevhuset.

Om inget ställ finns tillgängligt går det att ta isär motorn på en stabil arbetsbänk eller på golvet. Var försiktig så att motorn inte välter om arbetet utförs utan ställ.

Om en renoverad motor ska införskaffas måste alla hjälpaggregat demonteras först, så att de kan flyttas över till den nya motorn (precis som när den befintliga motorn renoveras). Detta inkluderar följande komponenter:

a) *Motorfästen och fästbyglar (kapitel 2A).*

b) *Generator med tillbehör och fästbygel (kapitel 5).*

c) *Startmotor (kapitel 5).*

d) *Bränslepumpen och bränslefördelarskenan (kapitel 4A).*

e) *Avgasgrenrör, med turboaggregat om ett sådant finns (kapitel 4A).*

f) *Insugsgrenrör med bränsleinsprutnings-komponenter (kapitel 4A).*

g) *Alla elektriska brytare, aktiverare och givare, samt motorns kablage (kapitel 12).*

h) *Kylvätskepump, termostat, slangar och fördelningsrör (kapitel 3).*

i) *Kopplingskomponenter – modeller med manuell växellåda (kapitel 6).*

j) *Svänghjul/drivplatta (kapitel 2A).*

k) *Oljefilter (kapitel 1).*

l) *Oljemätsticka, rör och fästbygel.*

Observera: *Var noga med att notera detaljer som kan vara till hjälp eller av vikt vid monteringen när de externa komponenterna demonteras från motorn. Notera t.ex. hur packningar, tätningar, brickor, skruvar och andra små detaljer sitter.*

Införskaffas en "mindre" motor (med motorblock/vevhus, vevaxel, kolvar och vevstakar på plats), måste även topplocket, kamremmen (med spännaren, spännarens remskivor och överföringsremskiva samt kåpor) och drivremmens spännare demonteras.

Om en fullständig renovering planerats kan motorn tas isär i den ordning som anges nedan

a) *Insugs- och avgasgrenrör samt turboaggregat (om tillämpligt).*

b) *Kamrem, drev, spännare, remskivor och kåpor.*

c) *Topplock.*

d) *Oljepump.*

e) *Svänghjul/drivplatta.*

f) *Sump.*

g) *Oljeupptagarrör.*

h) *Mellandel.*

i) *Kolvar/vevstakar.*

j) *Vevaxel.*

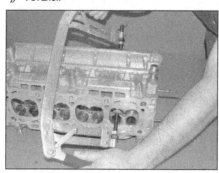

5.4a Tryck ihop ventilfjädern med en lämplig ventilfjäderkompressor

5.5a Demontera fjäderhållaren...

5 Topplock – isärtagning, rengöring, kontroll och hopsättning

Observera: *Nya och renoverade topplock finns att köpa hos tillverkaren och från specialister på motorrenoveringar. Specialverktyg krävs för isärtagning och kontroll, och nya delar kan vara svåra att få tag på. Det kan därför vara mer praktiskt och ekonomiskt för en hemmamekaniker att köpa ett färdigrenoverat topplock än att ta isär och renovera det ursprungliga topplocket.*

Isärtagning

1 Ta bort topplocket enligt beskrivningen i avsnitt A i detta kapitel.

2 Ta bort termostathuset (kapitel 3) och alla övriga anslutningar, rör, givare eller fästbyglar, om de fortfarande sitter på plats. Lyft av virvelventilenheten från topplockets överdel.

3 Knacka till ordentligt på varje ventilfjäder med en lätt hammare och en dorn så att fjädern och tillhörande delar lösgörs. **Slå inte** direkt på ventilens huvud.

4 Montera en lång ventilfjäderkompressor på varje ventil i tur och ordning och tryck ihop varje fjäder tills dess insatshylsa syns. Lyft ut insatshylsorna; Det kan vara bra att använda en liten skruvmejsel, en magnet eller en pincett **(se bild)**. Lossa försiktigt fjäderkompressorn och ta bort den.

5 Ta loss det övre ventilfjädersätet och ventilfjädern **(se bild)**. Dra ut ventilen från dess styrning.

5.4b Ta loss knastren och lossa fjäderkompressorn

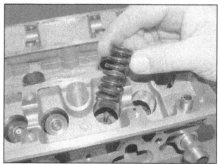

5.5b ...följt av ventilfjädern

5.6 Dra ut ventilskaftets oljetätning med en tång med långa käftar

5.7 Ta bort fjädersätet

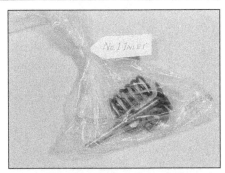

5.8 Håll ihop grupper av komponenter i märkta påsar eller lådor

6 Dra loss ventilskaftets oljetätning med en plattång. En kabelskalare kan behöva användas, som fästs under tätningen, om tätningen sitter hårt **(se bild)**.
7 Ta loss det nedre ventilfjädersätet **(se bild)**. Om det finns stora sotavlagringar runt utsidan av ventilstyrningen måste dessa skrapas bort innan sätet monteras tillbaka.
8 Det är viktigt att varje ventil förvaras tillsammans med sina insatshylsor, sin fjäder och sitt fjädersäte. Ventilerna bör även förvaras i rätt ordning, om de inte är så slitna eller brända att de måste bytas ut. Om ventilerna ska återanvändas, förvara ventilkomponenterna i märkta plastpåsar eller liknande behållare **(se bild)**.
9 Ta loss resten av ventilerna på samma sätt.

Rengöring

10 Ta noggrant bort alla spår av gammal packning och tätningsmedel från topplockets övre och nedre fogytor. Använd en lämplig lösningsvätska för flytande packningar tillsammans med en mjuk spackelkniv; använd inte en metallskrapa, då skadas ytorna. Observera att packningsytan inte går att slipa om.
11 Ta bort allt sot från förbränningskamrarna och portarna. Torka sedan bort alla spår av olja och andra avlagringar från topplocket. Var särskilt noga med fotlager, ventillyftarlopp, ventilstyrningar och smörjkanaler.
12 Tvätta topplocket noga med fotogen eller något lämpligt lösningsmedel. Var noggrann vid rengöringen. Se till att rengöra alla oljehål och kanaler mycket noga. Torka av huvudet

helt och smörj alla maskinslipade ytor med tunn olja.
13 Skrapa bort eventuella koksavlagringar från ventilerna. Använd sedan en eldriven stålborste för att ta bort avlagringar från ventilhuvuden och skaft.

Kontroll

Observera: *Var noga med att utföra hela den granskning som beskrivs nedan innan beslut fattas om ifall en verkstad behöver anlitas för någon åtgärd. Gör en lista med alla komponenter som behöver åtgärdas.*

Topplock

14 Undersök topplocket noggrant och leta efter sprickor, tecken på kylvätskeläckage och andra skador. Förekommer sprickor måste topplocket bytas ut.
15 Kontrollera att topplockets packningsyta inte är skev med en stållinjal och ett bladmått **(se bild)**.
16 Undersök ventilsätena i förbränningskamrarna. Om de är mycket gropiga, spruckna eller brända måste de bytas ut eller skäras om av en specialist på motorrenoveringar. Om de bara är lätt gropiga kan detta tas bort genom att ventilhuvudena och sätena slipas in med fint slipmedel enligt beskrivningen nedan.
17 Om ventilstyrningarna verkar slitna, vilket märks på att ventilen kan röras i sidled, måste nya styrningar monteras. Kontrollera detta genom att montera en mätklocka på topplocket och mäta vickningen från sida till sida med ventilen lyft 2,0 mm fri från sätet **(se bild)**. Mät diametern på de befintliga ventilskaften (se nedan) och styrningarnas lopp, byt ventilerna

eller styrningarna efter behov. Arbetet med att byta ventilstyrningarna bör överlåtas åt en specialist på motorrenoveringar.
18 Om ventilsätena ska skäras om måste det göras *efter att* styrningarna har bytts ut.
19 De gängade hålen i topplocket måste vara rena för att momentvärdena för åtdragningen ska bli korrekta vid monteringen. Använd försiktigt en gängtapp av rätt storlek (storleken kan bestämmas med hjälp av storleken på den skruv som ska sitta i hålet) i hålen för att ta bort rost, korrosion, tätningsmedel eller smuts, samt för att återställa skadade gängor. Använd om möjligt tryckluft för att rengöra hålen från det avfall som uppstår vid detta arbete. Glöm inte att också rengöra gängorna på alla skruvar och muttrar.
20 De gängor som inte kan renoveras på detta sätt kan oftast återställas med hjälp av gänginsatser. Om några gängade hål är skadade, fråga en återförsäljare eller en motorrenoveringsspecialist och låt dem installera gänginsatser där de behövs.

Ventiler

21 Undersök huvudet på varje ventil och leta efter tecken på anfrätning, brännskador, sprickor och allmänt slitage och undersök ventilskaftet efter tecken på repor och slitage. Vrid ventilen och kontrollera om den verkar böjd. Leta efter gropar och onormalt slitage på spetsen av varje ventilskaft. Byt ut alla ventiler som visar tecken på slitage eller skador.
22 Om ventilen verkar vara i gott skick, mät ventilskaftet på flera punkter med en mikrometer **(se bild)**. Stora skillnader mellan

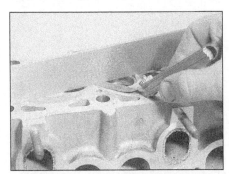

5.15 Kontrollera topplockspackningen med avseende på vridning

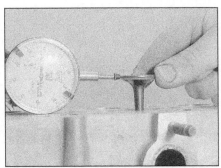

5.17 Mät maximalt glapp för ventilen i styrningen med en mätklocka

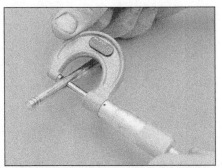

5.22 Mät ventilskaftens diameter med en mikrometer

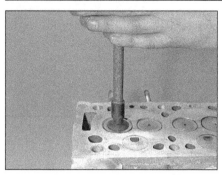

5.25 Inslipning av en ventil

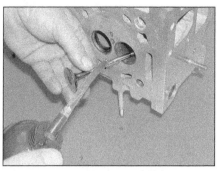

5.31 Smörj ventilens skaft och sätt in det i styrningen

de avlästa värdena indikerar att ventilskaftet är slitet. I båda dessa fall måste ventilen/ventilerna bytas ut.

23 Om ventilernas skick är tillfredsställande ska de slipas (poleras) in i respektive säte för att garantera en smidig, gastät tätning. Om sätet endast är lätt anfrätt, eller om det har gängats om, ska *endast* fin slipningsmassa användas för att få fram den nödvändiga ytan. Grov ventilslipmassa ska *inte* användas, om inte ett säte är svårt bränt eller har djupa gropar; Om så är fallet ska topplocket och ventilerna undersökas av en expert som avgör om ventilsätena ska skäras om eller om ventilen eller sätesinsatsen måste bytas ut.

24 Ventilslipning går till på följande sätt. Lägg topplocket upp och ner på en arbetsbänk. Stötta med ett träblock i varje ände så att ventilskaften går fria.

25 Smörj en aning ventilslipningsmassa (av lämplig grad) på sätesytan och tryck fast ett sugslipningsverktyg över ventilhuvudet. Slipa ventilhuvudet med en roterande rörelse ner till sätet. Lyft ventilen ibland för att omfördela slipmassan. Om en lätt fjäder placeras under ventilen går det lättare **(se bild)**.

26 Om grov slipmassa används, arbeta tills ventilhuvudet och fästet får en matt, jämn yta. Torka sedan bort den använda slipmassan och upprepa arbetet med fin slipmassa. När en mjuk, obruten ring med ljusgrå matt yta uppstått på både ventilen och sätet är inslipningen färdig. *Slipa inte* in ventilerna längre än vad som är absolut nödvändigt, då kan sätet sjunka in i topplocket för tidigt.

27 Tvätta noga bort *alla* spår av slipmassa

med fotogen eller lämpligt lösningsmedel när alla ventiler har slipats in. Sätt sedan ihop topplocket.

Ventilkomponenter

28 Undersök ventilfjädrarna efter tecken på skador eller missfärgning. Mät även längden genom att jämföra de befintliga fjädrarna med en ny.

29 Ställ varje fjäder på en plan yta och kontrollera att den står rakt upp. Om någon fjäder är skadad, skev eller har förlorat spänsten, skaffa en hel uppsättning med nya fjädrar. Normalt byts alla fjädrar alltid ut vid en större renovering.

30 Byt ut ventilskaftens oljetätningar, oavsett deras aktuella kondition.

Hopsättning

31 Olja in skaftet på en av ventilerna och sätt in det i styrningarna, sätt sedan dit ventilfjädersätet **(se bild)**.

32 De nya ventilskaftoljetätningarna ska ha en plasthylsa som skyddar tätningen när den monteras på ventilen. Om inte, vira ett stycke plastfilm runt ventilskaftet som går ungefär 10 mm utanför skaftets ände.

33 Med skyddshylsan eller plastfilmen på plats runt ventilen, sätt på ventilskaftets oljetätning och skjut på den på ventilstyrningen så långt det går med hjälp av en passande hylsa eller ett passande rörstycke. När tätningen väl sitter på plats, ta bort skyddshylsan eller plastfilmen.

34 Montera ventilfjädern och det övre sätet. Tryck ihop fjädern och sätt på de två

insatshylsorna i urholkningarna i ventilskaftet. Lossa kompressorn försiktigt.

35 Täck ventilskaftet med en trasa och knacka till ordentligt på det med en lätt hammare för att kontrollera att insatshylsorna sitter ordentligt.

36 Upprepa dessa åtgärder på resten av ventilerna.

37 Montera tillbaka resten av komponenterna och sätt sedan tillbaka topplocket enligt beskrivningen i del A i detta kapitel.

6 Mellandel/ramlageröverfall – demontering

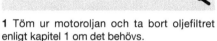

1 Töm ur motoroljan och ta bort oljefiltret enligt kapitel 1 om det behövs.

2 Ta bort oljepumpen enligt beskrivningen i avsnitt A i detta kapitel.

3 På modeller med en oljekylare monterad bak på sumpen, skruva loss de fyra fästskruvarna och ta loss kylaren, om möjligt utan att koppla loss kylvätskerören **(se bild)**.

4 Skruva loss skruvarna som håller fast sumpen vid mellandelen och notera skruvarnas olika längd och var de sitter.

5 Knacka försiktigt loss sumpen med en gummi- eller läderklubba. Ta loss O-ringstätningarna.

6 Skruva loss fästbygelskruven och ta loss oljeupptagarröret **(se bild)**. Ta loss O-ringstätningen från änden av röret.

7 Ta bort kolvarna och vevstakarna enligt beskrivningen i avsnitt 7.

8 Skruva loss alla M7-skruvar som håller fast mellandelen vid motorblocket, arbeta utifrån och in. När alla M7-skruvar skruvats loss, skruva loss M8 skruvarna, och sedan M10-skruvarna i samma ordning.

9 Knacka försiktigt loss mellandelen med en gummi- eller läderklubba. Lyft av mellandelen tillsammans med vevaxelns nedre ramlageröverfall. Om några av överfallen sitter kvar på vevaxel, flytta dem till deras rätta platser på mellandelen. Rotera inte vevaxeln med mellandelen borttagen.

10 Ta bort vevaxelns vänstra oljetätning.

7 Kolvar och vevstakar – demontering och kontroll

Demontering

1 Demontera topplocket, oljepumpen i sumpen och svänghjulet/drivplattan enligt beskrivningen i del A i detta kapitel. Ta bort mellandelen enligt beskrivningen i avsnitt 6.

2 Känn inuti loppens överdel om det finns någon kraftig slitagekant. Vissa experter rekommenderar att en sådan kant tas bort (med en avskrapare eller liknande) innan kolvarna tas bort. Men en kant som är stor nog att skada kolvarna och/eller kolvringarna innebär ändå så gott som säkert att en omborrning och nya kolvar/ringar kommer att krävas.

6.3 Oljekylarens fästskruvar (se pilar)

6.6 Skruva loss skruven till oljepickupens fästbygel (se pil)

3 Kontrollera att det finns ID-nummer eller markeringar på alla vevstakar och överfall. Måla eller stansa in lämpliga markeringar om det behövs, så att varje vevstake kan sättas tillbaka på samma sätt och i samma riktning som tidigare **(se bild)**. Observera var de sitter, dvs. på avgassidan etc.

4 Skruva loss de två vevstaksskruvarna. Lossa överfallet genom att knacka på det med en mjuk hammare. Ta loss överfallet och den nedre lagerkåpan. Notera att nya skruvar krävs vid hopsättningen. Du ska alltid montera nya skålar.

5 Tryck ut vevstaken och kolven ur loppet. Ta loss den andra halvan av lagerkåpan, om den är lös.

6 Montera tillbaka kåpan åt rätt håll på vevstaken, så att de inte blandas ihop. Observera att på vissa motorer är ytan mellan överfallet och vevstaken inte bearbetad utan sprucken. Var noga med att inte skada eller repa de spruckna ytorna, då passar inte överfallet på skålen och du måste montera nya vevstakar.

7 Kontrollera om det finns en pil ovanpå kolven. Den ska peka mot motorns kamremsände. Finns det ingen pil kan en egen riktningsmarkering göras.

8 Upprepa proceduren på övriga vevstakar och kolvar.

Kontroll

9 Innan kontrollen kan utföras måste kolvarna/vevstakarna rengöras och originalkolvringarna demonteras från kolvarna.

10 Töj försiktigt ut de gamla ringarna och ta bort dem från kolvarna. Använd två eller tre gamla bladmått för att hindra att ringarna ramlar ner i tomma spår **(se bild)**. Var noga med att inte repa kolvarna med ringkanterna. Ringarna är sköra och går sönder om de töjs för mycket. De är också mycket vassa – skydda händer och fingrar.

11 Skrapa bort alla spår av sot från kolvens överdel. En handhållen stålborste (eller finkornig smärgelduk) kan användas när de flesta avlagringar skrapats bort.

12 Ta bort sotet från ringspåren i kolven med hjälp av en gammal ring. Bryt ringen i två delar (var försiktig så du inte skär dig – kolvringar är vassa). Var noga med att bara ta bort sotavlagringarna – ta inte bort någon metall och gör inga hack eller repor i sidorna på ringspåren.

13 När avlagringarna är borta, rengör

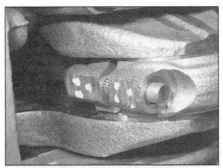
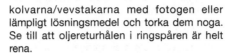

7.3 Markeringar för identifiering av vevstakar och storändslageröverfall

kolvarna/vevstakarna med fotogen eller lämpligt lösningsmedel och torka dem noga. Se till att oljereturhålen i ringspåren är helt rena.

14 Om kolvarna och cylinderloppen inte är skadade eller överdrivet slitna, och om motorblocket inte behöver borras om (efter tillämplighet), kan originalkolvarna monteras tillbaka. Normalt kolvslitage märks som ett jämnt, vertikalt slitage på kolvens tryckytor, och på en viss löshet i den övre ringen i dess spår. Nya kolvringar ska alltid användas när motorn sätts ihop igen.

15 Undersök varje kolv noga efter sprickor runt manteln, runt kolvtappshålen och på områdena mellan ringspåren.

16 Leta efter spår och repor på kolvmanteln, hål i kolvkronan och brända områden på kolvänden.

17 Om manteln är repad eller skavd kan motorn ha varit utsatt för överhettning och/eller onormal förbränning, vilket har orsakat höga arbetstemperaturer. I dessa fall bör kylnings- och smörjningssystemen kontrolleras noggrant. Brännmärken på kolvsidorna visar att genomblåsning har ägt rum.

18 Ett hål i kolvkronan eller brända områden i kolvkronans kant är tecken på att onormal förbränning (förtändning, tändningsknack eller detonation) har förekommit.

19 Vid något av ovanstående problem med kolvarna måste orsakerna undersökas och åtgärdas, annars kommer skadan att uppstå igen. Orsakerna kan vara läckage i insugsluften, felaktig bränsle/luftblandning eller fel i avgaskontrollsystemet.

7.10 Ta bort kolvringarna med hjälp av bladmått

20 Punktkorrosion på kolven är tecken på att kylvätska har läckt in i förbränningskammaren och/eller vevhuset. Även här måste den bakomliggande orsaken åtgärdas, annars kan problemet bestå i den ombyggda motorn.

21 Undersök varje vevstake noga efter tecken på skador, som sprickor runt vevlagret och den övre vevstaksändens lager. Kontrollera att vevstaken inte är böjd eller skev. Skador på vevstaken inträffar mycket sällan, om inte motorn har skurit ihop eller överhettats allvarligt. En noggrann undersökning av vevstaken kan endast utföras av en motorrenoveringsspecialist med tillgång till nödvändig utrustning.

22 Kolvtapparna är av flottörtyp och hålls på plats med två låsringar. Om det behövs, kan kolvarna och dragstängerna separeras på följande sätt.

23 Ta loss en av de låsringar som håller fast kolvtappen. Tryck ut kolvtappen ur kolven och vevstaken **(se bild)**.

24 Om du är det minsta tveksam angående kolvarnas skick, låt en motorspecialist mäta dem. Om du behöver nya kolvar kan specialisten tillhandahålla sådana och borra om motorblocket till rätt storlek (i förekommande fall).

25 Om någon av kolvarna är slitna måste alla kolvarna bytas. Observera att om motorblocket borrats om under en tidigare renovering kan större kolvar ha monterats.

26 Håll en ny kolvring i passande spår och mät mellanrummet mellan ring och spår med ett bladmått **(se bild)**. Observera att ringarna är olika stora, så se till att använda rätt ring till

7.23a Bänd ut låsringen...

7.23b ...och ta bort Kolvbulten

7.26 Mät mellanrummet mellan ringen och spåret med ett bladmått

rätt spår. Jämför måtten med de som anges i Specifikationer. Om värdena överskrider angivna gränser måste kolvarna bytas.

27 Kontrollera kolvtappens passning i vevstakens bussning och i kolven. Om det föreligger märkbart spel måste en ny bussning eller en större kolvtapp monteras. Kontakta en Volvo-verkstad eller en motorrenoveringsspecialist.

28 Undersök alla komponenter och skaffa de nya delar som behövs. Nya kolvar levereras komplett med Kolvbultar och låsringar. Låsringar kan även köpas separat.

29 Smörj in kolvtappen med olja. Sätt ihop vevstaken och kolven, se till att vevstaken är rättvänd, och fäst kolvtappen med låsringen. Sätt låsringen så att dess öppning är vänd nedåt.

30 Upprepa dessa åtgärder på resten av kolvarna.

8 Vevaxel – demontering och kontroll

Observera: *Om inget arbete ska göras på kolvarna och vevstakarna behöver inte topplocket och kolvarna demonteras. Istället behöver kolvarna bara tryckas in så långt i loppen att de inte är i vägen för vevtapparna.*

Demontering

1 Utför följande, enligt beskrivningen i del A i detta kapitel och tidigare avsnitt i denna del, efter tillämplighet:
a) Demontera oljepumpen.
b) Ta bort sumpen.
c) Demontera kopplingens komponenter och svänghjulet/drivplattan.
d) Demontera kolvarna och vevstakarna (se anmärkningen ovan).

2 Innan vevaxeln demonteras är det bäst att kontrollera axialspelet. För att göra detta monterar du en mätare med spindeln i linje med vevaxeln och så att den precis kommer i kontakt med vevaxeln **(se bild)**.

3 Skjut bort vevaxeln helt från mätaren och nollställ den. För sedan vevaxeln så långt mot mätaren det går och kontrollera det uppmätta värdet. Avståndet som vevaxeln rörs är dess axialspel. Om det är större an vad som anges, kontrollera om vevaxelns tryckytor är slitna. Om inget slitage föreligger, bör nya tryckbrickor (som sitter ihop med ramlageröverfallen på 2,4-litersmodeller) kunna korrigera axialspelet.

4 Demontera mellandelen/ramlageröverfallen och lyft ut vevaxeln. Tappa den inte, den är tung.

5 Demontera de övre halvorna av ramlageröverfallen från deras säten i vevhuset genom att trycka på den ände av överfallet som ligger längst bort från styrfliken. Håll ordning på överfallen.

Kontroll

6 Rengör vevaxeln med fotogen eller annat lämpligt lösningsmedel och torka den. Använd helst tryckluft om det finns tillgängligt. Var noga med att rengöra oljehålen med piprensare eller något liknande för att se till att de inte är igentäppta.

> ⚠ **Varning: Bär skyddsglasögon vid arbete med tryckluft.**

7 Kontrollera ramlagertappar och vevlagertappar efter ojämnt slitage, repor, gropigheter eller sprickor.

8 Slitage på vevstakslagret följs av tydliga metalliska knackningar när motorn körs (märks särskilt när motorn drar från låg fart) och viss minskning av oljetrycket.

9 Slitage i ramlagret åtföljs av starka motorvibrationer och ett dovt ljud – som ökar i takt med att motorns varvtal ökar – samt minskning av oljetrycket.

10 Kontrollera ojämnheter på lagertapparna genom att försiktigt dra ett finger över lagerytan. Förekommer ojämnheter (tillsammans med tydligt lagerslitage) är det ett tecken på att vevaxeln måste slipas om (om det är möjligt) eller bytas ut.

11 Låt en motorspecialist mäta och kontrollera vevaxeln. De kan ge dig råd om tillgång på lager i understorlekar och renovering av vevaxlar.

9 Motorblock/vevhus – rengöring och kontroll

Rengöring

1 Före rengöring, demontera alla externa komponenter och givare samt alla monterade oljepluggar eller kåpor. Ta bort kolvens kylventil och kylmunstyckena (i förekommande fall) **(se bilder)**.

2 Om någon av gjutningarna är extremt nedsmutsad bör alla ångtvättas.

3 När gjutningarna ångtvättats, rengör alla oljehål och oljegallerier en gång till. Spola alla interna passager med vatten till dess att rent vatten rinner ut. Använd om möjligt tryckluft för att skynda på torkandet och blåsa rent i alla oljehål och kanaler.

> ⚠ **Varning: Bär skyddsglasögon vid arbete med tryckluft.**

4 Om gjutdelarna inte är alltför smutsiga går det att göra ett godtagbart tvättjobb med hett tvålvatten (så hett du klarar av) och en styv borste. Var noggrann vid rengöringen. Se till att rengöra alla oljehål och kanaler mycket noga, oavsett tvättmetod, och att torka alla delar ordentligt. Applicera ren motorolja på cylinderloppen för att förhindra rost.

5 De gängade hålen i motorblocket måste vara rena för att momentvärdena för åtdragningen ska bli korrekta vid monteringen. Använd försiktigt en gängtapp av rätt storlek (storleken kan bestämmas med hjälp av storleken på den skruv som ska sitta i hålet) i hålen för att ta bort rost, korrosion, tätningsmedel eller smuts, samt för att återställa skadade gängor. Använd om möjligt tryckluft för att rengöra hålen från det avfall som uppstår vid detta arbete. Glöm inte att också rengöra gängorna på alla skruvar och muttrar.

8.2 Kontrollera vevaxelns axialspel med en mätklocka

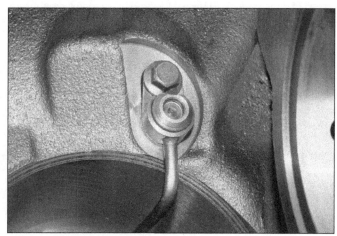

9.1 Kolvavkylningsmunstyckena kan monteras på varje cylinderlopps bas

6 De gängor som inte kan renoveras på detta sätt kan oftast återställas med hjälp av gänginsatser. Om några gängade hål är skadade, fråga en återförsäljare eller en motorrenoveringsspecialist och låt dem installera gänginsatser där de behövs.

7 Täck motorn med en stor plastsäck om den inte ska monteras ihop på en gång, för att hålla den ren och förebygga rost; skydda de bearbetade ytorna enligt beskrivningen ovan, för att förhindra rost.

Kontroll

8 Undersök gjutningarna och leta efter sprickor och korrosion. Leta efter skadade gängor i hålen. Om kylvätska någon gång läckt ut inne i motorn kan det löna sig att låta en motorrenoveringsspecialist kontrollera motorblocket/vevhuset med specialutrustning för att se om de fått sprickor. Om defekter upptäcks ska de repareras, om möjligt. Annars måste enheten bytas ut.

9 Undersök topplockets fogyta och mellandelens fogytor. Kontrollera ytorna för att se om de är skeva med hjälp av en stållinjal och ett bladmått, enligt beskrivningen ovan för kontroll av topplocket. Om någon yta är skev, rådfråga en motorrenoveringsspecialist om vad som bör göras.

10 Kontrollera att cylinderloppen inte är slitna eller repiga. Kontrollera om det finns slitspår ovanpå cylindern. Det är i så fall ett tecken på att loppet är överdrivet slitet.

11 Låt en specialist på motorrenovering kontrollera och mäta loppen. De kan ge dig råd om eventuell omborrning av cylindrar och tillhandahålla lämpliga kolvar.

12 Om loppen är i någorlunda gott skick och inte överdrivet slitna kanske det räcker med att byta ut kolvringarna.

13 Om så är fallet bör loppen slipas för att de nya ringarna ska sätta sig korrekt, så att man får bästa möjliga tätning. Detta kan man utföra själv eller överlåta till en motorrenoveringsspecialist.

14 När all maskinslipning/borrning är klar måste hela blocket/vevhuset tvättas mycket noga med varmt tvålvatten så att alla spår av slipdamm tas bort. När motorblocket/vevhuset är helt rent, skölj det noga och torka det. Smörj sedan in alla exponerade maskinbehandlade ytor lätt med olja för att förebygga rost.

15 Montera tillbaka kolvavkylnings-munstyckena på cylinderloppens bas och dra åt fästskruvarna till angivet moment.

16 Sätt dit en ny tätningsbricka på kolvens kyloljeventil eller applicera gängtätningsmedel på ventilgängorna (efter tillämplighet). Sätt sedan tillbaka ventilen och dra åt den till angivet moment.

10 Ram- och vevstakslager – inspektion och urval

Kontroll

1 Även om ram- och vevstakslagerkåporna bör bytas vid en motorrenovering bör de gamla kåporna behållas för noggrann undersökning eftersom de kan ge värdefull information om motorns skick.

2 Lagerhaveri uppstår på grund av otillräcklig smörjning, förekomst av smuts eller andra främmande partiklar, överbelastning av motorn och korrosion **(se bild)**. Oavsett vilken orsaken är måste den åtgärdas (om det går) innan motorn sätts ihop, för att förhindra att lagerhaveriet inträffar igen.

3 När lagerskålarna undersöks, demontera dem från motorblocket/vevhuset och ramlageröverfallen samt från vevstakarna och vevstaksöverfallen. Lägg dem sedan på en ren yta i ungefär samma position som deras plats i motorn. Därigenom kan man se vilken vevaxeltapp som orsakat lagerproblemen. *Vidrör inte* lagerskålarnas känsliga ytor med fingrarna under kontrollen, då kan de repas.

4 Smuts och andra främmande partiklar kan komma in i motorn på flera olika sätt. Smuts kan t.ex. finnas kvar i motorn från hopsättningen, eller komma in genom filter eller vevhusventilationssystemet. Det kan hamna i oljan, och därmed tränga in i lagren. Metallspån från slipning och normalt slitage förekommer ofta. Slipmedel finns ibland kvar i motorn efter en renovering, speciellt om delarna inte rengjorts noga på rätt sätt.

5 Oavsett var de kommer ifrån hamnar främmande föremål ofta som inbäddningar i lagermaterialet och är där lätta att känna igen. Stora partiklar kommer inte att bäddas in helt i materialet, utan kommer att repa skålen och axeltappen. Det bästa sättet att förebygga

den här orsaken till lagerhaveri är att rengöra alla delar noggrant och att hålla allting skinande rent vid monteringen av motorn. Täta och regelbundna oljebyten är också att rekommendera.

6 Brist på smörjning (eller avbrott i smörjningen) har ett antal sammanhörande orsaker. Överhettning (som tunnar ut oljan), överbelastning (som tränger undan olja från lagerytan) och oljeläckage (på grund av för stora lagerspel, sliten oljepump eller höga motorvarv) kan orsaka problemet. Även igensatta oljekanaler, som vanligen beror på felinpassade oljehål i en lagerskål, stryper oljetillförseln till ett lager och förstör det.

7 I de fall brist på smörjning orsakar lagerhaveri kletas lagermaterialet ut från kåpans stödplatta. Temperaturen kan stiga så mycket att stålplattan blir blå av överhettning.

8 Körsättet kan påverka lagrens livslängd betydligt. Full gas från låga varv (segdragning) belastar lagren mycket hårt och tenderar att pressa ut oljefilmen. Dessa belastningar kan få lagerskålarna att vika sig, vilket leder till fina sprickor i lagerytorna (utmattningsfel). Till sist kommer lagermaterialet att gå i bitar och slitas bort från stålplattan.

9 Korta körsträckor leder till korrosion i lagren därför att det inte alstras nog med värme i motorn för att driva ut kondensvatten och frätande gaser. Dessa produkter samlas istället i motoroljan och bildar syra och slam. När oljan sedan leds till motorlagren angriper syran lagermaterialet.

10 Felaktig montering av kåporna vid hopsättning leder också till haveri. Tätt sittande lagerskålar lämnar för små lagerspel och resulterar i strypt oljetillförsel. Smuts eller främmande partiklar som fastnat bakom en lagerskål kan resultera i högre punkter på lagret, som i sin tur leder till haveri.

11 *Vidrör inte* skålens lageryta med fingrarna; det finns risk att du repar den känsliga ytan, eller lämnar smutspartiklar på den.

Val av lager

12 Låt en motorrenoveringsspecialist mäta och undersöka vevaxeln. Specialisten kan tillhandahålla lämpliga lagerskålar.

11 Motorrenovering – ordningsföljd vid hopsättningen

1 Innan hopsättningen påbörjas, kontrollera att alla nya delar har anskaffats och att alla nödvändiga verktyg finns till hands. Läs igenom hela arbetsbeskrivningen och kontrollera att allt som behövs verkligen finns tillgängligt. Utöver alla vanliga verktyg och material, behövs gängfästmassa på de flesta områden under ihopsättningen av motorn. En tub med Volvos flytande packning och en korthårig roller krävs också vid ihopsättningen av motordelarna.

Utmattningsbrott	Felaktig placering
grop- eller fickbildning	ljusa (polerade) delar
Repad av smuts	Oljebrist
smuts i lagermaterialet	bortnött ytlager
Kraftigt slitage	Konisk tapp
bortnött ytlager	slitage mot avrundning

H 28395

10.2 Typiska lagerskador

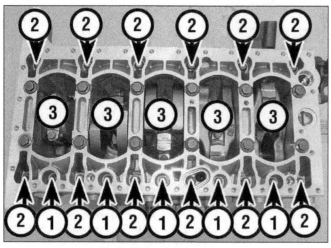

12.10 Mellandelens skruvar

1 M7   2 M8   3 M10

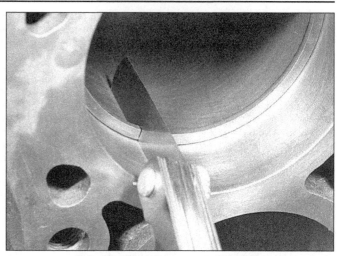

13.5 Mät kolvringsgapet med bladmått

2 För att spara tid och undvika problem rekommenderas att ihopsättningen av motorn sker i följande ordningsföljd:
 a) Vevaxel.
 b) Mellandel.
 c) Kolvar/vevstakar.
 d) Sump.
 e) Oljepump.
 f) Svänghjul/drivplatta.
 g) Topplock.
 h) Kamaxel och ventillyftare.
 i) Kamrem, spännare, drev och
    tomgångsöverföring.
 j) Motorns externa komponenter.
3 På det här stadiet ska alla motorns komponenter vara helt rena och torra och alla fel reparerade. Komponenterna ska läggas ut (eller finnas i individuella behållare) på en fullständigt ren arbetsyta.

12 Vevaxel – montering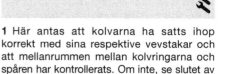

1 Monteringen av vevaxeln är det första steget vid ihopsättningen av motorn efter renovering. Här förutsätts att motorblock/vevhuset och vevaxeln har rengjorts, kontrollerats och reparerats eller renoverats efter behov och att kolvavkylningsmunstycken och ventilen monterats tillbaka. Placera motorblocket på en ren, plan arbetsyta, med vevhuset uppåt.
2 Om de fortfarande är på plats, ta bort de gamla lagerkåporna från motorblocket och mellandelen.
3 Torka rent ramlageröverfallens säten i vevhuset och rengör de nya lagerkåpornas baksidor. Sätt i de tidigare utvalda övre kåporna på rätt plats i vevhuset. Observera att skålar med tryckbrickor måste monteras på lagerposition nr 5. Tryck kåporna på plats så att flikarna hakar i motsvarande urholkningar.

Observera att den tjockare av de båda skålarna måste monteras på mellandelen.
4 Smörj lagerkåporna i vevhuset rikligt med ren motorolja.
5 Torka rent vevaxeltapparna och sänk vevaxeln på plats. Se till att kåporna inte rubbas.
6 Spruta in olja i vevaxelns smörjkanaler och torka sedan bort alla spår av överflödig olja från vevaxeln och mellandelens fogytor.
7 Med en korthårig roller, applicera ett jämnt lager av Volvos flytande packningslösning (nr 116 1771) på motorblockets fogyta på mellandelen. Se till att hela ytan täcks, men observera att det räcker med ett tunt lager för att få en bra tätning.
8 Torka rent ramlageröverfallens säten i mellandelen och rengör lagerkåpornas baksidor. Sätt i de tidigare utvalda nedre kåporna på rätt plats i mellandelen. Tryck kåporna på plats så att flikarna hakar i motsvarande urholkningar.
9 Smörj lagerkåporna i mellandelen lätt och se till att det inte kommer olja på den flytande packningen.
10 Lägg mellandelen på vevaxeln och motorblocket och sätt i fästskruvarna. Dra åt skruvarna enligt de fem steg som anges i Specifikationer till angivet moment och vinkel, börja utifrån och jobba inåt **(se bild)**.
11 Vrid runt vevaxeln. Ett visst motstånd är att vänta med nya delar, men det får inte finnas några uttalade tröga ställen eller stopp.
12 På det här stadiet är det en bra idé att ännu en gång kontrollera vevaxelns axialspel enligt beskrivningen i avsnitt 8. Om tryckytorna på vevaxeln har kontrollerats och nya lagerskålar har monterats ska axialspelet ligga inom de angivna värdena.
13 Smörj den vänstra oljetätningens placering, vevaxeln och en ny oljetätning. Montera tätningen med läpparna inåt och använd en bit rör (eller den gamla tätningen, ut- och invänd) och knacka den på plats tills den är i nivå.

13 Kolvar och kolvringar – hopsättning

1 Här antas att kolvarna ha satts ihop korrekt med sina respektive vevstakar och att mellanrummen mellan kolvringarna och spåren har kontrollerats. Om inte, se slutet av avsnitt 7.
2 Innan ringarna kan monteras på kolvarna måste ändgapen kontrolleras med ringarna insatta i cylinderloppen.
3 Lägg ut kolvarna och de nya ringarna så att delarna hålls ihop i grupper under och efter kontrollen av ändgapen. Lägg motorblocket på sidan på arbetsytan, så att det går att komma åt loppens över- och undersidor.
4 Ta den övre ringen för kolv nr 1 och sätt i den längst upp i den första cylindern. Tryck ner den i loppet med hjälp av kolvtoppen; då hålls ringen garanterat vinkelrätt mot cylinderns väggar. Placera ringen nära cylinderloppets botten, vid den nedre gränsen för ringrörelsen. Observera att den övre ringen skiljer sig från den andra ringen. Den andra ringen känns enkelt igen på steget på dess nedre yta.
5 Mät ringgapet med ett bladmått **(se bild)**.
6 Upprepa proceduren med ringen längst upp i cylinderloppet, vid övre gränsen för dess rörelse, och jämför värdena med dem i Specifikationer.
7 Om nya ringar används är det inte troligt att ändgapen kommer att vara för små. Om något mått visar sig vara för litet måste detta rättas till, annars finns det risk för att ringändarna kommer i kontakt med varandra när motorn går, vilket kan skada motorn. Helst ska nya kolvringar med korrekt ändgap monteras; Som en sista utväg kan ändgapen förstoras genom att ringändarna filas ner försiktigt med en fin fil. Fäst ringen i ett skruvstäd med mjuka käftar, dra ringen över filen med ändarna i kontakt med filytan och rör ringen

långsamt för att slipa ner materialet i ändarna. Var försiktig, eftersom kolvringarna är vassa och lätt går sönder.

8 Det är lika otroligt att ändgapet är för stort. Om gapen ändå är för stora, kontrollera att det är rätt sorts ringar för motorn och den aktuella cylinderloppsstorleken.

9 Upprepa kontrollen av alla ringar i cylinder nr 1 och sedan av ringarna i de återstående cylindrarna. Kom ihåg att hålla ihop de ringar, kolvar och cylindrar som hör ihop.

10 När ringöppningarna har kontrollerats, och eventuellt justerats, kan de monteras på kolvarna.

11 Montera kolvringarna med samma teknik som användes vid demonteringen. Montera den nedersta skrapringen först, och fortsätt uppåt. Observera texten på ena sidan av den övre och den nedre ringen; den måste vara vänd uppåt när ringarna monteras. Mittenringen är fasad och den fasade kanten måste vara vänd nedåt vid monteringen. Tänj inte ut kompressionsringarna för långt, eftersom de kan gå av. **Observera:** *Följ alltid instruktionerna som medföljer de nya uppsättningarna med kolvringar – olika tillverkare kan ange olika tillvägagångssätt. Blanda inte ihop den övre och den andra kompressionsringen. De har olika tvärsnittsprofiler.*

12 När alla ringar sitter på plats ser du till att ringarna sitter med 120° mellanrum med undantag för den tredelade oljeringen där de båda enkla ringarna ska vara placerade 90° ifrån varandra **(se bild)**.

14 Kolvar och vevstakar – montering

1 Innan kolvarna/vevstakarna monteras måste cylinderloppen vara helt rena och vevaxeln och mellandelen måste sitta på plats

2 Ta bort vevstakslageröverfallet från vevstaken till cylinder nr 1 (se markeringarna som noterades eller gjordes vid demonteringen). Ta bort de ursprungliga lagerskålarna och torka ur lagerspåren i vevstaken och överfallet med en ren, luddfri trasa. De måste hållas absolut rena. Se till att det finns nya fästskruvar för vevstaksöverfallen.

3 Rengör baksidan av den nya övre lagerkåpan. Montera den på vevstaken för cylinder nr 1 och montera sedan lagrets andra kåpa på vevstaksöverfallet. Observera att skålen med den svarta storleksmarkeringen på kanten måste monteras på vevstaken. På vevstakar och överfall som är "spruckna" finns det ingen inpassningsskåra för lagerskålens flik. På dessa stakar/överfall placerar du helt enkelt skålarna så centralt som möjligt. Om det finns flikar och skåror, se till att fliken på varje skål passar in skåran på vevstakens eller överfallets fördjupning.

4 Placera kolvringsgapen i rätt position runt kolven. Smörj kolven och ringarna med ren motorolja och sätt på en kolvringskompressor på kolven. Låt manteln sticka ut något för

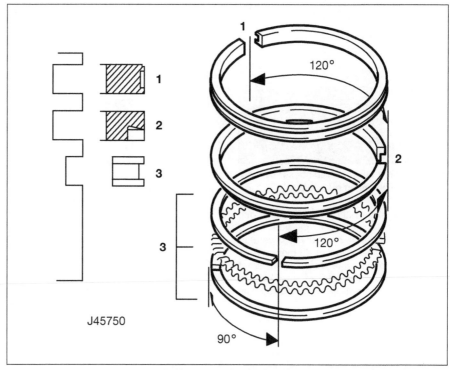

J45750

13.12 Information kolvringar

1 Övre kompressionsring   2 Kompressionsring 2   3 Oljeavskraparring

att styra in kolven i cylinderloppet. Ringarna måste tryckas ihop tills de är helt i nivå med kolven.

5 Vrid runt vevaxeln tills vevlageraxeltappen för cylinder nr 1 ligger vid nedre dödpunkten. Applicera lite motorolja på cylinderväggarna.

6 Anordna kolv-/vevstaksenhet nr 1 så att kanalen i kolvens bas är inriktad mot kolvkylningsstrålen i cylinderloppet. För försiktigt in enheten i cylinderlopp nr 1 och låt kolvringskompressorns nedre kant vila mot motorblocket.

7 Knacka på ringkompressorns överkant för att vara säker på att den har kontakt med motorblocket hela vägen runt.

8 Knacka försiktigt ovanpå kolven med änden av ett hammarskaft i trä. Styr samtidigt på vevstakens vevlager på vevtappen. Kolvringarna kan ramla ur ringkompressorn precis innan de förs in i cylinderloppet, så behåll ett visst tryck på ringkompressorn. Arbeta långsamt och sluta omedelbart om du känner minsta motstånd när kolvarna går in i cylindern. Undersök vad det är som tar emot och rätta till det innan arbetet återupptas. *Tvinga aldrig*, in kolven i cylindern, eftersom en ring och/eller kolven kan skadas. Var väldigt försiktig så att du inte skadar kolvarnas kylmunstycken **(se bild)**.

9 Se till att lagerytorna är helt rena och applicera sedan ett jämnt lager ren motorolja på båda två. Det kan krävas att kolven trycks tillbaka upp i loppet något för att exponera kåpans lageryta i vevstaken.

10 Skjut tillbaka vevstaken på plats på vevlageraxeltappen och montera tillbaka

vevstaksöverfallet. Smörj skruvgängorna, sätt i skruvarna och dra åt dem i två steg till angivet moment.

11 Upprepa hela proceduren för resten av kolvarna/vevstakarna.

12 Det är viktigt att tänka på följande:

a) *Håll baksidorna av lagerskålarna och vevstakarnas och överfallens lagerfördjupningar fullständigt rena under ihopsättningen.*

b) *Se till att rätt kolv/vevstake används till varje cylinder.*

c) *Kanalen i kolvens bas måste vara inriktad mot kolvkylningsmunstycket.*

d) *Smörj cylinderloppen med ren motorolja.*

e) *Smörj lagerytorna innan vevstaksöverfallen monteras.*

13 När alla kolvar/vevstakar har monterats,

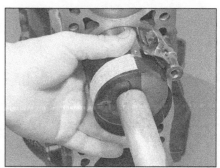

14.8 Knacka in kolven i loppet med ett hammarskaft

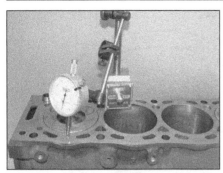

14.16 Mät hur långt kolven sticker ut med hjälp av en mätklocka

vrid runt vevaxeln några varv för hand och känn efter om det tar emot någonstans.

14 Om du monterar nya kolvar, vevstakar eller en ny vevaxel eller om du monterar en ny kortare motor måste du mäta hur långt kolvkronorna sticker ut ovanför topplockets yta vid ÖD för att avgöra vilken topplockspackning som krävs.

15 Montera sumpen enligt beskrivningen i avsnitt 15.

16 Montera en mätklocka på motorblocket och nollställ den på topplockets fogyta. Ställ sedan mätsonden på kronan till kolv nr 1 och vrid sakta vevaxeln för hand tills kolven når ÖD (övre dödpunkt). Mät och notera det maximala kolvutsticket vid ÖD **(se bild)**.

17 Upprepa mätningen för återstående kolvar och notera värdena.

18 Om måtten skiljer sig mellan kolvarna, använd det högsta värdet för att bestämma vilken topplockspackning som ska användas. Se kapitel 2A för närmare information. .

15 Sump – montering

Se relevant avsnitt i kapitel 2A.

16 Motor – första start efter renovering och hopsättning

1 Montera tillbaka återstoden av motorkomponenterna i den ordning som anges i avsnitt 11. Montera tillbaka motorn och växellådan i bilen enligt beskrivningen i avsnitt 3 i detta kapitel. Kontrollera motoroljenivån och kylvätskenivån igen, samt att alla komponenter har återanslutits. Se till att inga verktyg eller trasor glömts kvar i motorrummet.

2 Ta bort glödstiften (kapitel 5).

3 Vrid runt motorn med startmotorn tills oljetryckslampan slocknar. Om lampan inte slocknar efter flera sekunders vevande, kontrollera motoroljenivån och att oljefiltret sitter ordentligt. Om dessa ser ut som de ska, kontrollera oljetrycksgivarens kablage och fortsätt inte förrän oljan garanterat pumpas runt motorn med tillräckligt tryck.

4 Montera tillbaka glödstiften och återanslut kamaxellägesgivaren och bränsleinsprutningsventilens kontaktdon.

5 Starta motorn. Tänk på att detta kan ta lite längre tid än normalt eftersom bränslesystemets komponenter är tomma.

6 Låt motorn gå på tomgång. Leta efter bränsle-, kylvätske- och oljeläckage. Bli inte orolig om det luktar konstigt eller ryker från delar som blir varma och bränner bort oljeavlagringar. Observera även att motorn kan låta lite mer än vanligt tills ventillyftarna fylls med olja.

7 Låt motorn gå på tomgång tills det känns att varmt vatten cirkulerar igenom den övre slangen. Kontrollera att den går jämnt och vid normal hastighet och stäng sedan av den.

8 Kontrollera olje- och kylvätskenivåerna igen efter några minuter och fyll på om det behövs (se *Veckokontroller*).

9 Om nya delar som kolvar, ringar eller vevaxellager har monterats måste motorn köras in under de första 800 kilometerna. Kör inte motorn på full gas och låt den inte segdra på någon växel under denna period. Vi rekommenderar att oljan och oljefiltret byts efter denna period.

Kapitel 3
Kyl-, värme- och luftkonditioneringssystem

Innehåll

Svårighetsgrader

Enkelt, passar novisen med lite erfarenhet	Ganska enkelt, passar nybörjaren med viss erfarenhet 	Ganska svårt, passar kompetent hemmamekaniker	Svårt, passar hemmamekaniker med erfarenhet	Mycket svårt, för professionell mekaniker

Specifikationer

Allmänt
Systemtyp . . . .   Termostatkontrollerat system med vattenbaserad kylvätska och pumpassisterad cirkulation

Termostat
Öppningen börjar vid . . . .   82 °C

Luftkonditioneringssystem
Kylmedium R134a

Kylmedievolym:
XC60 . . . .   800 g
XC90 (utan luftkonditionering bak) . . . .   1000 g
XC90 (med luftkonditionering bak) . . . .   1300 g
Kompressorolja . . . .   Volvo 1161627 (ISO46)
Kompressorns oljevolym . . . .   70 ml
Kondensor . . . .   30 ml
Förångare . . . .   50 ml
Böjlig slang . . . .   20 ml
Rör . . . .   10 ml

Kompressorkopplingens spel:
Valeo/Zexel kompressorer . . . .   0,4 till 0,6 mm
Sanden kompressorer . . . .   0,4 till 0,8 mm

Åtdragningsmoment

	Nm
Expansionsventilens skruvar	5
Glödstift till extravärmaren	15
Kompressorns fästskruvar	24
Kylarens stödskruvar	24
Kylvätskepumpens skruvar	10
Kylvätsketemperaturgivare	22
Skruvar mellan kylare och kondensor	5

Termostathus:
2,0 liter   10
2,4 liter   17

Observera: *Volvo anger att om ett fäste kräver vinkelåtdragning måste det alltid bytas. Alla fästen som hålls fast med en gänglåsmassa måste också bytas. Muttrar med en nyloninsats måste alltid bytas.*

1 Allmän information och föreskrifter

Kylsystemet är ett trycksatt halvtätt system med ett expansionskärl som tar emot kylvätska som kommer ut ur systemet när det är varmt och leder tillbaka den när systemet svalnar.

Kylvätskepumpen, som drivs av motorn kamrem, ombesörjer att vattenbaserad kylvätska cirkuleras runt motorblocket och topplocket. När kylvätskan cirkulerar runt motorn absorberar den värme, och rinner sedan ut i kylaren. När kylvätskan rinner igenom kylaren, kyls den ner av luftflödet som skapas av bilens framåtfart, och återvänder sedan till motorblocket. Luftflödet genom kylarens värmepaket understöds av en elfläkt med två hastigheter. Denna fläkt styrs av motorstyrningssystemet (styrmodulen).

En termostat kontrollerar kylvätskeflödet genom kylaren. När motorn är kall är termostatventilen stängd, så att det normala kylvätskeflödet genom kylaren bryts.

När kylvätskan värms upp, börjar termostatventilen öppnas så att kylvätskeflödet genom kylaren återupprättas.

Motortemperaturen hålls på en konstant nivå (enligt termostatkapaciteten) oavsett lufttemperatur.

På de flesta modeller har en oljekylare monterats på sumpen. Denna kylare är i princip en värmeväxlare med kylvätsketillförsel som används för att extrahera värme från oljan i sumpen.

Fordonets invändiga värmeenhet fungerar med hjälp av kylvätska från motorns kylsystem. Kylvätskeflödet genom värmepaketet är konstant, temperaturen styrs genom att kalluft från utsidan blandas med varmluften från värmepaketet i önskade proportioner.

Luft som kommer in i passagerarutrymmet filtreras med en filterinsats av veckat papper som ibland kallas pollenfilter. Istället för ett pollenfilter finns det ett multifilter som är ett impregnerat kolfilter som absorberar inkommande lukter etc. I detta system övervakar en föroreningssensor den inkommande luftens kvalitet och öppnar och

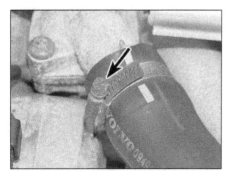

2.3 Slangklämma av skruvtyp (se pil)

stänger återcirkulationsspjällen i enlighet med detta.

Standardluftkonditioneringen (klimatkontroll) beskrivs detaljerat i avsnitt 9.

 Varning: Försök inte ta bort expansionskärlets påfyllningslock eller på annat sätt göra ingrepp i kylsystemet medan motorn är varm. Risken för allvarliga brännskador är mycket stor. Om expansionskärlets påfyllningslock måste tas bort innan motorn och kylaren har svalnat helt (trots att detta är mot rekommendationerna) måste trycket i kylsystemet först utjämnas. Täck locket med ett tjockt lager tyg för att hindra skållning. Skruva sedan långsamt upp påfyllningslocket tills ett svagt väsande hörs. När pysljudet har tystnat, vilket innebär att trycket har lättat, skruva sakta loss påfyllningslocket tills det går att ta loss; hörs fler pysljud väntar du tills de slutat innan du lyfter bort locket. Håll dig alltid på avstånd från öppningen.

 Varning: Låt inte frostskyddsmedel komma i kontakt med huden eller lackerade ytor på bilen. Spola omedelbart bort eventuellt spill med stora mängder vatten. Lämna aldrig frostskyddsmedel stående i en öppen behållare eller i en pöl på marken eller garagegolvet. Barn och husdjur lockas av den söta lukten, men frostskyddsmedel är dödligt giftigt att förtära.

 Varning: Se även föreskrifterna för arbete på modeller med luftkonditionering i avsnitt 9.

2 Kylsystemets slangar – ifrånkoppling och byte

Observera: *Se föreskrifterna i avsnitt 1 i detta kapitel innan arbetet påbörjas. För att undvika brännskador ska slangarna kopplas loss först när motorn har svalnat.*

1 Om de kontroller som beskrivs i kapitel 1 avslöjar en defekt slang, måste den bytas enligt följande.

2 Töm först kylsystemet (se kapitel 1); Om det inte är dags att byta frostskyddsmedel kan den återanvändas förutsatt att den samlas upp i en ren behållare.

3 Ska en slang kopplas loss, lossa fjäderklämmorna med en tång (eller en skruvmejsel om det är skruvklämmor) och skjut bort dem från anslutningen längs slangen **(se bild)**. Dra försiktigt bort slangen från anslutningen. Om slangarna är nya går det relativt enkelt att ta bort dem. På ett äldre fordon kan det dock svårare eftersom slangarna kan ha fastnat.

4 Om en slang är svår att få bort kan det hjälpa att vrida den för att lossa den innan den tas bort. Bänd försiktigt bort slangänden med ett trubbigt verktyg (t.ex. en bredbladig

skruvmejsel), men ta inte i för hårt och var noga med att inte skada röranslutningar eller slangar. Observera särskilt att kylarslangsanslutningarna är ömtåliga, använd inte onödigt mycket kraft när du ska ta bort slangarna.

5 När en slang ska monteras, trä först på slangklämmorna på slangen och sätt sedan slangen på plats på anslutningen. När slangen är på plats, kontrollera att slangen sitter korrekt och är rätt dragen. Trä varje klämma längs slangen tills de sitter på plats bakom anslutningarnas utvikta slut innan du slutligen drar åt dem ordentligt.

6 Fyll på systemet med kylvätska (kapitel 1).

7 Kontrollera alltid kylsystemet noga efter läckor så snart som möjligt efter att någon del av systemet rubbats.

3 Frostskyddsmedel – allmän information

Observera: *Se föreskrifterna i avsnitt 1 i detta kapitel innan arbetet påbörjas.*

1 Kylsystemet bör till ena hälften fyllas på med Volvo (frostskyddsmedel) och till andra hälften med rent vatten (50/50-förhållande). Vid denna koncentration är kylvätskan frostskyddad ner till -35°C. Frostskyddsmedel skyddar även mot korrosion och ökar kylvätskans kokpunkt. Eftersom motorn är helt konstruerad i aluminium är rostskyddsegenskaperna på frostskyddsmedlet ytterst viktiga. Endast Volvos frostskyddsmedel bör användas i systemet. Den bör aldrig blandas med andra typer av frostskyddsmedel.

2 Kylsystemet bör underhållas enligt schemat i kapitel 1. Om en frostskyddsvätska som inte uppfyller Volvos specifikationer används eller om gammal eller förorenad kylvätskeblandning används kan det leda till skador, korrosion och avlagringar i systemet.

3 Innan frostskyddsvätska fylls på, kontrollera alla slangar och slanganslutningar, eftersom frostskyddsvätska kan läcka ut genom mycket små hål. Motorer förbrukar normalt inte kylvätska, så om nivån sjunker ska orsaken sökas upp och åtgärdas.

4 Angiven blandning är 50 % frostskyddsvätska och 50 % rent, mjukt vatten (efter volym). Blanda så mycket kylvätska som behövs i en ren behållare och fyll sedan på systemet enligt beskrivningen i kapitel 1 och *Veckokontroller.* Spara eventuellt överflöd till efterpåfyllning.

4 Kylarens kylfläkt – demontering och montering

Demontering – alla modeller

1 Koppla loss och ta bort batteriets jordledning enligt beskrivningen i kapitel 5.

2 Lossa fläktens anslutningskontakt från

4.2 Lossa fläktmotorns anslutningskontakt (XC60 visas)

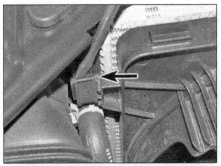

4.3a Använd en skruvmejsel för att lossa klämmorna (se pil) ovanpå kylaren

4.3b Ta bort fläktenheten uppåt från motorrummet

4.3c Fästskruvar till fläktmotorn (se pilar)

4.4 Ta bort inloppets skyddsplåt

4.6 Lossa de nedre skruvarna (se pil)

motorn och lossa kablaget från kåpan. **(se bild)**.

XC60-modellerna

3 Använd en skruvmejsel för att trycka tillbaka klämmorna på kylarens överdel på varje sida som håller fast fläktens kåpa på kylaren och ta bort enheten uppåt från motorrummet för att ta bort den **(se bilder)**.

XC90-modellerna

4 Ta bort luftintagskanalen från motorhuvudfronten **(se bild)**.
5 Lossa anslutningskontakten från kylarens vänstra sida och lossa sedan anslutnings-kontakten från kylarens vänstra sida.
6 Lossa den kombinerade kylarens, laddluft-kylarens och kondensorns fästskruvar. **Ta inte** bort dem utan lossa dem bara så mycket att det går att vrida enheten något **(se bild)**.
7 Ta bort de 2 skruvarna från fronthuvudpanelen och lossa sedan kylvätskeslangen från kåpan.
8 Ta bort de två övre fästskruvarna och lossa de nedre fästklämmorna och dra enheten uppåt och ut ur bilen **(se bilder)**.
9 Om det behövs går det nu att ta bort enheten från kåpan.

Montering

10 Under monteringen som görs i omvänd ordningsföljd är det nödvändigt att se till att de nedre fästena sitter ordentligt på plats på kylarens nederkant. I en del modeller kan servostyrningsslangen förorena fläktbladen. Se till att fästklämman är ordentligt monterad. Använd ett fästband för att hindra slangen om det behövs.

4.8a Ta bort de övre fästskruvarna och ...

5 Kylare – demontering och montering

Demontering – alla modeller

1 Skruva loss skruvarna och ta bort motorns undre skyddskåpa.
2 Tappa av kylsystemet (se kapitel 1) och lossa de övre och nedre kylarslangarna.
3 Ta bort kylarens kylfläkt enligt beskrivningen i avsnitt 4.

XC60-modellerna

4 Demontera den främre stötfångarens kåpa enligt beskrivningen i kapitel 11 och demontera sedan höger strålkastare enligt beskrivningen i kapitel 12.
5 Arbeta genom strålkastaröppningen på höger sida och skruva loss de skruvar

4.8b ... ta sedan bort fläkten

som håller fast kondensorn på kylaren och håller fast kondensorn på bilens kaross med hjälp av buntband (eller något liknande).
6 Ta bort de övre kylarfästena **(se bild)**. Detta

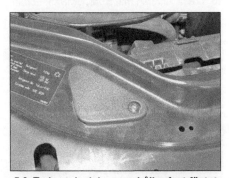

5.6 Ta bort de delar som håller fast fästet till kylarens överdel

5.7a Skruv till växellådsoljekylaren (se pil)

5.7b Lossa röret från växellådsoljekylaren (se pil)

5.7c Fäst servostyrningens oljekylare på bilens kaross

5.8 Stötta upp kylarenheten

5.9 Ta bort stödpanelen

5.10 Ta bort vindavvisarna från båda sidorna

är endast styrningar men om de tas bort blir monteringen av kylaren enklare.

7 Skruva i förekommande fall loss den skruv som håller fast växellådsoljekylaren på kylaren och lossa det korta röret mellan växellådsoljekylaren och kylaren. Skruva loss den skruv som håller fast servooljekylaren på kylarens främre del och fäst servooljekylaren på bilens kaross med buntband (eller något liknande) **(se bilder)**.

8 På det här stadiet i processen måste kylarenheten stöttas så att det går att ta bort den nedre stödpanelen. Volvo använder ett specialverktyg för att stötta kylaren. Ett alternativ är att stötta enheten med fästband och en bit trä för att stötta lasten **(se bild)**.

9 Med kylaren uppstöttad på detta sätt och arbeta underifrån bilen. Kylarstödbalken kan tas bort genom att man skruvar loss de 2 skruvarna på varje sida **(se bild)**.

10 Lossa luftrören från laddluftkylaren. För att

förbättra åtkomsten till rörklämmorna kan det vara nödvändigt att lossa vindavvisarna av plast som är monterade i vardera änden av stötfångarens tvärbalk **(se bild)**. Ta bort tvärbalken och ta sedan bort laddluftkylarens fästskruvar för att förbättra åtkomsten. Observera att klämmorna krymps på laddluftkylarens rör och de kan inte vridas för monteringen. Ta bort laddluftkylaren.

11 Använd en skruvmejsel för att trycka in de 2 klämmor som håller fast kondensorn på kylarens nederkant. Fäst kondensorn på bilens kaross med buntband **(se bild)**.

12 Om detta inte redan har gjorts ska bilens framvagn lyftas upp och stöttas (se Lyftning och stödpunkter i referensavsnittet).

13 Det går nu att ta bort kylaren under bilen. Det är värt att notera att ett antal artiklar, till exempel rör, fästbyglar och växellådans oljekylare, kan hindra demonteringen av kylaren varför det kan vara bra att ha en medhjälpare på det här stadiet.

XC90-modellerna

Observera: *Demontering av kylaren är avsevärt enklare om kylaren, kondensorn och laddluftkylaren demonteras som en komplett enhet. Om detta alternativ väljs måste luftkonditioneringen tappas av först. Rådfråga en Volvo-verkstad eller en specialist med lämplig utrustning och få systemet tömt.*

14 Ta bort fläktenheten enligt beskrivningen i föregående avsnitt. Ta bort stötfångarens kåpa och båda strålkastarna enligt beskrivningen i kapitel 11.

15 Lossa de övre och nedre kylvätskeslangarna. Ta bort den lilla ventilationsslangen från kylarens överdel **(se bild)**.

16 Lossa slangarna till växellådsoljekylaren i förekommande fall. Förvänta dig snabb oljeförlust och plugga igen båda slangarna och kylaranslutningarna **(se bild)**.

17 Lyft upp och stötta bilens framvagn (se

5.11 Lossa kondensorn – borttagen från bilen för att tydliggöra

5.15 Ta bort ventilationsslangen

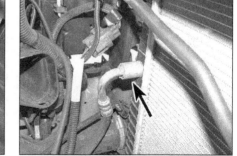

5.16 Ta bort växellådskylarslangen (se pil)

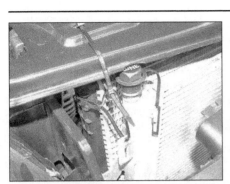

5.18a Fäst kylaren och kondensorn

5.18b Ta bort fästskruvarna

5.21 Sänk kylaren

Lyftning och stödpunkter i referensavsnittet) och ta sedan bort sumpskyddet.

18 Stötta upp kondensorn och kylaren med lämpliga remmar. Ta bort de 4 skruvar som håller luftkonditioneringens kondensor på kylaren **(se bilder)**.

19 Ta bort både laddluftkylaren och lossa anslutningskontakten från laddtryckgivaren.

20 Ta bort de 2 skruvar som håller fast styrningens kylare och ta sedan bort huvudkylarens 2 fästskruvar underifrån.

21 Sänk ned kylaren och laddluftkylaren från bilen **(se bild)**. Skilj laddluftkylaren från kylaren.

Montering

22 Monteringen sker i omvänd ordning jämfört med demonteringen. Fyll kylsystemet när detta är klart enligt beskrivningen i kapitel 1.

6 Temperaturgivare för kylvätska – kontroll, demontering och montering

Kontroll

1 Temperaturgivaren för kylarvätskan sitter i termostathuset. Den förser både motorstyrningssystemet och instrumentbrädans temperaturmätare med värden på motortemperaturen.

2 Vid ett fel i givaren eller vid en förlust av signalen på grund av dåliga elektriska anslutningar loggas en felkod i motorstyrningssystemets ECU som kan läsas ut via diagnostikkontaktdonet under instrumentbrädan på förarsidan (med hjälp av en lämplig felkodsläsare).

3 Om en felkod lagras bör givarens kablage och kontaktdon kontrolleras noga. Ett enkelt test kan göras genom att du lossar anslutningskontakten och kontrollerar givarens resistens **(se bild)**. Tändningen måste vara av annars kommer en felkod att loggas. Återanslut givarens anslutningskontakt och kör sedan motorn till normal arbetstemperatur. Slå av tändningen och kontrollera att givarens resistans har ändrats. Även om det inte är ett definitivt test är en allmän regel att givaren fungerar om givarens resistans ändras med temperaturen. Ytterligare kontroller kräver användning av Volvos testutrustning och bör överlåtas till en verkstad eller en lämpligt utrustad specialist.

Demontering

4 Dränera kylsystemet enligt beskrivningen i kapitel 1.

5 Dra plastkåpan ovanpå motorn rakt uppåt och ta bort den från motorrummet.

6 Följ stegen i avsnitt 8 (demontering av termostaten) för demontering av komponenter tills givaren blir synlig. Processen är densamma för alla motorer.

7 Lossa anslutningskontakten. På de flesta modeller ska givaren skruvas bort från huset **(se bild)**. På andra modeller ska fjäderklämman bändas upp för att lossa givaren. Kassera tätningen om en sådan finns - en ny måste monteras.

Montering

8 Skruva (eller tryck) in den nya givarenheten, använd en massa av tätningsmedel på gängorna eller en ny tätning efter tillämplighet. Montera tillbaka fjäderklämman på modeller som är utrustade med en intrycksgivare. Återanslut anslutningskontakten och montera tillbaka eventuella komponenter som tidigare demonterats.

9 Fyll på kylvätskenivån enligt beskrivningen i *Veckokontroller*.

7 Kylvätskepump – demontering och montering

Observera: *Se föreskrifterna i avsnitt 1 i detta kapitel innan arbetet påbörjas*.

Demontering

1 Dränera kylsystemet enligt beskrivningen i kapitel 1.

2 Se relevant del av kapitel 2A och ta bort kamremmen.

3 Skruva loss skruvarna och ta bort kylvätskepumpen från dess styrstift **(se bilder)**. Ta loss packningen och O-ringstätningen om tillämpligt efter demontering av pumpen.

4 Torka noggrant bort alla rester av gammal packning från pumpens och motorblockets fogytor.

6.3 Kontrollera kylvätsketemperaturgivarens resistans

6.7 Kylvätskegivarens anslutningskontakt (se pil)

7.3a Skruva loss skruvarna ...

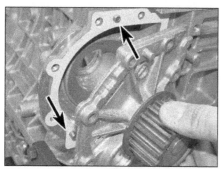

7.3b ... och demontera kylvätskepumpen från dess styrstift

Montering

5 Använd en ny packning och O-ringstätning om tillämpligt och placera pumpen på dess plats.

6 Applicera lite låsvätska, dra sedan åt skruvarna stegvis och i diagonal ordningsföljd till angivet moment.

7 Montera tillbaka kamremmen enligt beskrivningen i kapitel 2A och fyll på kylvätskan enligt beskrivningen i kapitel 1.

8 Termostat – demontering, kontroll och montering

1 Ju äldre termostaten blir, desto långsammare reagerar den på ändringar i vattentemperaturen. Till sist kan den fastna i öppet eller stängt läge, vilket orsakar problem. En termostat som fastnar i öppet läge leder till att uppvärmningen sker mycket långsamt, medan en termostat som fastnar i stängt tillstånd leder till snabb överhettning.

2 Kontrollera kylvätskenivån innan termostaten utpekas som orsaken till ett problem med kylsystemet. Om systemet töms på grund av en läcka eller om det inte har fyllts på ordentligt kan det finnas en luftficka i systemet (se kapitel 1).

3 Om det tar onormalt lång tid för motorn att bli varm (baserat på värmepaketets utblås eller temperaturmätarens värde) har termostaten antagligen fastnat i öppet läge.

4 På liknande sätt kan en lång uppvärmningsperiod orsakas av att termostaten saknas. Den kanske har demonterats eller av misstag glömts bort av en tidigare ägare eller mekaniker. Kör inte bilen utan termostat.

8.22 Termostathusets skruvar (se pilar, en skruv dold)

eftersom motorstyrningssystemets ECU kommer att vara kvar i uppvärmningsläget längre än nödvändigt vilket gör att utsläpp och bränsleförbrukning ökar.

5 Om motorn överhettas, kontrollera temperaturen på kylarens övre slang med handen. Om slangen inte är varm, men motorn är det, har termostaten antagligen fastnat i stängt läge, vilket gör att kylvätskan inuti motorn inte kommer fram till kylaren. Byt termostaten. Detta problem kan även bero på en luftficka (se kapitel 1).

6 Om kylarens övre slang är varm betyder det att kylvätskan kommer fram och att termostaten är öppen. Se avsnittet *Feldiagnos* i referenskapitlet för att få hjälp att spåra möjliga fel i kylsystemet.

7 Om du inte vill ta isär systemet, gör som följande för att göra en grov uppskattning om termostatens funktion när motorn värms upp.

8 Med motorn helt kall, starta motorn och låt den gå på tomgång. Kontrollera temperaturen på kylarens övre slang. Kontrollera temperaturen som anges av kylvätsketemperaturmätaren med jämna mellanrum och stäng av motorn omedelbart om överhettning indikeras.

9 Den översta slangen ska vara kall en stund medan motorn värms upp och ska sedan snabbt bli varm när termostaten öppnas.

10 Ovanstående är inte ett exakt eller definitivt test av termostatens funktion men om systemet inte fungerar som beskrivits, demontera och testa termostaten enligt beskrivningen nedan.

Demontering

Observera: *Se föreskrifterna i avsnitt 1 i detta kapitel innan arbetet påbörjas.*

11 Innan detta arbete påbörjas måste motorn vara helt kall. Den ska ha varit avstängd i flera timmar och bör helst ha fått kylas ner över natten.

12 Töm kylsystemet enligt beskrivningen i kapitel 1

13 Dra motorns plastkåpa rakt uppåt och ta bort den från motorrummet.

XC60-modellerna (med termostaten monterad baktill på motorn)

14 Ta bort EGR-ventilen enligt beskrivningen i kapitel 4B.

15 Ta bort kylvätskeslangen bredvid vakuumpumpen och dra sedan av vakuumslangen från turboladdarens styrventil.

16 Lossa fjäderklämman från huvudslangen baktill på motorn. Förvänta dig en del förlust av kylvätska när slangen tas bort.

17 Ta bort den enkla skruven och dra bort huset från inloppsröret. Ta loss O-ringen.

XC60-modeller (med frontmonterad termostat)

18 Ta bort turboaggregatet från motorns överdel och lossa sedan anslutningskontakten från kylvätsketemperaturgivaren.

19 Lossa fjäderklämmorna (eller slangklämmor på den del modeller) och ta bort de 3 kylvätskeslangarna.

20 Ta bort de 4 skruvarna och dra loss huset från motorblocket. Ta loss packningen.

XC90-modellerna

21 Lossa anslutningskontakten till kylvätsketemperaturgivaren.

22 Skruva loss klämmorna och lossa slangen (slangarna) från termostathuset. Skruva loss fästskruvarna och ta bort huset från motorn **(se bild)**.

Kontroll (endast XC90)

23 Kontrollera temperaturmarkeringen som är stansad på termostaten och som antagligen är 82 °C.

24 Använd en termometer och en behållare med vatten. Värm vattnet tills temperaturen motsvarar den angivna temperaturen på termostaten.

25 Häng (den stängda) termostaten på ett snöre i vattnet och kontrollera att den öppnats maximalt inom två minuter.

26 Ta bort termostaten och låt den svalna, kontrollera att den går att stänga helt.

27 Om termostaten inte öppnas och stängs enligt beskrivningen, eller om den fastnat i något läge, måste den bytas.

Montering

28 Monteringen utförs i omvänd ordningsföljd jämfört med demonteringen med nya packningar och tätningar om tillämpligt. Fyll på kylsystemet enligt beskrivningen i kapitel 1.

9 Värme, ventilation och luftkonditionering – allmän information

Manuell klimatkontroll

1 I modeller som är utrustade med en manuell klimatanläggning är värmesystemet monterat tillsammans med en manuellt reglerad luftkonditioneringsenhet.

2 Värmen är av friskluftstyp. Luft kommer in genom att galler framför vindrutan och passerar till diverse ventilationsöppningar, en variabel del av luften passerar genom värmepaketet där den värms av motorkylvätska som flödar genom värmepaketet.

3 Fördelningen av luft till ventilationsöppningarna samt genom eller runt värmepaketet regleras med spjäll. Dessa manövreras av en elmotor. Det finns separata temperaturreglage för föraren och framsätespassageraren och dessa är vajermanövrerade.

4 En elektrisk fläkt med variabel hastighet är monterad för att öka luftflödet genom värmaren med ett pollenfilter monterat efter fläkten.

5 Luftkonditioneringssystemet arbetar tillsammans med värmaren för att göra det möjligt att uppnå rimlig valfri temperatur inne i bilen. Det reducerar dessutom den inkommande luftens fuktighet och hjälper till med avimning även när det inte behövs någon kylning.

6 Luftkonditioneringssystemets kylningssida fungerar på ungefär samma sätt som en kyl i hemmet. En kompressor som drivs av en rem från vevaxelns remskiva drar kylmedium i gasform från en förångare. Kylmediet passerar en kondensor där det förlorar värme och övergår i vätskeform. Efter dehydrering återvänder kylmediet till förångaren, där det absorberar värme från luft som passerar över förångarens flänsar. Kylmediet återgår till gasform och cykeln upprepas.

7 Diverse kompletterande reglage och givare skyddar systemet mot för höga temperaturer och tryck. Dessutom ökar tomgångsvarvtalet, när systemet används, för att kompensera för den extra last som kompressorn utgör.

Automatisk klimatkontroll

8 Med automatisk klimatkontroll går det att upprätthålla temperaturen inne i bilen på den nivå som har valts av föraren eller passageraren oberoende av temperaturen utomhus. Det datorstyrda systemet styr värmeenheten, luftkonditioneringen och fläkten för att uppnå detta. Systemets kylsida är detsamma som för modeller med manuell luftkonditionering. Den helautomatiska elektroniska styrningen fungerar på följande sätt.

9 En elektronisk styrenhet (ECU) tar emot signaler från givare som upptäcker luftkanaltemperaturen på förarsidan och passagerarsidan samt den invändiga temperaturen på förar- och passagerarsidan. En solsensor känner av om solen lyser eller ej. Signaler om luftklaffarnas position tas även emot kontinuerligt. Information om motortemperaturen, utomhustemperaturen, om motorn är igång eller inte och, om så är fallet, bilens hastighet skickas till ECU från motorstyrningssystemet.

10 När automatfunktionen är aktiverad kan ECU upprätta de optimala inställningar som behövs. Dessa inställningar baseras på givarsignalerna för vald temperatur och luftdistribution. Dessa inställningar kan sedan bibehållas oberoende av körförhållanden och väder.

11 Fördelningen av luft till de olika munstyckena, och blandningen av varm och kall luft för att uppnå vald temperatur, styrs av klaffar. Dämparna styrs av elmotorer som i sin tur styrs av ECU. En fläkt med variabel hastighet som kan styras manuellt eller automatiskt används till att förstärka luftflödet genom systemet.

12 Om ett fel uppstår lagrar ECU en serie med felkoder för läsning via diagnosuttaget på den nedre instrumentbrädspanelen ovanför förarsidans pedaler.

Föreskrifter

13 Om bilen är utrustad med luftkonditioneringssystem måste särskilda säkerhetsåtgärder vidtas vid arbete med systemet och dess komponenter. Om systemet av någon anledning måste tömmas bör detta överlåtas åt en Volvo-verkstad eller en kylsystemspecialist. Det är brottsligt att medvetet släppa ut kylmedium i atmosfären.

10.3 Skruvar som håller fast klimatkontrollpanelen (se pilar)

⚠️ **Varning: Kylkretsen innehåller kylmediet R134a, och det är därför farligt att koppla loss någon del av systemet utan specialkunskap och specialutrustning.**

14 Kylmedlet kan vara farligt och bör endast hanteras av utbildad personal. Om det stänker på huden kan det orsaka köldskador. Det är inte giftigt i sig, men utvecklar en giftig gas om den kommer i kontakt med en oskyddad låga (inklusive en tänd cigarrett). Okontrollerat utsläpp av kylmediet är farligt och skadligt för miljön.

10 Klimatanläggningens komponenter – demontering och montering

Kontrollpanel

Observera: *Om kontrollpanelen byts måste den programmeras om innan den används. Detta kan endast utföras av en Volvo-verkstad eller annan lämplig specialist.*

1 Lossa batteriet (se Koppla loss batteriet i kapitel 5). Vänta i minst 3 minuter innan arbetet återupptas.

XC60-modellerna

2 Ta bort mittkonsolen enligt beskrivningen i kapitel 11.
3 Ta bort klädselpanelen och ta sedan bort de fyra skruvarna (se bild).
4 Bänd upp brytarkåporna om det behövs men observera att de endast är kåpor. De faktiska brytarna är integrerade i kontrollpanelen.

10.11a Ta bort panelen från huset och ...

10.7 Ta bort skruvarna (se pilar)

5 Montera tillbaka i omvänd ordning jämfört med demonteringen.

XC90-modellerna

Observera: *Ljudanläggningen och värmeregleringen ska tas bort som en enhet.*

6 Bänd loss växelväljarens klädselpanel, vrid den något och flytta den bakåt.
7 Ta bort de nedre skruvarna som nu exponeras (se bild).
8 För att lossa hela enheten drar du ut den nedre kanten och drar sedan ned enheten för att frigöra den övre kanten. Lossa anslutningskontakterna och ta bort enheten från bilen.
9 Vänd på enheten, placera den på en mjuk yta och ta bort de fyra skruvarna från baksidan.
10 Tryck in klämmorna på baksidan och skilj ljudanläggningen från kontrollpanelen.
11 Ta bort ytterligare två skruvar och ta bort kontrollpanelen från huset (se bilder).
12 Monteringen sker i omvänd ordning jämfört med demonteringen.

Värmefläktens motor

13 Ställ ventilationssystemet i återcirkulationsläge innan arbetet påbörjas. Detta säkerställer att återcirkulationsspjället på värmarenheten är i korrekt läge.
14 Ta bort instrumentbrädan enligt kapitel 11.

XC60-modellerna

15 Lossa kablaget från motorhuset. Skruva loss de 3 skruvarna och ta bort ändhuset som innehåller distributionsspjällets motor så att du kommer åt fläkten.

10.11b ... ta sedan bort kåpan från kontrollpanelen

10.16a Vrid huset ...

10.16b ... och ta bort fläkten och motorenheten

10.17 Det finns ett hål (se pil) där en fästskruv ska sättas in

10.21a Ta bort skruvarna (se pilar) och ...

10.21b ... ta bort motor- och fläktenheten

16 Lossa anslutningskontakten, lossa plastfliken vid motorn och vrid hela motorn medurs för att lossa den från värmarhuset. Ta bort motorn från värmarhuset från den sida där fläkten är placerad och stötta fläktspindeln när du tar bort den **(se bilder)**.

17 Monteringen sker i omvänd ordning jämfört med demonteringen. Om plastfliken vid motorn går sönder vid demontering finns det ett hål där man kan sätta in en lämplig fästskruv **(se bild)**.

XC90-modellerna

18 Se till att kylmediet tas bort från luftkonditioneringssystemet av en yrkesman och töm sedan ut kylvätskan enligt beskrivningen i kapitel 1.

19 Ta bort instrumentbrädan och tvärbalken enligt beskrivningen i kapitel 11.

20 Det går nu att komma åt fläktmotorn genom att delvis ta bort värmelådan på vänster sida men när du ändå har kommit

så här långt är det lika bra att ta bort hela värmelådsenheten från bilen och avsluta arbetet på bänken.

21 Ta bort de fem skruvarna och ta bort fläktmotorn från huset med värmelådan på bänken **(se bild)**.

22 Ta bort den nedre kåpan och lossa anslutningskontakten. Ta bort de två skruvarna och lyft av fläktmotorn från huset.

23 Ta bort ytterligare två skruvar och ta bort styrenheten om det behövs.

24 Monteringen sker i omvänd ordning jämfört med demonteringen.

XC90 Bakre fläktmotor

25 En del XC90-modeller har en bakvärmare/bakre luftkonditionering monterad.

26 Ta bort lastutrymmets sidopanel enligt beskrivningen i kapitel 11.

27 Koppla loss anslutningskontakten från motorn. Ta bort tre skruvar och ta bort fläktmotorn.

28 Monteringen sker i omvänd ordning jämfört med demonteringen.

Resistor till värmefläktens motor

Observera: I XC90-modellerna är resistorn en del av fläktmotorns styrenhet och den tas bort när fläktmotorn har tagits bort – enligt beskrivningen ovan.

XC60-modellerna

29 Ta bort handskfacket enligt beskrivningen i kapitel 11. Resistorn är placerad bakom pollenfilterhuset. Den är svår att komma åt men det går.

30 Lossa anslutningskontakten, vrid resistorn moturs och ta bort den från fläktmotorhuset **(se bilder)**.

31 Monteringen sker i omvänd ordning jämfört med demonteringen.

Värmeväxlare

Observera: Se föreskrifterna i avsnitt 1 i detta kapitel innan arbetet påbörjas.

32 Dränera kylsystemet enligt beskrivningen i kapitel 1.

33 Koppla loss och ta bort batteriets jordledning enligt beskrivningen i kapitel 5.

XC60-modellerna

34 Ta bort mittkonsolen enligt beskrivningen i kapitel 11.

35 Ta bort den mittre ventilationsöppningen och flytta de bakre ventilationsöppningarna åt ena sidan.

36 Ta bort extravärmaren enligt beskrivningen i avsnitt 11 i detta kapitel om en sådan finns.

37 Ta bort den övre kåpan från värmepaketet **(se bild)**.

10.30a Resistorns placering (se pil) med värmaren demonterad för tydlighetens skull

10.30b Vrid resistorn för att ta bort den

10.37 Ta bort skruvarna (se pilar)

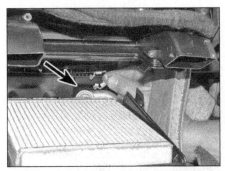

10.39 Ta bort fjäderklämman (se pil)

10.40 Ta bort värmepaketet

10.46a Ta bort fjäderklämmorna (se pilar, en dold)

38 Arbeta i förarsidans fotutrymme och skruva loss de 2 skruvarna och ta bort plastkåpan över kylvätskerören.
39 Skruva loss klämmorna och lossa kylvätskerören. Var beredd på att det läcker kylvätska **(se bild)**.
40 Dra värmepaketet uppåt och bakåt för att ta bort det **(se bild)**.
41 Monteringen sker i omvänd ordning jämfört med demonteringen. Använd nya O-ringar på värmerören och fyll på kylvätskesystemet enligt beskrivningen i *Veckokontroller* när du slutför arbetet.

XC90-modellerna
42 Låt en specialist med rätt utrustning tömma ut luftkonditioneringens kylmedium.
43 Arbeta under motorhuven och lossa kylvätskematningsledningarna till värmepaketet. Kläm om möjligt fast rören med en lämplig slangklämtång. Töm alternativt delvis ut kylvätskan.
44 Ta bort instrumentbrädan enligt kapitel 11.
45 Ta bort tvärbalken och ta sedan bort värmarenheten från bilen enligt beskrivningen i Demontering av värmarhuset (detaljerad beskrivning nedan i detta avsnitt). Räkna med en del spill av kylvätska när enheten demonteras.
46 Notera fästklämmornas riktning och ta sedan bort klämmorna. Lossa kylvätskerören från värmepaketet **(se bilder)**.
47 Ta först bort fläktmotorhuset genom att ta bort skruvarna och klämmorna för att ta bort värmepaketet.
48 Ta bort de två skruvarna och dra bort värmepaketet från luftfördelningsenheten **(se bild)**.
49 Monteringen sker i omvänd ordning jämfört

med demonteringen. Använd nya O-ringar på värmerören och fyll på kylvätskesystemet enligt beskrivningen i *Veckokontroller* när du slutför arbetet.

Motor återcirkulationsspjäll
XC60-modeller
50 Ta bort fläktmotorn enligt beskrivningen ovan.
51 Lossa försiktigt styrspjällen från huset.
52 Ta bort de två skruvarna och ta bort motorn från huset
53 Monteringen sker i omvänd ordning jämfört med demonteringen.

XC90-modellerna
54 Motorn är placerad på värmarenhetens vänstra sida och går att komma åt genom att man tar bort handskfacket enligt beskrivningen i kapitel 11.
55 Lossa manöverarmen från motorn, skruva loss de 2 skruvarna och ta bort motorn **(se bild)**. Lossa anslutningskontakten.
56 Monteringen sker i omvänd ordningsföljd jämfört med demonteringen.

Avfrostarens spjällmotor
XC60-modellerna
57 Motorn är placerad på värmarhusets högra sida.
58 Ta bort rattstången enligt beskrivningen i kapitel 10.
59 Ta bort instrumentpanelen enligt beskrivningen i kapitel 12.
60 Lossa anslutningskontakten, ta bort de 2 skruvarna och lossa motorn.
61 Monteringen sker i omvänd ordning jämfört med demonteringen.

10.46b Lossa kylvätskerören

XC90-modellerna
62 Motorn är placerad på värmarhusets högra sida.
63 Ta bort ljudisoleringspanelen från mittkonsolens sida.
64 Ta bort panelen under rattstången. Lossa anslutningskontakten till lampan i fotoutrymmet när panelen tas bort.
65 Lossa anslutningskontakten, ta bort de 2 skruvarna och lossa motorn.
66 Monteringen sker i omvänd ordning jämfört med demonteringen.

Spjällmotor i fotutrymmet (endast XC60)
67 Motorn är placerad på värmarhusets vänstra sida.
68 Ta bort handskfacket enligt beskrivningen i kapitel 11. Motorn är den enhet som är närmast mellanväggen.
69 Lossa anslutningskontakten **(se bild)**, ta bort de 2 skruvarna och ta bort motorn.

10.48 Ta bort värmepaketet

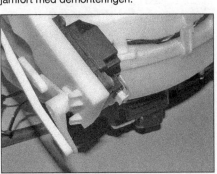

10.55 Ta bort motorn

10.69 Lossa anslutningskontakten

10.89 Ta bort och täta omedelbart luftkonditioneringsrören (XC60 visas)

70 Monteringen sker i omvänd ordning jämfört med demonteringen.

Luftkonditioneringens spjällmotor (endast XC60)

71 Motorn är placerad bredvid spjällmotorn och den tas bort på ett liknande sätt.

Temperaturreglermotor (endast XC90)

72 2 reglermotorer är monterade – en på vardera sidan av värmarhuset. Båda är den nedre av de 2 motorerna på vardera sidan.
73 Ta bort handskfacket på vänster sida (enligt beskrivningen i kapitel 11). Lossa anslutningskontakten, ta bort de 2 fästskruvarna och ta bort motorn.
74 Ta bort ljudisoleringen från mittkonsolens sida på höger sida.
75 Lossa anslutningskontakten, ta bort de 2 skruvarna och ta bort motorn.
76 Monteringen sker i omvänd ordning jämfört med demonteringen.

Ventilationsöppningar på instrumentbrädan

Ventilationsöppningar på sidan och i mitten

77 Ta bort instrumentbrädans ändpanel (på rätt sida) genom att bända loss den med ett lämpligt klädselpanelverktyg av plast.
78 Använd ett lämpligt verktyg och lossa de fyra låshuvudena från den nedre ventilationsöppningen. Lossa spärrflikarna från den mindre övre ventilationsöppningen

10.95 Ta bort den centrala stommen

10.90 Lossa kylvätskeslangarna (XC90 visas)

i XC60-modellerna. Dessa är placerade vid ventilationsöppningens bas.
79 Ta bort klädselpanelen försiktigt för att komma åt den mittre ventilationsöppningen i XC60-modellerna. Lokalisera de fyra låshuvudena och lossa dem med ett klädselpanelverktyg. Lossa anslutningskontakten från varningsblinkersbrytaren. Dra ventilationsöppningarna nedåt och framåt för att lossa dem.
80 Använd ett klädselpanelverktyg och en liten skruvmejsel för att lossa den mittre ventilationsöppningen, lossa anslutningskontakten från varningsblinkersbrytaren när ventilationsöppningen tas bort i XC90-modellerna.
81 Monteringen sker i omvänd ordning jämfört med demonteringen.

Värmarhus

Alla modeller

Observera: *Det mesta av huvudkablaget måste lossas och kopplas loss för att möjliggöra demontering av värmarhuset. Notera placeringen av varje kabelklämma när kablaget tas bort och märk varje anslutningskontakt när de lossas från de olika elkomponenterna.*
82 Lossa batteriet - se Koppla loss batteriet i avsnitt 5.
83 Låt en specialist med rätt utrustning tömma ut luftkonditioneringens kylmedium.
84 Töm ut kylvätskan enligt beskrivningen i avsnitt 1.
85 Demontera utjämningskammarens kåpa. Ta bort stöttan från fjäderbenstornen och ta sedan bort avtappningsröret från höger

10.97a Gör inställningsmärken runt skruvhuvudena (se pil)

fjäderbenstorn i XC90-modellerna.
86 Ta bort hela torkarmekanismen enligt beskrivningen i kapitel 12 för att förbättra åtkomsten.
87 I en del modeller ska de 2 skruvarna tas bort från mellanväggen och sedan ska värmeskyddet tas bort ovanför expansionsventilen.
88 För att få tillräckligt med utrymme för att lossa rören från expansionsventilen i XC60-modellerna ska kylvätskeexpansionskärlet tas bort och luftkonditioneringsrören lossas från klämmorna på innerskärmen under expansionskärlet.
89 Skruva loss den skruv som håller fast luftkonditioneringsrören på expansionsventilen på mellanväggen och dra rören mot bilens främre del för att lossa dem från expansionsventilen. Plugga igen rörens ändar för att förhindra att smuts tränger in och kassera tätningarna eftersom nya måste monteras vid återanslutningen **(se bild)**.
90 Lossa värmeslangarna vid mellanväggen under expansionsventilen. Vrid låskragen på varje rör ungefär en fjärdedels varv moturs och dra av den från röranslutningarna **(se bild)**.
91 Ta bort mittkonsolen och instrumentbrädan enligt beskrivningen i kapitel 11.

XC60-modellerna

92 Demontera motorstyrenheten (ECU) enligt beskrivningen i kapitel 4A.
93 Arbeta inne i bilen för att ta bort ventilationskanalerna från värmarenhetens mitt och överdelen på varje sida.
94 Ta bort de 4 skruvarna från värmepaketets kåpa.
95 Ta bort de nedre sidoskruvarna från stödet av legering i mitten av instrumentbrädan och ta sedan bort de 8 skruvarna. Ta bort ramen från bilen **(se bild)**.
96 Lossa rattstångens nedre klämskruv och ta sedan bort rattstången enligt beskrivningen i kapitel 10.
97 Markera tvärbalkens placering i förhållande till A-stolparna och ta sedan bort den enda skruven från varje A-stolpe **(se bilder)**. Det går inte att ta bort skruvarna helt när dörrarna är på plats men de kan lossas från tvärbalken. **Stäng inte** dörrarna med skruvarna borttagna.
98 Arbeta i utjämningskammaren och ta bort de 2 skruvarna bredvid vakuumservon

10.97b Ta bort ändskruvarna från A-stolpen (se pil)

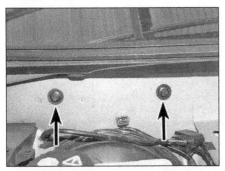

10.98 Ta bort skruvarna (se pilar)

10.100 Ta bort tvärbalken

10.101 Ta bort värmarhuset

(se bild) och den enda skruven bakom ECU-fästbygeln. Observera att denna enda skruv inte är monterad i alla modeller.

99 Ta bort styrmodulen från höger tvärbalk om en sådan finns.

100 Ta bort de 4 återstående skruvar som håller fast tvärbalken på bilens kaross. Ta bort varje del av tvärbalken **(se bild)**.

101 Kontrollera att kablagets alla delar har lossats, lossa förångarens dräneringsslang från växellådstunneln och ta bort värmarenheten från bilen (med hjälp av en medhjälpare) **(se bild)**.

XC90-modellerna

102 Lossa och ta bort kanalerna från värmarenheten **(se bild)**.

103 Arbeta från ena sidan för att lossa de sorterade kablageklämmorna och kabelklämmorna från tvärbalken. Observera kabelklämmornas position. Lossa de olika anslutningskontakterna från värmarenheten.

104 Märk noggrant tvärbalkens placering i förhållande till A-stolparna och ta sedan bort skruvarna från tvärbalken vid stolparna **(se bild)**.

105 Ta bort de skruvar som håller fast tvärbalken på växellådstunneln och på värmarhuset **(se bild)**.

106 Arbeta under motorhuven och ta bort de 2 skruvarna från mellanväggen **(se bild)**.

107 Håll upp kablaget och dra bort tvärbalken från mellanväggen med hjälp av en medhjälpare. Det är inte nödvändigt att ta bort den från bilen helt utan det räcker att bara dra den tillräckligt framåt för att flytta värmarhuset. **(se bild)**.

108 Gör så att värmarenheten lossar från bilen och ta bort den från bilen.

XC90-modellerna (bak)

109 Ta bort lastutrymmets sidopanel enligt beskrivningen i kapitel 11.

110 Ta bort den enda muttern och skilj luftkonditioneringsrören från värmarenheten. Lossa motorns anslutningskontakt.

111 Ta bort de 3 fästskruvarna, koppla loss dräneringsslangen och ta bort enheten från sidopanelen

Montering – alla modeller

112 Monteringen sker i omvänd ordningsföljd jämfört med demonteringen. Tänk på följande:

a) Byt kablageklämmorna vid behov.

b) Montera nya O-ringstätningar på expansionsventilen och luftkonditioneringsrörens anslutningar vid motorrummets mellanvägg.

c) Se till att förångarens tömningsrör är korrekt monterat och draget.

d) Se till att luftkonditioneringssystemet laddas igen och kontrolleras med avseende på läckor när arbetet är klart.

e) Fyll på kylsystemet och kontrollera om det finns läckor

Förångare

Observera: När du kopplar loss slangar eller komponenter från luftkonditioneringen ska du alltid plugga hålen för att förhindra att smuts kommer in och att behållaren/avfuktaren genomdränks.

Alla modeller

113 Låt en specialist med rätt utrustning tömma ut luftkonditioneringens kylmedium.

114 Tappa av kylsystemet och ta bort värmarhuset enligt beskrivningen ovan.

10.102 Ta bort kanalerna

10.104 Ta bort skruvarna (se pilar)

10.105 Ta bort de små fästbyglarna från värmarhuset

10.106 Ta bort skruvarna (se pilar)

10.107 Dra loss tvärbalken

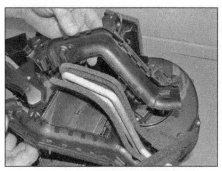

10.115 Ta bort kåporna

10.116 Klipp loss förångarens kåpa

10.121a Vrid huset ...

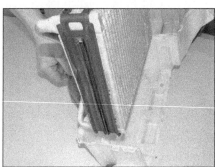

10.121b ... och ta bort förångaren

XC60-modellerna

115 Ta bort täckplattan från luftkonditioneringsrören med värmarhuset på bänken **(se bild)**.

116 Använd en vass kniv (använd handskar vid behov) och skär runt tätningen på förångaren **(se bild)**. Ta bort förångaren. Observera att bytesförångare levereras med en ny kåpa.

117 Monteringen sker i omvänd ordning jämfört med demonteringen. Tänk på följande:

a) Montera nya O-ringstätningar på expansionsventilen och luftkonditioneringsrörens anslutningar vid motorrummets mellanvägg.

b) När du är klar, låt fylla luftkonditioneringssystemet och leta efter läckor.

XC90-modellerna (fram)

118 Ta bort skumtätningen och klämman från luftkonditioneringsrören och ta sedan bort 2

skruvar för att komma åt temperaturgivaren. Ta bort givaren.

119 Ta bort de 4 skruvarna och ta bort pollenfiltret från dess hus.

120 Ta bort fläktmotorn enligt beskrivningen i avsnitt 18 till 23.

121 Använd en skruvmejsel för att skilja låshuvudena på husets 2 halvor. Skilj den övre sektionen från den nedre sektionen och ta loss förångaren **(se bilder)**.

122 Ta bort de 2 skruvarna och ta bort expansionsventilen med förångaren på bänken. Separera rörklämman och ta loss tätningen.

123 Monteringen sker i omvänd ordning jämfört med demonteringen. Tänk på följande:

a) Montera nya O-ringstätningar på expansionsventilen och luftkonditioneringsrörens anslutningar vid motorrummets mellanvägg.

b) När du är klar, låt fylla luftkonditioneringssystemet och leta efter läckor.

XC90-modellerna (bak)

124 Ta bort bakvärmarenheten och ta sedan bort expansionsventilen.

125 Arbeta runt huset och ta bort de 7 skruvarna. Ta bort kåpan och ta bort förångaren.

126 Monteringen sker i omvänd ordning jämfört med demonteringen. Tänk på följande:

a) Montera nya O-ringstätningar på expansionsventilen och luftkonditioneringsanslutningarna.

b) När du är klar, låt fylla luftkonditioneringssystemet och leta efter läckor.

Kondensor

Observera: När du kopplar loss slangar eller komponenter från luftkonditioneringen ska du alltid plugga hålen för att förhindra att smuts kommer in och att behållaren/avfuktaren genomdränks.

Alla modeller

127 Låt en specialist med rätt utrustning tömma ut luftkonditioneringens kylmedium. Se avsnitt 5 för demontering av kylaren (men observera att laddluftkylaren inte ska separeras på det här stadiet) och se till att luftkonditioneringsrören till kondensorn lossas. Observera att kylaren, kondensorn och laddluftkylaren ska demonteras från bilen som en enhet. Med enheterna demonterade går det att separera kondensorn **(se bilder)**.

128 Monteringen sker i omvänd ordning jämfört med demonteringen. Tänk på följande:

a) Lossa laddluftkylarens luftrör från deras placeringar på motorn och montera sedan tillbaka laddluftkylaren på korrekt plats för att underlätta monteringen. Vindavvisaren och fästena som demonterades tidigare kan då monteras tillbaka innan enheterna lyfts på plats.

b) Enheterna lyfts på plats under bilen med hjälp av en lämplig domkraft som ska vara stoppad för att förhindra skador. Se till att rören eller slangarna inte fastnar när enheterna lyfts på plats. Det är lämpligt att få hjälp av en medhjälpare för att stötta upp enheterna samtidigt som kylarstödet monteras tillbaka.

c) Montera O-ringstätningarna på luftkonditioneringsrörens anslutningar.

10.127a Lossa luftkonditioneringsrören från kondensorn (XC90 visas)

10.127b Skilj kondensorn från kylaren (XC60 visas)

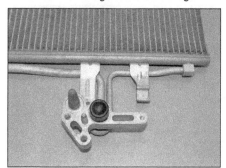

10.127c Täta alltid öppningarna

d) Se till att luftkonditioneringssystemet fylls igen och kontrolleras med avseende på läckor när arbetet är klart.
e) Fyll kylsystemet igen.

Expansionsventil

Observera: *När du kopplar loss slangar eller komponenter från luftkonditioneringen ska du alltid plugga hålen för att förhindra att smuts kommer in och att behållaren/avfuktaren genomdränks.*

129 Låt en specialist med rätt utrustning tömma ut luftkonditioneringens kylmedium.

XC60-modellerna

130 Ta bort utjämningskåpan enligt beskrivningen i kapitel 12, avsnitt 18 och lossa de klämmor som håller fast luftkonditioneringsrören på ventilen.
131 Ta bort kylvätskeexpansionskärlet (kylvätskan behöver inte tömmas ut) och lossa luftkonditioneringsrören under kylvätskeexpansionskärlet. Lossa rören från rörklämmorna på innerskärmen. Detta ger tillräckligt med utrymme för att flytta de stela rören tillbaka från expansionsventilen.
132 Ta bort de 2 skruvarna och dra bort expansionsventilen från mellanväggen.
133 Monteringen sker i omvänd ordning jämfört med demonteringen. Tänk på följande:
a) Dra åt expansionsventilens skruvar till angivet moment.
b) Byt O-ringstätningarna om de har rubbats.
c) När du är klar, låt fylla luftkonditioneringssystemet och leta efter läckor.

XC90-modellerna

134 Ta bort stödbenet från motorrummet och ta sedan bort utjämningens tömningsrör från motorrummets högra sida.
135 Lossa luftkonditioneringsrörens klämmor från höger innerskärm och ta sedan bort den enda skruv som håller fast luftkonditioneringsrören på expansionsventilen. Ta försiktigt bort rören från expansionsventilen.
136 Ta bort de 2 skruvarna och ta bort expansionsventilen från mellanväggen.
137 Monteringen sker i omvänd ordning jämfört med demonteringen. Tänk på följande:
a) Montera nya O-ringstätningar på expansionsventilen och luftkonditioneringsrörens anslutningar vid motorrummets mellanvägg.
b) När du är klar, låt fylla luftkonditioneringssystemet och leta efter läckor.

Mottagare/torkare

Observera: *När du kopplar loss slangar eller komponenter från luftkonditioneringen ska du alltid plugga hålen för att förhindra att smuts kommer in och att behållaren/avfuktaren genomdränks.*

XC60 modeller

138 Låt en specialist med rätt utrustning tömma ut luftkonditioneringens kylmedium.
139 Mottagartorkaren är placerad bredvid kondensorn på motorrummets högra sida.

10.140 Ta bort mottagaren/torkaren (XC60)

140 Ta bort den enda skruven och lossa mottagartorkaren från kondensorn **(se bild)**.
141 Monteringen sker i omvänd ordning jämfört med demonteringen. Tänk på följande:
a) Montera nya O-ringstätningar på expansionsventilen och luftkonditioneringsrörens anslutningar vid motorrummets mellanvägg.
b) När du är klar, låt fylla luftkonditioneringssystemet och leta efter läckor.

XC90-modellerna

142 Låt en specialist med rätt utrustning tömma ut luftkonditioneringens kylmedium.
143 Ta bort stötfångaren enligt beskrivningen i kapitel 11 och ta sedan bort kåpan från kylar-/kondensorenheten.
144 Lyft upp bilens framvagn - se *Lyftning och stödpunkter* i referensavsnittet.
145 Ta bort motorns undre skyddskåpa.
146 Skruva loss luftkonditioneringsröret från mottagartorkaren, lossa anslutningskontakten **(se bild)** från tryckgivaren och ta sedan bort tryckgivaren.
147 Ta bort den nedre fästskruven från mottagartorkaren och sänk sedan ner bilen och ta bort den övre fästskruven.
148 Dra bort torkarmottagaren för att haka loss den från kondensorn och ta bort den från bilen.
149 Monteringen sker i omvänd ordning jämfört med demonteringen. Tänk på följande:
a) Montera nya O-ringstätningar på expansionsventilen och luftkonditioneringsrörens anslutningar vid motorrummets mellanvägg.
b) När du är klar, låt fylla luftkonditioneringssystemet och leta efter läckor.

Kompressor

Observera: *När du kopplar loss slangar eller komponenter från luftkonditioneringen ska du alltid plugga hålen för att förhindra att smuts kommer in och att behållaren/avfuktaren genomdränks.*

Alla modeller

150 Låt en specialist med rätt utrustning tömma ut luftkonditioneringens kylmedium.
151 Lossa batteriet, se *Koppla loss batteriet i* avsnitt 5.
152 Dra upp och ta bort motorkåpan.

10.146 Ta bort anslutningskontakten

153 Ta bort drivremmen enligt beskrivningen i kapitel 1.
154 Lyft upp framvagnen och ställ den på pallbockar (se *Lyftning och stödpunkter*).
155 Ta bort motorns undre skyddskåpa.

XC60-modellerna

156 Ta bort laddluftkylarslangen.
157 Lossa anslutningskontakten från kompressorkopplingen
158 Skruva loss och ta bort luftkonditioneringsrören från kompressorns bakre del.
159 Ta bort de 3 fästskruvarna och sänk ner kompressorn från bilen **(se bild)**.
160 Monteringen utförs i omvänd ordning jämfört med demonteringen men observera följande punkter för att undvika felaktig inriktning av kompressorn:
a) Montera den längsta skruven i det bakre fästet.
b) Dra åt den längsta (bakre) skruven först.
c) Dra åt de återstående 2 skruvarna.
d) Fyll byteskompressorn med korrekt mängd kompressorolja – se specifikationerna.
e) När du är klar, låt fylla luftkonditioneringssystemet och leta efter läckor.

XC90-modellerna

161 Lossa klämmorna från turboladdarens matningsslang och ta sedan bort slangen.
162 Skydda generatorn från oljeföroreningar och ta sedan bort servooljeslangen från servostyrningspumpen.
163 Ta bort luftkonditioneringsrören från kompressorn och lossa sedan den magnetiska kopplingsanslutningskontakten.

10.159 Skruva loss kompressorns tre fästskruvar (se pilar)

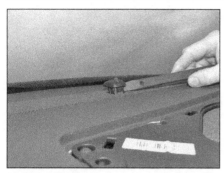

10.167 Bänd försiktigt upp solsensorn från instrumentbrädans överdel

10.170 Passagerarutrymmets temperaturgivare (XC90)

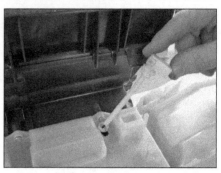

10.176 Förångarens temperaturgivare (XC90)

164 Skruva loss och ta bort kompressorn från motorrummet.

165 Monteringen utförs i omvänd ordning jämfört med demonteringen men tänk på följande:

a) *Fyll byteskompressorn med korrekt mängd kompressorolja – se specifikationerna.*

b) *Kontrollera servooljan och fyll på vid behov.*

c) *När du är klar, låt fylla luftkonditioneringssystemet och leta efter läckor.*

Solsensor

166 Solsensorn är kombinerad med stöldskyddssystemets diod och den är placerad på instrumentbrädans kåpa.

167 Bänd försiktigt upp sensorn med en skruvmejsel under dess bas på sidan **(se bild)**.

168 Koppla loss kontaktdonet och ta bort givaren.

169 Monteringen sker i omvänd ordning jämfört med demonteringen.

Temperaturgivare för passagerarutrymmet och luften där

170 Passagerarutrymmets givare är placerad på klimatkontrollpanelens baksida **(se bild)**. Lufttemperaturgivarna är placerade i värmarhuset och går endast att komma åt med värmarhuset demonterat. Se detta avsnitt för demontering.

Förångarens temperaturgivare
XC60

171 Ta bort vänster klädselpanel från mittkonsolen.

172 Lossa anslutningskontakten och dra bort givaren från huset.

173 Monteringen sker i omvänd ordning jämfört med demonteringen.

XC90

174 Ta bort värmarenheten för att komma åt temperaturgivaren.

175 Ta bort vänster sidopanel från mittkonsolen.

176 Lossa anslutningskontakten och bänd försiktigt upp givaren från dess plats **(se bild)**.

177 Monteringen sker i omvänd ordning jämfört med demonteringen.

---

11 Extravärmare – allmän information, demontering och montering 🔧

Allmän information

1 En del modeller kan förses med en extravärmare som höjer kylvätskans temperatur i systemet så att temperaturen i motorn och passagerarutrymmet höjs. Systemet består av en bränsledriven kylvätskevärmare eller en elektriskt uppvärmd enhet.

2 Den bränsledrivna värmaren går alltid. En förutsättning är att följande gäller:

a) *Omgivningstemperaturen är under 3 grader C.*

b) *Motorn är igång.*

c) *Det finns minst 4 liter bensin i tanken.*

d) *Det finns inga relevanta felkoder sparade i ECU.*

e) *Motorns kylvätsketemperatur är under 75 grader*

Demontering och montering

3 Lossa batteriet - se Koppla loss batteriet i avsnitt 5.

4 Tappa delvis ur kylsystemet (endast bränsledrivna värmare).

XC60-modellerna

5 Ta bort utjämningskammarens kåpa och förhindra ytterligare förlust av kylvätska och använd lämpliga slangklämmor för att klämma fast kylvätskematnings- och kylvätskereturslangarna.

6 Lyft upp bilens framvagn - se *Lyftning och stödpunkter* i referensavsnittet. Ta bort höger hjul och ta bort innerskärmen.

7 Ta bort fästena från avgasröret och ta sedan bort avgassystemet från bilen.

8 Lossa anslutningskontakten.

9 Lossa bränslematningsledningen och täta bränsleledningen omedelbart.

10 Ta bort de 2 fästskruvarna och sänk ner värmaren från hjulhuset.

11 Monteringen sker i omvänd ordning jämfört med demonteringen.

XC90-modellerna

12 Demontera den främre stötfångarkåpan enligt beskrivningen i kapitel 11.

13 Använd lämpliga slangklämmor för att fästa kylvätskematnings- och kylvätskereturledningarna för att förhindra kylvätskeförlusten.

14 Lossa bränslematningsledningen och koppla sedan loss kablagekontaktdonet.

15 Ta bort fästskruvarna, haka loss och ta sedan bort värmarenheten.

16 Monteringen sker i omvänd ordning jämfört med demonteringen.

XC60 - elektriskt driven bränslevärmare

17 Koppla loss och ta bort batteriets jordledning enligt beskrivningen i kapitel 5.

18 Ta bort mittkonsolen enligt beskrivningen i kapitel 11.

19 Ta bort den mittre ventilationsöppningen och flytta de bakre ventilationsöppningarna åt ena sidan.

20 Lossa anslutningskontakterna på värmarenheten, skruva loss skruven på varje sida och ta bort enheten **(se bilder)**.

21 Monteringen sker i omvänd ordning jämfört med demonteringen.

11.20a Lossa anslutningskontakterna till den elektriska extravärmaren

11.20b Ta bort värmaren

Kapitel 4 Del A:
Bränsle- och avgassystem

Innehåll

Svårighetsgrader

Enkelt, passar novisen med lite erfarenhet		Ganska enkelt, passar nybörjaren med viss erfarenhet		Ganska svårt, passar kompetent hemmamekaniker		Svårt, passar hemmamekaniker med erfarenhet		Mycket svårt, för professionell mekaniker	

Specifikationer

Allmänt

Systemtyp .... Bränslefördelarskena för direktinsprutning med Bosch högtryckspump
Tryck i bränsletanken .... Går inte att bekräfta
Bränsleinsprutningspump .... Tandempump (högtryck och lågtryck) som drivs av insugskamaxeln
Insprutningstryck .... Uppgift saknas
Turboaggregat typ .... Garret – variabelt munstycke
Turboladdtryck .... Uppgift saknas
Tomgångsvarvtal:* .... 720 varv/minut
* Inte justerbart – styrs av styrmodulen (ECM)

Åtdragningsmoment

	Nm
Anslutningsmuttrar till högtrycksrör:*	
2,0 liters motor (på bränslefördelarskena och insprutningsventil):	
Steg 1	10
Steg 2	Vinkeldra ytterligare 60°
2,0 liters motor (på högtryckspump)	
Steg 1	10
Steg 2	Vinkeldra ytterligare 75°
2,4-liters motor	28
Avgasgrenröret på topplocket:	
2,0 liters motor:	
Ändmutter:	
Steg 1	14
Steg 2	16
Övre och nedre muttrar:	
Steg 1	12
Steg 2	14
2,4 liters motor:	
Steg 1	15
Steg 2	25
Avgasgrenrörets värmeskydd	24
Avgastemperaturgivare	45
Bränslegivarens låsring	
2,0-liters motor	85
2,4-liters motor	60
Bränsletemperatur-/bränsletryckgivare (på skenan)	70
Bränsletemperaturgivare (på pump)	21
Bränsletryckgivaradapter till common rail	60
Bränsletryckgivare:	
2,4 liters motorer (D5244 T4 och T5)	70
Bränsletryckssäkerhetsventil	95
Bränslestyrventil (på skenan):	
Steg 1	60
Steg 2	Lossa 90°
Steg 3	80
Fästskruvar till bränslepump	18
Grenrörets absoluttryckgivare (MAP)	10
Klämskruvar till bränsleinsprutningsventilen*:13	10
Lambdasond	45
Muttrar mellan avgasgrenrör och EGR-rör	24
Muttrar turboaggregat till turboaggregat	40
Skruvar mellan bränslefördelarskena och topplock	24
Skruvar till bränsletankens fästband	24
Turboaggregat:	
Kylvätskerör på turboaggregatet	38
Oljeavtappning från turboaggregat	12
Oljematning till motorblocket	38
Oljematning till turboaggregatet	18
Turboaggregatet till avgasgrenröret*:	
Steg 1	18
Steg 2	24

Återanvänds inte. Volvo anger att om ett fäste kräver vinkelåtdragning måste det alltid bytas. Alla fästen som hålls fast med en gänglåsmassa måste också bytas. Muttrar med en nyloninsats måste alltid bytas.

1 Allmän information och föreskrifter

Allmän information

Bränsleinsprutningssystemets funktion beskrivs närmare i avsnitt 5.

Bränsle dras från en tank under bilens bakre del med hjälp av en elektrisk pump som är nedsänkt i tanken. Bränslet tvingas sedan genom ett filter till insprutningspumpen. Insprutningspumpen, som drivs av insugskamaxeln, är en tandempump – en lågtryckspump av skoveltyp som förser högtryckspumpen med bränsle med ett konstant tryck och en högtryckspump av kolvtyp som matar bränsleinsprutningsbryggan med variabelt tryck. Bränsle matas från common rail-systemet till insprutningsventilerna. Även inuti insprutningspumpenheten finns en tryckstyrventil som reglerar mängden bränsle till högtryckspumpen och en bypassventil som returnerar överflödigt bränsle till lågtryckspumpen. Insprutningsventilerna styrs av solenoider som i sin tur styrs av styrmodulen, baserat på information från olika givare.

Motorns styrmodul styr även förvärmningsdelen av systemet – se kapitel 5 för mer information.

Systemet för elektronisk dieselstyrning innefattar ett "drive-by-wire"-system där den konventionella gasvajern är utbytt mot en lägesgivare för gaspedalen. Lägesgivaren rapporterar gaspedalens läge och ändringstakten till styrmodulen som sedan justerar bränsleinsprutarna och bränsletrycket för att leverera rätt mängd bränsle och skapa optimal förbränningseffektivitet.

I avgassystemet ingår ett turboaggregat och en EGR-ventil. Det finns mer information om avgasreningssystemen i kapitel 4B.

Föreskrifter

• Vid arbete med dieselsystemets komponenter måste absolut renlighet iakttas och ingen smuts eller främmande föremål får komma in i bränsleledningarna eller andra komponenter.

• Efter det att du har utfört arbeten där bränsleledningarna har kopplats loss rekommenderar vi att du kontrollerar att anslutningarna inte läcker; Trycksätt systemet genom att dra runt motorn flera gånger.

• Elektroniska styrenheter är mycket känsliga komponenter och vissa försiktighetsåtgärder måste vidtas för att enheterna inte ska skadas.

• Vid svetsningsarbeten med elektrisk svetsutrustning ska batteriet och växelströmsgeneratorn vara urkopplade.

• Även om moduler monterade under motorhuven normalt tål villkoren under motorhuven kan de påverkas av överdriven hetta eller fukt. Om svetsutrustning eller högtryckstvätt används i närheten av en elektronisk styrenhet får värmen eller vatten-/ångstrålarna inte riktas direkt mot enheten. Om detta inte går att undvika ska modulen tas bort från bilen och dess anslutningskontakt skyddas med en plastpåse.

• Kontrollera alltid att tändningen är avstängd innan några kablar kopplas loss eller komponenter demonteras.

• Försök inte skynda på feldiagnoser med en kontrollampa eller multimeter. Det kan ge bestående skador på systemet.

• Vid avslutat arbete med bränsleinsprutningens eller motorstyrningssystemets komponenter, se till att alla kablar ansluts ordentligt innan batteriet återansluts eller tändningen slås på.

2 Luftrenare –
demontering och montering

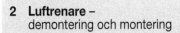

Demontering

1 Ta bort motorkåpan.

XC60

2 Lossa luftflödesmätaren (MAF) (se bild) och lossa sedan slangklämman från utloppsröret.
3 Bänd loss husets inloppskanal (se bild).
4 Dra bort och ta bort filterhuset. Observera att huset sluter väldigt tätt på sitt fäste. Ta bort huset och ta vid behov bort gummifästena från innerskärmen (se bilder).

XC90

5 Lossa batteriet enligt beskrivningen i kapitel 5.
6 Ta bort kåpan från ECU-motorstyrningen (elektronisk styrenhet).
7 Lossa ECU:s anslutningskontakter och ta sedan bort ECU från husets överdel (se bilder).

2.2 Lossa MAF-givarens anslutningskontakt

2.4a Ta bort huset ...

2.3 Ta bort inloppskanalen

2.4b ... och ta loss fästena

8 Skruva loss inloppsröret från motorhuvens stötpanel och lossa sedan anslutningskontakten från MAF-givaren (se bild).

9 Lossa slangklämman från husets utlopp, ta bort kåpans fästskruvar (eller lossa fjäderclipsen), ta loss luftfiltret och lyft sedan upp husets övre del (se bild).

2.7a Lossa anslutningskontakterna ...

2.7b ... och ta sedan bort ECU

2.8 Lossa MAF-anslutningskontakten

2.9 Ta bort husets övre del

2.10 Ta bort huvudavsnittet

3.8 Lossa bränsleledningarna (se pilar)

3.10 Ta bort tankstödremmens skruv (se pil)

10 Ta bort fästskruven och lyft sedan upp och ta bort huvudhuset (se bild).

Montering

11 Monteringen sker i omvänd ordning jämfört med demonteringen. Se till att utlopps- och insugskanalerna är klämda på plats ordentligt (om tillämpligt).

3 Bränsletank – demontering och montering

Observera: *Observera föreskrifterna i avsnitt 1 innan något arbete utförs på bränslesystemets komponenter.*

Demontering – Alla modeller

1 Innan tanken kan demonteras måste den tömmas på så mycket bränsle som möjligt. För att undvika de faror och komplikationer som bränslehantering och -lagring kan innebära bör det här arbetet utföras med en i det närmaste tom tank.
2 Koppla loss batteriets jordledning (se kapitel 5).
3 Lyft upp och stötta upp bilens bakvagn - se *Lyftning och stödpunkter* i referensavsnittet

XC60-modellerna

4 Ta bort kardanaxeln enligt beskrivningen i kapitel 8B i AWD-modeller.
5 Skruva loss och ta bort skyddskåporna från bränsletankens alla sidor.
6 Ta bort avgassystemets bakre del enligt beskrivningen i avsnitt 17 i detta kapitel.
7 Ta bort värmeskyddet över avgassystemet

och lossa sedan slangklämman från bränslepåfyllningsröret.
8 Räkna med en del förlust av vätska när du lossar bränsleanslutningarna från chassit (se bild).
9 Tanken måste nu stöttas med en lämplig domkraft. Använd ett träblock (flera träblock) för att sprida lasten.
10 Ta bort fästremmarna (se bild) och sänk ner tanken tillräckligt för att lossa det elektriska kontaktdonet (de elektriska kontaktdonen) och bränslepåfyllningens ventilationsrör från tanken – i förekommande fall. Observera dessutom den alternativa metod som används för att sänka ner bränsletanken nedan (se bilder 3.19).
11 Sänk ner tanken med hjälp av en medhjälpare. Observera att tanken måste lutas något för att gå fri från bilens kaross.

XC90-modellerna

12 Ta bort båda bakhjulen och ta sedan bort handbromsvajrarna (enligt beskrivningen i kapitel 9).
13 Ta bort avgassystemets bakre del enligt beskrivningen i avsnitt 17 i detta kapitel.
14 Ta bort kardanaxeln enligt beskrivningen i kapitel 8B.
15 Bakaxeln och fjädringen får inte tas bort. Använd en lämplig domkraft och stötta upp den kompletta bakaxeln och fjädringen. Följ det tillvägagångssätt som beskrivs i kapitel 10.
16 Ta bort slangklämmorna från påfyllningsröret och ventilröret (se bild). Lossa rören delvis.
17 Tanken måste nu stöttas med en lämplig domkraft. Använd ett träblock (flera träblock) för att sprida lasten.

18 Lossa bränslefilteranslutningarna med tanken uppstöttad och skruva sedan loss och ta bort tankens fästremmar.
19 Som en alternativ lösning bytte vi ut remskruvarna mot längder av gängat stag (en i sänder) och använde sedan dessa för att sänka tanken tillräckligt mycket för att lossa den elektriska kontakten (de elektriska kontakterna) och bränsleledningarna från tanken (se bilder).
20 Kontrollera att alla anslutningar har tagits bort och ta sedan bort längderna av gängat stag (i förekommande fall).
21 Sänk ner domkraften och tanken och ta bort tanken från bilens undersida.

Montering – alla modeller

22 Om tanken förorenas med sediment eller vatten ska mätarens sändarenhet och bränslepumpen tas bort (avsnitt 7 i detta kapitel). Skölj ur tanken med rent bränsle.
23 Tanken är gjuten i syntetmaterial och om den skadas ska den bytas ut. I somliga fall kan det dock vara möjligt att reparera små läckor eller mindre skador. Kontakta en verkstad eller en lämplig specialist angående frågor om tankreparationer.
24 Flytta över alla komponenterna från den gamla tanken till den nya om en ny tank ska monteras. Byt alltid de tätningar och plastkragar som håller fast bränslepumpen och sändarenheten. Om de är använda är det inte säkert att de fäster och sluter tillräckligt tätt på den nya tanken.

Montering

25 Monteringen sker i omvänd ordning

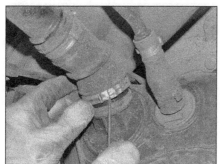

3.16 Ta bort slangklämmorna

3.19a Sänk ned tanken på längder av gängad stång och ...

3.19b ... ta sedan bort bränsleledningarna och elanslutningarna

jämfört med demonteringen. När den är klar ska du fylla tanken med bränsle och kontrollera grundligt om det finns tecken på läckage innan du kör bilen på vägen.

4 Gaspedal – demontering och montering

Demontering

1 Skruva loss de två skruvarna och ta bort klädselpanelen över pedalerna i förarens fotutrymme.
2 Skruva loss de tre muttrarna som håller fast enheten på torpedväggen **(se bild)**.
3 Lossa i förekommande fall buntbandet och koppla loss lägesgivarens anslutningskontakt när du tar bort pedalenheten. Ingen ytterligare isärtagning av enheten rekommenderas (se bild).

Montering

4 Montera tillbaka i omvänd ordning jämfört med demonteringen.

5 Bränsleinsprutningssystem – allmän information

Systemet styrs övergripande av det elektroniska dieselstyrningssystemet, vilket även styr förvärmningen (se kapitel 5).

Bränsle tillförs från den bakre bränsletanken, via en eldriven pump (styrs av den centrala elektroniska styrmodulen) och ett bränslefilter till bränsleinsprutningspumpen. Bränsleinsprutningspumpen tillför bränsle under högt tryck till common rail-systemet. Bränslefördelarskenan utgör en behållare med bränsle under tryck som är redo att matas av insprutningsventilerna direkt till förbränningskammaren. De olika bränsleinsprutarna innehåller solenoider som, när de är aktiva, låter högtrycksbränslet sprutas in. Solenoiderna styrs av den elektroniska dieselstyrningens styrmodul. Bränsleinsprutningspumpens enda uppgift är att tillhandahålla högtrycksbränsle. Insprutningens synkronisering och varaktighet styrs av styrmodulen baserat på informationen från de olika givarna. För att kunna öka förbränningens verkningsgrad och minimera förbränningsljudet ("dieselknackningarna"), sprutas en liten mängd bränsle in innan huvudinsprutningen sker – detta kallas förinsprutning eller pilotinsprutning. Bränslefiltret kan även omfatta ett värmeelement och en temperaturgivare – i så fall aktiveras detta vid temperaturer under -3 °C och deaktiveras vid 5 °C.

Dessutom aktiverar motorstyrmodulen (ECM) förvärmningen (kapitel 5) och avgasåtercirkulationssystemet (EGR) (se kapitel 4B). Systemet använder följande givare:
a) *Vevaxelgivaren – förser styrmodulen med information om vevaxelns hastighet och läge.*
b) *Motorns temperaturgivare för kylvätska*

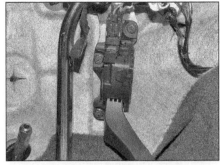
4.2a Gaspedalen på XC60-modellerna ...

informerar den elektroniska styrenheten om motorns temperatur.
c) *Massluftflödets givare/insugsluftens temperaturgivare – förser styrmodulen om information om massa och temperatur hos den luft som förs in i insugskanalen.*
d) *Hjulhastighetsgivare – förser styrmodulen med information om bilens hastighet.*
e) *Gaspedalens lägesgivare – förser styrmodulen med information om gasspjällets läge och gasspjällets öppnings-/stängningshastighet.*
f) *Bränslets högtryckgivare – förser styrmodulen med information om trycket hos bränslet i common rail-systemet.*
g) *Kamaxelgivaren – förser styrmodulen med information om kamaxelns läge så att motorns tändningssekvens kan fastställas.*
h) *Bromsljuskontakt – informerar styrmodulen om när bromsarna används.*
i) *Grenrörets absoluttryckgivare – förser styrmodulen om laddtrycket som genereras av turboaggregatet.*
j) *Luftkonditioneringens tryckgivare – informerar styrmodulen om högtryckssidan av luftkonditioneringskretsen, om ett högre tomgångsvarvtal krävs för att kompensera kompressorns belastning.*

På alla modeller används ett "drive-by-wire-system" för att styra gasspjället. Gaspedalen är inte fysiskt kopplad till bränsleinsprutningspumpen med en traditionell vajer, utan kontrolleras istället av en dubbel potentiometer som sitter på pedalenheten och som skickar en signal till motorstyrmodulen om gaspedalens rörelser.

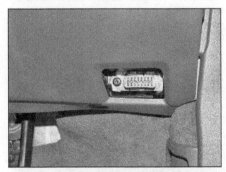
5.9 Diagnostikkontaktdonet är placerat på instrumentbrädans högra sida (XC60-modellen visas)

4.2b ...och på XC90-modellerna

Signalerna från de olika givarna bearbetas av styrmodulen, och den optimala bränsle-mängden och insprutningens synkroniseringsinställningar väljs för motorns aktuella arbetsvillkor.

Katalysator(er), ett partikelfilter (beroende på modell och marknad) och ett EGR-system finns monterade för att minska utsläppen av skadliga avgaser. Mer information om detta och andra avgasreningssystem finns i kapitel 4B.

Om det förekommer något onormalt i avläsningarna från någon av givarna, övergår styrmodulen till backup-läget. Om detta händer ignorerar styrmodulen den avvikande signalen från givaren och fortsätter med ett förprogrammerat värde så att motorn kan fortsätta att gå (dock med minskad verkningsgrad). Om styrmodulens säkerhetsläge aktiveras tänds varningslampan på instrumentbrädan och relevant felkod lagras i styrmodulens minne.

Om varningslampan tänds ska bilen lämnas in till en Volvoverkstad eller specialist så snart som möjligt. Då kan den elektroniska dieselstyrningen kontrolleras ordentligt med hjälp av en särskild elektronisk testenhet som enkelt kopplas till systemets diagnosuttag. Kontaktdonet (eller vanligare DLC – Data Link Connector) är placerad under förarsidans instrumentbräda över pedalerna **(se bild)**.

6 Bränslesystem – snapsning och luftning

1 Volvo anger att det inte behövs någon flödning eller luftning eftersom systemet är självflödande. Om bilen har kört slut på diesel eller om viktiga delar av bränslesystemet har rubbats ska du fylla på tanken eller kontrollera att det finns tillräckligt med bränsle i tanken.
2 I XC60-modellerna manövrerar du pumpen som är monterad i bränsletanken under 1 till 2 minuter genom att sätta in fjärrkontrollen och trycka kortvarigt på knappen "start/stopp" innan du försöker starta motorn.
3 I XC90 sätter du in nyckeln och slår på och av tändningen flera gånger. Försök inte starta motorn i detta skede.
4 Dessa metoder ska säkerställa att tillräcklig mängd bränsle når den motormonterade pumpen före start.

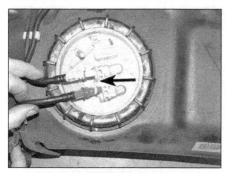

7.3 Lossa bränsleslangarna ovanpå sändarenheten

7.4a Sändarenhetens inställningsmärken

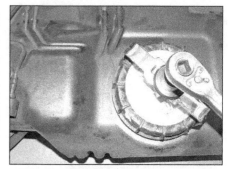

7.4b Ta bort sändarens låsring med ett lämpligt verktyg ...

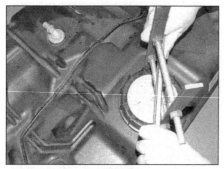

7.4c ... eller ett likvärdigt hemmagjort alternativ

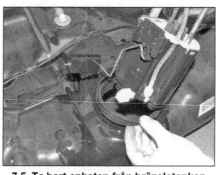

7.5 Ta bort enheten från bränsletanken

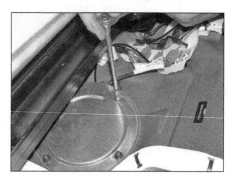

7.7 Ta bort täckplattan

7 Bränslemätare/pumpenheter – demontering och montering

Observera: *Observera föreskrifterna i avsnitt 1 innan något arbete utförs på bränslesystemets komponenter.*

Demontering

XC60

Observera: *2WD-modeller har en kombinerad nivå- och pumpenhet, 4WD-modeller har en separat pump- och nivåenhet - väldigt lik XC90-modeller.*

1 Koppla loss batteriets jordledning (se kapitel 5).
2 Ta bort bränsletanken enligt beskrivningen i avsnitt 3.
3 Notera den korrekta placeringen, ta

sedan bort anslutningskontakterna och bränsleledningarna. Notera eventuella tätningars placering och var beredd på spill när slangarna tas bort **(se bild)**.
4 Observera inriktningsmärkena mellan sändaren/pumpenheten och tanken och ta sedan bort låsringen. Volvo använder ett specifikt verktyg (999 7418) men det går att ta bort låsringen med ett lämpligt egentillverkat redskap eller en avdragare som köpts hos en motorspecialist **(se bilder)**.
5 Ta försiktigt bort enheten från tanken och var försiktig så att du inte böjer eller skadar flottörarmen. Ta loss tätningen bakom sändarenheten och tanken **(se bild)**.

XC 90-modellerna

6 Koppla loss batteriets jordledning (se kapitel 5).
7 Öppna bakdörrarna och ta bort den andra sätesraden enligt beskrivningen i kapitel 1. Lossa delvis mattan med sätena borttagna

för att komma åt blindplattorna som täcker bränslenivågivarna **(se bild)**.
8 XC90-modellerna har en kombinerad lyftpump och nivågivare på tankens högra sida. En separat givare är monterad på tankens vänstra sida. Nivågivarna arbetar i tandem, där vänster givare mäter de nedre bränslenivåerna och höger givare mäter de högre bränslenivåerna.
9 Tillvägagångssättet för att ta bort givarna är detsamma som för XC60-modellerna när väl låsringen (låsringarna) har tagits bort. Observera dock att om lyftpumpen och bränslenivågivaren "hög" ska tas bort måste höger givare tas bort först eftersom bränslepumpens bränsleupptagarrör och givarens anslutningskontakt är anslutna till vänster givare **(se bilder)**. Var försiktig så att du inte tappar kablaget i bränsletankens inre – fäst en längd snöre på kablaget och bind fast det på sidan av tanken om det behövs.

7.9a Ta bort låskragen

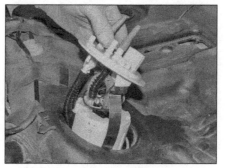

7.9b Ta bort den kombinerade nivå-/pumpenheten ...

7.9c ... och nivågivaren från vänster sida

Montering

10 Monteringen utförs i omvänd ordningsföljd. Tänk på följande:
a) Använd en ny tätning och se till att den är rätt monterad och smord med vaselin.
b) Var försiktig när du sänker ner enheten i tanken så att du inte skadar eller böjer flottörarmen.
c) Observera inställningsmärkena när du monterar tillbaka sändaren/pumpen *(se bild).*

8 Bränsleinsprutningssystem – kontroll och justering

Kontroll

1 Om ett fel uppstår i bränsleinsprutningssystemet, se först till att alla systemets kontaktdon är ordentligt anslutna och fria från korrosion. Kontrollera att felet inte beror på bristande underhåll, dvs. kontrollera att luftfiltret är rent, att cylinderkompressionstrycken är korrekta (se kapitel 2A) och att motorns ventilationsslangar är rena och hela.
2 Om motorn inte startar, kontrollera glödstiftens skick (se kapitel 5). Observera dock att defekta glödstift endast förhindrar start i extremt kalla förhållanden.
3 Om dessa kontroller inte avslöjar orsaken till problemet, ska bilen lämnas in till en Volvo-verkstad eller Volvo-specialist för test med särskild elektronisk utrustning som ansluts till bilens diagnosuttag. Testaren kommer att hitta felet lätt och snabbt vilket minskar behovet av enskilda kontroller av alla systemets komponenter, något som är både tidskrävande och som kan innebära skador på ECU:n.

Justering

4 Motorns tomgångsvarvtal, maximala hastighet och bränsleinsprutningspumpens tidsinställning styrs alla av styrmodulen. Även om det teoretiskt är möjligt att kontrollera alla inställningar måste bilen köras till en Volvo-verkstad eller lämpligt utrustad specialist om en justering blir nödvändig. Dessa har den diagnostikutrustning som behövs och kan (om möjligt) justera inställningarna.

9 Bränsleinsprutningspump – demontering och montering

Varning: Var noga med att inte släppa in smuts i insprutningspumpen eller insprutningsventilrören när du utför detta.
Observera: *Alla fasta högtrycksbränslerör som rubbas måste bytas ut.*

Demontering

1 Koppla loss batteriets jordledning (se kapitel 5). I XC60-modellerna ska du ta bort batteriet enligt beskrivningen i kapitel 5.

7.9d Lossa kablaget och ta loss tätningsringen

2 Ta bort plastkåpan från motorn genom att dra loss den rakt uppåt från fästena.
3 Demontera luftrenaren enligt beskrivningen i avsnitt 2.
4 Lossa anslutningskontakterna från bränslestyrventilen och temperaturgivaren.
5 Lossa klämmorna och lossa matnings- och returslangarna från pumpen. Om metallslangens klämmor skadades under demonteringen, byt ut dem mot traditionella skruvklämmor. Observera att en del senare modeller har kopplingsdetaljer med snabbkoppling istället för slangklämmor **(se bild)**. Plugga igen eller täck över pumpportarna för att hindra att det kommer in smuts.
6 Lossa anslutningarna, ta sedan bort högtrycksbränsleröret (eller rören i en del modeller). Kassera röret eller rören. Blockera bränslefördelarskenan och pumpportarna så att ingen smuts kommer in.
7 Skruva loss de tre fästskruvarna och

9.5 Ta bort slangkopplingarna (se pilar)

9.7b Ta loss anslutningsstycket mellan kamaxelns ände och pumpdrivningen

7.10 Rikta in märkena på kragen och tanken (se pilar)

ta bort bränslepumpen. Ta till vara på anslutningsstycket mellan kamaxelns ände och pumpens drivning – den försvinner lätt när pumpen demonteras **(se bilder)**. Kasta packningen, eftersom en ny en måste användas. Med undantag av styrventilen och temperaturgivaren går det inte att få tag i några invändiga komponenter till pumpen. Om pumpen är trasig måste hela enheten bytas – rådfråga en Volvo-verkstad eller en dieselspecialist.
Varning: Vrid inte pumpen när den demonteras – det är viktigt att den monteras i sitt ursprungsläge.

Montering

8 Se till att pumpens och motorns fogytor är rena och torra och montera en ny O-ringstätning om det är relevant. Smörj packningen med ren motorolja.
9 Placera bränslepumpen och ses till att en

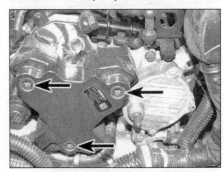

9.7a Pumpens fästskruvar

9.7c Pumpens anslutningsstycke måste vara inriktat mot spåren i insugskamaxelns ände

9.11 Använd en kråkfot för att dra åt röranslutningen och en andra skruvnyckel för att hålla emot pumpporten. Pumpporten får inte vridas

eventuell kopplingsdetalj är på plats. Dra sedan åt fästskruvarna till angivet moment.
10 Återanslut matnings- och returbränsleslangarna till pumpen och fäst dem med nya klämmor.
11 Montera det nya högtrycksbränsleröret mellan pumpen och common rail-systemet och dra sedan åt till angivet moment med en kråkfotsnyckel **(se bild)**.
12 Resten av monteringen sker i omvänd ordningsföljd. Notera följande:
a) Innan motorn startas i XC60-modellerna ska du sätta in fjärrkontrollen och trycka snabbt på startknappen. I XC90-modellerna vrider du nyckeln till läget på. Detta aktiverar pumpen som är monterad i tanken och ser till att tillräckligt med bränsle når insprutningspumpen för

smörjningsändamål innan du startar.
b) Trampa ner gaspedalen till golvet på vanligt sätt (detta kan ta längre tid än vanligt – dra runt startmotorn i stötar om 10 sekunder med 5 sekunders vila mellan varje manöver). Kör motorn i snabb tomgång under en minut eller så för att få ut eventuellt återstående luft som fastnat från bränsleledningarna. Efter denna tid bör motorn gå på jämn tomgång med ett konstant varvtal.
c) När motorn har startat, kontrollera noggrant att det inte läcker bränsle från de rör/slangar som rubbats.

10 Bränsleinjektorer – demontering och montering

Varning: Var noga med att inte släppa in smuts i insprutningspumpen eller insprutningsventilrören när du utför detta.

Demontering

1 Ta bort plastkåpan från motorn genom att dra loss den rakt uppåt från fästena. I XC90-modellerna ska du ta bort fjäderbenets stag och ljudisoleringen från motorns överdel.
2 Se till att områdena runt högtrycksbränslerörets anslutningar från bränsleinsprutningsbryggan till insprutningsventilerna är helt rena och fria från skräp etc. Använd om möjligt en dammsugare och ett avfettningsmedel för att rengöra området.
3 Lossa anslutningskontakterna från varje insprutningsventils överdel **(se bild)**.

4 Ta loss fästklämman och lossa spillröret från varje insprutningsventil **(se bild)**.
5 Skruva loss anslutningarna och ta sedan bort högtrycksbränslerören från bränslefördelarskenan till insprutningsventilerna. Kasta bränslerören och använd nya vid monteringen. Placera en andra öppen nyckel på insprutningsventilens öppning för att hålla emot när du lossar röranslutningen **(se bild)**. Var beredd på bränslespill och plugga igen/täck portarna i insprutningsventilerna och bränslefördelarskenan för att undvika att det kommer in smuts.
6 Märk ut insprutningsventilernas placering i förhållande till topplocket på tidiga motorer. Senare motorer har ett stopp och kan endast monteras på ett sätt.
7 Skruva loss de 2 skruvar/muttrar som håller fast varje insprutningsventil (komplett med distansbrickor monterade) och ta bort insprutningsventilerna **(se bild)**.
8 Insprutningsventilerna kan vara svåra att ta bort. Volvo använder ett specialverktyg (999 2709 och 999 7009) för att ta bort insprutningsventilerna. Detta verktyg kan dessutom fås från oberoende verktygsleverantörer och består av en glidhammare och en krage för montering av insprutningsventilen.
9 För brickorna från varje insprutningsventils ände. Kassera brickorna – nya måste monteras. Täck över insprutningshålet i topplocket för att förhindra att smuts tränger in **(se bild)**.
10 Om insprutningsventilerna ska sättas tillbaka ska du plugga igen alla öppningar och

10.3a Tryck in klämman och lossa anslutningskontakterna från insprutningsventilerna

10.4 Bänd upp klämman och dra bort returröret från varje insprutningsventil

10.5a Skruva loss röranslutningen till common rail**-systemet**

10.5b Använd en andra skruvnyckel för att förhindra att porten på insprutnings- ventilen vrids när du lossar anslutningen

10.7 Insprutningsventilens fästskruvar (se pilar)

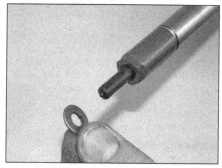

10.9 För bort brickan från insprutningsventilens ände

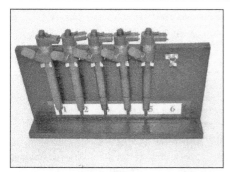

10.10 Insprutningsventilerna ska förvaras upprätt

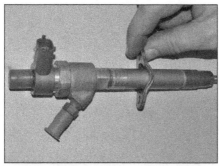

10.12a Montera den nya klämringen . . .

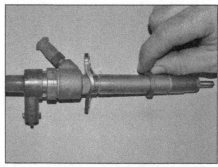

10.12b . .. och brickan

förvara dem i upprätt läge i deras ursprungliga ordningsföljd. De måste monteras i sina ursprungslägen **(se bild)**.

Montering

11 Se till att insprutningsventilerna och sätena i topplocket är rena, torra och fria från sot. Det är ytterst viktigt att tätningsytorna är rena från smuts, annars kan det uppstå läckor. Det finns specialverktyg som underlättar rengöringen av loppen och insprutningsventilernas säten i topplocket.

12 Montera nya klämringar, brickor, låsringar (om tillämpligt) **(se bild)** och tätningsbrickor på insprutningsventilerna och montera tillbaka dem på topplocket. Använd de tidigare gjorda märkena för att rikta in insprutningsventilerna på tidiga motorer. Om inga inställningsmärken har gjorts har Volvo ett specialinställningsverktyg (999 7249). Montera insprutningsventilerna och vrid dem medurs tills de stoppar på senare motorer.

13 Montera de nya, fasta högtrycksrören mellan common rail-systemet och insprutningsventilerna. Börja vid common rail-systemet, dra åt röranslutningarna till angivet moment. Upprepa denna procedur för röranslutningarna vid insprutningsventilerna. Placera en andra öppen nyckel på insprutningsventilernas öppningar när du drar år anslutningarna.

14 Resten av monteringen sker i omvänd ordningsföljd. Notera följande:

a) Kontrollera skicket på bränslereturslangarna och byt de som verkar skadade.

b) Beroende på vilken motor som är monterad finns det olika "klasser" av insprutningsventiler som reservdelar. Du bör rådfråga en Volvo-verkstad eller en specialist på reservdelar innan du köper ersättningsdelar.

c) Om nya insprutningsventiler monteras måste ny programvara laddas ned till motorstyrningens styrmodul från Volvo. Arbetet bör överlåtas till en Volvo-återförsäljare eller lämpligt utrustad specialist.

d) Trampa ner gaspedalen till golvet på vanligt sätt (detta kan ta längre tid än vanligt – dra runt startmotorn i stötar om 10 sekunder med 5 sekunders vila mellan varje manöver). Kör motorn i snabb

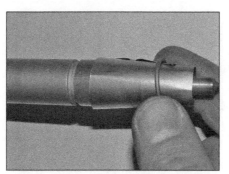

10.12c Vi tillverkade ett verktyg av plåt som skulle göra det möjligt för låsringen att glida över insprutningsventilens ände

tomgång under en minut eller så för att få ut eventuellt återstående luft i som fastnat från bränsleledningarna. Efter denna tid bör motorn gå på jämn tomgång med ett konstant varvtal.

e) När motorn har startat, kontrollera noggrant att det inte läcker bränsle från de rör/slangar som rubbats.

11 Systemkomponenter elektronisk dieselstyrning (EDC) – demontering och montering

Vevaxelns hastighets-/ lägesgivare

1 Ta bort EGR-kylaren och ventilenheten enligt beskrivningen i kapitel 4B.

2 Givaren är placerad över svänghjulet.

11.3 Vevaxelns lägesgivare (se pil)

10.12d Låsringen måste hamna i spåret

Spåra kablaget tillbaka till givaren och lossa anslutningskontakten.

3 Lossa och ta bort skruven och ta försiktigt bort givaren från dess fäste **(se bild)**.

4 Monteringen sker i omvänd ordning jämfört med demonteringen. Dra åt fästmuttern ordentligt.

Luftmassaflödes-/ insugslufttemperaturgivare

5 Se till att tändningen är avstängd, lossa fästklämman och koppla bort kontaktdonet från luftflödesgivaren **(se bild)**.

6 Skruva loss skruvarna och ta bort luftflödesgivaren från luftintagsröret tillsammans med dess tätningsring om en sådan finns.

7 Monteringen sker i omvänd ordning mot demonteringen och den nya tätningsringen måste smörjas.

11.5 Luftflödesgivarens anslutningskontakt (se pil)

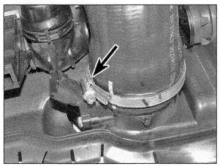

11.15 Laddtryckgivare (se pil)

11.23a Ta bort anslutningskontakterna

Elektronisk styrmodul (ECM)

Observera: *Om du monterar en ny styrmodul måste den programmeras med särskild testutrustning från Volvo. Arbetet bör överlåtas till en Volvo-återförsäljare eller lämpligt utrustad specialist.*

Observera: *Undvik att röra vid styrmodulens anslutningsstift med händerna – det finns risk för skador p.g.a. statisk elektricitet.*

Alla modeller

21 Koppla loss batteriets minusledare (se kapitel 5), vänta sedan minst två minuter innan du börjar arbeta så att eventuell lagrad elektrisk energi förbrukas.

XC60-modellerna

22 Styrmodullådan (ECM) är placerad under utjämningskåpan baktill i motorrummet. Se till att området runt styrmodulen (ECM) är rent för att undvika att skräp faller in när den tas bort.

23 För att ta bort styrmodulen (ECM) tar du bort utjämningskåpan enligt beskrivningen i kapitel 12, avsnitt 18. Lossa låshakarna och ta bort anslutningskontakterna – en kåpa kan monteras över pluggarna på en del modeller. Linda rena plastpåsar runt anslutningskontakterna för att förhindra att smuts tränger in. Använd en liten skruvmejsel och lossa låsspärren **(se bilder).**

24 Monteringen utförs i omvänd ordningsföljd mot demonteringen.

XC90 modeller

25 Ta bort kåpan genom att lyfta den rakt upp **(se bild).**

26 Lossa båda låsklämmorna och ta bort anslutningskontakterna **(se bild 2.7a).**

27 Ta bort de 6 skruvarna och ta bort styrmodulen (ECM) från bilen **(se bild).**

28 Monteringen utförs i omvänd ordning jämfört med demonteringen.

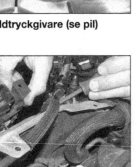

11.23b lossa spärren – notera skruvmejselns placering ...

Temperaturgivare för kylvätska:

8 Se kapitel 3 om demonterings- och monteringsdetaljer.

Gaspedalens lägesgivare

9 Givaren är fäst på gaspedalen. Se avsnitt 4 i detta kapitel för information om pedaldemontering. Givaren är en del av pedalenheten och finns inte separat.

Grenrörets absoluttryckgivare

10 Ta bort motorkåpan.

11 Givaren är monterad på insugsgrenrörets vänstra sida, nära oljepåfyllningslocket.

12 Se till att tändningen är avstängd. Koppla sedan bort givarens kontaktdon.

13 Skruva loss fästskruven och ta bort givaren från bilen.

14 Monteringen utförs i omvänd ordningsföljd jämfört med demonteringen och givaren ska dras åt ordentligt.

11.23c ... och ta bort styrmodulen

Turboladdarens tryckgivare

15 Givaren är monterad på laddluftkylarens yttre rör **(se bild).**

16 Se till att tändningen är avstängd. Koppla sedan bort givarens kontaktdon.

17 Åtkomsten är mycket svår på XC60-modellerna. Demonteringen är avsevärt mycket lättare om laddluftkylaren delvis demonteras först.

18 Skruva loss fästskruven och ta bort givaren från bilen.

19 Monteringen sker i omvänd ordningsföljd jämfört med demonteringen. Dra åt sensorns fästmutter ordentligt.

Bromsljuskontakt

20 Motorstyrmodulen mottar en signal från bromsljuskontakten som signalerar när bromsarna används. Information om demontering och montering av bromsljus-kontakten finns i kapitel 9.

Bränsletryckgivare

29 Ta bort plastkåpan från motorn genom att dra loss den rakt uppåt från fästena.

30 Lossa anslutningskontakten från virvelventilens styrenhet och ta bort styrenheten – enligt beskrivningen nedan.

31 Ta bort anslutningskontakten från givaren.

32 Skruva loss tryckgivaren **(se bild).** Täpp igen öppningen för att hindra smuts från att tränga in.

11.25 Ta bort kåpan

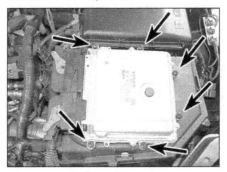

11.27 Ta bort skruvarna

11.32 Bränsletryckgivaren (se pil)

33 Monteringen görs i omvänd ordning jämfört med demonteringen men observera att nya högtrycksrör måste monteras. Dra åt fästena till angivet moment, om det är tillämpligt.

Bränslestyrventil – på skenan

34 Styrventilen är monterad på bränslefördelarskenans (common rails) vänstra ände (se bild).
35 Dra plastkåpan på motorn uppåt och ta bort den.
36 I XC90-modellerna ska du ta bort luftfilterslangen och inloppsröret från insugsgrenröret.
37 Lossa anslutningskontakten från bränsletryckgivaren och styrventilen.
38 Ta bort vevhusets ventilrör och bränslereturledningen (bränslereturledningarna) från bränslefördelarskenan.
39 Följ tillvägagångssättet för att ta bort bränsletryckgivaren som är monterad på bränslefördelarskenan och ta sedan bort högtrycksrören från bränslefördelarskenan. Täta alla öppningar på bränslefördelarskenan (och på insprutningsventilerna) när rören tas bort. Kassera rören.
40 Ta bort fästskruvarna och för ut bränslefördelarskenan under insugsgrenröret. Ta bort styrventilen med bränslefördelarskenan på bänken.
41 Monteringen görs i omvänd ordning jämfört med demonteringen men observera att nya högtrycksrör måste monteras. Dra åt fästena till angivet moment, om det är tillämpligt.

Bränsleflödesstyrventil – på pumpen

42 Dra plastkåpan på motorn uppåt och ta bort den.
43 I XC90-modellerna ska du ta bort filterhuset enligt beskrivningen i avsnitt 2 och sedan ta bort styrmodulen (ECM) enligt beskrivningen ovan.
44 Rengör området runt ventilen på pumpen, koppla sedan loss ventilens anslutningskontakt.
45 Skruva loss de 2 eller 3 skruvarna (på en del modeller) och ta sedan bort ventilen från

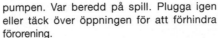

11.34 Styrventilen som är monterad på skenan (se pil)

pumpen. Var beredd på spill. Plugga igen eller täck över öppningen för att förhindra förorening.
46 Monteringen utförs i omvänd ordning jämfört med demonteringen, smörj ventilens O-ring innan montering.

Kamaxelgivare

47 Ta bort plastkåpan från motorns ovansida genom att dra den rakt upp från dess fästen i den främre och högra kanten, dra den sedan framåt.
48 Se till att tändningen är av och lossa anslutningskontakten från givaren som är placerad på ventilkåpans högra sida (se bilder).
49 Skruva loss skruven och ta bort givaren.
50 För att montera tillbaka givaren måste du se till att kamaxelkåpans och givarens fogytor är rena och att givaren är korrekt placerad på sina styrstift.

Virvelstyrventil/virvelstyrmotor

51 Ta bort plastkåpan från motorn genom att dra loss den rakt uppåt från fästena.
52 Dra loss länkarmen från ventilen/motorn (se bild).
53 Skruva loss de två skruvarna och ta bort styrningsventilen/motorn (se bild). Lossa anslutningskontakten och glödstift nr 1 när enheten tas bort.
54 Monteringen utförs i omvänd ordningsföljd mot demonteringen. Observera att om en ny ventil/motor har monterats måste styrmodulens lagrade värden återställas med

11.48 Kamaxelgivaren (se pil)

hjälp av särskild diagnostikutrustning. Arbetet bör överlåtas till en Volvo-återförsäljare eller lämpligt utrustad specialist.

Turboaggregatets förstärkningsstyrning

55 Beroende på vilken motor som är monterad och det variabla fläkthjulets placering i turboaggregatet (och således den utgående förstärkningen) styrs av antingen en elmotor som är fäst på fläkthjulets styrarm (se bild) eller av ett vakuumstyrt länksystem som är fäst på styrarmen.
56 Motorn styrs direkt av motorstyrningens styrmodul (ECM). I modeller som använder konventionell vakuumstyrning. Vakuumförsörjningen till turboaggregatets förstärkningsstyrning regleras av en vakuumaktuator som regleras av styrmodulen (ECM) som är monterad på motorns överdel.
57 Ta först bort motorkåpan för att ta bort vakuumaktuatorn. Märk ut vakuumslangarnas placering och ta sedan bort dem.
58 Lossa anslutningskontakten och skruva sedan loss vakuumaktuatorn.
59 I modeller som använder en motoriserad förstärkningsstyrning tas styrenheten bort tillsammans med turboladdaren – enligt beskrivningen i avsnitt 12 nedan.

Bränsletemperaturgivare

60 Ta bort plastkåpan från motorn genom att dra loss den rakt uppåt från fästena.
61 Sensorn sitter på den övre/främre kanten av högtryckspumpen i vänster

11.52 Styrarm virvelventilmotor

11.53 Skruva loss de skruvar (se pilar) som håller fast virvelventilens motor

11.55 Turboaggregat och servostyrmotor

11.61 Bränsletemperaturgivaren är placerad på högtrycksbränslepumpen

ände av topplocket. Koppla ifrån givarens anslutningskontakt **(se bild)**.

62 Rengör området runt givaren, skruva sedan loss den från pumpen. Var beredd på spill. Täpp igen öppningen för att hindra smuts från att tränga in.

63 Monteringen sker i omvänd ordning jämfört med demonteringen och dra åt givaren till angivet moment.

Gasspjällshus

64 Ta bort motorkåpan av plast. Ta bort luftrenarhuset på.

65 Lossa klämmorna och lossa luftslangarna från gasspjällshuset. Flytta slangarna åt ena sidan.

66 Skruva loss eventuella givare, skruva sedan loss fästskruvarna och ta bort gasspjällshuset. Kassera packningen, en ny måste monteras **(se bild)**.

67 Monteringen utförs i omvänd ordningsföljd mot demonteringen. Om du monterat ett nytt gasspjällshus måste de värden som lagrats i motorstyrmodulen återställas. Arbetet bör överlåtas till en Volvo-återförsäljare eller lämpligt utrustad specialist.

12 Turboaggregat – beskrivning och föreskrifter

Beskrivning

Ett turboaggregat ökar motorns verkningsgrad genom att höja trycket i insugsgrenröret över atmosfäriskt tryck. I

13.4a Skruva loss klämman . . .

11.66 Ta bort gasspjällhuset och ta loss packningen

stället för att luft bara sugs in i cylindrarna tvingas den dit. Extra bränsle tillförs av insprutningspumpen, proportionellt mot det ökade luftintaget.

Turboaggregatet drivs av avgaserna. Gasen flödar genom ett specialutformat hus (turbinhuset) där den får turbinhjulet att snurra. Turbinhjulet sitter på en axel och i änden av axeln sitter ett till vingförsett hjul, kompressorhjulet. Kompressorhjulet snurrar i sitt eget separata hus och komprimerar insugsluften på väg till insugsgrenröret.

Tryckluften går genom en laddluftkylare. Detta är en luftkyld värmeväxlare som monteras ihop med kylaren i framvagnen. Laddluftkylarens uppgift är att kyla ner insugsluften, som värmts upp när den tryckts ihop. Eftersom kallare luft är tätare, ökar effektiviteten hos motorn ytterligare när luften kyls av.

Turboaggregatet har justerbara styrblad som reglerar flödet av avgaser in i turbinen, bladen styrs av motorstyrningens styrmodul. Vid lägre motorvarvtal slås skovlarna ihop, vilket minskar ingångsöppningen för avgaser och därför ökar gasens hastighet, vilket leder till ett ökat laddtryck vid låga motorvarvtal. Vid höga motorvarvtal snurrar skovlarna så att ingångsöppningen för avgaserna blir större, gasens hastighet minskar och laddtrycket hålls på så vis relativt konstant över motorns varvtalsintervall. Detta kallas VNT eller Variable Nozzle Turbocharger (variabelt turboskovelhjul).

Turboaxeln trycksmörjs via ett oljematningsrör från oljeledningarna. Axeln flyter på en 'kudde' av olja. Ett avtappningsrör för tillbaka oljan till sumpen.

13.4b . ... eller skruvarna som håller fast röret

En del modeller har dessutom dubbla turboaggregat. I dessa modeller reagerar ett mindre turboaggregat snabbare på ändringar i avgastrycket vid lägre motorvarvtal. I motorvarvtal på över 2 500 varv/minut används det större turboaggregatet. En avledarventil som styrs av styrmodulen (ECM) reglerar flödet av gaser mellan turboaggregaten och en övertrycksventil reglerar förstärkningstrycket i det större turboaggregatet.

En mekanisk, fjäderbelastad bypass-ventil är också monterad i grenröret. Detta säkerställer ett korrekt gasflöde mellan turboaggregaten och möjliggör en jämn övergång i den utgående effekten från det mindre turboaggregatet till det större turboaggregatet.

Föreskrifter

● Turboaggregatet arbetar vid extremt höga hastigheter och temperaturer. Vissa säkerhetsåtgärder måste vidtas för att undvika personskador och skador på turboaggregatet.

● Kör inte turboaggregatet när dess komponenter är oskyddade. Om ett föremål skulle falla ner på de roterande vingarna kan det orsaka omfattande materiella skador och (om det skjuts ut) personskador.

● Varva inte motorn direkt efter starten, särskilt inte om den är kall. Låt oljan cirkulera i några sekunder.

● Låt alltid motorn gå ned på tomgång innan den stängs av ñ varva inte upp motorn och vrid av tändningen, eftersom aggregatet då inte får någon smörjning.

● Låt motorn gå på tomgång i flera minuter innan den stängs av efter en snabb körtur.

● Observera de rekommenderade intervallerna för påfyllning av olja och byte av oljefilter och använd olja av rätt märke och kvalitet (se *Smörjmedel och vätskor*). Bristande oljebyten eller användning av begagnad olja eller olja av dålig kvalitet kan orsaka sotavlagringar på turboaxeln med driftstopp som följd.

13 Turboaggregat – demontering och montering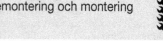

Demontering

1 Ta bort plastkåpan från motorn genom att dra loss den rakt uppåt från fästena.

2 Ställ framvagnen på pallbockar (se *Lyftning och stödpunkter*).

3 Ta bort motorns undre skyddskåpa och tappa ur kylvätskan enligt beskrivningen i kapitel 1.

4 Demontera katalysatorn/partikelfiltret enligt beskrivningen i kapitel 4B. Det är fäst på turboaggregatet med en klämma eller med skruvar **(se bilder)**.

5 Ta bort fördelningsväxellådan (konisk växel) enligt beskrivningen i kapitel 8B i AWD-modeller.

6 Ta bort höger drivaxel enligt beskrivningen i kapitel 8A.

13.8 Ta bort värmeskyddet

13.12 Turboaggregatets oljereturrör

13.17 Använd en tång för att lossa styrstiftet från genomföringen

XC60 modeller

7 Skruva loss slangklämmorna och ta bort intagsröret från motorns överdel.

8 Ta i förekommande fall bort värmeskyddet från avgasgrenröret **(se bild)**.

9 Ta bort intags- och utloppsslangarna från turboaggregatet.

10 I modeller som är utrustade med en elektrisk matning ska du lossa anslutningskontakten. I alla andra modeller ska du märka ut vakuumslangarnas placering och ta bort dem.

11 Ta bort banjoskruven från oljematningsröret och ta loss kopparbrickorna.

12 Skruva loss oljereturröret och ta loss packningen **(se bild)**.

13 I 2,0 liters modeller stöttar du upp turboaggregatet med hjälp av en medhjälpare, tar bort de 4 fästskruvarna och sänker ner turboaggregatet från bilen. Ta loss packningen.

14 I 2,4 liters modeller tar du bort EGR-röret från avgasgrenröret, stöttar upp avgasgrenröret och tar sedan bort grenröret komplett tillsammans med turboaggregatet.

XC60-modeller utrustade med dubbla turboaggregat

Observera: *I modeller som är utrustade med dubbla turboaggregat är åtkomsten begränsad. I dessa modeller bör man överväga att demontera motorn för att komma åt turboaggregaten.*

15 Ta bort de 3 fästskruvarna, lossa slangklämmorna och ta bort luftinsugsslangen.

16 Lokalisera och ta bort stödfästbygeln över det mindre turboaggregatet.

17 Ta bort slangen från motorns överdel **(se bild)** och ta sedan bort utloppsslangen från turboaggregatet.

18 Ta bort den kortare delen av insugsröret som leder till det nedre turboaggregatet vilket är svårt.

19 Märk ut vakuumslangarnas position och ta bort dem från turboaggregatet, lossa anslutningskontakten från styrventilen. Ta bort de återstående vakuumslangarna – notera deras position – och skruva loss och ta bort styrventilenheten från insugsgrenrörets överdel.

20 Ta bort värmeskydden **(se bild)** över turboaggregaten och ta bort bypass-röret mellan det två turboaggregaten.

21 Ta bort banjoskruven från oljematningsröret och ta loss kopparbrickorna.

22 Skruva loss och ta bort värmeskyddet mellan turboaggregaten och ta sedan bort metallslangen mellan EGR-enheten och turboaggregatet. Ta loss packningarna.

23 Arbeta underifrån och ta bort banjoskruven från det nedre turboaggregatet och banjoskruven från motorblocket. Ta loss alla brickorna och ta bort oljematningsrören från båda turboaggregaten.

24 Ta bort stödfästbygeln från det nedre turboaggregatet och ta sedan bort oljereturrören från båda turboaggregaten.

25 Ta bort den enda skruven från det nedre turboaggregatets fäste, be en medhjälpare stötta upp turboaggregaten och ta sedan

bort de 12 avgasgrenrörsskruvarna. Sänk ner turboaggregatet och avgasgrenrörsenheten från bilen.

26 Skilj det nedre turboaggregatet från det övre turboaggregatet om det behövs. Ta loss packningen.

XC90 modeller

27 Ta bort tvärbalken från fjäderbenshusen och ta sedan bort motorns styrmodul (ECM) och luftfilterhuset.

28 Ta bort EGR-ventilen och tillhörande rör enligt beskrivningen i kapitel 4B.

29 Lossa anslutningskontakterna från lambdasonden och temperaturgivarna och skruva sedan loss (utan att ta bort) värmeskyddet över turboaggregatet.

30 Ta bort oljematnings- och kylvätskerören från turboaggregatet och ta sedan bort värmeskyddet som redan har skruvats loss.

31 Ta bort kablagets stödklämma från turboaggregatet och ta sedan bort insugs- och utloppsröret från turboaggregatet **(se bild)**.

32 Ta bort oljeavtappningsröret från turboaggregatet och ta loss packningen **(se bild)**. Ta bort banjoskruven från motorblocket, lossa stödklämman och ta bort oljematningsröret helt. Ta loss brickorna och kassera dem.

33 Ta bort EGR-röret från turboaggregatet i högerstyrda modeller.

34 Lossa aktuatorns anslutningskontakt om det är relevant, eventuella lösa vakuumrör vid turboaggregatet och skruva loss eventuella stödfästbyglar till olika komponenterna.

35 I vänsterstyrda modeller går det nu att

13.20 Värmeskydd avgasgrenrör/ turboaggregat

13.31 Ta bort utloppsröret

13.32 Ta bort returröret

15.3 Skruva loss skruvarna till kylarens stödbalk (skruvarna på vänster sida visas med pilar)

15.5a Skruva loss laddluftkylarens fästskruvar ...

ta bort turboaggregatet från avgasgrenröret. Ta bort avgasgrenrörets muttrar och ta bort turboaggregatet komplett med avgasgrenröret i högerstyrda modeller. Kassera avgasgrenrörspackningen – en ny måste monteras. Skilj turboaggregatet från avgasgrenröret på bänken.

Montering

36 Monteringen sker i omvänd ordning jämfört med demonteringen. Tänk på följande:
a) Se till att alla fogytor är rena och torra.
b) Byt alla O-ringar, tätningar och packningar.
c) Flöda turboaggregatet och oljematningsrören med ren motorolja innan de monteras.
d) Dra åt alla hållare till angivet moment (där sådant angetts).
e) Montera nya muttrar/skruvar på avgassystemets främre del/katalysatorn på turboaggregatet om det är relevant.

14 Turboaggregat –
undersökning och renovering

1 Med turboaggregatet borttaget, undersök om huset är sprucket eller har andra synliga skador.
2 Snurra turbinen eller kompressorhjulet för att kontrollera att axeln är intakt och för att känna efter om det förekommer stora skakningar eller ojämnheter. Ett visst spel är normalt eftersom axeln "flyter" på en oljefilm när den är i rörelse. Kontrollera att hjulskovlarna inte är skadade.
3 Övertrycksventilen och manöverdonet är inbyggda i turboaggregatet och kan inte kontrolleras eller bytas separat. Vänd dig till en Volvo-verkstad eller en annan specialist om du tror att övertrycksventilen är defekt.
4 Om det är olja i avgas- eller insugspassagerna är det antagligen fel på turboaxelns tätningar(På insugssidan har detta i så fall även smutsat ner laddluftkylaren, som ska spolas med ett lämpligt lösningsmedel.).

5 Hemmamekanikerna kan inte utföra några reparationer av turbon. Det går att få tag i en ny enhet i form av en utbytesenhet.

15 Laddluftkylare –
demontering och montering

Observera: I XC90-modellerna ska laddluftkylaren tas bort tillsammans med kylaren enligt beskrivningen i kapitel 3.
1 Lyft upp bilens framvagn och ställ den ordentligt på pallbockar (se Lyftning och stödpunkter) och ta bort motorns undre skyddskåpa.
2 Ta bort vindavvisaren under stötfångarens kåpa.
3 Stötta upp kylaren enligt beskrivningen i kapitel 3. Skruva loss de 2 skruvarna från varje ände och ta bort kylarens stödbalk (se bild).
4 Lossa laddluftkylarens rör från deras placeringar inne i motorrummet. Observera att slangklämmorna är mycket svåra att komma åt. Ta vid behov bort stötfångarens kåpa och sänk sedan delvis ner den kompletta kylar-/kondensor-/laddluftkylarenheten (se kapitel 3 för ytterligare information).
5 Skruva loss de 2 fästskruvarna längst ner på kylarens nederkant och ta bort laddluftkylaren under bilen. Lossa eventuella anslutningskontakter när enheten tas bort (se bilder).
6 Monteringen utförs i omvänd ordningsföljd mot demonteringen.

16 Grenrör –
demontering och montering

Insugsgrenrör

1 Insugsgrenröret är inbyggt i ventilkåpan – se kapitel 2A.

15.5b ... och ta bort laddluftkylaren under bilen

Avgasgrenrör

Observera: I en del modeller tas grenröret bort tillsammans med turboaggregatet, på andra tas turboaggregatet bort först – se avsnitt 13 för detaljerad information.
2 Lossa batteriet enligt beskrivningen i kapitel 5.
3 Ta vid behov bort turboaggregatet enligt beskrivningen i avsnitt 13.
4 Lossa och ta bort de muttrar som håller fast avgasgrenröret och ta bort det från motorn. Kassera packningen, en ny måste monteras.
5 Undersök om det finns tecken på skada eller korrosion på någon av grenrörets pinnbultskruvar. Ta bort alla korrosionsspår och laga eller byt ut alla skadade pinnskruvar.
6 Se till att fogytorna på avgasgrenröret och topplocket är rena och torra. Sätt dit en ny packning och montera avgasgrenröret på topplocket. Dra åt muttrarna till angivet moment.
7 Återstoden av monteringen utförs i omvänd ordningsföljd jämfört med demonteringen. Tänk på följande:
a) Dra åt alla hållare till angivet moment (där sådant angivits). Observera att på 2,0-litersmotorn skiljer sig vridmomentet för de 2 muttrarna i vardera änden på grenröret från det som gäller för överdelen och nederkanten.
b) Kontrollera och fyll på enligt beskrivningen i "Veckokontroller" om det behövs.

17.3a Separera avgassystemet vid flänsen.

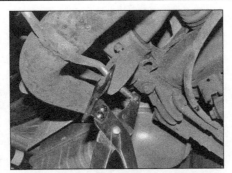

17.3b Det finns specialtänger för att underlätta demontering av avgassystemets gummifästen

18.2 Styrarm virvelventilmotor

17 Avgassystem – allmän information och byte av komponenter

Allmän information

1 Avgassystemet består av flera delar: det främre avgasröret med katalysatorn/katalysatorerna och den bakre delen med de mellersta och bakre ljuddämparna. Ett partikelfilter är monterat på majoriteten av modellerna. Partikelfiltret är integrerat i katalysatorn i en del modeller.

2 Om det behövs kan bakljuddämparen bytas oberoende av återstoden av systemet genom att den gamla ljuddämparen skärs av från röret och den nya förs över kapänden.

3 Avgassystemet fogas ihop med en blandning av fläns- eller glidleder. Stryk på ordentligt med genomträngande vätska på fästena innan de tas bort, lossa fästena, haka loss gummifästena och lossa systemet från bilens undersida **(se bild)**.

Bakljuddämpare

4 Om bakljuddämparen är den enda delen av systemet som behöver bytas, skär loss den

gamla ljuddämparen från systemets bakre del med en röravskärare eller en bågfil. Den exakta punkt där skärningen ska göras kan variera beroende på vilken motor som är monterad och därför bör du kontrollera med en Volvo-verkstad innan du skär i systemet. Lossa ljuddämparen från fästena och ta bort den från bilen.

5 Rengör och ta bort skägg från det befintliga avgasrörets ände med en fil/smärgelband eller liknande.

6 Det finns bakre ljuddämpare som reservdel, som dras över det befintliga avgasrörets ände och fästs med klämmor. För den nya ljuddämparen över röret, fäst dämparens gummifästen och dra sedan rörklämman åt ordentligt.

7 Varje avsnitt monteras i omvänd ordningsföljd jämfört med demonteringen, observera följande punkter:

a) Se till fram alla spår av korrosion har tagits bort från flänsarna, och att alla packningar bytts.

b) Undersök gummifästena efter tecken på skador eller åldrande och byt ut dem om det behövs.

c) Kontrollera innan avgassystemets fästen dras åt till angivet moment att

alla gummiupphängningar är korrekt placerade och att det finns tillräckligt med mellanrum mellan avgassystemet och underredet.

18 Virvelkanal – demontering och montering

Demontering

1 Virvelkanaler är monterade på topplocket för att styra luftflödet in i insugsområdet. Kanalen innehåller ventiler som ändrar flödet av luft beroende på motorvarvtalet och belastningen. De genererar en virvlande rörelse för ökad förbränningseffektivitet och lägre avgasutsläpp. Börja med att ta bort ventilkåpan/insugsgrenröret enligt beskrivningen i kapitel 2A för att ta bort kanalen.

2 Lossa armen från virvelstyrmotorn **(se bild)**.

3 Skruva loss skruvarna och ta bort virvelkanalerna/virvelventilerna.

Montering

4 Monteringen utförs i omvänd ordningsföljd jämfört med demonteringen.

Anteckningar

Kapitel 4 Del B:
Avgasreningssystem

Innehåll

Svårighetsgrader

Enkelt, passar novisen med lite erfarenhet	Ganska enkelt, passar nybörjaren med viss erfarenhet	Ganska svårt, passar kompetent hemmamekaniker	Svårt, passar hemmamekaniker med erfarenhet	Mycket svårt, för professionell mekaniker 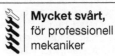

Specifikationer

Åtdragningsmoment	Nm
Avgastemperaturgivare	45
Det främre avgasröret på mellanröret	24
EG-ventil/EGR-kylare:	
M6 skruvar	10
M8 skruvar	24
M12 skruvar	50
Katalysator till turboaggregat*	25
Lambdasond	45
Muttrar/skruvar till det främre avgasröret på flänsen*	50
Oljeseparatorns skruvar	20

Återanvänds inte. Volvo anger att om ett fäste kräver vinkelåtdragning måste det alltid bytas. Alla fästen som hålls fast med en gänglåsmassa måste också bytas. Muttrar med en nyloninsats måste alltid bytas.

1 Allmän information

Alla modeller som behandlas i den här handboken är försedda med bränslesystem med flera olika egenskaper som ska minimera miljöfarliga utsläpp. Dessa system kan delas in i tre övergripande kategorier: Vevhusventilationen, avdunstningsregleringen, och avgasreningen. De flesta modeller är utrustade med ett särskilt partikelfilter som använder poröst kiselkarbidsubstrat som fångar upp kolpartiklarna när avgaserna passerar genom filtret.

Huvudegenskaperna hos systemen är följande.

Vevhusventilation

Vevhusgaserna leds via slangar från topplocket och motorblocket till en oljeseparator av cyklontyp. Här tvingas gaserna förbi två käglor. När gaserna passerar käglorna slungas oljan ut och kondenserar mot avskiljarens väggar, där den sedan återförs till sumpen. Gaserna släpps in i insugssystemet via en tryckbegränsningsventil.

Avgasåterföringssystem

Systemets syfte är att återcirkulera små avgasmängder till insuget och vidare in i förbränningsprocessen. Detta minskar halten av kväveoxider i avgaserna.

Den mängd avgaser som återcirkuleras styrs av en elstyrd solenoid. Solenoiden, ventilen och kylaren sitter som en enhet på topplockets vänstra del, mellan insugs- och avgasgrenrören.

Avgasåterföringssystemet styrs av motorstyrmodulen, som får information om motorns arbetsvärden från de olika givarna.

Partikelfilter

Partikelfiltret kombineras med katalysatorn i avgassystemet i tvåhjulsdrivna XC60-modeller. I alla övriga modeller är det en separat artikel som är monterad nedströms katalysatorn. Dess syfte är att fånga kolpartiklar (sot) när avgaserna passerar genom det för att uppfylla de senaste utsläppsbestämmelserna.

Filtret kan rengöras automatiskt av systemets styrmodul i bilen. Motorns högtrycksinsprutningssystem sprutar in bränsle till avgaserna under efterinsprutningen. Det ökar filtrets temperatur tillräckligt för att partiklarna ska oxidera och bilda aska.

Regenereringen äger normalt rum var 1 000:e kilometer (eller tidigare). Den exakta punkt när regenerering krävs bestäms av styrmodulen (ECM) med utgångspunkt från data som primärt samlas in från de olika differentialtrycksgivare som är monterade framtill och baktill på filtret. Observera att regenereringen inte äger rum om inte avgastemperaturen före filtret når en ungefärlig temperatur på 600 °C. I bilar som huvudsakligen används i stadstrafik kanske detta kriterium inte uppfylls och därför är det lämpligt att alla bilar som är utrustade med partikelfilter körs med högre motorvarvtal under minst 30 minuter ungefär var 1 000: kilometer. Om vi utgår från att motorn inte har några andra motor- eller avgasrelaterade fel gör denna enkla åtgärd det möjligt för regenereringen att äga rum.

2 Katalysator – allmän information och föreskrifter

Katalysatorn är en tillförlitlig och enkel anordning som inte kräver något underhåll. Det finns dock några punkter som bör uppmärksammas för att katalysatorn ska fungera ordentligt under hela sin livslängd.

a) Underhåll alltid bränslesystemet enligt tillverkarens underhållsschema (se kapitel 1A).
b) Om motorn börjar feltända ska bilen inte köras alls (eller åtminstone så lite som möjligt) tills felet är åtgärdat.
c) Bilen får INTE knuffas igång eller bogseras eftersom katalysatorn då dränks i oförbränt bränsle och kommer att överhettas när motorn startas.
d) Stäng INTE av tändningen vid höga motorvarvtal, dvs. tryck inte ner gaspedalen alldeles innan tändningen vrids av.
e) Använd INTE tillsatser för bränsle eller motorolja – dessa kan innehålla ämnen som är skadliga för katalysatorn.
f) Fortsätt INTE att köra bilen om motorn bränner olja så att den lämnar blå rök efter sig.
g) Tänk på att katalysatorn arbetar med mycket höga temperaturer. Parkera därför INTE bilen i torr undervegetation, i långt gräs eller över lövhögar efter en längre körsträcka.
h) Kom ihåg att katalysatorn är KÄNSLIG. Undvik att slå till den med verktyg vid renoveringsarbete.
i) Katalysatorn på en väl underhållen och korrekt körd bil bör hålla mellan 8 000 och 16 000 mil. Om katalysatorn inte längre är effektiv ska den bytas ut.

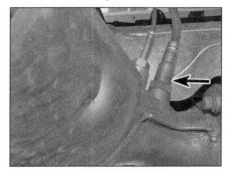

4.3 Lambdasond

3 Vevhusventilationssystem – kontroll och byte av komponenter

Kontroll

1 Inga komponenter i det här systemet behöver tillsyn, förutom alla slangar som måste kontrolleras så att de inte är igentäppta eller skadade.

Oljeseparator – byte

2 Oljeseparatorn är placerad på den sida av motorblocket som vetter framåt under insugsgrenröret. Den är en del av oljefilterhuset.

3 Ta bort de klämmor som håller fast anslutningsslangarna på separatorenheten. Om klämmorna inte är i perfekt skick måste du skaffa nya klämmor för monteringen.

4 Skruva loss fästskruvarna och ta bort enheten från motorn.

5 Montera tillbaka oljeseparatorn i omvänd ordning jämfört med demonteringen.

4 Avgasreningssystem – kontroll och byte av komponenter

Kontroll

1 En fullständig kontroll av systemet omfattar en noggrann undersökning av alla slangar, rör och anslutningar med avseende på skick och säkerhet. Förutom detta ska alla eventuella kända eller misstänkta fel utföras av en Volvo-verkstad eller annan specialist med lämplig utrustning.

Lambdasond och temperaturgivare

Observera: Lambdasonden är känslig och fungerar inte om man tappar den eller slår på den, om dess försörjning bryts eller om rengöringsmaterial används på den. Båda givarna är placerade inne i avgasgrenröret eller i avgassystemets främre del beroende på vilken motor som är monterad. En del modeller har två temperaturgivare - en som är monterad på katalysatorn och en som är monterad på partikelfiltret.

2 Ta bort motorkåpan av plast.

3 Lossa givarens anslutningskontakt, skruva loss givaren och ta hand om tätningsbrickan (i förekommande fall) **(se bild)**.

4 Rengör tätningsbrickan (i förekommande fall) vid monteringen och byt den om den är skadad eller sliten. Applicera antikärvmedel på lambdasondens gängor. Montera sedan lambdasonden och dra åt till angivet moment. Återanslut kablaget och fäst med kabelklämmor om det är tillämpligt.

Katalysator

Observera: Katalysatorn är en del av avgassystemets främre del. I en del modeller är katalysatorn kombinerad med partikelfiltret.

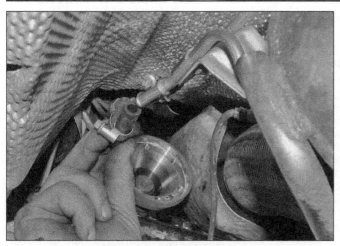

4.7 Ta bort de böjliga rören

4.11 Ta bort omformaren (XC60 visas)

Processen för byte skiljer sig något beroende på vilken motor som är monterad.

5 Ta bort motorkåpan av plast och motorns undre skyddskåpa. Ta bort tvärbalken från fjädringstornen i XC90-modellerna.

6 Ta bort de 4 muttrarna till EGR-kåpan och ta sedan bort kåpan – om en sådan finns.

7 Skruva loss avgastemperaturgivaren och lambdasonden från katalysatorn och om katalysatorn innehåller partikelfiltret ska du märka och sedan lossa de böjliga trycksslangarna till differentialtryckgivaren **(se bild)**.

8 Ta bort kardanaxeln enligt beskrivningen i kapitel 8B i AWD-modeller och ta sedan bort värmeskyddet från växellådstunneln. Ta bort det främre stödstaget från växellådstunneln i en del XC60-modeller.

9 Ta bort värmeskyddet över avgasgrenröret/turboaggregatet om ett sådant finns. I en del modeller är det nödvändigt att delvis tömma kylsystemet och ta bort kylvätskeslangen från turboaggregatet så att det går att ta bort värmeskyddet.

10 Ta bort avgassystemet från omformaren antingen genom att ta bort klämman (modeller som är utrustade med en kombinerad omformare och partikelfilter) eller genom att ta bort de 2 eller 3 skruvarna vid anslutningen till partikelfiltret.

11 Ta bort klämman på avgasgrenröret (modeller som är utrustade med en kombinerad omformare och partikelfilter) eller ta bort de 3 muttrarna från avgasgrenröret (alla övriga modeller). En del modeller har dessutom en annan stödfästbygel monterad. Ta bort fästet (om ett sådant finns) och sänk ner omformaren från bilen **(se bild)**.

12 Monteringen sker i omvänd ordning jämfört med demonteringen. Tänk på följande:

a) Se till fram alla spår av korrosion har tagits bort från flänsarna, och att alla packningar bytts.

b) Undersök gummifästena efter tecken på skador eller åldrande och byt ut dem om det behövs.

c) Kontrollera innan avgassystemets fästen dras åt till angivet moment att alla gummiupphängningar är korrekt placerade och att det finns tillräckligt med mellanrum mellan avgassystemet och underredet.

EGR-ventil/kylare:

Observera: *En mängd olika kombinerade EGR/EGR-kylare är monterade i XC60- och XC90-modellerna. De tas alla bort på ett liknande sätt.*

13 Ta bort motorkåpan och tappa ur kylvätskan enligt kapitel 1.

14 Ta bort batteriet, batterihyllan och luftfilterhuset i XC60-modeller.

15 Lossa batteriet och ta bort styrmodulen i XC90-modeller.

16 Lossa anslutningskontakterna från MAF-givaren, EGR-styrventilen och gasspjällhuset. Ta bort gasspjällhuset och insugsslangen. Ta bort metallslangen från avgasgrenröret. Denna hålls fast av 2 skruvar på en del modeller och med en klämma på andra **(se bild)**.

17 Lossa kylvätskeslangarna från EGR-kylaren och skruva sedan loss kylaren och styrventilen från motorn.

18 Med den kombinerade kylaren och EGR-styrventilen på bänken: Skilj kylaren från styrventilen **(se bild)**.

4.16 Ta bort skruvarna (se pilar)

4.18 Rengör ventilen grundligt (se pil). Använd ett lämpligt lösningsmedel

19 Monteringen av båda enheterna görs i omvänd ordning jämfört med demonteringen. Byt alla packningar om tillämpligt. Om en ny ventil monteras kan det krävas återställning och denna uppgift bör överlåtas åt en Volvo-verkstad eller en lämpligt utrustad specialist. Fyll på kylsystemet enligt beskrivningen i kapitel 1.

Partikelfilter

20 Se avsnittet ovan för byte av katalysator där partikelfiltret är en del av katalysatorn.
21 Lyft upp bilens framvagn i modeller som är utrustade med ett separat partikelfilter - se *Lyftning och stödpunkter* i referensavsnittet.
22 Lossa temperaturgivaren, märk ut tryckgivarslangarnas positioner och ta bort dem.
23 Ta bort tvärbalken från växellådstunneln i XC60-modellerna.
24 Ta bort de 2 muttrarna från filtrets bakre del, ta bort de 3 muttrarna från filtrets främre del, haka loss gummifästena och ta bort filtret från bilen.

Partikelfiltrets differentialtryckgivare

Observera: *När du bytt ut differentialtryckgivaren måste givarvärdena som lagrats i styrmodulen justeras. Detta kräver åtkomst till specifik Volvo-diagnosutrustning och ska utföras av en Volvo-verkstad eller en lämpligt utrustad specialist.*
25 Givarens placering varierar något beroende på vilken motor som är monterad **(se bild)**. Ta bort motorkåpan i alla modeller.
26 Ta bort turboaggregatets vakuumstyrning enligt beskrivningen i kapitel 4A i XC60-modellerna. Lossa anslutningskontakten, ta bort de böjliga slangarna och skruva sedan loss och ta bort givaren.
27 Ta bort tvärbalken från motorrummet och ta sedan bort kåpan från EGR-styrventilen i XC90-modellerna. Lossa

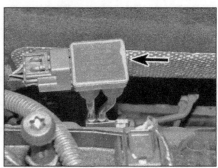

4.25 Partikelfiltrets differentialtryckgivare (se pil) som är placerad baktill på topplocket

anslutningskontakten, ta bort de böjliga slangarna och skruva sedan loss och ta bort givaren.
28 Monteringen utförs i omvänd ordningsföljd jämfört med demonteringen.

Kapitel 5
Start- och laddningssystem

Innehåll

Svårighetsgrader

Enkelt, passar novisen med lite erfarenhet	Ganska enkelt, passar nybörjaren med viss erfarenhet	Ganska svårt, passar kompetent hemmamekaniker	Svårt, passar hemmamekaniker med erfarenhet	Mycket svårt, för professionell mekaniker

Specifikationer

Allmänt
Systemtyp .... 12 volt, negativ jord

Batteri
Typ .... Lågunderhållsbatteri eller underhållsfritt och livstidsförseglat batteri
Effekt .... 60 till 90 Ah (beroende på modell)

Generator
Typ .... Bosch
Utgående värde .... 120 eller 140 A
Borstarnas minimilängd .... 5,0 mm

Startmotor
Typ .... Bosch 2,0 eller 2,2 kW

Åtdragningsmoment

	Nm
Generatorns fästskruvar.......................................	24
Generator:	
Remskiva av frihjulstyp..	80
Remskiva av fast typ	65
Glödstift	8
Startmotorns fästskruvar.......................................	50

1 Allmän information och föreskrifter

Allmän information

Motorns elsystem består i huvudsak av laddnings- och startsystemen. På grund av deras motorrelaterade funktioner behandlas dessa komponenter separat från karossens elektriska enheter, som instrument och belysning etc. (Dessa tas upp i kapitel 12). Systemet är ett 12 volts elsystem med negativ jordning.

Batteriet är av lågunderhållstyp eller "underhållsfritt" (livstidsförseglat) och laddas av generatorn, som drivs av en rem från vevaxelns remskiva.

Startmotorn är föringreppad med en inbyggd solenoid. Vid start för solenoiden drevet mot svänghjulets startkrans innan startmotorn får ström. När motorn startat förhindrar en envägskoppling att motorankaret drivs av motorn tills kugghjulet släpper från kuggkransen.

Ytterligare information om de olika systemen finns i de relevanta avsnitten i detta kapitel. Samtidigt som en del reparationer ges är den vanliga åtgärden att byta den aktuella komponenten.

Föreskrifter

⚠️ **Varning:** *Det är nödvändigt att iakttaga extra försiktighet vid arbete med elsystem för att undvika skador på halvledarenheter (dioder och transistorer) och personskador. Utöver de föreskrifter som finns i "Säkerheten främst!" måste*

du observera följande vid arbeten på systemet:
• *Ta alltid av ringar, klockor och liknande före arbete med elsystemet. En urladdning kan inträffa även med batteriet urkopplat, om en komponents strömstift jordas genom ett metallföremål. Detta kan ge stötar och allvarliga brännskador.*
• *Kasta inte om batteripolerna. Komponenter som växelströmsgeneratorer, elektroniska styrenheter och andra komponenter med halvledarkretsar kan totalförstöras så att de inte går att reparera.*
• *Koppla aldrig loss batteripolerna, generatorn, elektriska kablar eller några testinstrument med motorn igång.*
• *Låt aldrig motorn dra runt generatorn när den inte är ansluten.*
• *Testa aldrig om generatorn fungerar*

genom att 'gnistra' med spänningskabeln mot jord.

Kontrollera alltid att batteriets jordkabel är urkopplad innan arbete med elsystemet inleds.

• *Om motorn startas med hjälp av startkablar och ett laddningsbatteri ska batterierna anslutas plus till plus och minus till minus (se Starthjälp). Detta gäller även vid inkoppling av batteriladdare.*

• *Testa aldrig kretsar eller anslutningar med en ohm-mätare av den typ som har en handvevad generator.*

• *Koppla ur batteriet, generatorn och komponenter som de elektroniska styrenheterna, (om tillämpligt) för att skydda dem från skador innan elektrisk bågsvetsningsutrustning används på bilen.*

2 Batteri – kontroll och laddning

Kontroll

Standard- och lågunderhållsbatteri

1 Om bilen inte körs långt under året är det mödan värt att kontrollera batterielektrolytens densitet var tredje månad för att avgöra batteriets laddningsstatus. Använd en hydrometer till kontrollen och jämför resultatet med tabellen nedan. Observera att densitetskontrollen förutsätter att elektrolyttemperaturen är 15 °C. Dra bort 0,007 för varje 10 °C under 15 °C. Lägg till 0,007 för varje 10 °C över 15 °C.

	Över 25 °C	Under 25°C
Fulladdat	1,210 till 1,230	1,270 till 1,290
70 % laddat	1,170 till 1,190	1,230 till 1,250
Urladdat	1,050 till 1,070	1,110 till 1,130

2 Om batteriet misstänks vara defekt, kontrollera först elektrolytens densitet i varje cell. En variation över 0,040 mellan celler indikerar förlust av elektrolyt eller nedbrytning av plattor.

3 Om densiteten har en avvikelse på 0,040 eller mer måste batteriet bytas. Om variationen mellan cellerna är tillfredsställande men batteriet är urladdat ska det laddas upp enligt beskrivningen längre fram i detta avsnitt.

Underhållsfritt batteri

4 Om ett livstidsförseglat underhållsfritt batteri är monterat kan elektrolyten inte kontrolleras eller fyllas på (se kapitel 1, avsnitt 10). Batteriets skick kan därför bara kontrolleras med en batteriindikator eller en voltmätare.

5 Vissa modeller innehåller ett underhållsfritt batteri med en inbyggd indikator för laddningstillstånd. Indikatorn är placerad ovanpå batterihöljet och anger batteriets skick genom att ändra färg. På en etikett fäst på batteriet ska det stå vad indikatorns olika färger betyder. Om så inte är fallet bör en Volvo-återförsäljare eller en bilelektriker tillfrågas.

6 Om batteriet testas med hjälp av en voltmeter ska denna anslutas över batteriet och spänningen noteras. För att kontrollen ska ge korrekt utslag får batteriet inte ha laddats på något sätt under de senaste sex timmarna. Om så inte är fallet, tänd strålkastarna under 30 sekunder och vänta 5 minuter innan batteriet kontrolleras. Alla andra kretsar ska vara frånslagna, så kontrollera att dörrar och baklucka verkligen är stängda när kontrollen görs.

7 Om den uppmätta spänningen understiger 12,2 volt är batteriet urladdat, medan en spänning mellan 12,2 och 12,4 volt indikerar delvis urladdning.

8 Om batteriet ska laddas, ta bort det från bilen och ladda det enligt beskrivningen senare i detta avsnitt.

Laddning

Observera: *Följande är endast avsett som riktlinjer. Följ alltid tillverkarens rekommendationer (finns ofta på en tryckt etikett på batteriet) vid laddning av ett batteri.*

Standard- och lågunderhållsbatteri

9 Ladda batteriet vid 10 % av batteriets effekt (t.ex. en laddning på 4,5 A för ett 45 Ah-batteri) och fortsätt ladda batteriet i samma takt tills ingen ökning av elektrolytens densitet noteras över en fyratimmarsperiod.

10 Alternativt kan en droppladdare som laddar med 1,5 ampere användas över natten.

11 Speciella snabbladdare som påstås kunna ladda batteriet på 1-2 timmar är inte att rekommendera, eftersom de kan orsaka

allvarliga skador på batteriplattorna genom överhettning. Om batteriet är helt urladdat bör det ta åtminstone 24 h att ladda upp det igen.

12 Observera att elektrolytens temperatur aldrig ska överstiga 38 °C vid laddning av batteriet.

Underhållsfritt batteri

13 Denna batterityp tar avsevärt längre tid att ladda fullt än standardtypen. Tidsåtgången beror på hur urladdat batteriet är, men det kan ta ända upp till tre dygn.

14 En laddare av konstantspänningstyp krävs. Den ställs in på mellan 13,9 och 14,9 volt med en laddström understigande 25 A. Med denna metod bör batteriet vara användbart inom 3 timmar med en spänning på 12,5 V, men detta gäller ett delvis urladdat batteri. Full laddning kan, som nämndes ovan, ta avsevärt längre tid.

15 Om batteriet ska laddas från fullständig urladdning (under 12,2 volt), låt en Volvo-verkstad eller bilelektriker ladda batteriet i och med att laddströmmen är högre och att laddningen kräver konstant övervakning.

3 Batteri – frånkoppling, demontering och montering

Varning: Vänta minst 5 minuter efter det att du har slagit av tändningen innan du kopplar från batteriet. Detta är för att de olika styrmodulerna ska hinna stängas av korrekt.

Frånkoppling

1 Öppna motorhuven och ta bort batterikåpan i XC60-modellerna **(se bild)**.

2 Öppna bakluckan och ta bort lastytans bakre skydd och ta sedan bort täckplattan av metall i XC90-modellerna. Ta bort batterikåpan **(se bild)**.

3 Lokalisera batteriets minuskabel. Denna markeras normalt med en minussymbol på batteriet. Lossa polskruven och ta bort minuskabeln ("jord") från batteriet **(se bild)**.

4 Flytta bort kabeln från batteriet. Om det finns en risk för att kabeln ska få kontakt med batteripolen ska du antingen binda fast

3.1 Skruva loss klämmorna och ta bort batterikåpan

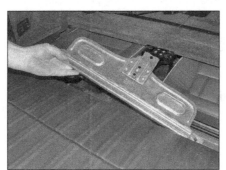

3.2a Ta bort metallplattan ...

3.2b ... och plastkåpan

3.3 Lossa jordkabeln (XC90 visas)

3.6 Ta bort panelen

3.7 Lossa kablarna från batteriets pluspol

kabeln på ena sidan eller täcka över batteriets minuspol med en lämplig isolering – en plastpåse är idealisk.

Demontering

5 Lossa batteriets minuskabel enligt tidigare beskrivning.
6 Dra upp den gummitätning som är placerad på utjämningskåpans kant och ta bort den lilla delen av torpedplåten i XC60-modellerna (se bild).
7 Skruva loss de 2 skruvarna och lossa kablarna från pluspolen (se bild).
8 Lossa kabeln från batterilådan (i alla modeller) och lossa ventilröret i XC60-modellerna.
9 Skruva loss skruven och ta bort batterifästklämman och lyft upp batteriet från dess hylla (se bild).

Montering

10 Placera batteriet på hyllan, montera tillbaka fästklämman och dra åt fästskruven ordentligt.
11 Återanslut alltid plusledaren först och sedan minusledaren. Smörj lite vaselin på anslutningarna.
12 Montera tillbaka batterikåpan och andra tillhörande komponenter.
13 Stå utanför bilen och sträck dig in för att starta motorn när du startar motorn för första gången så att du håller dig borta från krockkuddens arbetsområde.

4 Laddningssystem – kontroll

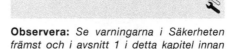

Observera: Se varningarna i Säkerheten främst och i avsnitt 1 i detta kapitel innan arbetet påbörjas.
1 Om tändningens/laddningens varningslampa inte tänds när tändningen slås på, kontrollera först att generatorns kabelanslutningar sitter ordentligt. Om allt är som det ska kan det vara fel på generatorn, som måste bytas eller tas till en bilelektriker för kontroll och reparation.
2 Om tändningens varningslampa tänds när motorn är igång, stanna motorn och kontrollera att drivremmen är korrekt spänd (se kapitel 1) och att generatorns anslutningar sitter ordentligt. Om allt är som det ska så långt, måste generatorn tas till en bilelektriker för kontroll och reparation.
3 Om generatorns arbetseffekt misstänks vara felaktig även om varningslampan fungerar som den ska, kan regulatorspänningen kontrolleras på följande sätt.
4 Anslut en voltmätare över batteripolerna och starta motorn.
5 Öka motorvarvtalet tills voltmätaren står stadigt på; mellan 13,5 och 14,8 volts.
6 Slå på så många elektriska funktioner som möjligt (t.ex. strålkastarna, bakruteuppvärmningen och värmefläkten) och

kontrollera att generatorn behåller spänningen mellan 13,5 och 14,8 volt.
7 Om spänningen inte ligger inom dessa värden kan felet vara slitna borstar, svaga borstfjädrar, defekt spänningsregulator, defekt diod, kapad fasledning eller slitna/skadade släpringar. Borstarna och släpringen kan kontrolleras (se avsnitt 6), men om felet kvarstår måste generatorn bytas eller tas till en bilelektriker för kontroll och reparation.

5 Generator och remskiva – demontering och montering

Generator

1 Koppla loss batteriets minusledare (se avsnitt 3)
2 Ta bort plastkåpan från motorns övre del.
3 Ta bort drivremmen enligt beskrivningen i kapitel 1.
4 Ta bort laddluftröret från motorns främre del och dess överdel i XC60-modellerna.
5 Ta bort stödbenet från servostyrningspumpens bakre del (se bild) och ta sedan bort servostyrningspumpens fästskruvar (som man kommer åt genom pumpens remskiva) i XC90-modellerna. Det finns inget behov av att ta bort pumpen helt.
6 Lossa multianslutningskontakten och

3.9a Ta bort batteriklämman (XC90 visas)...

3.9b ... och lyft ut batteriet (XC60 visas)

5.5 Ta bort stödbenets skruvar (se pil)

5.6 Lossa anslutningskontakterna (se pilar)

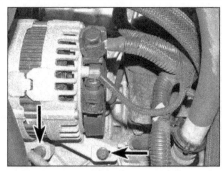

5.8a Skruva loss de nedre fästskruvarna (se pilar) ...

5.8b ... och den övre fästskruven (se pil)

5.12a Använd ett specialverktyg som går i ingrepp med räfflorna i axeln och remskivans mitt

5.12b Håll emot axeln samtidigt som du skruvar loss remskivans mitt

ledningen från uttagspinnskruven på generatorns bakre del **(se bild)**

7 Ta bort det nedre laddluftröret i XC90-modellerna.

8 Skruva loss de övre och nedre fästskruvarna och demontera generatorn **(se bilder)**. Luta servostyrningspumpen så att det blir tillräckligt med plats för att ta bort generatorn i XC90-modellerna.

9 Monteringen utförs i omvänd ordning jämfört med demonteringen. Kom ihåg att dra åt olika fästanordningar till angivet moment om det är tillämpligt.

Drivremskiva

10 Generatorns drivremskiva är utrustad med en envägskoppling för minskat slitage och minskad påfrestning på drivremskivan. För att ta bort remskivan krävs det ett specialverktyg (Volvo nr 999 5760) för att hålla generatorns axel samtidigt som remskivan skruvas loss. Det finns verktyg som är likvärdiga med detta verktyg hos elspecialister/bilverktygsspecialister.

11 Bänd upp plastkåpan från remskivan.

12 Sätt in specialverktyget i remskivans räfflor och låt den mittersta torxbitsen gå i ingrepp med generatorns axel **(se bilder)**. Skruva loss remskivan moturs samtidigt som du håller fast axeln med torxbiten och ta bort remskivan.

13 Monteringen utförs i omvänd ordning jämfört med demonteringen men dra åt den ordentligt med specialverktyget.

6.3 Bänd bort plastkåpan, skruva loss de två muttrarna och en skruv (se pilar), lyft sedan av plastkåpan

6.4a Skruva loss de tre skruvarna (se pilar) ...

6 Generatorns borsthållare/ regulatormodul – demontering

1 Ta bort generatorn (se avsnitt 5).

2 Placera generatorn på en ren arbetsyta, med remskivan nedåt.

3 Skruva loss kåpmuttrarna och skruvarna (det kan finnas 2 eller 3 beroende på modell), lyft sedan av plastkåpan från generatorns bakre del **(se bild)**.

4 Skruva loss skruvarna (3 eller 4 beroende på modell) och ta försiktigt bort spänningsregulatorn/borsthållaren från generatorn **(se bilder)**.

5 Mät borstarnas fria längd **(se bild)**. Kontrollera mätningen mot specifikationerna,

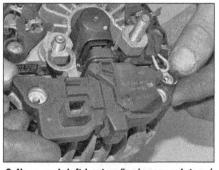

6.4b ... och lyft bort spänningsregulatorn/ borsthållaren

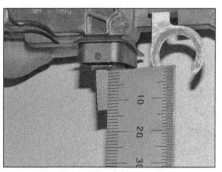

6.5 Mät borstarnas fria längd

8.3a Skruva loss startmotorns fästskruvar (se pilar) och ...

8.3b ... ta bort startmotorn

byt modulen om borstarna är slitna under minimigränsen.

6 Rengör och undersök ytorna på släpringarna på generatoraxelns ände. Om de är väldigt slitna eller skadade måste generatorn bytas ut.

7 Sätt ihop generatorn genom att följa tillvägagångssättet vid demonteringen i omvänd ordning. Se avsnitt 5 och montera tillbaka generatorn när detta är klart.

7 Startsystem – kontroll

Observera: *Se föreskrifterna i Säkerheten främst och i avsnitt 1 i detta kapitel innan arbetet påbörjas.*

1 Om startmotorn inte arbetar när knappen "Start" trycks in eller när nyckeln vrids kan det bero på följande möjliga orsaker:

a) *Batteriet är defekt.*
b) *De elektriska anslutningarna mellan strömbrytare, solenoid, batteri och startmotor har ett fel någonstans som gör att ström inte kan passera från batteriet till jorden genom startmotorn.*
c) *Solenoiden är defekt.*
d) *Startmotorn har ett mekaniskt eller elektriskt fel.*

2 Kontrollera batteriet genom att tända strålkastarna. Om de försvagas efter ett par sekunder är batteriet urladdat. Ladda (se avsnitt 2) eller byt batteri. Om strålkastarna lyser klart, vrid om startnyckeln. Om strålkastarna då försvagas betyder det att strömmen når startmotorn, vilket anger att felet finns i startmotorn. Om strålkastarna lyser klart (och inget klick hörs från solenoiden) indikerar detta ett fel i kretsen eller solenoiden – se följande punkter. Om startmotorn snurrar långsamt, trots att batteriet är i bra skick, indikerar detta antingen ett fel i startmotorn eller ett kraftigt motstånd någonstans i kretsen.

3 Vid ett misstänkt fel på kretsen, koppla loss batterikablarna (inklusive jordningen till karossen), startmotorns/solenoidens kablar och motorns/växellådans jordledning. Rengör alla anslutningar noga och anslut dem igen. Använd sedan en voltmätare eller testlampa och kontrollera att full batterispänning finns vid strömkabelns anslutning till solenoiden och att jordförbindelsen är god. Smörj in batteripolerna med vaselin så att korrosion undviks – korroderade anslutningar är en av de vanligaste orsakerna till elektriska systemfel.

4 Om batteriet och alla anslutningar är i bra skick, kontrollera kretsen genom att lossa ledningen från solenoidens bladstift. Anslut en voltmätare eller testlampa mellan ledningen och en bra jord (t.ex. batteriets minuspol) och kontrollera att ledningen är strömförande när tändningsnyckeln vrids till startläget. Är det, fungerar kretsen. Om inte, kan kretsen kontrolleras enligt beskrivningen i kapitel 12.

5 Solenoidens kontakter kan kontrolleras med en voltmätare eller testlampa mellan strömkabeln på solenoidens startmotorsida och jord. När tändningsnyckeln vrids till start ska mätaren ge utslag eller lampan tändas. Om inget sker är solenoiden defekt och måste bytas.

6 Om kretsen och solenoiden fungerar måste felet finnas i startmotorn. I det fallet kan det vara möjligt att låta en specialist renovera motorn, men kontrollera först pris och tillgång på reservdelar, eftersom det mycket väl kan vara billigare att köpa en ny eller begagnad startmotor.

8 Startmotor – demontering och montering

Demontering

1 Ta bort plastkåpan ovanpå motorn.
2 Koppla loss batteriets minusledare.

3 Lossa kablaget från startmotorns solenoid, skruva loss fästskruvarna (2 på XC60-modellerna och 3 på XC90-modellerna) och ta bort enheten **(se bilder)**. Notera placeringen av eventuella styrstift och se till att de är på plats vid monteringen.

Montering

4 Monteringen utförs i omvänd ordningsföljd jämfört med demonteringen. Dra åt alla hållare till angivet moment (där sådant angetts).

9 Startmotor – test och renovering

Om startmotorn misstänks vara defekt måste den demonteras och tas till en bilelektriker för kontroll. De flesta bilverkstäder kan erbjuda och montera borstar till överkomliga priser. Kontrollera dock reparationskostnaderna först, eftersom det kan vara billigare med en ny eller begagnad motor.

10 Startmotorns styrenhet – demontering och montering (endast XC60-modellerna)

1 Startmotorns styrenhet är placerad bakom instrumentbrädan bakom fjärrkontrollöppningen/start-/stoppknappen.
2 Koppla loss och ta bort batteriets jordledning enligt beskrivningen i avsnitt 3.
3 Bänd loss infattningen med ett lämpligt klädselpanelverktyg. Skruva loss de 3 skruvarna (enligt beskrivningen i kapitel 12, avsnitt 4), dra enheten framåt och lossa anslutningskontakten. Ta bort enheten från instrumentbrädan.
4 Lossa styrmodulen från enhetens bakre del.
5 Monteringen utförs i omvänd ordningsföljd jämfört demonteringen.

12.2 Lossa kontaktdonet

12.3 Skruva loss varje glödstift från topplocket

11 Glödstift – allmän information

Glödstiften är monterade för att underlätta kallstarter och hjälpa till att minimera produktionen av skadliga utsläpp. Om ett partikelfilter är monterat används glödstiften dessutom för att hjälpa till med rengöringen ("regenerering") av partikelfiltret. Systemet består av ett relä och fem glödstift. Systemet styrs av det elektroniska dieselkontrollsystemet (EDC) med hjälp av information som primärt tillhandahålls av kylvätsketemperaturgivaren, omgivningstemperaturgivaren och höjdgivaren.

Glödstiften är minielvärmeelement, som är inkapslade i metall med en sond i ena änden, och en elanslutning i den andra. Förbränningskamrarna har igängade glödstift. När glödstiftet spänningssätts värms det upp snabbt vilket får temperaturen på den luft som dras ner i varje förbränningskammare att stiga. Varje insugningskanal har ett glödstift inskruvat vilket är placerat direkt i linje med den insprutande bränslestrålen. När glödstiftet aktiveras värms bränslet som passerar över stiftet upp så att dess optimala förbränningstemperatur kan uppnås snabbare. Glödstiften är av lågspänningstyp – de matas med batterispänning endast under maximalt 1,5 sekunder. Efter denna tid reduceras spänningen till nominellt 4,4 V.

Hur lång förvärmningsperioden pågår styrs av det elektroniska dieselkontrollsystemets (EDC) styrmodul (ECM) med hjälp av information från kylvätsketemperaturgivaren. ECM ändrar förvärmningstiden (den tid glödstiften matas med ström) för att passa rådande förhållanden. Uppvärmningen efter start (och regenerering av partikelfiltret) styrs också av EDC och styrmodulen (ECM).

En varningslampa informerar föraren om att förvärmningen sker. Lampan slocknar när förvärmningen är tillräcklig för att motorn ska kunna starta, men glödstiften fortsätter aktiveras ett tag. Detta kallas för eftervärmning och minskar avgasutsläppet. Om inga försök görs för att starta motorn stängs strömförsörjningen till glödstiften av för att förhindra att batteriet tar slut och att glödstiften blir utbrända.

12 Glödstift – demontering, kontroll och testning

Demontering

1 Glödstiften sitter i topplockets främre eller bakre yta beroende på vilken motor som är monterad. Ta bort motorkåpan och ta bort komponenter enligt beskrivningen i relevant kapitel tills glödstiften går att komma åt.
2 Koppla loss anslutningskontakten från varje glödstift **(se bild)** och ta bort kablagets fästbygel om det är relevant.
3 Skruva loss varje glödstift från topplocket med hjälp av en djup hylsa **(se bild)**.

Kontroll

4 Undersök glödstiftsskaften efter tecken på skador. Brända eller eroderade glödstiftsspetsar kan orsakas av att insprutningsventilen har dåligt spraymönster. Be en mekaniker undersöka insprutningsventilerna om den här typen av skador förekommer.
5 Försök inte testa glödstiften genom att lägga på 12 V på dem – detta skulle förstöra glödstiften.
6 Om glödstiften är i gott skick ska deras resistans kontrolleras med en multimeter inställd på ohm. Observera att om glödstift för lågspänning är monterade är den elektriska resistansen låg – en multimeter av kvalitetstyp som kan läsa av ner till 0,1 ohm krävs.
7 Ett defekt glödstift befinns normalt vara ett kretsavbrott.

Montering

8 Rengör glödstiften och glödstiftssätena på topplocket.
9 Applicera antikärvmedel på glödstiftets gängor. Montera sedan glödstiftet och dra åt till angivet moment.
10 Återanslut kablaget till glödstiftet.
11 Resten av monteringen utförs i omvänd ordningsföljd jämfört med demonteringen.

Kapitel 6
Koppling

Innehåll

Svårighetsgrader

Enkelt, passar novisen med lite erfarenhet	Ganska enkelt, passar nybörjaren med viss erfarenhet	Ganska svårt, passar kompetent hemmamekaniker	Svårt, passar hemmamekaniker med erfarenhet	Mycket svårt, för professionell mekaniker

Specifikationer

Allmänt
Kopplingstyp . . . . Enkel torrlamell, tallriksfjäder, självjustering, hydraulisk verkan

Tryckplatta
Skevhetsgräns . . . . 0,2 mm

Åtdragningsmoment*

	Nm
Huvudcylinderns fästmuttrar	24
Kopplingskåpans fästskruvar.	24
Pedalens fästskruvar	24
Urkopplingslager och slavcylinderns fästskruvar.	10

Volvo anger att om ett fäste kräver vinkelåtdragning måste det alltid bytas. Alla fästen som hålls fast med en gänglåsmassa måste också bytas. Muttrar med en nyloninsats måste alltid bytas.

---

1 Allmän information

På alla modeller med manuell växellåda finns en koppling med enkel torrlamell och tallriksfjäder monterad. Kopplingen styrs hydrauliskt via en huvud- och en slavcylinder. Alla modeller fick en internt monterad slavcylinder kombinerad med ett urkopplingslager till en enhet.

Kopplingens huvudkomponenter består avkopplingskåpan och tryckplattan, kopplingslamellen (som ibland kallas friktionsplattan eller -skivan) och urkopplingslagret. Tryckplattan sitter fastskruvad vid svänghjulet med lamellen fastklämd emellan. Lamellens centrum har nedfrästa spår som hakar i spårningen på växellådans ingående axel. Urkopplingslagret aktiverar fingrarna på tryckplattans tallriksfjäder.

När motorn går och kopplingspedalen släpps upp klämmer tallriksfjädern samman tryckplattan, kopplingslamellen och svänghjulet. Drivkraft överförs via friktionsytorna på svänghjulet och tryckplattan till lamellens belägg, och på så sätt till växellådans ingående axel.

Slavcylindern är inbyggd i urtrampnings-lagret – när slavcylindern arbetar rör sig urtrampningslagret mot tallriksfjäderns fingrar. När fjädertrycket på tryckplattan släpps roterar svänghjulet och tryckplattan utan att röra kopplingslamellen. När pedalen släpps upp återtas fjädertrycket och drivkraften ökar gradvis.

Kopplingens hydraulsystem består av en huvudcylinder och en slavcylinder samt tillhörande rör och slangar. Oljebehållaren delas med bromshuvudcylindern.

Alla modeller är utrustade med en självjusterande koppling som kompenserar för den drivna plattan slitage genom ändring av tallriksfjäderfingrarnas höjd med hjälp av en resårmekanism i tryckplattans kåpa. Detta säkerställer en konsekvent kopplingspedalkänsla över hela kopplingens livslängd.

2 Kopplingspedal – demontering och montering

Demontering och montering av kopplingspedalen ingår i tillvägagångssättet för demontering och montering av huvudcylindern.

3 Kopplingens huvudcylinder – demontering och montering

Varning: Hydraulolja är giftig; tvätta noggrant bort oljan omedelbart vid hudkontakt och sök omedelbar läkarhjälp om olja sväljs eller hamnar i ögonen. Vissa hydrauloljor är lättantändliga och kan självantända om de kommer i kontakt med heta komponenter; vid arbete med hydraulsystem är det alltid säkrast att anta att oljan ÄR brandfarlig, och att vidta samma försiktighetsåtgärder mot brand som när bensin hanteras. Hydraulolja är ett kraftigt färglösningsmedel och angriper även plaster; oljespill ska omedelbart tvättas bort med stora mängder rent vatten. Hydraulolja är också hygroskopisk (den absorberar luftens fuktighet) och gammal olja kan vara förorenad och oduglig för användning. Vid påfyllning eller byte ska alltid rekommenderad typ användas och den måste komma från en nyligen öppnad förseglad förpackning.
Observera:*Huvudcylinderns inre komponenter*

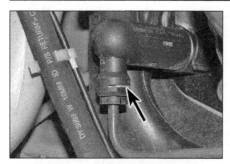

3.3 Bänd upp klämman (se pilar) och lossa tryckröranslutningen från huvudcylindern

3.6 Huvudcylinderns tryckstångsklämma på kopplingspedalen

b) Dra åt huvudcylinderns fästmuttrar till angivet moment.

c) Se till att tryckkolven är helt utsträckt innan startspärrbrytaren monteras tillbaka.

d) En ny klämma måste användas när huvudcylinderns tryckstång fästs på pedalen igen.

e) Det krävs en ny tätning på den plats där huvudcylindern möter mellanväggen.

f) Lufta kopplingens hydraulsystem när arbetet är slutfört (avsnitt 5).

går inte att köpa separat och det går inte att reparera eller renovera cylindern. Om det blir fel i hydraulsystemet eller om något tecken på ett synligt vätskeläckage på eller runt huvudcylindern eller kopplingspedalen ska enheten bytas.

Demontering

1 Ta bort utjämningskåpan enligt beskrivningen i kapitel 12, avsnitt 18 i XC60-modellerna. Ta bort fjäderbensstaget i XC90-modellerna.

2 Lossa anslutningskontakten till kopplingens lägesgivare som är placerad på huvudcylinderns sida. Ta dessutom bort anslutningskontakterna från bromsservon i XC90-modellerna.

3 Bänd upp klämman och lossa tryckrörsanslutningen från huvudcylindern **(se bild)**. Var beredd på ytterligare oljespill. Täck den öppna röranslutningen med en bit polyeten och ett gummiband för att hålla smuts borta.

4 Lossa vätskematarslangen från fästklämman, använd sedan en klämma på slangen innan den lossas från huvudcylindern. Var beredd på ytterligare oljespill. Täck den öppna röranslutningen med en bit polyeten och ett gummiband för att hålla smuts borta.

5 Ta bort klädselpanelen över pedalerna och lossa anslutningskontakten från fotutrymmets lampa när panelen tas bort. Åtkomsten kan förbättras genom att rattstångens nedre klämskruv tas bort så att rattstången kan flyttas åt ena sidan. Om detta inte ger adekvat åtkomst ska du ta bort rattstången enligt beskrivningen i kapitel 10.

6 Bänd bort fästklämman och dra bort huvudcylinderns tryckstång från pedalen **(se bild)**. En del modeller har inte någon fästklämma – använd en stor skruvmejsel för att bända bort tryckstången i dessa modeller.

7 Ta bort startspärrbrytaren som är placerad ovanpå pedalen i förekommande fall. Lossa anslutningskontakten, lossa fästklämmorna och ta bort brytaren. Bänd bort och ta sedan bort pedalens returfjäder i XC60-modellerna

8 Arbeta under instrumentbrädan och skruva loss de 2 (eller 3) muttrar som håller fast huvudcylindern på mellanväggen.

9 Vrid huvudcylindern moturs (från kupén) och skilj huvudcylindern från pedalens fästbygel i XC60-modellerna. Volvos tekniker använder ett specialverktyg (999 7172) för att vrida huvudcylindern. Använd en lämplig nyckel eller skiftnyckel om du inte har tillgång till detta verktyg.

10 Bänd bort huvudcylindern från mellanväggen i XC90-modellerna. Använd en skruvmejsel om det behövs.

11 För ut enheten under instrumentbrädan i XC60-modellerna. Ytterligare isärtagning rekommenderas inte. Om det är fel på pedalen och fästbygeln måste de bytas som en enhet.

12 I XC60-modellerna kan pedalen nu skruvas loss och tas bort om det behövs.

Montering

13 Monteringen sker i omvänd ordningsföljd. Tänk på följande:

a) Om en ny huvudcylinder monteras ska vätskematarslangen flyttas från den gamla cylindern till den nya före monteringen.

4 Kopplingens slavcylinder – demontering och montering

Observera: Se varningen i början av avsnitt 3 innan arbetet fortsätts.

Demontering

1 Ta bort växellådan enligt beskrivningen i kapitel 7A. Den interna slavcylindern kan inte demonteras med växellådan på plats.

2 Lossa gummitätningen från växellådan och dra den inåt längs röret.

3 Bänd upp klämman och lossa vätskeröranslutningen från röret **(se bild)**.

4 Ta bort de 3 fästskruvar som håller fast cylindern på växellådan och ta bort enheten **(se bild)**.

Montering

5 Monteringen sker i omvänd ordningsföljd. Tänk på följande:

a) Dra åt urkopplingslagrets fästskruvar till angivet moment.

b) Volvo rekommenderar användning av nya tätningar vid monteringen av röranslutningar av snabbkopplingstyp.

c) Montera tillbaka växellådan enligt beskrivningen i kapitel 7A.

d) Lufta hydraulsystemet när arbetet är slutfört (avsnitt 5).

5 Kopplingens hydraulsystem – luftning

Observera: Se varningen i början av avsnitt 3 innan arbetet fortsätts.

1 Fyll på hydrauloljebehållaren på bromshuvud-

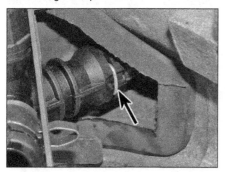

4.3 Klämma till slavcylinderns vätskerör

4.4 Skruva loss skruvarna (en dold) och demontera slavcylindern

5.2 Bänd bort locket (se pil) för att komma åt luftningsskruven

cylindern med ren olja av angiven typ (se *Veckokontroller*).

2 Ta bort dammkåpan och montera en slang över luftningsskruven på slavcylindern **(se bild)**. Placera den andra änden av slangen i en burk med lite hydraulolja i.

3 Lossa luftningsskruven och låt sedan en medhjälpare trycka ner kopplingspedalen. Dra åt luftningsskruven när pedalen tryckts ner. Låt medhjälparen släppa pedalen och lossa sedan luftningsskruven igen.

4 Upprepa proceduren tills ren olja utan luftbubblor kommer ut från luftningsskruven. Dra åt skruven när pedalen befinner sig längst ner och ta bort slangen och burken. Montera tillbaka dammkåpan.

5 Fyll på hydrauloljebehållaren.

6 Du kan använda luftningsutrustning om du föredrar det – se informationen i kapitel 9, avsnitt 2.

---

6 Koppling– demontering, kontroll och montering

⚠️ **Varning: Dammet från kopplingsslitage som avlagrats på kopplingskomponenterna kan innehålla hälsovådlig asbest. BLÅS INTE bort dammet med tryckluft och ANDAS INTE in det. ANVÄND INTE bensin eller bensinbaserade lösningsmedel för att tvätta bort dammet. Rengöringsmedel för bromssystem eller T-sprit bör användas för att spola ner dammet i en lämplig behållare. När kopplingens komponenter har torkats rena med trasor måste trasorna och det använda rengöringsmedlet kastas i en tät, märkt behållare.**

Observera: *Volvo-verktygen 999 7068 och 999 5662 kran krävs för att återställa den självjusterande mekanismen och trycka ihop tallriksfjädern innan kopplingen demonteras även om det går att utföra tillvägagångssättet med hjälp av egentillverkade verktyg. Volvo använder även ett verktyg (999 7120) som skruvas fast på motorns fogyta för att låsa svänghjulet på plats. Återigen räcker ett egentillverkat verktyg eller assistans av en annan person.*

Demontering

1 Det går att komma åt kopplingen på två sätt. Antingen kan du ta bort motor-/växellådsenheten enligt beskrivningen i kapitel 2B och sedan skilja växellådan från motorn. Eller också lämnar du kvar motorn i bilen och tar bort växellådan separat enligt beskrivningen i kapitel 7A. Om kopplingen ska återmonteras, använd färg eller en märkpenna för att markera kopplingskåpans placering i förhållande till svänghjulet.

Med Volvo specialverktyg

2 Montera Volvos "mothåll"-verktyg 999 7068 på kopplingskåpan för att återställa den självjusterande mekanismen. Stiften på verktyget måste passa in i spåret framför

justeringsfjädrarna och håll därefter verktyget mot plattan. Lägg i hakarna i verktygsfjädrarnas ände i mitten av de tre hålen som är placerade med 120° intervall längs kopplingskåpans omkrets.

3 Montera Volvos kompressionsverktyg 999 5662 på kopplingskåpan och tryck ihop tallriksfjädern så att den självjusterande fjädern inte är under spänning. Kontrollera att hakarna på undersidan av kompressorn hakar i som de ska utan att klämma justeringsmekanismens fjädrar. Fortsätt att skruva in kompressionsverktygets spindel tills tallriksfjädern har tryckt tryckplattan till en "fri" position. Ett tydligt klickljud hörs när tryckplattan är i friläge.

Med eller utan Volvo specialverktyg

4 Skruva loss skruvarna och demontera kopplingskåpan/tryckplattan följt av kopplingslamellen **(se bild)**. Notera hur den är monterad.

5 Det är viktigt att inte olja eller fett kommer i kontakt med belägget eller tryckplattans och svänghjulets ytor vid kontrollen och monteringen. **Observera:** *Om kopplingskåpan/tryckplattan ska återmonteras, låt inte tallriksfjädern vara hoptryckt under en längre tid, eftersom den då kan försvagas permanent.*

Kontroll

6 Med kopplingen demonterad, torka bort allt asbestdamm med en torr trasa. Detta görs bäst utomhus eller i ett välventilerat område.

7 Undersök lamellens belägg och leta efter tecken på slitage och lösa nitar. Undersök fälgen efter skevhet, sprickor, trasiga fjädrar och slitna räfflor. Lamellytorna kan vara blankslitna, men så länge friktionsbeläggets mönster syns tydligt är allt som det ska.

8 Om en sammanhängande eller fläckvis svart, blank missfärgning förekommer är lamellen nedsmutsad med olja och måste bytas ut. Orsaken till nedsmutsningen måste spåras och åtgärdas. Orsaken kan vara en läckande oljetätning från antingen vevaxeln eller växellådans ingående axel – eller från båda två.

9 Kopplingslamellen måste också bytas ut om beläggen slitits ner till nithuvudena eller strax över. Med tanke på hur många komponenter som måste demonteras för att det ska gå

6.4 Skruva loss skruvarna till kopplingens tryckplatta

att komma åt lamellen, kan det vara en god idé att montera en ny en oberoende av den gamlas skick.

10 Undersök svänghjulets och tryckplattans slipade sidor. Om de är spåriga eller djupt repade måste de bytas. Under förutsättning att skadan inte är för allvarlig kan svänghjulet tas bort enligt beskrivningen i kapitel 2A och tas till en verkstad som kan rengöra ytan genom bearbetning.

11 Tryckplattan måste också bytas ut om den har synliga sprickor, om tallriksfjädern är skadad eller ger dåligt tryck eller om tryckplattans yta har slagit sig för mycket.

12 Med växellådan demonterad, kontrollera skicket på urkopplingslagret enligt beskrivningen i avsnitt 7.

Montering

13 Det är lämpligt att kopplingen monteras ihop med rena händer och att tryckplattans och svänghjulets ytor torkas av med en ren trasa innan monteringen påbörjas.

14 Sätt dit ett lämpligt centreringsverktyg i hålet i änden av vevaxeln. Verktyget ska glida på plats i vevaxelns hål och lamellens mitt.

15 Sätt lamellen på plats med mittdelens långa sida mot svänghjulet eller på det sätt som noterades vid demonteringen. Observera att den nya lamellen är märkt för att visa vilken sida som är riktad mot svänghjulet **(se bilder)**.

Med Volvo specialverktyg

16 Placera mothållarverktyget 999 7068 på tryckplattan, se till att de tre stiften hakar

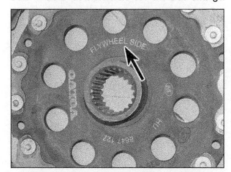

6.15a Lamellen ska märkas (se pil) för att visa vilken sida som ska vändas mot svänghjulet

6.15b Montera drivplattan med den längre sidan på mittnavet mot svänghjulet

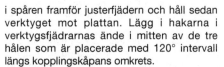

6.18a Tryck ihop tallriksfjäderns fingrar och tryckplattan ...

6.18b ... vrid sedan justeringsringen moturs ...

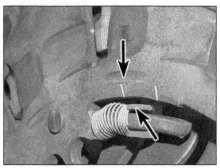

6.18c ... tills markeringarna är inriktade mot märkena på justeringsfjädrarna (se pilar)

i spåren framför justerfjädern och håll sedan verktyget mot plattan. Lägg i hakarna i verktygsfjädrarnas ände i mitten av de tre hålen som är placerade med 120° intervall längs kopplingskåpans omkrets.

17 Montera Volvos kompressionsverktyg 999 5662 på kopplingskåpan och tryck ihop tallriksfjädern så att den självjusterande fjädern inte är under spänning. Kontrollera att hakarna på undersidan av kompressorn hakar i som de ska utan att klämma justeringsmekanismens fjädrar. Från ett inledande "löst" tillstånd ska kompressorns spindel inte vridas mer än 5,0 varv och ett tydligt klickljud hörs när tryckplattan är i "fritt" läge.

Utan Volvo specialverktyg

18 Använd en gängad stång, några cirkelformade mellanlägg och två muttrar, tryck ihop membranfjäderns fingrar och tryckplattan enligt anvisningarna. Använd en skruvmejsel för att flytta och hålla justeringsringen moturs tills markeringarna är inriktade mot märkena med hjälp av justeringsfjädrarna när fingrarna har tryckts ihop **(se bilder)**.

19 Lossa långsamt muttrarna för att släppa loss tryckplattenheten. Den självjusterande fjädern/ringen ska sitta kvar på samma plats (se avsnitt 18). Ta bort den gängade stången etc.

Med eller utan Volvo specialverktyg

20 Placera kopplingskåp-/tryckplattenheten över stiften på svänghjulet och passa in den efter de markeringar som gjordes tidigare (om tillämpligt).

21 Arbeta i ett diagonalt mönster samt placera ut och dra åt kåpans fästskruvar jämnt till angivet moment.

22 Lossa långsamt komprimeringsverktyget, ta sedan bort mothållarverktyget från kopplingen – i förekommande fall.

23 Dra centreringsverktyget från plattan/vevaxeln och kontrollera visuellt att kopplingslamellen är centrerad.

24 Ta bort svänghjulslåsverktyget om det används.

25 Motorn och/eller växellådan kan nu monteras tillbaka enligt beskrivningarna i relevanta kapitel i denna handbok.

7 Urkopplingslager – demontering, kontroll och montering

Demontering

1 Urkopplingslagret och slavcylindern är kombinerade i en enhet och kan inte separeras. Se instruktionerna för demontering av slavcylindern i avsnitt 4.

Kontroll

2 Kontrollera att lagret fungerar smidigt och byt det om det kärvar när det vrids. Det är en god idé att alltid byta lagret, oberoende av dess skick, när kopplingen genomgår översyn, med tanke på den mängd komponenter som måste demonteras för att det ska gå att komma åt lagret.

Montering

3 Se avsnitt 4.

8 Kopplingspedalgivare – byte

Observera: *Två givare är monterade på kopplingen, en lägesgivare (monterad på huvudcylindern) och en startspärrbrytare (monterad på kopplingspedalen).*

Pedallägesgivare

1 Ta bort batteriet och batterihyllan enligt beskrivningen i kapitel 5.

2 Lossa givarens anslutningskontakt.

3 Volvo använder ett specialverktyg (999 7402) för att komma i ingrepp med brytarens stomme och dra ut den från huvudcylindern. En skruvmejsel eller ett lämpligt verktyg med platt blad kan användas istället.

4 Montering sker i omvänd ordningsföljd.

Startspärrbrytare

5 Ta bort klädselpanelen under rattstången om det behövs.

6 Lossa anslutningskontakten, lossa låshuvudet och dra upp den för att ta bort den.

7 Monteringen utförs i omvänd ordning jämfört med demonteringen men se till att brytarens tryckkolv är helt utsträckt innan brytaren sätts tillbaka.

Kapitel 7 Del A:
Manuell växellåda

Innehåll

Svårighetsgrader

Enkelt, passar novisen med lite erfarenhet	Ganska enkelt, passar nybörjaren med viss erfarenhet	Ganska svårt, passar kompetent hemmamekaniker	Svårt, passar hemmamekaniker med erfarenhet	Mycket svårt, för professionell mekaniker 

Specifikationer

Allmänt
Beteckning M66
Typ .... Sex framåtväxlar och en backväxel. Synkronisering för alla växlar

Smörjning
Smörjmedelstyp .... Se *Smörjmedel och vätskor*
Volym .... 1,9 liter

Åtdragningsmoment
	Nm
Backljuskontakt	24
Extravärmarens fästmuttrar	25
Hjulskruvar	140
Hjälpramens fästskruvar.................................	Se kapitel 10
Motorfästets muttrar/skruvar (inklusive momentstag)	Se kapitel 2A
Oljepåfyllnings/avtappningsplugg	35
Skruvar mellan växellåda och motor	50
Startmotorns fästskruvar	Se kapitel 5
Växelspakshusets skruvar	10

* *Återanvänds inte. Volvo anger att om ett fäste kräver vinkelåtdragning måste det alltid bytas. Alla fästen som hålls fast med en gänglåsmassa måste också bytas. Muttrar med en nyloninsats måste alltid bytas.*

---

1 Allmän information

Den manuella växellådan och slutväxeln sitter i ett aluminiumhölje som är fastskruvat direkt på vänster sida av motorn. Val av växel sker via en spak som styr växellådans väljarmekanism via vajrar.

Den ingående axeln innehåller 6:ans, 5:ans tomgångshjul och 4:ans, 1:ans och 3:ans kugghjul. Mellanaxlarna innehåller 5:ans och 6:ans kugghjul, 1:ans, 2:ans och 4:ans tomgångshjul och slutväxelns kugghjälp.

Drivningen från motorn överförs till den ingående axeln med hjälp av kopplingen. Dreven på den ingående axeln kuggar in permanent med dreven på de två överföringsaxlarna men när drivningen

överförs är endast ett drev i taget faktiskt låst på sin axel och de övriga är i frigång. Valet av drev görs med hjälp av glidande synkronenheter, växelspakens rörelse överförs till väljargafflarna som för relevant synkronenhet mot de drev som ska kuggas in och låser det på relevant axel. I friläget är inget av dreven låsta utan alla är i frigång.

Backen uppnås genom att backens kugghjul låses på den övre överföringsaxeln. Drivningen överförs genom den ingående axeln till backens mellankugghjul på den nedre överföringsaxeln, sedan till backens kugghjul och slutväxelns drivkugghjul på den övre överföringsaxeln. Backen uppnås därför genom överföring av kraft genom alla tre axlarna istället för endast två som när det gäller framåtväxlarna. Genom eliminering av behovet av ett separat tomgångsdrev för backen kan synkronisering även tillhandahållas på backväxeln.

2 Växelspakshus – demontering och montering

Demontering
1 Ta bort mittkonsolen enligt beskrivningen i kapitel 11.
2 Bänd bort växelvajern från kullederna på växelspakens bas. Observera att i en del modeller kan vajerändarna fästas med vajerklämmor.
3 Lossa de yttre vajrarna från huset.
4 Skruva loss de fyra skruvar som håller fast husenheten på golvet. Ta bort enheten från bilen.

Montering
5 Montera tillbaka i omvänd ordning

3.3a Ta bort kabeländarna från
väljararmarna

3.3b För låskragen framåt och lossa
kablarna från fästbygeln

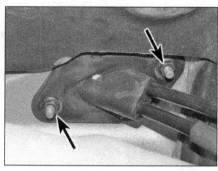

3.6 Skruva loss muttrarna (se pilar)
vid genomföringen/kabelingången i
mellanväggen

jämfört med demonteringen. Dra åt de fyra fästskruvarna till angivet moment. Justera vajrarna enligt beskrivningen i avsnitt 3 i detta kapitel. Montera tillbaka mittkonsolen enligt beskrivningen i kapitel 11.

3 Växelvajrar – demontering och montering

Demontering

1 Se relevant del av kapitel 4A och kapitel 5 och ta bort luftrenarenheten. Ta bort batteriet och batterilådan i XC60-modellerna.
2 Ta bort värmeskyddspanelen i motorrummets bakre del och över avgassystemets främre del i XC60-modellerna. Lossa kabeln från mellanväggen.
3 Skruva loss klämmorna och ta bort kabeländarna från väljararmarna på växellådan. För låskragen framåt och lossa vajrarna från fästbygeln på växellådan **(se bilder)**.
4 Ta bort mittkonsolen enligt beskrivningen i kapitel 11. Ta bort den mittre ventilationsöppningen och flytta de bakre ventilationsöppningarna åt ena sidan i XC60-modellerna.
5 Lossa växlingsvajrarna från växellådan enligt beskrivningen i avsnitt 2.
6 Skruva loss de tre muttrar som håller fast genomföringen/vajeringångsplattan på mellanväggen **(se bild)**.

7 Notera dragningen av vajrarna under instrumentbrädan och i motorrummet som en hjälp vid monteringen, fäst sedan snören på vajrarnas ändar i motorrummet. Lossa eventuella angränsande komponenter om det är nödvändigt, dra sedan in vajrarna i passagerarutrymmet en i taget. Ta bort snöret och ta bort vajrarna från bilen.

Montering

8 Bind fast bytesvajrarna i snöret och använd sedan snöret för att dra och styra vajrarna in i motorrummet. Se till att vajrarna dras korrekt.
9 Återanslut vajrarna till växelspakshuset och montera tillbaka huset enligt beskrivningen i avsnitt 2.
10 Montera tillbaka genomföringen/kabelingångsplattan och mattan.
11 Justera vajrarna enligt beskrivningen nedan
12 Montera tillbaka mittkonsolen (se kapitel 11).
13 Montera tillbaka batterihyllan, batteriet och luftrenarenheten enligt beskrivningen i kapitel 5 och kapitel 4A.

Vajerjustering

XC60

14 Lägg i fyran och ta bort panelen på vänster sida från mittkonsolen enligt beskrivningen i kapitel 11.
15 Lossa låskragen från väljarvajern och flytta innervajern mot växellådan för att ta bort eventuellt slack i vajern. Montera tillbaka

låskragen och kontrollera att alla växlar kan väljas. Upprepa tillvägagångssättet om det behövs.

XC90

16 Se till att växelspaken är i friläget.
17 Ta bort luftfilterhuset (enligt beskrivningen i kapitel 4A) så att du kommer åt växelvajrarna.
18 Lossa kulleden från innervajern genom att lossa den med en plattång eller något liknande.
19 Lossa justeraren från vajern och montera sedan vajern på kulleden.
20 Tryck justeraren på plats och lås den på vajern. Kontrollera att alla växlar kan väljas och upprepa tillvägagångssättet om det behövs.

4 Oljetätningar – byte

Drivaxelns tätningar

1 Ta bort vänster- eller höger drivaxel (beroende på vilket som är lämpligt) enligt beskrivningen i kapitel 8.
2 Använd en stor skruvmejsel eller annan lämplig hävarm och bänd försiktigt bort tätningen från växellådshuset, var försiktig så att du inte skadar huset **(se bild)**.
3 Torka rent tätningens säte i växellådshuset.
4 Stryk på en liten mängd allroundfett på de nya tätningsläpparna, tryck sedan in dem lite i huset för hand och se till att de är vinkelräta mot sätet.
5 Med ett passande rörstycke eller en stor hylsnyckel, driv försiktigt oljetätningen helt på plats tills den ligger jäms med husets kant **(se bild)**.
6 Montera tillbaka drivaxeln/drivaxlarna enligt beskrivningen i kapitel 8A.

Ingående axelns oljetätning

7 Ta bort växellådan enligt beskrivningen i avsnitt 7.
8 Ta bort urkopplingslagret/slavcylindern enligt beskrivningen i kapitel 6.
9 Notera hur djupt tätningen är placerad och borra sedan ett litet hål i dess hårda yttre yta,

4.2 Använd en träbit för att skydda
höljet när drivaxelns oljetätning(ar)
bänds ut.

4.5 Använd en hylsa eller en rörformig
distansbricka för att driva in
oljetätningen

sätt in en självgängande skruv och använd en tång för att ta bort tätningen **(se bilder)**.
10 Smörj den nya tätningen och sätt på den på svänghjulskåpan med läpparna vända mot växellådssidan. Använd en djup hylsa eller lämpliga rör för att få den på plats **(se bild)**.
11 Montera tillbaka urkopplingslagret/slavcylinder i omvänd ordning mot demonteringen.
12 Montera tillbaka växellådan enligt beskrivningen i avsnitt 7.

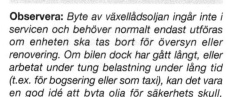

5 Backljuskontakt – demontering och montering

Demontering

1 Backljuskontakten är placerad på växellådans övre yta. Demontera luftrenarenheten enligt beskrivningen i relevant del av kapitel 4A.
2 Lossa anslutningskontakten och skruva loss kontakten från växellådshuset **(se bild)**.

Montering

3 Monteringen sker i omvänd ordning jämfört med demonteringen.

6 Olja för manuell växellåda – dränering och påfyllning

Observera: *Byte av växellådsoljan ingår inte i servicen och behöver normalt endast utföras om enheten ska tas bort för översyn eller renovering. Om bilen dock har gått långt, eller arbetat under tung belastning under lång tid (t.ex. för bogsering eller som taxi), kan det vara en god idé att byta olja för säkerhets skull, särskilt om växlarna har börjat kärva.*

Avtappning

1 Lossa det vänstra framhjulets skruvar och lyft sedan upp framvagnen och ställ den på pallbockar (se *Lyftning och stödpunkter*). Ta bort hjulet.
2 Lossa skruvarna och ta bort motorns undre skyddskåpa, placera sedan lämpligt behållare nedanför växellådan.
3 På sidan av växellådshuset sitter påfyllnings-/nivåpluggen och dräneringspluggen. Skruva loss och ta ut dräneringspluggen (den nedre av de två) och låt oljan rinna ut i behållaren **(se bild)**. Kontrollera avtappningsplugg tätningsbricka kondition, och byt vid behov.
4 När all olja har runnit ut, sätt tillbaka avtappningspluggen och dra åt den till angivet moment.

Påfyllning

Observera: *För att nivåkontrollen ska vara noggrann måste bilen stå helt plant. Om framvagnen har lyfts upp, bör även bakvagnen lyftas.*
5 Torka rent runt påfyllnings/nivåpluggen och skruva loss pluggen från.

4.9a Borra in ett litet hål i oljetätningens hårda ytterkant, sätt sedan in en självgängande skruv. . .

4.10 Använd ett lämpligt rör för att driva in tätningen

6 Fyll växellådan genom påfyllnings-/nivåpluggens hål med korrekt typ av olja tills olja börjar rinna ut ur hålet.
7 Montera påfyllnings-/nivåpluggen med en ny tätning och dra åt den till angivet moment.
8 Lämna den gamla oljan till en miljöstation.

7 Manuell växellåda – demontering och montering

Observera: *Motorn måste stöttas uppifrån för att möjliggöra demontering av hjälpramen. Det bästa sättet att stötta upp motorn är en motorstödstång som vilar på innerskärmarna med justerbar krok placerad på lämpligt sätt. Vi använde två stänger för att bidra till att sprida belastningen och för att styra nedsänkningen av motorn och växellådan. Garagedomkrafter (eller en lämplig växellådsdomkraft) och hjälp av en medhjälpare krävs också under hela tillvägagångssättet.*

Demontering

1 Lossa batteriet enligt beskrivningen i kapitel 5. Ta bort motorkåpan och ta bort fjäderbensstaget och det övre motorfästet i XC90-modellerna.
2 Lyft upp och stötta upp bilens framvagn - se *Lyftning och stödpunkter* i referensavsnittet. Ta bort motorns undre skyddskåpa. Ta bort glidplattan i XC90-modellerna.
3 Töm kylsystemet enligt beskrivningen i kapitel 1 i XC90-modellerna.
4 Se avsnitt 6 och töm ut växellådsoljan.

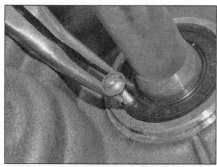

4.9b . .. och använd en tång för att dra bort tätningen

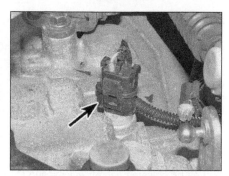

5.2 Lossa backljuskontaktens anslutningskontakt (se pil)

Detta är inte absolut nödvändigt, men kommer att eliminera eventuell risk för oljeläckage när drivaxlarna demonteras, eller när växellådan tas bort från bilen.
5 Ta bort batteriet (endast XC60), luftfilterhuset och EGR-styrventilen enligt beskrivningen i kapitel 4A och kapitel 5 **(se bild)**.
6 Ta bort laddluftröret och slangen mellan laddluftkylaren och insugsgrenröret.
7 Ta bort motorfästets övre skruvar från vänster chassiben i XC60-modellerna. Ta inte bort skruvarna från växellådan i detta skede.

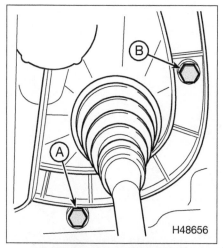

H48656

6.3 Oljedräneringsplugg (A) och påfyllningsplugg (B)

7.5 Demontering av EGR-ventilen krävs för att komma åt de övre fästskruvarna

8 Lossa växlingsvajrarna från växellådan enligt beskrivningen i avsnitt 3.

9 Lossa anslutningskontakten från TCU (Transmission Control Unit - växellådsstyrenheten) och backgivaren. Lossa kablaget från balanshjulskåpan.

10 Kläm fast vätskematarslangen från behållaren på broms- och kopplingshuvudcylindrarna, ta sedan loss låsringen och ta bort slavcylinderns matarrör från växellådan. Ha en behållare och trasor redo för den vätska som spills ut. Täck den öppna röranslutningen med en bit polyeten och ett gummiband för att hålla smuts borta.

11 Ta bort startmotorn enligt beskrivningen i kapitel 5.

12 Skruva loss den mutter som håller fast jordkabeln på växellådshuset och ta bort eventuella fästbyglar.

13 Ta bort servostyrningsslangens stödfästbygel från växellådan.

14 Ta bort båda drivaxlarna enligt beskrivningen i kapitel 8A.

15 Ta bort fördelningsväxellådan (konisk växel) enligt beskrivningen i kapitel 8B i AWD-modellerna (fyrhjulsdrift).

16 Skruva loss fästskruvarna och ta bort motorns undre skyddskåpa.

17 Anordna ett lämpligt stöd för motorn –

se noteringen i början av detta avsnitt - och ta sedan bort den främre hjälpramen enligt beskrivningen i kapitel 10.

18 Ta bort motorfästet på vänster sida enligt beskrivningen i kapitel 2A i XC60-modeller.

19 Den kombinerade motor- och växellådsenheten måste nu sänkas ner vid växellådsänden så att det blir tillräckligt spel mellan växellådan och chassibenet så att det går att ta bort växellådan från motorn.

20 Använd en garagedomkraft för att stötta upp växellådan och ta sedan bort de 7 skruvar som håller fast växellådan på motorn. Dra växellådan rakt av från motorns styrhylsor och se till så att inte vikten av enheten vilar på den ingående axeln.

21 Sänk ner domkraften och ta bort växellådan från bilens undersida.

Montering

22 Monteringen sker i omvänd ordning jämfört med demonteringen. Tänk på följande:

a) Se till att fogytorna mellan motorn och växellådan är rena och fria från skräp.

b) Lägg på en liten mängd hjullagerfett (Volvo 1161689) på stiftets fästpunkter på motorns fogyta

c) Se till att den ingående axeln är ren och fri från skräp. Torka rent vid behov och lägg på en liten mängd olja på axeln. Använd inte fett.

d) Dra åt alla fästanordningar till deras angivna moment om det är tillämpligt.

e) Fyll på växellådsolja enligt beskrivningen i avsnitt 6 i det här kapitlet.

f) Fyll på kylsystemet enligt beskrivningen i kapitel 1.

g) Lufta kopplingens hydraulsystem enligt beskrivningen i kapitel 6.

h) Återanslut batteriets jordledning enligt beskrivningen i kapitel 5.

8 Översyn av manuell växellåda – allmän information

Att utföra en renovering av en manuell växellåda är ett svårt jobb för en hemmamekaniker. Arbetet omfattar isärtagning och hopsättning av flera små delar. Flertalet spelrum måste mätas exakt och ändras med särskilda mellanlägg och låsringar när det behövs. Trots att enheten kan demonteras och monteras av en kompetent hemmamekaniker bör växellådan därför lämnas in till en specialist på växellådor när den behöver renoveras. Det kan gå att köpa rekonditionerade växellådor. Fråga hos återförsäljarens reservdelsavdelning, hos andra bilåterförsäljare eller hos specialister på växellådor. Den tid och de pengar som måste läggas ner på en renovering överstiger så gott som alltid kostnaden för en rekonditionerad enhet.

Trots allt är det inte omöjligt för en erfaren hemmamekaniker att renovera en växellåda, förutsatt att specialverktyg finns att tillgå och att arbetet utförs på ett metodiskt sätt så att ingenting glöms bort.

De verktyg som krävs för en översyn är inre och yttre låsringstänger, lageravdragare, skjuthammare, en uppsättning pinndorn, indikatorklocka och möjligen en hydraulisk press. Dessutom behövs en stor, stadig arbetsbänk och ett skruvstäd eller ett växellådsställ.

Var noga med att notera var varje del sitter när växellådan demonteras, hur den sitter i förhållande till de andra delarna och hur den hålls fast.

Innan växellådan tas isär för reparation är det bra att känna till vilken del av växellådan det är fel på. Vissa problem kan härledas till vissa delar i växellådan, vilket gör att det kan vara enklare att undersöka och byta ut delarna. Se avsnittet *Felsökning* i slutet av den här handboken för information om möjliga felkällor.

Kapitel 7 Del B:
Automatväxellåda

Innehåll

Svårighetsgrader

Enkelt, passar novisen med lite erfarenhet	**Ganska enkelt,** passar nybörjaren med viss erfarenhet 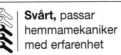	**Ganska svårt,** passar kompetent hemmamekaniker	**Svårt,** passar hemmamekaniker med erfarenhet	**Mycket svårt,** för professionell mekaniker

Specifikationer

Allmänt

Typ	Datorstyrd sexväxlad, en back, med momentomvandlarlåsning på de 5 högsta växlarna
Beteckning:	TF-8A0SC

Smörjning

Smörjmedelstyp	Se Smörjmedel och vätskor
Volym (töm ut och fyll på)	7,0 liter (ungefär)

Åtdragningsmoment

	Nm
Backljuskontakt	25
Hjälpramens fästskruvar	Se kapitel 10
Hjulskruvar	140
Motorfästets muttrar/skruvar (inklusive momentstag)	Se kapitel 2A
Motorns bakre fäste på växellådan	50
Skruvar mellan momentomvandlare och drivplatta*	60
Skruvar mellan växellåda och motor	50
Startmotorns fästskruvar	Se kapitel 5
Vätskedräneringsplugg	35
Växelspakshusets skruvar	25

* Återanvänds inte. Volvo anger att om ett fäste kräver vinkelåtdragning måste det alltid bytas. Alla fästen som hålls fast med en gänglåsmassa måste också bytas. Muttrar med en nyloninsats måste alltid bytas.

---

1 Allmän information

TF-80SC är en datorstyrd automatväxellåda med 6 framåtväxlar och momentomvandlarlåsning på de 5 högsta växlarna. Den är utrustad med en Geartronic-funktion som låter föraren växla manuellt mellan växellådans växlar i följd – spaken framåt för att växla upp och bakåt för att växla ner.

Enheten styrs av en växellådsstyrenhet (TCM) som tar emot signaler från olika givare rörande växellådans arbetsförhållanden. Information om motorparametrar skickas också till styrenheten från motorstyrningssystemet. Från dessa data kan styrenheten räkna ut optimala växlingshastigheter och låspunkter, beroende på vilken inställning för körstil som valts.

Kraften leds från motorn till växellådan via en momentomvandlare. Detta är en typ av hydraulisk koppling som under vissa förhållanden har en momentförstärkande effekt. Momentomvandlaren är mekaniskt låst till motorn, kontrollerat av styrmodulen, när växellådan arbetar på de tre högsta växlarna. Detta eliminerar förluster till följd av slirning och förbättrar bränsleekonomin.

Motorn kan endast startas i växelläget P, tack vare en säkerhetsfunktion som kallas växellås (Shiftlock). Med detta system kan tändningsnyckeln bara tas ur tändningslåset om väljarspaken är i läge P. När bilen startas om kan väljarspaken bara föras från läge P när tändningsbrytaren förs till läge II.

De flesta modeller med automatväxellåda har ett vinterläge, vars brytare sitter bredvid växelväljarspaken. I det här läget startar växellådan från stillastående på en högre växel än normalt, för att minska risken för att hjulen

spinner loss vid halt väglag. Detta läge kan också användas för att begränsa växlingen när vägförhållandena dikterar behovet av direkt styrning av växelvalet.

En kickdown-funktion gör att växellådan växlar ner ett steg (beroende på motorvarvtal) när gaspedalen är helt nedtryckt. Detta är praktiskt om extra acceleration krävs. Kickdown-funktionen, som alla övriga funktioner i växellådan, styrs av styrenheten.

Utöver styrningen av växellådan, innehåller styrmodulen en inbyggd feldiagnosfunktion. Om ett växellådsfel uppstår börjar växellådans varningslampa att blinka. Styrmodulen startar då ett nödprogram som ser till att två framåtväxlar och backen alltid kan väljas, men växlingen måste utföras för hand. Om det uppstår ett fel av den här typen, sparar styrmodulen ett antal signaler (eller felkoder) som kan läsas och tolkas med lämplig felsökningsutrustning för snabb och korrekt

2.4 Tryck in låsknappen i XC60-modellerna

2.5 Lossa låskragen

2.8 Använd en skruvmejsel för att trycka in låsknappen

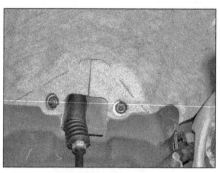

2.9 Ta bort skruvarna

feldiagnos (se avsnitt 7). TCM har dessutom en funktion för registrering av den tid som växellådsoljan tillbringar i en temperatur över 150 °C – normalt uppnås denna temperatur endast vid taxikörning eller vid bogsering. När en förutbestämd tid har gått med denna eller högre temperatur registrerar TCM en felkod och tänder en varningslampan på instrumentpanelen för att visa att vätskan måste bytas. Men att du byter oljan betyder inte att lampan släcks – detta måste göras med särskild testutrustning från Volvo.

Automatväxellådan är en komplicerad enhet, men om den inte missköts är den tillförlitlig och långlivad. Reparationer eller renovering ligger utanför många verkstäders kompetens för att inte tala om hemmamekanikern; om problem uppstår som inte kan lösas med åtgärderna i det här kapitlet måste experthjälp sökas.

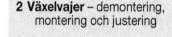

2 Växelvajer – demontering, montering och justering

Demontering

1 Parkera bilen på en plan yta (med växelväljaren i läget P), se sedan relevant del av kapitel 4A och kapitel 5 och ta bort luftrenarenheten, batteriet och batterilådan.
2 Ta bort mittkonsolen enligt beskrivningen i kapitel 11.

XC60

3 Arbeta under bilen och ta bort värmeskydden i motorrummets bakre del och över avgassystemets främre del.
4 Lossa kabeln från växellådsstyrenheten (TCM) på växellådan genom att trycka ner

låsknappen **(se bild)**. Lyft av kabeln från kulleden.
5 Lossa yttervajern från växellådan genom att dra låskragen framåt och lyfta av vajern från huset **(se bild)**.
6 Lossa kabeln från vänster chassiben.
7 Arbeta i kupén och ta bort ljudanläggningen (enligt beskrivningen i kapitel 12) och luftfördelningskanalerna från båda sidorna av växellådstunneln.
8 Lossa vajern från växelspaken genom att föra upp den yttre vajerlåskragen och lyfta ut den från huset. Tryck in den inre vajerlåsknappen och lyft av den inre vajern **(se bild)**.
9 Ta bort stödfästbyglarna och skruva sedan loss de skruvar som håller fast vajeringångens täckplatta på mellanväggen **(se bild)**. Skär vid behov bort en liten del av mellanväggens isolering så att det går att ta bort vajern.
10 Notera dragningen av vajern under instrumentbrädan och i motorrummet som en hjälp inför monteringen. Dra in vajern i passagerarutrymmet och ta bort den från bilen.

XC90

11 Använd en plattång och frigör kulleden från växellådsstyrenheten (TCU) **(se bild)**.
12 Lossa yttervajerns låskrage och lyft ut vajern (se bild). Observera att en del modeller kan ha ett buntband som måste skäras loss.
13 Lyft upp och stötta upp bilen - se *Lyftning och stödpunkter* i referensavsnittet – och ta bort vänster hjul.
14 Lossa vajern från de sorterade klämmorna på chassibenet och innerskärmen.
15 Lossa anslutningskontakten och lossa växelväljarens övre bur - enligt beskrivningen i avsnitt 3 i detta kapitel.
16 Använd en skruvmejsel och bänd loss yttervajern från huset och lossa sedan innervajern **(se bild)**.
17 Ta bort handskfacket (enligt beskrivningen i kapitel 11) för bättre åtkomst och i bilar med luftkonditionering lossar du vajerklämman och flyttar rören åt ena sidan.
18 Ta bort skruvarna från vajeringångens kåpa i mellanväggen. Innan du drar in vajern i kupén ska du fästa ett starkt snöre på vajern. Detta kan överföras till ersättningsvajern och

2.11 Lossa växelvajern från kulleden

2.12 Ta bort den yttre vajern

2.16 En del modeller har en låsring monterad på den inre vajern (se pil)

2.21 Observera hur låskragen (se pil) monteras på kabeln

3.3a Lossa vajerändbeslaget

3.3b ... och lossa sedan den yttre vajern

---

användas för att dra den nya vajern genom mellanväggen. Ta bort vajern.

Montering

19 Monteringen görs i omvänd ordning jämfört med demonteringen genom att vajern matas in i motorrummet inifrån bilen och genom att man ser till att den dras korrekt.

Justering

Observera: *Justeringen i XC60-modellerna utförs vid växelspaken, i XC90-modellerna utförs justeringen vid växellådan.*

XC60

20 Se till att växelväljaren är i läge P (Park).
21 Arbeta vid växelspaken, lossa låskragen från vajerns gängade del **(se bild)**.
22 Ta bort eventuellt slack från innervajern och montera tillbaka låsklämman.

XC90

23 För den fjäderbelastade kragen bakåt och bänd upp spärren - försök inte ta bort spärren.
24 Bilen måste vara i läget "P" (Park)(Väljaren i växellådan kommer att vara mot bilens bakre del när parkering (P) är vald).
25 Bekräfta att läget "P" har valts korrekt genom att släppa handbromsen och försöka putta bilen. Detta tillvägagångssätt ska endast utföras på plant underlag.
26 Tryck ner spärren och låt vajern rikta in sig själv.

3 Växelväljarhus –
demontering och montering

Demontering

1 Ta bort mittkonsolen enligt beskrivningen i kapitel 11.
2 Lossa växelväljarvajern enligt beskrivningen i avsnitt 2 i detta kapitel.
3 Notera de exponerade gängornas längd på spärrvajern (9 mm i vår bil) och lossa låsklämman i XC90-modellerna. Haka loss den yttre vajern från fästet **(se bilder)**.
4 Lossa anslutningskontakten från spärrsolenoiden i XC60-modellerna.
5 För att undvika skador på växelspaksläget

ska du först ta bort växelspaksknoppen. Ta bort växelspaksknoppen genom att vrida låskragen medurs ungefär 45 grader, trycka in spärrknappen och dra knoppen uppåt i XC60-modellerna **(se bild)**. Lossa damasken och låskragen och ta sedan bort knoppen genom att dra den uppåt med ett kraftigt drag i XC90-modellerna.
6 Lossa anslutningskontakterna från växelspakens lägesgivare. Tryck in låshuvudena och ta bort givaren över växelspaken **(se bild)**. Observera att detta tillvägagångssätt inte är ytterst viktigt för en enkel demontering av växelväljarenheten men med den undviks risken för skador på givarenheten om den tas bort från bilen först.
7 Ta bort fästskruvarna och ta bort huset från bilen **(se bilder)**.

3.5a Vrid låskragen medurs ...

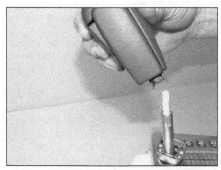

3.5b ... tryck in spärrknappen och dra upp växelspaksknoppen för att ta bort den

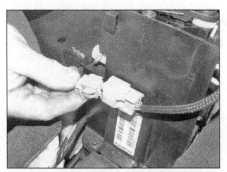

3.6a Lossa anslutningskontakten ...

3.6b ... och ta bort lägesgivaren

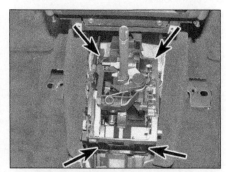

3.7a Ta bort fästskruvarna (se pilar)

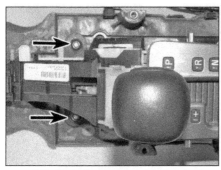

3.7b Ta bort de främre skruvarna (se pilar) ...

3.7c ... och de bakre skruvarna (se pilar)

Montering

8 Monteringen sker i omvänd ordning jämfört med demonteringen. Kontrollera och justera växelvajern. Justera spärrvajern i XC90-modellerna.

4 Växellådsstyrenhet (TCM) – demontering och montering

Observera: *Om du monterar en ny styrmodul måste den programmeras med särskild testutrustning från Volvo. Arbetet bör överlåtas till en Volvo-återförsäljare eller lämpligt utrustad specialist.*

Demontering

1 Koppla loss och ta bort batteriets jordledning enligt beskrivningen i kapitel 5.
Varning: Vänta minst två minuter efter att batteriets minuspol har lossats så att eventuellt kvarvarande energi kan försvinna från huvudsystemreläet.
2 Växellådsstyrmodulen (TCM) sitter ovanpå växellådshuset. Demontera luftrenarenheten enligt beskrivningen i relevant del av kapitel 4A.
3 Lossa anslutningskontakten från TCM **(se bild)**.
4 Skruva loss den mutter som håller fast växelväljaren på axeln och dra väljaren uppåt från dess placering. Observera inställningsmärkena på TCM och väljaraxeln **(se bild)**.
5 Skruva sedan loss de 3 skruvarna och ta bort styrmodulen.

4.3 Lossa anslutningskontakten

Montering

6 Se till att växelväljaren är i läget N (Neutral). Montera tillbaka TCM på växellådshuset och se till att pilen på axeln är inriktad mot pilen på TCM **(se bild 4.4)**. Dra åt fästskruvarna ordentligt.
7 Montera tillbaka väljaren på axeln och dra åt fästskruven ordentligt.
8 Återanslut anslutningskontakten och sätt tillbaka luftrenarenheten.
9 Återanslut batteriets jordledning enligt beskrivningen i kapitel 5.

5 Vätsketätningar – byte

Drivaxelns tätningar

1 Beskrivningen är identisk med den för manuell växellåda (se kapitel 7A).

Den ingående axelns/ momentomvandlarens tätning

2 Ta bort växellådan (se avsnitt 6).
3 Dra momentomvandlaren rakt ut ur växellådan. Var försiktig, den är full med olja.
4 Dra eller bänd ut den gamla tätningen. Rengör tätningshuset och undersök dess gnidyta på momentomvandlaren.
5 Smörj den nya tätningen med växellådsolja och sätt på den med läpparna inåt. Skjut den på plats med ett rörstycke.
6 Smörj momentomvandlarens hylsa med växellådsolja och skjut omvandlaren på plats, så långt det går.

4.4 Ta bort armen. Observera inställningsmärkena (se pil)

7 Kontrollera att momentomvandlaren sitter ordentligt på plats genom att mäta avståndet från kanten av växellådshusets yta till flikarna på omvandlarens fästskruvar. Måttet ska vara ungefär 13 mm.
8 Montera tillbaka växellådan enligt beskrivningen i avsnitt 6.

Tätning stång växlingslänksystem

9 Ta bort växelstyrenheten (TCM) enligt beskrivningen i avsnitt 4.
10 Bänd försiktigt bort den gamla oljetätningen med en liten skruvmejsel. Se till att inte skada länkarmen.
11 Smörj in den nya tätningens läppar med ren automatväxellådsolja, styr sedan tätningen över staget (läpparna mot växellådan) och sätt den på plats med en lämplig rörformad distansbricka.
12 Montera växellådsstyrmodulen enligt beskrivningen i avsnitt 4.

Alla tätningar

13 Avsluta med att kontrollera växellådans oljenivå enligt beskrivningen i kapitel 1.

6 Automatväxellåda – demontering och montering

Observera: *Motorn måste stöttas uppifrån för att möjliggöra demontering av hjälpramen. Det bästa sättet att stötta upp motorn är en motorstödstång som vilar på innerskärmarna med justerbar krok placerad på lämpligt sätt. Vi använde två stänger för att bidra till att sprida belastningen och för att styra nedsänkningen av motorn och växellådan. Garagedomkrafter (eller en lämplig växellådsdomkraft) och hjälp av en medhjälpare krävs också under hela tillvägagångssättet.*

Demontering

1 Koppla loss och ta bort batteriets jordledning enligt beskrivningen i kapitel 5. Ta bort luftfilterhuset enligt beskrivningen i kapitel 4A
2 Lossa de främre hjulskruvarna, lyft sedan upp bilen och stötta den ordentligt på pallbockar (se *Lyftning och stödpunkter*). Demontera båda framhjulen.
3 Skruva loss skruvarna och ta bort motorns undre skyddskåpa och hjulhusfodren. Ta bort glidplattan i XC90-modellerna.
4 Se kapitel 1 och töm ut växellådsoljan.
5 Ta bort båda drivaxlarna enligt beskrivningen i kapitel 8A och ta bort fördelningsväxellådan (kapitel 8B) i AWD-modeller.
6 Ta bort EGR-ventilen (kapitel 4B) och startmotorn enligt beskrivningen i kapitel 5.
7 Ta bort den främre hjälpramen enligt beskrivningen i kapitel 10.
8 Lossa växellådsstyrenhetens anslutningskontakt, skruva loss muttern och lossa växelvajern från väljaraxeln enligt beskrivningen i avsnitt 4 **(se bild)**.
9 Skruva loss de 2 skruvar som håller fast avgassystemets/katalysatorns fästbygel på

6.8 Ta bort växelvajerns stödfästbygel för att öka spelet

6.10 Ta bort oljekylarrören (se pilar)

6.11 Stötta upp växellådan

växellådshuset och skruva loss den skruv som håller fast jordkabeln på växellådshuset. Ta bort det bakre motorfästet.

10 Skruva loss de skruvar som håller fast växellådskylarens vätskerörsanslutningar på växellådshuset. Var beredd på en del vätskespill **(se bild)**.

11 Stötta växellådan ordentligt och säkert underifrån på en garagedomkraft eller en växellådsdomkraft **(se bild)**.

12 Vrid vevaxeln med hjälp av en hylsa på remskivemuttern tills en av de skruvar som håller fast momentomvandlaren på drivplattan går att komma åt genom öppningen på motorns baksida **(se bild)** eller genom startmotorns hus. Arbeta genom öppningen och skruva loss skruven. Vrid vevaxeln så mycket som behövs och ta bort de återstående skruvarna på samma sätt. Observera att nya skruvar krävs vid monteringen.

13 Ta bort växellådans huvudfäste (enligt beskrivningen i kapitel 2A) och sänk sedan ner motorn/växellådan tillräckligt så att växellådans överdel precis går fri från chassibenet. Ta bort de återstående 8 skruvar som håller fast växellådan på motorn. Observera att skruvarna har olika längd.

14 Tillsammans med en medhjälpare, dra växellådan rakt av från motorns styrhylsor och se till att momentomvandlaren sitter kvar på

växellådan. Använd åtkomsthålet i växelhuset för att hålla omvandlaren på plats.

15 Sänk ner domkraften och ta bort växellådan från bilen **(se bild)**.

Montering

16 Rengör kontaktytorna på momentomvandlaren och drivplattan samt växellådans och motorns fogytor. Smörj momentomvandlarens styrningar och motorns/växellådans styrstift lätt med fett.

17 Kontrollera att momentomvandlaren sitter ordentligt på plats genom att mäta avståndet från kanten av växelhusets yta till flikarna på omvandlarens fästskruvar. Måttet ska vara ungefär 13 mm.

18 Återstoden av monteringen utförs i omvänd ordning jämfört med demonteringen. Tänk på följande:

a) Dra åt alla hållare till angivet moment (där sådant angetts).

b) Volvo rekommenderar spolning av växellådans oljekylare och samtidigt som det inte är avgörande är det en lämplig försiktighetsåtgärd mot framtida förorening. Skruva loss det nedre röret från oljekylaren och placera änden i en lämplig låda eller behållare. Använd en oljespruta eller något liknande för att spola ny olja genom kylaren från den övre röranslutningen.

c) Fyll på växellådsoljan enligt beskrivningen i kapitel 1.

d) Observera att om en ny växellåda monteras kan det krävas nedladdning av programvara från Volvos diagnostiska system. Arbetet bör överlåtas till en Volvo-återförsäljare eller lämpligt utrustad specialist.

7 Automatväxellåda – feldiagnos

Automatväxellådans elektroniska styrsystem innehåller ett inbyggt diagnossystem som hjälp vid felsökning och systemkontroll. Diagnossystemet är en funktion i växellådans styrenhet (TCM) som kontinuerligt övervakar systemkomponenterna och deras funktion. Om ett fel skulle uppstå lagrar styrenheten en serie signaler (eller felkoder) som sedan kan läsas av.

Om det uppstår ett fel som indikeras av att varningslampan på instrumentpanelen blinkar, kan man komma åt den inbyggda felsökningen med hjälp av en felkodsläsare för snabb och korrekt diagnos. En Volvo-återförsäljare har med säkerhet sådana mätare, men de finns också att köpa från andra återförsäljare. Det är

6.12 Du når momentomvandlarens skruvar (se pil)

6.15 Fäst momentomvandlaren på plats med en enkel fästbygel med växellådan demonterad

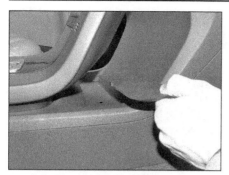

8.2 Ta bort gummimattan bakom mittkonsolens panel

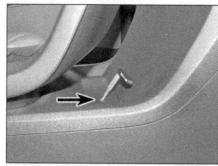

8.3 Sätt in bladet i hålet och tryck in det samtidigt som du flyttar växelväljaren till friläget

8.5 Haka loss yttervajern (se pil)

knappast lönsamt för en privatperson att köpa en felkodsläsare men välutrustade verkstäder eller specialister på bilars elsystem brukar vara utrustade med en.

I många fall är felet inte allvarligare än en korroderad, klämd eller lös kabelanslutning, eller en lös, smutsig eller dåligt ansluten komponent. Tänk på att om felet uppstått bara en kort tid efter att någon del av bilen har fått service eller renovering, är det här man måste börja söka. Hur ovidkommande det än kan verka bör man se till att det inte är någon del som monterats tillbaka slarvigt som orsakar problemet.

Även om du hittar orsaken till felet och åtgärdar den, kan det fortfarande krävas diagnosutrustning för att radera felkoden från

TCM-minnet, och stoppa varningslampans blinkningar.

Om felet inte är lätt att åtgärda finns det för närvarande två möjligheter. Antingen byter du ut en misstänkt komponent mot en som du vet fungerar (där det är möjligt), eller också lämnar du in bilen till en Volvoverkstad eller annan lämplig specialist.

8 Nödlossning av växelväljaren

XC60

1 Om bilens batteri lossas eller laddas ur går

det att lossa växelväljaren från dess låsta läge. Se först till att handbromsen är helt åtdragen eller klossa bakhjulen om det inte går att dra åt handbromsen.

2 Ta bort nyckelbladet av plast från fjärrkontrollen och ta bort gummimattan bakom mittkonsolens brytarpanel **(se bild)**.

3 Sätt in bladet i det hål som syns när mattan tas bort och håll ner bladet, flytta växelspaken till neutralläget **(se bild)**.

XC90

4 Ta bort panelen från mittkonsolens vänstra sida.

5 Haka loss den (röda) yttre delen av spärrvajern från huset **(se bild)** och ta bort växelväljaren från parkeringsläget.

Kapitel 8 Del A:
Drivaxlar

Innehåll

Svårighetsgrader

Enkelt, passar novisen med lite erfarenhet 	Ganska enkelt, passar nybörjaren med viss erfarenhet 	Ganska svårt, passar kompetent hemmamekaniker 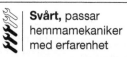	Svårt, passar hemmamekaniker med erfarenhet 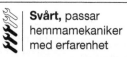	Mycket svårt, för professionell mekaniker

Specifikationer

Allmänt

Drivaxeltyp . . . . Lika långa axlar av solitt stål, spårade vid de inre och yttre drivknutarna. Mellanaxel inbyggd i den högra drivaxelenheten

Yttre drivknutstyp . . . . Kullager

Inre drivknutstyp . . . . Trebensknut

Smörjning

Smörjmedelstyp . . . . Specialfettet som följer med i renoveringssatser eller lämpligt molybdendisulfidfett – rådfråga en Volvo-verkstad

Åtdragningsmoment

	Nm
ABS-hjulhastighetsgivare	Se kapitel 9
Bromsokets fästskruvar	se kapitel 9
Drivaxelskruv (bak)	50
Drivaxelskruv (fram):*	
XC60:	
Steg 1	35
Steg 2	Vinkeldra ytterligare 90°
XC90:	
Steg 1	35
Steg 2	Vinkeldra ytterligare 120°
Fjädringsben på hjulspindel	se Kapitel 10
Hjulskruvar	140
Nedre armens kulled till hjulspindeln*	80
Skruvar till höger drivaxels bärlageröverfall	24

* *Återanvänds inte. Volvo anger att om ett fäste kräver vinkelåtdragning måste det alltid bytas. Alla fästen som hålls fast med en gänglåsmassa måste också bytas. Muttrar med en nyloninsats måste alltid bytas.*

2.2 Lossa drivaxelskruven

2.7 Skruva loss de två skruvarna (se pilar) och ta bort mellanaxelns stödlageröverfall

1 Allmän information

Drivningen överförs från differentialen till framhjulen vi två lika långa drivaxlar i solitt stål med drivknutar på de inre och yttre ändarna. På grund av växellådans placering finns en mellanaxel och ett bärlager inbyggda i den högra drivaxelenheten. I fyrhjulsdrivna modeller (AWD) är en fördelningsväxellåda (som kallas en "konisk växel" av Volvo) monterad mellan växellådan och höger drivaxel. Detta gör det möjligt för kraft att levereras via kardanaxeln och differentialen till bakhjulen.

Det sitter en drivknut av kulhållartyp på varje drivaxels ytterände. Knuten har en yttre del som är räfflad för att passa ihop med hjullagret och gängad så att den kan fästas på navet med en stor skruv. Drivknuten består av sex kulor inuti en kulhållare, som hakar i den inre delen. Hela enheten skyddas av en damask som sitter fäst vid drivaxeln och drivknutens yttre del.

På den inre änden är drivaxeln räfflad så att den hakar i en drivknut av trebenstyp som innehåller nålrullager och skålar. På den vänstra sidan hakar drivaxelns inre drivknut direkt i differentialens solhjul. På den högra sidan är den inre drivknuten inbyggd i mellanaxeln, vars inre ände hakar i differentialens solhjul. Precis som i de yttre drivknutarna, skyddas hela enheten av en flexibel damask som sitter på drivaxeln och drivknutens yttre del.

2 Främre drivaxlar – demontering och montering

Demontering

1 Lossa framhjulsskruvarna, lyft sedan upp bilens framvagn och stötta den på pallbockar (se *Lyftning och stödpunkter* i referensavsnittet). Ta bort relevant framhjul, skruva sedan bort skruvarna och ta bort motorns undre skyddskåpa. Att ta bort hjulhusfodret kan också förbättra åtkomsten.
2 Skruva loss drivaxelns fästskruv. Kassera skruven – en ny skruv måste monteras **(se bild)**.
3 Lossa drivaxelns drivknut från navflänsen genom att knacka den inåt ungefär 10 till 15 mm med en hammare av plast eller koppar. Om detta inte får loss drivaxeln från navet måste drivknuten lossas med hjälp av ett lämpligt verktyg som skruvas fast på navet.

XC60

4 Skruva loss den mutter som håller fast hjulspindelns nedre kulled på länkarmen. Dra ner länkarmen med hjälp av en kraftig stång för att lossa kulledstången från styrarmen. Var noga med att inte skada spindelledens dammkåpa under och efter urkopplingen.
5 Vrid fjädringsbens- och hjulspindelenheten utåt och ta bort drivaxelns drivknut från navflänsen.
6 Om du tar bort vänster drivaxel, frigör den inre drivknuten från växellådan genom att

bända mellan knutens kant och växellådshuset med en stor skruvmejsel eller liknande verktyg. Se till att inte skada växellådans oljetätning eller den inre drivknutens damask. Dra bort drivaxeln under hjulhuset.
7 Om du tar bort höger drivaxel, skruva loss de båda skruvarna och ta bort locket från mellanaxelns stödlager **(se bild)**. Dra ut mellanaxeln från växellådan och ta bort drivaxelenheten under hjulhuset. **Observera:** *Dra inte den yttre axeln från mellanaxeln – kopplingen lossnar.*

XC90

8 Skruva loss krängningshämmarens dropplänk från fjäderbenet. Använd en lämplig torx-nyckel för att hindra kulledens skaft från att rotera.
9 Lossa ABS-givarens kablage från fjäderbenet och chassibenet.
10 Mät och notera avståndet från fjäderbenets bakre del till navets främre del **(se bild)**.
11 Ta bort de båda skruvar som håller fast navet på fjäderbenet och vrid bort navet från fjäderbenet.
12 Vrid navet och använd en hävstång för att trycka in navet om det behövs. Lossa drivaxeln från navet **(se bild)**.
13 Om du tar bort vänster drivaxel, frigör den inre drivknuten från växellådan genom att bända mellan knutens kant och växellådshuset med en stor skruvmejsel eller liknande verktyg. Se till att inte skada växellådans oljetätning eller den inre drivknutens damask. Dra bort drivaxeln under hjulhuset.
14 Om du tar bort höger drivaxel, skruva loss de båda skruvarna och ta bort locket från mellanaxelns stödlager **(se bild 2.7)**. Dra ut mellanaxeln från växellådan och ta bort drivaxelenheten under hjulhuset. **Observera:** *Dra inte den yttre axeln från mellanaxeln – kopplingen lossnar.*

Montering

15 Monteringen utförs i omvänd ordningsföljd jämfört med demonteringen men tänk på följande:
a) Före monteringen ska du ta bort alla spår av rost, olja och smuts från räfflorna på den yttre drivknuten och smörja in den inre knutens räfflor med hjullagerfett.
b) Om du arbetar med vänster drivaxel, se till att den inre drivknuten är helt inskjuten i växellådan så att låsringen låses fast i differentialens kugghjul.
c) Använd alltid en ny fästskruv mellan drivaxeln och navet.
d) Dra åt alla muttrar och skruvar till angivet moment (se kapitel 10 för fjädringskomponenternas momentinställningar). Använd det tidigare noterade måttet och rikta in navet korrekt mot fjäderbenet i XC90-modellerna.
e) När drivaxelskruven dras åt ska den först dras åt med en momentnyckel och sedan till den angivna vinkeln med en vinkelmätare.
f) Dra åt hjulskruvarna till angivet moment.

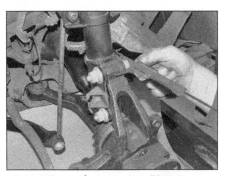

2.10 Mät avståndet mellan fjäderbenets bakre del och navets främre del

2.12 Lossa drivaxeln från navet

3.10a Lossa drivaxeln från navet

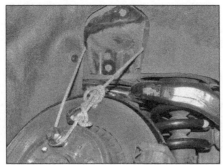

3.10b Navet kan fästas på stoppklacken

3.13 Lossa vänster drivaxel

3 Bakre drivaxlar –
demontering och montering

Observera: *I skrivande stund finns det inga reparationssatser till de bakre drivaxlarna. Om axeln är defekt eller om damaskerna är delade måste hela axeln bytas mot en utbytesdrivaxel (renoverad).*

Demontering

1 Mät avståndet från navet till hjulhuset och lossa sedan navmuttern.

2 Lyft upp och stötta upp bilens bakvagn - se *Lyftning och stödpunkter* i referensavsnittet Ta bort hjulet.

XC60

3 Ta bort relevant fjäder enligt beskrivningen i kapitel 10, avsnitt 13.

4 Lossa det nedre stötdämparfästet, länkarmens fäste på navet, parallellstaget och krängningshämmarens dropplänk.

5 Ta bort täckpanelen på relevant sida och lossa sedan kablaget och bromsledningen från länkarmen.

6 Ta bort skruvarna som håller fast länkarmen på chassit.

7 Vrid navenheten och dra bort drivaxeln från navet.

XC90

8 Placera en domkraft under bakhjulsupp-hängningsarmen och lyft upp fjädringen så

att gapet mellan navmuttern och hjulhuset uppgår till 500 mm.

9 Skruva loss krängningshämmarens dropplänk, parallellstaget, styrarmen och sidostaget. Navenheten ska nu hållas på plats enbart av de övre fästena.

10 Använd en domkraft för att lyfta upp navenheten tillräckligt mycket så att det går att dra bort drivaxeln från navenheten **(se bilder)**.

11 Flytta drivaxeln åt ena sidan och låt den vila på den nedre länkarmen.

Alla modeller

12 Använd en stor skruvmejsel (eller bändstång) för att lossa axeln från differentialen på höger drivaxel. Dra axeln rakt ut för att undvika att skada oljetätningen. Ta bort axeln från bilen.

13 Demontering av vänster drivaxel kräver användning av Volvos specialverktyg 9997397 och 9997398 men det går också att ta bort drivaxeln genom att tillverka en lämplig klämma (vi använde en avgassystemklämma) som fungerar som en "läpp" för en lämplig hävstång att få grepp på **(se bild)**.

Montering

14 Monteringen utförs i omvänd ordning jämfört med demonteringen men tänk på följande:

a) *Montera en ny låsring på den inre drivknuten.*

b) *Smörj den inre axeln med differentialolja på den plats där den går in i differentialen.*

c) *Se till att den inre drivknuten snäpper på plats korrekt. Kontrollera detta genom att dra på den inre drivknuten – inte axeln.*

d) *Montera drivaxeln med hjälp av en ny drivaxelnavmutter.*

e) *Placera en garagedomkraft under styrarmen på den plats där den är fäst på hjulspindeln och lyft upp enheten tills avståndet från hjulhuset till navets mitt är 350 mm (XC60) eller 453 mm (XC90). Dra åt alla skruvar helt till angivet moment. Montera tillbaka fjädern på XC60-modellerna.*

f) *Kontrollera oljenivån i differentialen.*

4 Yttre drivknutsdamask –
byte

1 Ta bort drivaxeln (avsnitt 2).

2 Skär av damaskens fästklämmor, skjut sedan damasken nedför axeln för att frilägga den yttre drivknuten **(se bild)**.

3 Ta ut så mycket fett som möjligt från drivknuten, mät sedan och notera avståndet från det inre spåret på axeln till den inre ytan på den yttre drivknuten **(se bild)**.

4 Knacka på det inre kulnavets exponerade yta med en hammare och en mässingsdorn för att separera drivknuten från drivaxeln **(se bild)**. För av damasken från drivaxeln.

5 Med drivknuten med konstant hastighet demonterad från drivaxeln ska du rengöra drivknuten med paraffin eller ett lämpligt

4.2 Skär av damaskens gamla fästklämmor

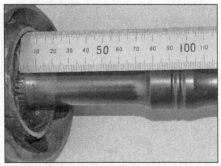

4.3 Mät avståndet från det inre spåret på axeln till drivknutens inneryta

4.4 Använd en mässingsdorn och hammare för att driva bort det inre drivknutsnavet från drivaxeln

4.6a Ta bort kulorna en i sänder. .

4.6b . ... vrid sedan buren 90° och lyft ut den

4.10 Fyll drivknuten med hälften av det fett som följer med i damasksatsen

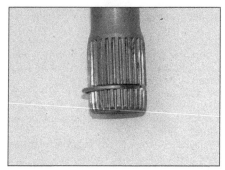

4.11 Montera den nya låsringen på axelns ände

lösningsmedel och torka den ordentligt. Detta är särskilt viktigt om den gamla damasken är trasig eftersom damm och grus kan vara inbäddat i smörjfettet vilket kan leda till att drivknuten slits ut väldigt snabbt. Ta bort

fästlåsringen från axeln och skaffa en ny för hopsättningen (ingår normalt i damasksatsen).
6 Flytta den inre spårade drivleden från sida till sida och ta bort varje kula i tur och ordning, vrid sedan kulburen 90° mot upprätt läge

och lyft av den från drivknutens yttre del **(se bilder)**. Undersök om kulorna är spruckna, om det finns platta områden eller tecken på punktkorrosion på ytan.
7 Undersök kulspåren på de inre och yttre delarna. Om spåren är slitna, sitter kulorna inte längre riktigt tätt. Undersök samtidigt kulburens fönster och leta efter tecken på slitage eller sprickbildning mellan fönstren. I skrivande stund verkar det som om det endast går att få tag i kompletta utbytesdrivaxlar – om drivknutarna verkar vara slitna kan ett fullständigt byte vara det enda alternativet – kontrollera med en Volvo-verkstad eller en Volvo-specialist.
8 Om knuten är i gott skick, skaffa en renoveringssats från Volvo-verkstaden. Satsen består av en ny damask, fästklämmor, drivaxelskruv, låsring och fett.
9 Montera tillbaka den inre drivningsleden och buren i drivknutens yttre del och sätt in kulorna en i sänder.
10 Fyll knuten med hälften av det medföljande fettet, arbeta in det ordentligt i kulspåren och in i drivaxelöppningen i den inre delen **(se bild)**.
11 För på den nya gummidamasken på axeln och montera den nya låsringen på axelns ände **(se bild)**.
12 Lägg i drivknuten med konstant hastighet i drivaxelns räfflor och knacka på den på axeln tills den inre låsringen hamnar i drivaxelns spår. Detta kan verifieras genom jämförelse av måttet med det som erhölls i avsnitt 3.
13 Kontrollera att låsringen håller drivknuten ordentligt på drivaxeln, applicera sedan det återstående fettet på drivknuten och på damaskens insida **(se bild)**.
14 Passa in damaskens yttre läpp i spåret på drivknutens yttre del och sätt sedan dit de två fästklämmorna. Ta bort eventuellt spelrum i klämmorna genom att försiktigt trycka ihop den upphöjda delen med en specialtång **(se bilder)**.
15 Kontrollera att drivknuten kan röra sig fritt i alla riktningar och montera sedan tillbaka drivaxeln enligt beskrivningen i avsnitt 2.
16 Volvo rekommenderar smörjning av damasken med en liten mängd sprejvax (Volvo 30787812) på damaskens utsida när drivaxeln har monterats tillbaka.

4.13 Applicera det återstående fettet på damaskens insida

4.14a Använd en tång för att trycka ihop den yttre klämmans upphöjda del. . .

5 Inre drivknutsdamask – byte

Byte

1 Demontera drivaxeln enligt beskrivningen i avsnitt 2.
2 Skär av metallklämmorna och skjut damasken från den inre drivknuten.
3 Ta bort en del av fettet från knuten, gör sedan inriktningsmarkeringar mellan huset och axeln, för att underlätta hopsättningen **(se bild)**.

4.14b . ... och den inre klämman

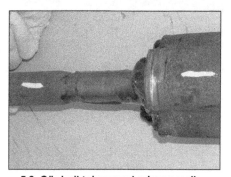

5.3 Gör inriktningsmarkeringar mellan axeln och huset

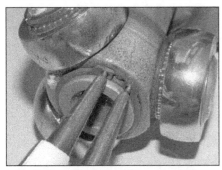

5.6a Ta bort låsringen från axelns ände . . .

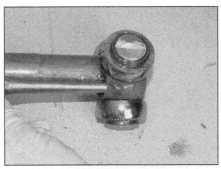

5.6b . . . tryck sedan försiktigt loss trebensknuten från axeln

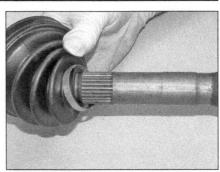

5.7 Trä på den nya damasken och klämman med den mindre diametern på axeln

4 Dra försiktigt ut huset från trebensknuten och vrid det så att trebensknutens rullar kommer ut en i taget. Om det behövs kan du använda en mjuk hammare eller klubba för att knacka loss huset.

5 Ta bort fettet från trebensknuten och huset.

6 Ta bort låsringen och driv försiktigt bort trebensknuten från axelns ände **(se bilder)**. Kasta låsringen, du måste sätta dit en ny (finns i renoveringssatsen). Ta bort damasken om den fortfarande sitter på axeln.

7 Trä på den nya damasken på axeln tillsammans med den mindre klämman **(se bild)**.

8 Sätt tillbaka trebensknuten med den fasade kanten mot drivaxeln och driv in den helt på plats så att du kan montera den nya låsringen **(se bilder)**.

9 Smörj in trebensknutens rullar med lite av fettet från damasksatsen, fyll sedan huset och damasken med resten.

10 Sätt tillbaka huset på trebensknuten, knacka det försiktigt på plats med en mjuk hammare eller klubba om det behövs.

11 Trä den nya damasken på plats och se till att dess mindre diameter hamnar över spåren på axeln **(se bild)**.

12 Montera de nya fästklämmorna och montera tillbaka drivaxeln **(se bild)**.

13 Volvo rekommenderar smörjning av damasken med en lite mängd sprejvax (Volvo 30787812) på damaskens utsida när drivaxeln har monterats tillbaka.

6 Höger drivaxels bärlager – demontering och montering

Observera: *Byte av lagret kräver användning av specialverktyg. Arbetet bör överlåtas till en Volvo-återförsäljare eller lämpligt utrustad specialist.*

5.8a Passa in trebensknuten med den fasade kanten (se pil) mot axeln . . .

5.11 Damaskens mindre diameter måste passas in över spåret i axeln (se pil)

7 Drivaxel, översyn – allmän information

Provkör bilen långsamt i en cirkel med fullt rattutslag och lyssna efter ett metalliskt klickljud från bilens främre del. Upprepa kontrollen med fullt rattutslag åt andra hållet. Ljudet kan även höras vid start från stillastående med fullt rattutslag. Om ett

5.8b . . . sätt sedan dit den nya låsringen

5.12 Jämna ut lufttrycket innan du drar åt damaskklämman

klickande hörs indikerar detta slitage i de yttre drivknutarna.

Om vibrationer som följer hastigheten känns i bilen vid acceleration, kan det vara de inre drivknutarna som är slitna.

Om lederna är slitna eller skadade verkar det i skrivande stund som att det inte finns några andra delar tillgängliga än damaskbytessatserna och hela drivaxeln måste bytas. Det finns drivaxlar att köpa som reservdelar – prata med en Volvoverkstad eller specialist.

Kapitel 8 Del B:
Fördelningsväxellåda, kardanaxel och slutväxel

Innehåll

Svårighetsgrader

Enkelt, passar novisen med lite erfarenhet 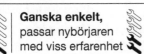	Ganska enkelt, passar nybörjaren med viss erfarenhet 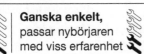	Ganska svårt, passar kompetent hemmamekaniker 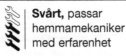	Svårt, passar hemmamekaniker med erfarenhet 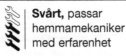	Mycket svårt, för professionell mekaniker

Specifikationer

Smörjmedel

Aktiv koppling	Volvo 31325136 (30759648)
Fördelningsväxellådsolja	Volvo 31259380
Differentialolja	Volvo 1161620

Åtdragningsmoment

	Nm
Fördelningsväxellåda på grenrörsfästbygel*	
Steg 1	35
Steg 2	Vinkeldra ytterligare 90°
Fördelningsväxellåda på växellåda	75
Kardanaxel (6 skruvar)*	
Steg 1	10
Steg 2	25
Kardanaxel (4 skruvar)*	
Steg 1	16
Steg 2	Vinkeldra ytterligare 120°
Kardanaxelns mittlager	30
Kugghjulsmutter till aktiv koppling	150
Kugghjulsmutter till fördelningsväxellåda	180
Oljeplugg – aktiv koppling	35
Oljeplugg – slutväxel	35
Skruvar mellan aktiv koppling och slutväxeln	24
Slutväxelns fästskruvar	80

* Återanvänds inte. Volvo anger att om ett fäste kräver vinkelåtdragning måste det alltid bytas. Alla fästen som hålls fast med en gänglåsmassa måste också bytas. Muttrar med en nyloninsats måste alltid bytas.

2.2 Den mittre tvärbalken (XC90)

2.4 Gör inställningsmärken

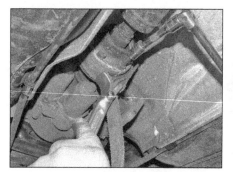

2.5 Använd en bandtång för att låsa kardanaxeln

1 Allmän information

En fördelningsväxellåda (konisk växel) är placerad baktill på motorn och fäst på växellådan. Fördelningsväxellådan driver kardanaxeln permanent. I kardanaxelns ände sitter "aktiv koppling vid behov" (AOC). Detta är fyrhjulsdrivningens (AWD) hjärta. En konventionell bakdifferential (slutväxel) levererar kraft till bakhjulen genom två drivaxlar.

AOC-kopplingen levereras till Volvo av Haldex Traction of Sweden och kallas i fortsättningen en "Haldex"-enhet. AOC är en hydro-mekanisk enhet som reglerar drivningen till bakhjulen. Momentet till bakhjulen regleras av en elektronikmodul på sidan av AOC. Hydrauliktrycket tillhandahålls av en

2.6 För att låsa kardanaxeln baktill på en del XC60-modeller är en bandtång ytterst viktig

inbyggd elektrisk oljepump. Den trycksatta oljan används sedan för att reglera den våta multilamellkopplingen som är monterad på den utgående axeln. Styrmodulen varierar det oljetryck som levereras till kopplingen och följaktligen det moment som levereras till bakhjulen.

Styrmodulen är helt integrerad i CAN-nätverket och tar emot signaler från motorstyrenheten, bromsstyrenheten, den centrala elmodulen och förarinformations-modulen. Styrmodulen som är försedd med denna information varierar det moment som levereras till bakhjulen. Fullständig diagnostik kan erhållas via DLC (Data Link Connector - datalänkkontakt). Om det är ett fel på AWD-systemet är det lämpligt att få en fullständig diagnostisk kontroll utförd med hjälp av lämplig utrustning innan någon del av systemet tas isär.

3.4a Ta bort fästet ...

3.4b ... och sedan röret

2 Kardanaxel – demontering och montering

Demontering

1 Lyft upp och stötta upp bilen, se *Lyftning och stödpunkter* i referensavsnittet.
2 Lossa bromsröret och ta bort både den främre och bakre tvärbalken från växellådstunneln **(se bild)**.
3 Separera avgassystemet vid katalysatorn enligt beskrivningen i kapitel 4A. Stötta upp katalysatorn och ta bort avgassystemet.
4 Gör inställningsmärken mellan varje fläns och kardanaxeln så att axeln kan monteras tillbaka på exakt samma position **(se bild)**.
5 Lossa och ta bort alla skruvar utom en från kardanaxelns främre del. Volvo använder ett specialverktyg (9997057) för att förhindra att kardanaxeln roterar. Vi använde en bandtång istället för specialverktyget **(se bild)**.
6 Upprepa förfarandet i bilens bakvagn **(se bild)**.
7 Ta bort fästbygeln från kardanaxelns mittre lager och ta sedan bort skruvarna från lagret.
8 Stötta upp kardanaxeln och ta bort de återstående enstaka skruvarna från varje fläns. Sänk ner kardanaxeln från bilen.
9 Vid behov kan drivknuten med konstant hastighet (CV) nu tas bort från axeln. Ta bort kåpan och ta sedan bort låsringen. En lämplig lageravdragare krävs nu för att dra av drivknuten från axeln.

Montering

10 Monteringen sker i omvänd ordning jämfört med demonteringen.

3 Fördelningsväxellåda (konisk växel) – demontering och montering

Demontering

1 Lyft upp och stötta upp bilen, se *Lyftning och stödpunkter* i referensavsnittet.
2 Ta bort motorns undre skyddskåpa och ta sedan bort kardanaxeln enligt beskrivningen i avsnitt 2.
3 Ta bort höger drivaxel fram enligt beskrivningen i kapitel 8A.
4 Ta bort turboaggregatets inloppsrör och det bakre motorfästet på XC60-modellerna **(se bilder)**.
5 Ta bort den lilla delen av laddluftröret (kan sitta hårt) på XC90-modellerna **(se bild)**.
6 Skruva loss och ta bort stödplattan från fördelningsväxellådans sida **(se bild)**.
7 För att komma åt bättre i XC90-modellerna tog vi bort rören till partikelfiltrets differentialtryckgivare och oljereturröret från turboaggregatet.
8 Räkna med en del vätskespill och ta sedan bort de 5 skruvarna (XC60) eller 7 skruvarna

3.5 Ta bort röret (XC90)

3.6 Ta bort stödplattan

3.8 Notera skruvarnas placering – XC90 visas med 7 skruvhål

(XC90) och dra bort fördelningsväxellådan från växellådan. Observera att de övre skruvarna är svåra att komma åt. Vrid fördelningsväxellådan och ta bort den från bilen **(se bild)**.

Montering

9 Monteringen Utförs i omvänd ordningsföljd jämfört med demonteringen.
a) Smörj räfflorna mellan fördelningsväxellådan och växellådan. Använd Volvos fett 1161748.
b) Kontrollera oljenivån i fördelningsväxellådan. Utbytesfördelningsväxellådor levereras med olja men det är alltid en god idé att kontrollera nivån.
c) Dra åt skruvarna till korrekt moment

---

4 Aktiv koppling (AOC) – demontering och montering

Observera: Volvo kräver inte att oljan i kopplingen ska bytas.

Demontering

1 Lyft upp och stötta upp bilen - se *Lyftning och stödpunkter* i referensavsnittet.
2 Separera och ta bort avgassystemet enligt beskrivningen i kapitel 4A.
3 Demontera kardanaxeln enligt beskrivningen i avsnitt 2 i detta kapitel.

---

4 Lossa anslutningskontakten från styrmodulen **(se bild)**.
5 Placera en behållare under slutväxeln, ta bort de 4 fästskruvarna **(se bild)** och dra AOC-enheten rakt ut från den bakre differentialen.

Montering

6 Monteringen utförs i omvänd ordningsföljd jämfört med demonteringen men följande gäller:
a) Montera en ny O-ring.
b) Kontrollera oljenivån genom att tillsätta olja tills oljan rinner över från påfyllningspluggen **(se bild)**.
c) Sätt tillbaka påfyllningspluggen när flödet stoppar och provkör bilen.
d) Lyft upp och stötta upp bilen och ta bort påfyllningspluggen och tillsätt olja tills flödet stoppar.
e) Använd en spruta och ta bort 40 ml vätska när flödet stoppar.
f) Sätt tillbaka påfyllningspluggen och dra åt till angivet moment.

---

5 Slutväxel (differential) – demontering och montering

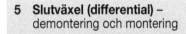

Observera: Volvo kräver inte att oljan i slutväxeln ska bytas.

Demontering

1 Lyft upp och stötta upp bilen - se *Lyftning och stödpunkter* i referensavsnittet.
2 Ta bort båda drivaxlarna bak enligt beskrivningen i kapitel 8A.
3 Ta bort reservhjulet (om ett sådant finns) och ta sedan bort den bakre delen av avgasröret. Se till att katalysatorn är ordentligt stöttad.
4 Demontera kardanaxeln enligt beskrivningen i avsnitt 2.
5 Lossa anslutningskontakten från styrmodulen till den aktiva kopplingen. Lossa kablaget från differentialens sida.

XC60

6 Ta bort de 2 bakre skruvarna **(se bild)** och den enda övre skruven. Ta bort differentialen

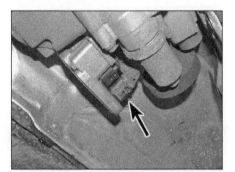

4.4 Lossa anslutningskontakterna (se pil)

4.5 Ta bort skruvarna (se pilar)

4.6 Påfyllningspluggen (se pil)

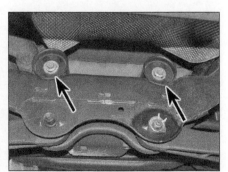

5.6 Ta bort skruvarna (se pilar)

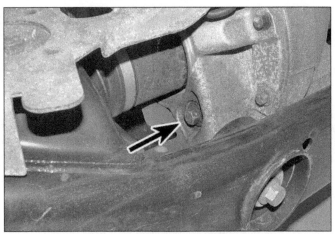

5.7 Den övre fästskruven

5.11 Oljenivå-/oljepåfyllningspluggen (se pil)

helt och hållet tillsammans med AOC med hjälp av en medhjälpare.

XC90

7 Var precis jämte och ta bort täckplattan från differentialens överdel. Ta bort den enda övre fästskruven **(se bild)**.
8 Lossa och ta delvis bort de 2 bakre fästskruvarna.
9 Stötta upp slutväxeln under bilen med en lämplig domkraft. Använd en träbit för att sprida belastningen och ta sedan bort de främre fästskruvarna från hjälpramen. Låt hjälpramsenheten vridas neråt.
10 Lyft upp slutväxeln något och ta bort de 2 bakre fästskruvarna helt. Sänk ner slutväxeln från bilen.

Montering

11 Återmonteringen utförs i omvänd ordningsföljd jämfört med demonteringen men följande gäller:

a) *Kontrollera oljenivån i AOC-enheten enligt beskrivningen i avsnitt 4.*
b) *Kontrollera oljenivån i slutväxeln **(se bild)**. Fyll på olja så att den precis flödar över från nivåpluggen.*
c) *Dra åt alla muttrar och skruvar till angivet moment.*

Kapitel 9
Bromssystem

Innehåll

Svårighetsgrader

Enkelt, passar novisen med lite erfarenhet	**Ganska enkelt,** passar nybörjaren med viss erfarenhet	**Ganska svårt,** passar kompetent hemmamekaniker	**Svårt,** passar hemmamekaniker med erfarenhet	**Mycket svårt,** för professionell mekaniker

Specifikationer

Allmänt

Systemtyp:

Fotbroms	Dubbla hydraulkretsar med servo. Skivbromsar fram och bak. Låsningsfria bromsar (ABS) på alla modeller
Handbroms	Elektriskt driven på XC60-modellerna, mekaniskt drivna på XC90-modellerna

Frambromsar

Typ	Ventilerad skiva, med glidande bromsok med enkla eller dubbla kolvar
Minsta tjocklek på bromsbeläggen	2,0 mm
Skivtjocklek:	
Ny (XC60 och XC90)	30,0 mm
Minimitjocklek	28,0 mm
Ny (XC90-modeller med 16 tums fälgar)	28,0 mm
Minimitjocklek	25,0 mm
Maximalt kast	0,04 mm
Maximal variation i skivtjocklek	0,008 mm

Bakbromsar

Typ	Massiv eller ventilerad skiva, med glidande bromsok med enkla eller dubbla kolvar. XC90
Bromsbeläggens minimitjocklek	2,0 mm
Skivtjocklek (XC60)	
Ny:	
16" hjul	12,0 mm
17" hjul	11,0 mm
Ventilerad	22.0mm
Minimitjocklek	
16" hjul	10,0 mm
17" hjul	9,0 mm
Ventilerad	20,0 mm
Skivtjocklek (XC90)	
Ny	20,0 mm
Minimitjocklek	17,0 mm
Maximalt kast	0,08 mm
Maximal variation i skivtjocklek	0,008 mm

Åtdragningsmoment

	Nm
ABS-enhetens fästskruvar	10
ABS-enhetens röranslutningar:	
6 mm diameter	14
8 mm diameter	18
Bakre bromsok:	
Skruvar till bromsokets fästbygel*	
XC60	110
XC90	
Steg 1	35
Steg 2	Vinkeldra ytterligare 60°
Styrsprintsskruvar*	35
Bromspedalsskruvar	24
Bromsskivans fästskruv	35
Främre bromsok:	
Fästbygelns skruvar*	
XC60	100
XC90	
Steg 1	105
Steg 2	Vinkeldra ytterligare 60°
Styrsprintar*	28
Fästskruvar till ABS-systemets hjulsensor	5
Fästskruvar till handbromsstyrmodul	7
Hjälpramens fästskruvar:*	Se kapitel 10
Hjulskruvar	140
Huvudcylinderns fästmuttrar	25
Skruvar till handbromsställdon	10
Slanganslutningar	18
Stela röranslutningar	14
Rattstångsledens klämskruv	Se kapitel 10
Vakuumpumpsskruvar	Se kapitel 2A
Vakuumservons fästmuttrar	24

Återanvänds inte. Volvo anger att om ett fäste kräver vinkelåtdragning måste det alltid bytas. Alla fästen som hålls fast med en gänglåsmassa måste också bytas. Muttrar med en nyloninsats måste alltid bytas.

---

1 Allmän information

Bromspedalen styr ut skivbromsar på alla fyra hjul med ett tvåkrets hydraulsystem med servo. I XC60-modellerna är handbromsen elektriskt driven och verkar på de bakre bromsbeläggen med hjälp av ett ställdon. I XC90-modellerna är handbromsen mekaniskt driven, med en separat uppsättning av bromsbackar (monterade inne i den bakre bromsskivan) som tillhandahåller bromsfunktionen. Alla modeller är utrustade med låsningsfria bromsar (ABS) vilket beskrivs närmare i avsnitt 20.

Hydraulsystemet är uppdelat i två kretsar, så att även om det uppstår fel i den ena kretsen så ger den andra ändå tillräcklig bromskraft (även om pedalvägen och kraften som krävs kan öka). Systemet är indelat så att en krets verkar på frambromsarna och den andra kretsen på bakbromsarna.

Bromsservon är direktverkande, och sitter mellan bromspedalen och huvud-cylindern. Servon förstärker kraften från föraren. Den är vakuumdriven med en vakuumpump som drivs av kamaxeln.

Varningslampor på instrumentpanelen uppmärksammar föraren om låg vätskenivå med hjälp av en nivågivare som sitter i huvud-cylinderbehållaren. Andra varningslampor påminner om att handbromsen är åtdragen och anger om ett fel uppstår i ABS-systemet. **Observera:** *När man underhåller någon del i systemet måste man arbeta försiktigt och metodiskt; var också mycket noggrann med renligheten när du renoverar någon del av hydraulsystemet. Byt alltid ut komponenter som är i tvivelaktigt skick (axelvis om det är tillämpligt). Använd endast Volvo-reservdelar, eller åtminstone delar av erkänt god kvalitet. Observera de varningar som ges i "Säkerheten främst!" och relevanta punkter i detta kapitel som rör asbestdamm och hydraulolja.*

2 Hydraulsystem – luftning

⚠️ *Varning: Hydraulolja är giftig; tvätta noggrant bort oljan omedelbart vid hudkontakt och sök omedelbar läkarhjälp om olja sväljs eller hamnar i ögonen. Vissa hydrauloljor är lättantändliga och kan självantända om de kommer i kontakt med heta komponenter; vid arbete med hydraulsystem är det alltid säkrast att anta att oljan ÄR brandfarlig, och att vidta samma försiktighetsåtgärder mot brand som när bensin hanteras. Hydraulolja är ett kraftigt färglösningsmedel och angriper även plaster; oljespill ska omedelbart tvättas bort med stora mängder rent vatten. Dessutom är den hygroskopisk (den tar upp vätska från luften). Ju mer fukt oljan tar upp, desto lägre kokpunkt får den vilket leder till kraftigt försämrad bromseffekt vid hård användning. Gammal olja kan vara förorenad och olämplig för ytterligare användning. Vid påfyllning eller byte ska alltid rekommenderad typ användas och den måste komma från en nyligen öppnad förseglad förpackning.*

Allmänt

1 Ett hydrauliskt bromssystem kan fungera tillfredsställande först när all luft tömts ut från komponenterna och kretsen; detta uppnås genom att man luftar systemet.

2 Under luftningen ska man bara fylla på ren, ny hydraulvätska av angiven typ. Återanvänd aldrig gammal vätska som tömts ur systemet. Se till att ha tillräckligt med olja till hands innan arbetet påbörjas.

3 Om det finns någon möjlighet att fel typ av olja finns i systemet måste bromsledningarna och komponenterna spolas ur helt med ren olja av rätt typ och alla tätningar måste bytas.

4 Om bromsoljan har minskat i huvudcylindern på grund av en läcka i systemet måste orsaken spåras och åtgärdas innan ytterligare åtgärder vidtas.

5 Parkera bilen på plant underlag. Lägg i handbromsen och slå av tändningen.

6 Kontrollera att alla rör och slangar sitter säkert, att anslutningarna är ordentligt åtdragna och att luftningsskruvarna är stängda. Ta bort dammkåporna och tvätta bort all smuts runt luftningsskruvarna.

7 Skruva loss huvudcylinderbehållarens lock och fyll på behållaren till MAX-markeringen. Montera locket löst. Kom ihåg att oljenivån aldrig får sjunka under MIN-nivån under arbetet, annars är det risk för att ytterligare luft tränger in i systemet.

8 Det finns ett antal enmans gör-det-själv-luftningssatser att köpa i motortillbehörsbutiker. Vi rekommenderar att en sådan sats används närhelst möjligt eftersom de i hög grad förenklar arbetet och dessutom minskar risken för att avtappad olja och luft sugs tillbaka in i systemet. Om en sådan sats inte finns tillgänglig måste grundmetoden (för två personer) användas, den beskrivs i detalj nedan.

9 Om en avluftningssats ska användas, förbered bilen enligt beskrivningen ovan och följ tillverkarens instruktioner, eftersom tillvägagångssättet kan variera något mellan olika satstyper. De flesta typerna beskrivs nedan i de aktuella avsnitten.

10 Oavsett vilken metod som används måste ordningen för luftning (se punkt 11 och 12) följas för att systemet garanterat ska tömmas på all luft.

Ordningsföljd vid luftning av bromsar

11 Om hydraulsystemet endast har kopplats ur delvis och lämpliga åtgärder vidtagits för att minimera oljespill bör endast den aktuella delen av systemet behöva luftas (det vill säga antingen primär- eller sekundärkretsen).

12 Om hela systemet ska luftas ska det göras i följande ordningsföljd:

a) Vänster frambroms
b) Höger frambroms.
c) Vänster bakbroms
d) Höger bakbroms

Luftning

Grundmetod (för två personer)

13 Skaffa en ren, stor glasburk, en lagom lång plast- eller gummislang som sluter tätt över luftningsskruven och en ringnyckel som passar skruvarna. Dessutom krävs assistans från en medhjälpare.

14 Om det inte redan är gjort, ta bort dammkåpan från luftningsskruven till det första hjulet som ska luftas **(se bild)** och montera skiftnyckeln och luftningsslangen över skruven. För ner den andra änden av slangen i glasburken. Häll i hydraulolja i burken så att slangänden täcks väl.

15 Se till att oljenivån i huvudcylinderbehållaren överstiger linjen för mininivå under hela arbetets gång.

16 Låt medhjälparen trampa bromsen i

botten ett flertal gånger, så att trycket byggs upp, och sedan hålla kvar bromsen i botten.

17 Medan pedaltrycket upprätthålls, lossa luftningsskruven (cirka ett varv) och låt olja/luft strömma ut i burken. Medhjälparen måste hålla trycket på pedalen, ända ner till golvet om så behövs, och inte släppa förrän du säger till. När flödet stannat upp, dra åt luftningsskruven, låt medhjälparen sakta släppa upp pedalen och kontrollera sedan nivån i oljebehållaren.

18 Upprepa stegen i punkt 16 och 17 till dess att oljan som kommer ut från luftningsskruven är fri från luftbubblor. Om huvudcylindern har tömts och fyllts och det kommer ut luft från den första skruven i ordningsföljden, vänta ungefär fem sekunder mellan cyklerna så att huvudcylinderns passager hinner fyllas.

19 Dra åt luftningsskruven ordentligt när inga fler bubblor förekommer. Ta sedan bort slangen och nyckeln och montera dammkåpan. Dra inte åt luftningsskruven för hårt.

20 Upprepa momenten med de återstående bromsoken i ordningsföljd tills all luft är borta från systemet och bromspedalen känns fast igen.

Med hjälp av en luftningssats med backventil

21 Som namnet anger består de här luftningssatserna av en slang med en backventil monterad för att hindra uttömd luft och olja att dras tillbaka in i systemet; vissa satser innehåller en genomskinlig behållare som kan placeras så att luftbubblorna lättare kan ses flöda från änden av slangen.

22 Luftningssatsen kopplas till luftningsskruven som sedan öppnas **(se bild)**. Användaren återvänder till förarsätet och trycker ner bromspedalen med ett mjukt, fast tryck och släpper sedan långsamt upp den; det här upprepas tills all olja som rinner ur slangen är fri från luftbubblor.

23 Tänk på att satserna underlättar arbetet så mycket att det är lätt att glömma huvudcylinderns vätskenivå. Se till att nivån hela tiden överstiger MIN-markeringen genom hela luftningsproceduren.

Med hjälp av en tryckluftssats

Observera: Detta är den metod som Volvo rekommenderar om hydraulsystemet har tömts helt eller delvis.

24 Dessa luftningssatser drivs vanligen av lufttrycket i reservdäcket. Observera dock att trycket i däcket troligen måste minskas till under normaltryck; se instruktionerna som följer med luftningssatsen.

25 Genom att koppla en trycksatt, oljefylld behållare till huvudcylinderbehållaren kan luftningen utföras genom att luftningsskruvarna helt enkelt öppnas en i taget (i angiven ordningsföljd) och oljan får flöda tills den inte innehåller några luftbubblor.

26 En fördel med den här metoden är att den stora vätskebehållaren ytterligare förhindrar att luft dras tillbaka in i systemet under luftningen.

27 Trycksatt luftning är speciellt effektiv för luftning av "svåra" system och vid rutinbyte av all olja.

2.14 Bänd bort dammkåpan från luftningsskruven (se pil)

Alla metoder

28 Efter avslutad luftning och när pedalkänslan är fast, spola bort eventuellt spill och dra åt luftningsskruvarna ordentligt samt montera dammkåporna.

29 Kontrollera hydrauloljenivån i huvudcylinderbehållaren och fyll på om det behövs.

30 Kassera hydraulvätska som har luftats från systemet. Den går inte att återanvända.

31 Kontrollera känslan i bromspedalen. Om den känns det minsta svampig finns det fortfarande luft i systemet som måste luftas ytterligare. Om fullständig luftning inte uppnåtts efter ett rimligt antal luftningsförsök kan detta bero på slitna tätningar i huvudcylindern.

32 Kontrollera kopplingens funktion. Eventuella problem betyder att även kopplingssystemet måste luftas – se kapitel 6.

3 Hydraulrör och slangar – byte

Observera: Se varningen i början av avsnitt 2 angående farorna med hydraulolja, innan arbetet påbörjas.

1 Om ett rör eller en slang måste bytas ut, minimera oljespillet genom att ta bort huvudcylinderbehållarens lock och sedan fästa med en bit plastfolie med en gummisnodd över öppningen. Alternativt kan slangklämmor användas på slangar för att isolera delar av kretsen; bromsrörsanslutningar av metall kan

2.22 Anslut satsen och öppna luftningsskruven

pluggas igen (var försiktig så att inte smuts tränger in i systemet) eller täckas över så fort de kopplas loss. Placera trasor under de anslutningar som ska lossas för att fånga upp eventuellt oljespill.

2 Om en slang ska kopplas loss, skruva loss muttern till bromsslanganslutningen innan fjäderklammern som fäster slangen i fästet tas bort, om det är tillämpligt. Vissa av slanganslutningarna skyddas av gummikåpor. Om så är fallet måste slangen först tas bort från fästbygeln och kåpan dras ner längs ledningen innan muttern kan skruvas loss.

3 När anslutningsmuttrarna ska skruvas ur är det bäst att använda en bromsrörsnyckel av korrekt storlek. De finns att köpa i välsorterade motortillbehörsbutiker. Om en bromsrörsnyckel inte finns tillgänglig går det att använda en öppen nyckel av rätt storlek, men om muttrarna sitter hårt eller är korroderade kan de runddras. Om det skulle hända kan de envisa anslutningarna skruvas loss med en självlåsande tång, men då måste röret och de skadade muttrarna bytas ut vid monteringen.

4 Rengör alltid anslutningen och området kring den innan den kopplas loss. Om en komponent med mer än en anslutning demonteras, anteckna noga hur anslutningarna är monterade innan de lossas.

5 Om ett bromsrör måste bytas ut kan ett nytt köpas färdigkapat, med muttrar och flänsar monterade, hos en Volvo-verkstad. Allt som då behöver göras är att kröka röret med det gamla röret som mall, innan det monteras. Alternativt kan de flesta tillbehörsbutiker

bygga upp bromsrör av satser men det kräver noggrann uppmätning av originalet för att utbytesdelen ska hålla rätt längd. Det säkraste alternativet är att ta med det gamla bromsröret till verkstaden som mall.

6 Blås igenom det nya röret eller den nya slangen med torr tryckluft före monteringen. Dra inte åt anslutningsmuttrarna för hårt. Det är inte nödvändigt att bruka våld för att få en säker anslutning.

7 Om gummislangarna har bytts ut, se till att rören och slangarna dras korrekt utan att veckas eller vridas och att de fästs i sina klämmor eller fästbyglar. Originalslangarna har vita längsgående linjer som tydligt visar om slangen vridits.

8 Avsluta med att lufta hydraulsystemet enligt beskrivningen i avsnitt 2. Tvätta bort allt oljespill och kontrollera systemet noga efter oljeläckor.

4 Främre bromsbelägg – byte

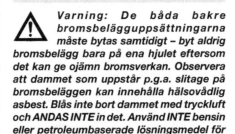

⚠️ **Varning: De båda bakre bromsbelägguppsättningarna måste bytas samtidigt – byt aldrig bromsbelägg bara på ena hjulet eftersom det kan ge ojämn bromsverkan. Observera att dammet som uppstår p.g.a. slitage på bromsbeläggen kan innehålla hälsovådlig asbest. Blås inte bort dammet med tryckluft och ANDAS INTE in det. Använd INTE bensin eller petroleumbaserade lösningsmedel för**

att rengöra bromskomponenter. Använd endast bromsrengöringsmedel eller T-sprit. LÅT INTE någon bromsolja, olja eller fett komma i kontakt med bromsbeläggen eller bromsskivan. Se även varningen i början av avsnitt 2 när det gäller riskerna med hydraulvätska.

1 Lossa de bakre hjulskruvarna och klossa sedan framhjulen. Lyft upp framvagnen och ställ den på pallbockar (se *Lyftning och stödpunkter*). Ta bort framhjulen.

2 Med handbromsspaken helt lossad, följ nedanstående bilder (se bilder 4.2a till 4.2m) för anvisningar om hur man byter bromsklossar. Observera att ordningsföljden visar en normal ordningsföljd vid byte av bromsbelägg. Volvo monterar en mängd olika bromsbelägg och bromsok beroende på exakt modell och tillverkningsår men metoden för byte är nästan densamma i alla fall. Följ den rekommenderade ordningen och läs texten under varje bild och notera följande:

a) *Mät tjockleken på beläggets friktionsmaterial (se bild 4.2g). Om något belägg har slitits ner till det angivna minimivärdet måste alla fyra beläggen fram bytas. Byt inte belägg inbördes för att försöka jämna ut slitage (ojämnt beläggslitage kan bero på att bromsoket sitter fast på styrsprintarna).*

b) *Rengör bromsokets styrytor och applicera lite silikonfett (Volvo 116 1688) på bromsokets fästbygel på den plats där beläggen kommer i kontakt med fästbygeln och på motsvarande punkt på beläggen.*

c) *När du trycker bromsokskolven bakåt för att få plats med nya bromsbelägg är det viktigt att du håller ett öga på vätskenivån i behållaren.*

Varning: När man trycker tillbaka kolven orsakas ett omvänt flöde av bromsolja vilket har varit känt för att "flippa över" huvudcylinderns gummitätningar vilket leder till en total förlust av bromsverkan. För att undvika detta ska du klämma ihop bromsokets böjliga slang och öppna luftningsskruven – när kolven trycks tillbaka kan oljan styras ner i en lämplig behållare med hjälp av en slang som ansluts till luftningsskruven. Stäng skruven alldeles innan kolven trycks tillbaka helt för att säkerställa att ingen luft kommer in i systemet.

3 Tryck ner bromspedalen upprepade gånger tills bromsbeläggen pressas tätt mot bromsskivan och normalt pedaltryck uppstår (utan hjälp).

4 Upprepa ovanstående procedur med det andra främre bromsoket.

5 Montera hjulen. Sänk sedan ner bilen till marken och dra åt hjulskruvarna till angivet moment.

6 Kontrollera hydrauloljenivån enligt beskrivningen i *Veckokontroller*.

Varning: Nya bromsbelägg ger inte full bromseffekt förrän de har körts in. Var beredd på detta och undvik hårda inbromsningar i möjligaste mån i ungefär 160 km efter att bromsbeläggen bytts ut.

4.2a Bänd försiktigt upp fjäderklämman från bromsoket

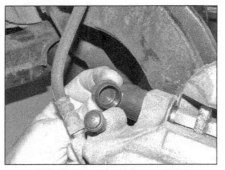

4.2b Ta bort plastkåporna från bromsokets bakre del ...

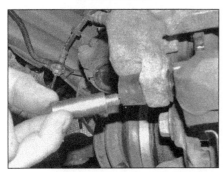

4.2c ... och skruva loss styrsprintarna med en insexnyckel. Observera att en del modeller kräver en insexnyckel på 9 mm

4.2d Lyft bort bromsoket från fästbygeln. På denna typ av bromsok tas beläggen bort tillsammans med bromsoket

4.2e Lyft ut det yttre bromsbelägget på andra modeller . . .

4.2f . .. och lossa det inre bromsbelägget från bromsokskolven

4.2g Om beläggens tjocklek är mindre än 2 mm bör alla belägg bytas

4.2h Tryck tillbaka kolven i bromsoket med hjälp av ett verktyg för kolvborttagning. Tryck in båda kolvarna i bromsoket på modeller med dubbla kolvar

4.2i Sätt in det nya yttre bromsbelägget i bromsokets fästbygel . . .

4.2j . .. och kläm fast det nya inre bromsbelägget i bromsokets kolv

4.2k Montera tillbaka bromsoket, sätt in nya styrsprintar och dra åt dem till angivet moment

4.2l Montera slutligen styrfjädern. Notera korrekt placering för fjädern i denna XC60-modell ...

4.2m ... och i denna XC90-modell

5 Bakre bromsbelägg – byte

⚠️ *Varning: Byt ut båda bakre bromsbelägguppsättningarna på en gång – byt aldrig bromsbelägg bara på ena hjulet eftersom det kan ge ojämn bromsverkan. Observera att dammet som uppstår p.g.a. slitage på bromsbeläggen kan innehålla hälsovådlig asbest. Blås inte bort dammet med tryckluft och ANDAS INTE in det. Använd INTE bensin eller petroleumbaserade lösningsmedel för*

att rengöra bromskomponenter. Använd endast bromsrengöringsmedel eller T-sprit. LÅT INTE någon bromsolja, olja eller fett komma i kontakt med bromsbeläggen eller bromsskivan. Se även varningen i början av avsnitt 2 när det gäller riskerna med hydraulvätska.

1 Lossa de bakre hjulskruvarna och klossa sedan framhjulen. Lyft upp bakvagnen och ställ den på pallbockar (se *Lyftning och stödpunkter*). Demontera bakhjulen.

2 Aktivera handbromsens serviceläge i XC60-modellerna. Du behöver ett verktyg som påminner om det som visas **(se bild)** som kan köpas från specialistleverantörer. Alternativt är

5.2 Aktivera handbromsens serviceläge med hjälp av ett lämpligt verktyg

5.3a Ta i förekommande fall bort fjädern och skruva sedan bort bromsoket styrsprintsskruvar. Observera att en del modeller har skruvar med sexsidiga huvuden som är placerade under borttagbara kåpor (se bild 4.2b)

5.3b Flytta bromsoket från fästbygeln

det nödvändigt att lämna över arbetet med att byta bromsbeläggen bak till en Volvo-verkstad eller en lämpligt utrustad specialist.

3 Följ de åtföljande bilderna (bilder 5.3a till 5.3k) för tillvägagångssättet vid byte av belägg. Observera att ordningsföljden visar en normal ordningsföljd vid byte av bromsbelägg. Volvo monterar en mängd olika bromsbelägg och bromsok beroende på exakt modell och tillverkningsår men metoden för byte är nästan densamma i alla fall. Följ den rekommenderade ordningen och läs texten under varje bild och notera följande:

a) Rengör bromsokets styrytor och applicera lite silikonfett (Volvo 116 1688) på fästbygeln på den plats där beläggen kommer i kontakt med den och på motsvarande punkt på beläggen.

5.3c Ta bort det yttre bromsbelägget . . .

5.3d . .. och det inre bromsbelägget

5.3e Ta bort den nedre klämman . . .

5.3f . .. och den övre klämman

5.3g Rengör bromsokets ytor med hjälp av ett lämpligt bromsrengöringsmedel

5.3h Montera den övre klämman . . .

5.3i . .. och den nedre klämman

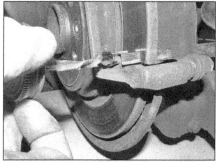

5.3j Applicera lite silikonfett på den plats där bromsbeläggen kommer i kontakt med fästbygeln

5.3k Sätt in de nya beläggen och montera bromsoket med hjälp av nya skruvar som dras åt till angivet moment. Montera tillbaka fjädern och montera styrsprintskåporna om sådana finns

b) När du trycker bromsokskolven bakåt för att få plats med nya bromsbelägg är det viktigt att du håller ett öga på vätskenivån i behållaren.

c) Observera att de övre och nedre metallklämmorna som håller fast bromsbeläggen skiljer sig åt något och därför ska den korrekta placeringen noteras vid demonteringen.

Varning: När man trycker tillbaka kolven orsakas ett omvänt flöde av bromsolja vilket har varit känt för att "flippa över" huvudcylinderns gummitätningar vilket leder till en total förlust av bromsverkan. För att undvika detta ska du klämma ihop bromsokets böjliga slang och öppna luftningsskruven – när kolven trycks tillbaka kan oljan styras ner i en lämplig behållare med hjälp av en slang som ansluts till luftningsskruven. Stäng skruven alldeles innan kolven trycks tillbaka helt för att säkerställa att ingen luft kommer in i systemet.

4 Tryck ner bromspedalen upprepade gånger tills bromsbeläggen pressas tätt mot bromsskivan och normalt pedaltryck uppstår (utan hjälp).

5 Upprepa ovanstående arbete med det andra bromsoket.

6 Deaktivera handbromsens serviceläge (se kommentaren nedan)

7 Montera hjulen. Sänk sedan ner bilen till marken och dra åt hjulskruvarna till angivet moment.

8 Kontrollera hydrauloljenivån enligt beskrivningen i Veckokontroller.

Varning: Nya bromsbelägg ger inte

full bromseffekt förrän de har körts in. Var beredd på detta och undvik hårda inbromsningar i möjligaste mån i ungefär 160 km efter att bromsbeläggen bytts ut.

6 Bromsbackar parkeringsbroms bak – byte (endast XC90)

1 Lossa de bakre hjulskruvarna och klossa sedan framhjulen. Lyft upp bakvagnen och ställ den på pallbockar (se *Lyftning och stödpunkter*). Demontera bakhjulen.

2 Lossa parkeringsbromsen och lossa vajern enligt beskrivningen i avsnitt 17. Ta bort bromsskivan bak enligt beskrivningen i avsnitt 8.

3 Använd en plattång för att ta bort till bromsbeläggets båda nedhållningsfjädrar **(se bild)**. Observera inriktningen för fjäderns böjda ände när den tas bort.

4 Lyft av beläggen från den vajermanövrerade förlängaren och ta sedan bort fjädern **(se bild)**.

5 Haka loss den mindre returfjädern och ta loss den grenade distansbrickan **(se bilder)**. Ta bort bromsbeläggen.

6 Monteringen utförs i omvänd ordningsföljd jämfört med demonteringen men tänk på följande:

a) Rengör bakplattan grundligt och applicera lite silikonfett (Volvo 116 1688) på kontaktpunkterna på bakplattan.

b) Om nya belägg monteras ska du överväga att täcka över dem med maskeringstejp för att undvika att de förorenas tills fjädrarna är helt monterade. Kom ihåg att ta bort tejpen innan du monterar skivan.

c) Nedhållningsfjädrarna måste haka fast i bakplattan korrekt **(se bild)**.

d) Efter monteringen av skivan ska handbromsvajern justeras enligt beskrivningen i avsnitt 17.

7 Främre bromsskiva – kontroll, demontering och montering

Observera: Se varningen i början av avsnitt 4 beträffande riskerna med asbestdamm innan arbetet påbörjas.

Kontroll

Observera: Om någon av skivorna behöver bytas ut ska BÅDA skivorna bytas ut samtidigt, så att bromsarna verkar jämnt på båda sidor. Nya bromsbeläggg ska också monteras.

1 Ta bort de främre bromsbeläggen enligt beskrivningen i avsnitt 4.

2 Undersök skivans friktionsytor efter sprickor eller djupa spår (lätt spårning är normalt och behöver inte åtgärdas). En sprucken skiva måste bytas ut. En spårig skiva kan renoveras genom maskinslipning förutsatt att tjockleken inte minskar under den angivna miniminivån.

3 Kontrollera skivans kast med hjälp av en indikatorklocka vars sond placeras nära skivans ytterkant. Om skevheten överskrider värdet som anges i Specifikationer, kan det vara möjligt att bearbeta ytan. I annat fall måste skivan bytas.

4 Stora variationer i skivtjocklek kan även orsaka störningar i mekanismen. Kontrollera detta med en mikrometer **(se bild)**.

6.3 Ta bort nedhållningsfjädrarna från båda beläggen

6.4 Haka loss fjädern från beläggförlängaren

6.5a Ta bort fjädern ...

6.5b ... ta loss distansbrickan och ta bort beläggen

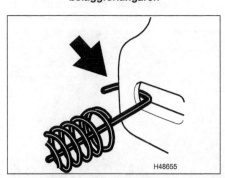

6.6 Placera nedhållningsfjädrarna korrekt

7.4 Mät skivans tjocklek med hjälp av en mikrometer

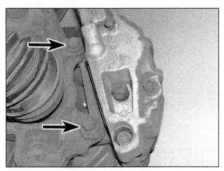

7.5 Skruva loss skruvarna (se pilar) och ta bort bromsokets fästbygel

Demontering

5 Med bromsbeläggen och bromsoket borttagna (avsnitt 9), skruva loss de båda fästskruvarna och ta bort bromsokets fästbygel **(se bild)**. Observera att nya skruvar krävs vid monteringen.

6 Kontrollera om bromsskivans position i förhållande till navet är markerad. Om inte, gör en egen markering som hjälp vid monteringen. Ta bort den skruv som håller fast skivan på navet och lyft av skivan **(se bild)**. Knacka på skivan med en mjuk klubba om det behövs för att få loss den.

Montering

7 Se till att navets och skivans fogytor är fullständigt rena. Använd T-sprit och en trasa för att tvätta bort allt eventuellt rostskyddsmedel från en ny skiva.

8 Passa in skivan på navet med inställningsmärkena inriktade mot varandra, montera

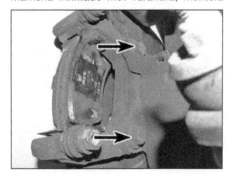

8.3 Skruva loss skruvarna till bromsoket (se pilar)

8.4 Skruv bak som håller fast bromsskivan

7.6 Skruv fram som håller fast bromsskivan

sedan tillbaka den och dra åt fästskruven.

9 Montera tillbaka bromsokets fästbygel och begränsarfästbygeln, dra sedan åt de nya skruvarna till angivet moment.

10 Montera bromsbeläggen enligt beskrivningen i avsnitt 4.

8 Bakre bromsskiva – kontroll, demontering och montering

Observera: *Se varningen i början av avsnitt 5 beträffande riskerna med asbestdamm innan arbetet påbörjas.*

Kontroll

Observera: *Om någon av skivorna behöver bytas ut ska BÅDA skivorna bytas ut samtidigt, så att bromsarna verkar jämnt på båda sidor. Nya bromsbelägg ska också monteras.*

1 Ta bort de bakre bromsbeläggen enligt beskrivningen i avsnitt 5. Tillvägagångssätten vid kontroll är desamma som för bromsskivorna fram och avsnitt 7 bör konsulteras.

Demontering

2 Ta bort de bakre bromsbeläggen enligt beskrivningen i avsnitt 5, om det inte redan är gjort. Stöd bromsoket på ett lämpligt sätt eller fäst upp det vid en lämplig fjädringskomponent med hjälp av snöre eller ståltråd.

3 Skruva loss bromsoksfästets båda fästskruvar och ta bort fästet **(se bild)**. Observera att nya skruvar krävs vid monteringen.

4 Skruva loss skivans fästskruv **(se bild)**.

5 Markera skivans läge i förhållande till navet. Dra sedan bort skivan. I XC90-modellerna

9.2 Fäst den böjliga bromsslangen

kan det vara nödvändigt att helt lossa handbromsvajern (enligt beskrivningen i avsnitt 17) för att det ska gå att ta bort skivan. Knacka på skivan med en mjuk klubba om det behövs för att få loss den.

Montering

6 Se till att navets och skivans fogytor är helt rena. Använd T-sprit och en trasa för att tvätta bort allt eventuellt rostskyddsmedel från en ny skiva.

7 Passa in skivan på navet med inställningsmärkena inriktade mot varandra och montera fästskruven.

8 Sätt tillbaka bromsokets fästbygel och dra åt de nya skruvarna till angivet moment.

9 Montera bromsbeläggen enligt beskrivningen i avsnitt 5.

9 Främre bromsok – demontering och montering

Observera: *Läs varningen i början av avsnitt 2 angående farorna med hydraulolja, samt varningen i början av avsnitt 4 angående farorna med asbestdamm innan arbetet påbörjas.*
Observera: *Det finns inga delar för att utföra service på bromsoket. Volvo och andra leverantörer erbjuder nya eller renoverade utbytesbromsok.*

Demontering

1 Dra åt handbromsen och klossa bakhjulen. Lossa framhjulsskruvarna, lyft sedan upp bilens framvagn och stötta upp den på pallbockar (se *Lyftning och stödpunkter*). Ta bort hjulet.

2 För att minimera vätskeförlust skruvar du loss huvudcylinderbehållarens påfyllningslock och placerar en bit polyeten över påfyllningsröret. Fäst polyetenet med ett elastiskt band och se till att en lufttät tätning uppnås. Du kan också använda en bromsslangklämma, en G-klämma eller ett liknande verktyg med skyddade käftar för att försiktigt klämma av den främre böjliga hydraulslangen **(se bild)**.

3 Rengör området runt anslutningen mellan hydraulslangen och bromsoket. Lossa sedan slanganslutningen ett halvt varv. Var beredd på spill.

4 Ta bort bromsbeläggen enligt beskrivningen i avsnitt 4.

5 Skruva loss bromsoket från hydraulslangen. Torka upp eventuellt bromsoljespill omedelbart. Plugga igen eller täck över de öppna anslutningarna.

6 Ta bort bromsokets fästbygel om det behövs genom att skruva loss de två skruvar som håller fast det på hjulspindeln. Observera att nya skruvar krävs vid monteringen.

Montering

7 Montera tillbaka bromsoket med nya skruvar som dras åt till angivet moment om det har demonterats.

8 Sätt tillbaka bromsbeläggen enligt

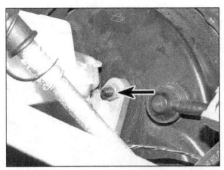

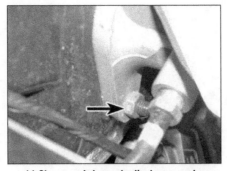

11.9a Skruva loss huvudcylinderns övre mutter (se pil) . . .

11.9b . ... och huvudcylinderns nedre mutter

11.9c I en del XC90-modeller måste värmeskyddet lossas delvis för att det ska gå att ta bort huvudcylindern

beskrivningen i avsnitt 4 men skruva på bromsoket på slangen innan du sätter tillbaka det i bromsokets fästbygel.

9 Dra åt slanganslutningen och se till att slangen inte är vikt.

10 Ta bort bromsslangklämman eller polyetenet, i förekommande fall, och lufta hydraulsystemet enligt beskrivningen i avsnitt 2.

11 Tryck ner fotbromsen två eller tre gånger för att bromsbeläggen ska hamna rätt och sätt sedan tillbaka hjulet och sänk ner bilen. Dra åt hjulskruvarna i diagonal ordningsföljd till angivet moment.

10 Bakre bromsok –
demontering, renovering och montering

Observera: *Läs varningen i början av avsnitt 2 angående farorna med hydraulolja, samt varningen i början av avsnitt 5 angående farorna med asbestdamm innan arbetet påbörjas.*

Observera: *Det finns inga delar för att utföra service på bromsoket. Volvo och andra leverantörer erbjuder nya eller renoverade utbytesbromsok.*

Demontering

1 För att minimera vätskeförlust skruvar du loss huvudcylinderbehållarens påfyllningslock och placerar en bit polyeten över påfyllningsröret. Fäst polyetenet med ett elastiskt band och se till att en lufttät tätning uppnås. Du kan också använda en bromsslangklämma, en G-klämma eller ett liknande verktyg med skyddade käftar för att försiktigt klämma av den bakre böjliga hydraulslangen.

2 Aktivera handbromsens serviceläge i XC60-modeller.

3 Rengör runt den hydrauliska anslutningen på bromsoket och skruva loss den. Var beredd på oljespill. Plugga igen eller täck över de öppna anslutningarna.

4 Lossa anslutningskontakten från parkeringsbromsens ställdon i XC60-modeller.

5 Skruva loss de 2 styrsprintarna till bromsoket.

Montering

6 Montera tillbaka bromsoket med nya styrsprintsskruvar.

7 Montera tillbaka bromsoket och dra åt anslutningen ordentligt.

8 Ta bort bromsslangklämman eller polyetenet, i förekommande fall, och lufta hydraulsystemet enligt beskrivningen i avsnitt 2.

9 Deaktivera handbromsens serviceläge.

10 Tryck ner fotbromsen två eller tre gånger för att bromsbeläggen ska hamna rätt och sätt sedan tillbaka hjulet och sänk ner bilen. Dra åt hjulskruvarna i diagonal ordningsföljd till angivet moment.

11 Bromshuvudcylinder –
demontering och montering

Observera: *Se varningen i början av avsnitt 2 angående farorna med hydraulolja, innan arbetet påbörjas.*

Observera: *Det finns inga delar för att utföra service på bromsoket. Volvo och andra leverantörer erbjuder nya eller renoverade utbytesbromsok.*

Demontering

1 Koppla loss batteriets jordledning (se kapitel 5).

2 Trampa ner bromspedalen flera gånger för att få bort eventuellt kvarvarande vakuum i servon. Sug sedan ut så mycket vätska som möjligt från huvudcylinderbehållaren med en hydrometer eller sughävert.

3 Ta bort kåpan från utjämningskammaren enligt beskrivningen i kapitel 12, avsnitt 18 i XC60-modellerna.

4 Skruva loss och ta bort fjäderbenstornets bas i XC90-modellerna.

Varning: Sifonera INTE ut vätskan med munnen – den är giftig.

5 Lossa eventuella anslutningskontakter från behållarens/huvudcylinderns varningsbrytare för låg vätskenivå.

6 Räkna med en del spill av bromsvätska och ta sedan bort den enda skruven. Lyft av och ta bort behållaren. Ta loss tätningarna av O-ringstyp.

7 Lossa kopplingens matningsrör i modeller med manuell växellåda.

8 Lossa hydraulrörsanslutningarna från huvudcylindern. Var beredd på ytterligare

oljespill. Sätt på lock på anslutningarna för att hålla smuts ute.

9 Ta bort de muttrar som håller fast huvudcylindern på servon **(se bilder)**. Dra bort huvudcylindern från servons pinnskruvar och ta bort den. Kasta O-ringstätningen, du måste sätta dit en ny. Var noga med att inte spilla hydraulolja på lacken.

Montering

10 Placera huvudcylindern (med en ny tätning) där den ska sitta på servoenheten och fäst den med muttrarna åtdragna till rätt moment.

11 Montera bromsrören. Dra inte åt anslutningsmuttrarna helt i det här stadiet.

12 Montera tillbaka behållaren.

13 Återanslut behållaren/huvudcylinders elanslutningar.

14 Placera absorberande trasor under bromsrörsanslutningarna på huvudcylindern. Fyll sedan behållaren med ren hydraulolja av angiven typ.

15 Dra åt bromsrörsanslutningarna ordentligt när du kan se att det sipprar ut hydraulvätska.

16 Avsluta med att lufta hydraulsystemet enligt beskrivningen i avsnitt 2.

17 Trycktesta huvudcylindern genom att trycka ner bromspedalen hårt och hålla den nere i 30 sekunder när systemet har luftats. Släpp pedalen och leta efter läckor runt huvudcylinderns röranslutningar.

18 Montering av de återstående komponenterna görs i omvänd ordningsföljd jämfört med demonteringen.

12 Bromspedal –
demontering och montering

Demontering

1 Ta bort klädselpanelen under instrumentbrädan på förarsidan enligt beskrivningen i kapitel 11. I XC90-modellerna kan åtkomsten förbättras genom att rattstången lossas vid den nedre klämskruven och genom att stången flyttas åt sidan.

2 Lossa anslutningskontakten från bromspedalbrytaren och (i förekommande fall) bromspedallägesgivaren samt lossa

12.2a Ta bort och kassera fäststiftet till bromspedalens servostång (se pil)

12.2b Ta bort låsringen (se pil) och tryck ut stiftet i XC90-modeller

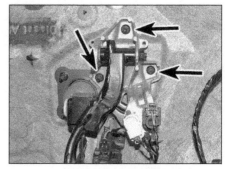

12.3 Fästmuttrar bromspedal XC60 (se pilar)

fästklämman och lossa servons stötstång från pedalen **(se bilder)**.

3 Skruva loss de muttrar som håller fast pedalbygeln på bromsservon **(se bild)**. Observera att i en del XC60-modeller är det nödvändigt att ta bort instrumentpanelen (enligt beskrivningen i kapitel 12) för att komma åt pedalboxens övre fäste. För pedalboxen från bilen.

Montering

4 För pedalen på plats. Byt alla fästskruvar och dra åt till angivet moment.
5 Återanslut servons stötstång till pedalen och fäst den med fästklämman.
6 Montera tillbaka instrumentbrädans klädselpanel.
7 Kontrollera funktionen hos bromsljuset.

13 Vakuumservo –
demontering och montering

Demontering

1 Lossa batteriets jordledning (se kapitel 5), trampa sedan ner bromspedalen flera gånger för att släppa ut eventuellt vakuum som finns i servoenheten.
2 Ta bort huvudcylindern enligt beskrivningen i avsnitt 11.
3 Lossa vakuumslangen från servon och

lossa alla anslutningskontakter och notera deras monterade positioner.
4 Ta bort klädselpanelen under instrumentbrädan på förarsidan enligt beskrivningen i kapitel 11.
5 Följ det tillvägagångssätt som beskrivs i avsnitt 12 och ta bort pedalboxenheten delvis. Pedalboxen behöver inte tas bort från bilen.
6 För bort vakuumservon från utjämningskammaren.

Montering

7 Monteringen utförs i omvänd ordningsföljd. Tänk på följande:
a) Se till att tätningen är på plats innan servon monteras.
b) De muttrar som håller fast servon på mellanväggen ska bytas. Dra åt alla muttrar och skruvar till angivet moment.
c) Montera tillbaka huvudcylindern enligt beskrivningen i avsnitt 11.
d) Kontrollera och lyfta hydraulsystemet enligt beskrivningen i avsnitt 2 när arbetet har slutförts.

14 Handbromsställdon –
demontering och montering (endast XC60)

1 Lossa de bakre hjulskruvarna och klossa sedan framhjulen. Lyft upp bakvagnen och ställ den på pallbockar (se *Lyftning och stödpunkter*). Demontera bakhjulen.

2 Aktivera handbromsens serviceläge (se avsnitt 5).
3 Lossa anslutningskontakten från ställdonet **(se bild)**.
4 Skruva loss de 2 skruvarna och ta bort ställdonet från bromsoket **(se bild)**.
5 Monteringen utförs i omvänd ordningsföljd jämfört med demonteringen. Deaktivera handbromsens serviceläge.

15 Handbromskontakt –
demontering och montering (endast XC60)

1 Kontakten är placerad till höger om ratten, under huvudljuskontakten.
2 För att ta bort den skruvar du loss de 2 skruvarna och tar bort klädselpanelen som innehåller kontakten. Skruva loss anslutningskontakten när panelen tas bort **(se bild)**.
3 Monteringen sker i omvänd ordning jämfört med demonteringen.

16 Handbromsmodul –
demontering och montering (endast XC60)

1 Modulen är placerad bakom klädselpanelen på vänster sida i bagageområdet. Ta bort panelen enligt beskrivningen i kapitel 11.

14.3 Handbromsställdonets anslutningskontakt

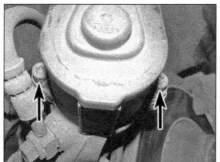

14.4 Skruva loss de två skruvar som håller fast ställdonet (se pilar)

15.2 Ta bort skruvarna och lossa sedan anslutningskontakten (se pil)

16.2 Lossa anslutningskontakten

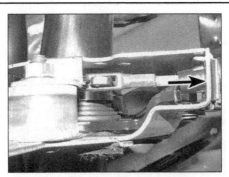

17.8 Ta bort låsringen (se pil)

2 Skruva loss de 2 skruvarna, lossa anslutningskontakten **(se bild)** och ta bort styrmodulen.

3 Monteringen utförs i omvänd ordningsföljd jämfört med demonteringen. Om en ny styrenhet har monterats måste lämplig programvara hämtas från Volvo och installeras. Arbetet bör överlåtas till en Volvo-återförsäljare eller lämpligt utrustad specialist.

17 Parkeringsbromsvajrar – demontering, montering och justering (endast XC90)

Demontering

1 Ta bort panelen på mittkonsolens vänstra sida för att komma åt vajerjusteraren.

2 Bänd upp låsringen och vrid den cylindriska justeraren medurs för att lossa vajern.

Främre vajer

3 Ta bort förarsätet enligt beskrivningen i kapitel 11, avsnitt 22. Det behöver inte tas ut från bilen.

4 Ta bort mittkonsolen enligt beskrivningen i kapitel 11, avsnitt 26.

5 Ta bort den nedre klädselpanelen från förarsidans fotutrymme. Lossa anslutningskontakten från lampan när panelen tas bort.

6 Skruva loss ljudanläggningens förstärkare under förarsätet och frigör sedan mattan från förarsidans fotutrymme.

7 Ta bort parkeringsbromsspaken enligt beskrivningen i nästa avsnitt.

8 Vänd på spaken, ta bort låsringen och haka loss vajern från spaken **(se bild)**.

9 Lossa de bakre vajrarna från förgreningen

i motsatta änden (se bild) och dra ut vajern under värmepaketet.

10 Vid behov kan även parkeringsbromsens utlösningskabel också tas bort från spaken i detta skede.

11 Ta bort de 2 skruvarna, dra handtaget framåt och haka loss kabeln för att lossa kabeln från utlösningshandtaget som är monterat på instrumentbrädan **(se bilder)**.

Bakre kabel

12 Ta bort mittkonsolen enligt beskrivningen i kapitel 11, avsnitt 26 och haka sedan loss den bakre kabeln från förgreningen.

13 Lyft upp och stötta upp bilens bakvagn (se *Lyftning och stödpunkter* i referensavsnittet). Ta bort bakhjulen.

14 Ta bort parkeringsbromsens bromsbackar enligt beskrivningen i avsnitt 6 i detta kapitel.

15 Haka loss kabelns inre så att det går fritt från beläggförlängaren. Det är nödvändigt att bända upp lokaliseringsspåret i förlängaren något för att lossa kabeln **(se bild)**.

16 Arbeta under bilen och lossa delvis värmeskyddet från växellådstunneln. Lossa och skruva loss kabeln från styrfästbyglarna.

17 Bänd loss kabelns yttre från bromsens bakplatta **(se bild)**.

18 Arbeta inne i bilen, fäst ett starkt snöre på vajrarna och dra dem fria under bilen. Så snart snöret syns ska du lossa det från bilen – snöret ska senare användas för att dra bytesvajrarna på plats.

19 Ta bort vajrarna från bilen. Om de ska monteras tillbaka ska du notera vilken sida de togs bort från när de förs.

17.9 Haka loss de bakre vajrarna (se pilar)

17.11a Ta bort skruvarna ...

17.11b ... och haka loss vajern (se pil) från handtaget ...

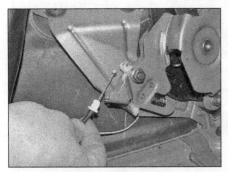

17.11c ... och spaken

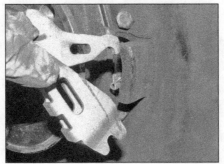

17.15 Lossa förlängaren från vajern

17.17 Bänd upp den yttre vajern från bakplattan

17.22 Ta bort låsringen (se pil)

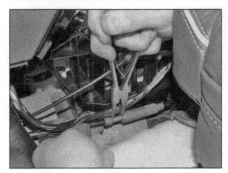
17.25 Justera parkeringsbromsen

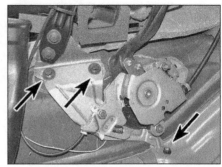
18.2 Ta bort fästskruvarna (se pilar)

Montering

20 Monteringen utförs i omvänd ordning jämfört med demonteringen men tänk på följande:

a) Vid montering av de bakre vajrarna på förlängarens kil måste du se till att de monteras på rätt sätt runt om – vridpunkten måste vara på överdelen.

b) Utför vajerjusteringen enligt informationen nedan.

Justering

Observera: Tidiga modeller är utrustade med ett självjusterande system som ingår i den fotmanövrerade spaken. Om du inte redan har gjort detta ska dessa modeller uppgraderas till den senare specifikationen (manuell justering) enligt beskrivningen nedan.

21 Ta bort panelen från mittkonsolens sida.
22 Om du inte redan har gjort det ska du ta bort låsringen **(se bild)** och lossa vajern genom att vrida den medurs.
23 Vrid cylindern moturs tills spåret för låsringen kommer fram. Montera tillbaka låsringen.
24 Tryck parkeringsbromsen till den första skåran på spärren.
25 Använd en tång för att försiktigt bända isär justerarens delar **(se bild)**. Justeringen

är korrekt när bakhjulen är helt låsta när fotpedalen är på den andra till den femte kuggen på spärrmekanismen.

26 Om nya parkeringsbromsbackar har monterats ska du trampa ner parkeringsbromspedalen till den tredje skåran på spärren och köra långsamt 300 meter. Lossa parkeringsbromsen helt och utför tillvägagångssättet vid justeringen igen om det behövs.

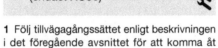
18 Parkeringsbromsspak –
demontering och montering
(endast XC90)

1 Följ tillvägagångssättet enligt beskrivningen i det föregående avsnittet för att komma åt bromsspaken.
2 Ta bort fästskruvarna **(se bild)**, vrid över spaken och lossa kontaktens anslutningskontakt.
3 Lossa vajrarna enligt beskrivningen i föregående avsnitt och ta sedan bort bromsspaken.
4 Monteringen utförs i omvänd ordning jämfört med demonteringen men kom ihåg att utföra vajerjusteringen enligt beskrivningen i avsnitt 17.

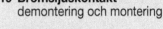
19 Bromsljuskontakt –
demontering och montering

Demontering

1 Se till att tändningen är avstängd.
2 Ta bort klädselpanelen under instrumentbrädan på förarsidan enligt beskrivningen i kapitel 11. I XC60-modellerna är bromsljuskontakten placerad närmast bromspedalen, bredvid bromsdiagnosbrytaren **(se bild)**. Observera att båda enheterna måste tas bort innan bromsljuskontakten kan bytas eller monteras tillbaka.
3 XC90-modellerna har endast en enda brytare monterad **(se bild).**
4 Lossa anslutningskontakterna från brytarna (eller brytaren).
5 I XC60-modellerna ska du ta bort bromsdiagnosbrytaren genom att vrida den moturs och dra ut den från dess plats. Ta sedan bort bromsljusbrytaren genom att vrida den medurs och dra bort den.

Montering

6 Sätt in bromsljuskontakten och vrid den moturs för att låsa den på plats med bromspedalen i viloläge.

19.2 Bromsljuskontakten (se pilar) är placerad till höger om bromspedalen (XC60)

19.3 XC90 bromsljuskontakt

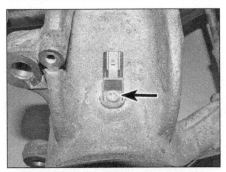

21.2 Den främre ABS-givarens fästskruv (se pil)

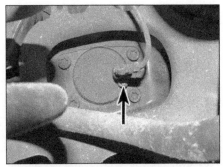

21.4 XC60, 2WD skruv som håller fast den bakre ABS-givaren (se pil)

21.9 Lossa anslutningskontakten (se pil) från hydraulmodulatorns sida

7 Sätt in bromsdiagnosbrytaren och vrid den medurs för att låsa den på plats. Använd ett bladmått för att kontrollera spelet mellan tryckkolven och fästbygeln baktill – gapet ska vara mellan 0,5 och 1,5 mm

8 Återanslut anslutningskontakterna och montera tillbaka de paneler som tagits bort för att komma åt bättre.

20 Låsningsfria bromsar (ABS) – allmän information

Det låsningsfria bromssystemet (ABS) är standardutrustning på alla modeller. Systemet övervakar hjulens rotationshastighet under inbromsning. Om ett hjul plötsligt förlorar fart tyder detta på att det har låst sig vilket leder till att hydraultrycket till det hjulets broms minskas eller avbryts tillfälligt.

Systemets huvudkomponenter är hjulgivarna, den elektroniska styrmodulen (ECM) och den hydrauliska modulatorenheten.

En sensor sitter monterad vid varje hjul tillsammans med ett pulshjul på hjul/drivaxelnavet. Sensorerna registrerar hjulens rotationshastigheter och kan avgöra när det är risk för att ett hjul låser sig (låg rotationshastighet). Hjulsensorerna förser även bilens hastighetsmätare med information.

Informationen från sensorerna skickas till den elektroniska styrenheten, som kontrollerar solenoidventilerna i den hydrauliska modulatorn. Solenoidventilerna begränsar hydrauloljetillförseln till det bromsok som håller på att låsa sig.

Skulle ett fel uppstå i systemet tänder den elektroniska styrenheten en varningslampa på instrumentbrädan och sätter systemet ur funktion. Den normala bromsningen fungerar fortfarande, men utan den låsningsfria funktionen. Om ett fel skulle uppstå lagrar den elektroniska styrenheten en serie signaler (eller felkoder) som sedan kan avläsas med speciell diagnosutrustning (se avsnitt 22).

Den elektroniska bromskraftsfördelningen (EBD) är inbyggd i ABS-systemet och styr hur mycket av bromskraften som ska användas på de främre och bakre hjulen.

På bilar utrustade med antispinnsystem har

ABS-systemet dubbla funktioner. Förutom att övervaka att hjulen inte låser sig vid inbromsning kontrollerar systemet även att hjulen inte börjar spinna vid acceleration. När detta tillstånd uppstår läggs bromsarna på det aktuella hjulet omedelbart an för att minska eller avbryta hjulspinningen. När det spinnande hjulets rotationshastighet är i nivå med de andra hjulen släpper bromsarna. På bilar med stabilitetskontroll används samma givare, solenoider och rör. Fordon är dock även utrustade med en kombinerad girsensor och sidoaccelerationsgivare samt en rattvinkelsensor.

21 Låsningsfria bromsar (ABS), komponenter – demontering och montering

Demontering

Främre hjulsensor

1 Lossa framhjulsskruvarna på det aktuella hjulet och klossa bakhjulen. Lyft upp framvagnen och ställ den på pallbockar (se *Lyftning och stödpunkter*). Ta bort hjulet.

2 Skruva loss den skruv som håller fast givaren på hjulspindeln **(se bild)** och lossa anslutningskontakten. Ta bort givaren och lossa kablaget från eventuella fästbyglar.

Bakre hjulsensor

3 Lossa bakhjulsskruvarna på det aktuella hjulet och klossa framhjulen. Lyft upp bakvagnen och ställ den på pallbockar (se *Lyftning och stödpunkter*). Ta bort hjulet.

4 Skruva loss den skruv som håller fast givaren på hjulspindeln **(se bild)** och lossa anslutningskontakten. Ta bort givaren och lossa kablaget från eventuella fästbyglar.

Hydraulisk modulator

Observera: *Se varningen i början av avsnitt 2 angående farorna med hydraulolja, innan arbetet påbörjas.*

XC60

5 Ta bort batteriet och batterihyllan enligt beskrivningen i kapitel 5. Skruva loss fästskruvarna och ta bort fästbygeln under batterilådan om en sådan finns.

6 Ta bort utjämningskåpan enligt beskrivningen i kapitel 12, avsnitt 18.

7 Torka rent alla bromsrörsanslutningar på hydraulmodulatorn. Placera absorberande trasor under röranslutningarna för att samla upp eventuellt spilld vätska.

8 Innan du lossar vätskerören från hydraulmodulatorn ska du märka ut deras placering (t.ex. genom att linda etiketter runt rören). Skruva loss anslutningsmuttrarna från bromsrören på hydraulmodulatorns överdel. Ta försiktigt bort rören och täck över de öppna anslutningarna och rörändarna.

9 Lossa kontaktdonets låsklämma och lossa anslutningskontakten på modulatorns sida **(se bild)**.

10 Skruva loss de skruvar som håller fast hydraulmodulatorns fäste på mellanväggen. Flytta kablaget åt sidan och lyft ut modulatorenheten och fästbygeln.

11 Observera att modulatorn är en tätad precisionsenhet och att den inte under några omständigheter får demonteras. Om enheten utsätts för stötar eller tappas måste den bytas. Om en ny enhet monteras ska du inte ta bort eventuella täckpluggar förrän rören är redo för anslutning.

XC90

12 Lossa batteriet enligt beskrivningen i kapitel 5.

13 Demontera luftfilterhuset enligt beskrivningen i kapitel 4A.

14 Ta bort strömförsörjningskablarna från säkringsdosan, koppla loss det elektriska kontaktdonet **(se bild)** och lyft sedan upp och flytta säkringsdosan åt ena sidan.

21.14 Lossa anslutningskontakten

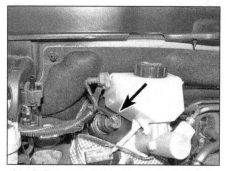

21.19 Bromspedalens lägesgivare (se pil)

15 Innan du lossar vätskerören från hydraulmodulatorn ska märka ut deras placering (t.ex. genom att linda etiketter runt rören). Skruva loss anslutningsmuttrarna från bromsrören på hydraulmodulatorns överdel. Ta försiktigt bort rören och täck över de öppna anslutningarna och röränderna.

16 Lossa kontaktdonets låsklämma och lossa anslutningskonkten på modulatorns sida.

17 Ta bort de 3 fästskruvarna från stödfästbygeln och lyft sedan ut modulatorn. Ta alternativt bort stödfästbygeln och separera sedan modulatorn på bänken.

Bromspedalens lägesgivare

18 Tryck ner bromspedalen ett par tre gånger för att häva vakuumet i servoenheten.

19 Observera att en del modeller har 2 givare monterade. Lossa anslutningskontakten från pedalgivaren som är placerad på vakuumservoenhetens främre yta **(se bild)**.

20 Öppna låsringen och dra bort givaren från servon. Ta loss O-ringen och distansbrickshylsan från givaren i förekommande fall.

Montering

21 Monteringen sker alltid i omvänd ordning. Observera dock följande punkter:

a) Ta bort all smuts från hjulgivarna och fästenas placeringar före monteringen med en fast borste.

b) Lufta hydraulsystemet enligt beskrivningen i avsnitt 2 när den hydrauliska modulatorn har återmonterats.

c) Använd en ny O-ring på bromspedalens lägesgivare, och se till att den färgkodade distanshylsan överensstämmer med servoenhetens färgkod.

22 Låsningsfria bromsar (ABS) – feldiagnos

Allmän information

1 Systemet med låsningsfria bromsar har ett sofistikerat självdiagnossystem som underlättar felsökning och test av systemet. Om ett fel skulle inträffa, finns en serie signaler (eller felkoder) lagrade i styrmodulen. Dessa kan avläsas via diagnoskontakten som sitter under instrumentbrädan, ovanför pedalerna på förarsidan (se bild).

2 Vid problem kan diagnossystemet användas för att hitta problemområdena. Men detta kräver tillgång till specialutrustning. När detta har gjorts kan ytterligare test behövas för att avgöra felets exakta natur. Det vill säga om det är fel på själva komponenten eller om det är ett fel i kablarna eller något annat besläktat problem. För alla kontroller utöver visuella kontroller av kablage och anslutningar behövs åtminstone en felkodsläsare. En Volvo-återförsäljare har med säkerhet sådana mätare, men de finns också att köpa från andra återförsäljare. Det är knappast lönsamt för en privatperson att köpa en felkodsläsare, men välutrustade garage eller specialister på bilars elsystem brukar vara utrustade med en.

Preliminära kontroller

Observera: *Tänk på att om felet uppstått bara en kort tid efter att någon del av bilen har fått service eller renovering, är det här man måste börja söka. Hur ovidkommande det än kan verka bör man se till att det inte är någon del som monterats tillbaka slarvigt som orsakar problemet.*

Observera: *Kom ihåg att eventuella felkoder som har loggats måste rensas från styrmodulens (ECM) minne med hjälp av en dedicerad felkodsläsare (se avsnitt 2) innan du kan vara säker på orsaken till att felet har avhjälpts.*

3 Kontrollera vilket skick batterianslutningarna är i – gör om anslutningarna eller byt ledningarna om det förekommer fel. Använd samma teknik för att se till att alla jordpunkter i motorrummet ger god elektrisk kontakt, att kontaktytorna mellan metall och metall är rena, samt att de är ordentligt fästa.

4 Arbeta sedan metodiskt runt motorrummet och kontrollera allt synligt kablage och anslutningarna mellan kablagets delar. Det du letar efter är kablage som är uppenbart skadat genom att det skavt mot vassa kanter eller rörliga delar i fjädringen/växellådan och/eller drivremmen. Kablarna kan också ha klämts mellan slarvigt monterade delar eller smält genom att de kommit i kontakt med heta motordelar, kylrör etc. I nästan alla fall orsakas skador av denna typ i första hand av inkorrekt dragning vid hopsättning efter det att tidigare arbete har utförts (se noteringen i början av detta underavsnitt).

5 Ledningar kan gå sönder eller kortslutas inne i isoleringen så att det inte finns några synliga bevis på felet men detta förekommer vanligtvis endast om kablaget har dragits felaktigt så att det har sträckts för mycket eller böjs kraftigt. EttderaBägge dessa tillstånd bör vara uppenbara vid till och med en snabb kontroll. Om detta tros ha hänt och om felet visar sig vara svårt ska den misstänkta delen av kablaget kontrolleras väldigt noggrant under de mer detaljerade kontroller som följer.

6 Beroende på problemets storlek kan skadade kablar repareras genom sammanfogning eller splitsning med en bit ny kabel, med lödning för att försäkra en god anslutning och sedan ny isolering med isoleringstejp eller krympslang. Om skadan är omfattande och kan påverka bilens fortsatta pålitlighet är den bästa lösningen på lång sikt att byta ut hela kabelsektionen, även om det kan verka dyrt.

7 När den faktiska skadan har reparerats, se till att kablaget dras korrekt vid monteringen så att det inte vidrör andra delar, inte är sträckt eller veckat samt att det hålls undan med hjälp av de plastklämmor, guider och fästband som finns till hands.

8 Kontrollera alla elanslutningar och se till att de är rena och ordentligt fastsatta, samt att vart och ett hålls på plats med motsvarande plastflik eller kabelklämma. Om något kontaktdon visar yttre tecken på korrosion (ansamlingar av vita eller gröna avlagringar, eller rostränder) eller är smutsigt, ska det kopplas loss och rengöras med rengöringsmedel för elektriska kontaktdon. Om kontaktstiften är kraftigt korroderade måste kontaktdonet bytas; observera att detta kan betyda att hela den biten av kablaget måste bytas.

9 Om rengöringen helt tar bort korrosionen och kontaktdonet är i önskat skick, är det bra att slå in kontaktdonet i ett lämpligt material som skyddar det mot smuts och fukt och hindrar att korrosion uppstår igen en Volvo-verkstad kan rekommendera någon passande produkt.

10 Arbeta metodiskt runt motorrummet, kontrollera omsorgsfullt att alla vakuumslangar och vakuumrör är ordentligt fastsatta och korrekt dragna, utan tecken på sprickor, skador eller försämring som kan leda till luftläckor eller slangar som har fastnat, böjts eller böjts tillräckligt mycket för att hindra luftflödet. Kontrollera extra noga vid alla anslutningar och skarpa böjar och byt skadade eller deformerade slangar.

11 Kontrollera bromsledningarna och byt alla som upptäcks läcka, vara korroderade eller krossade. Kontrollera särskilt de böjliga slangarna vid bromsoken.

12 Det går att göra ytterligare en kontroll av de elektriska anslutningarna genom att vicka på varje elektriskt kontaktdon i systemet i tur och ordning när motorn går på tomgång. Ett defekt kontaktdon avslöjas omedelbart genom motorns (eller en varningslampas) reaktion när kontakten bryts och upprättas igen. Ett defekt kontaktdon ska bytas för att säkerställa systemets framtida tillförlitlighet. Observera att detta kan betyda att hela den biten av kablaget måste bytas.

13 Se till att kablaget och anslutningarna till hjulgivarna kontrolleras grundligt – hjulgivarna utsätts för vatten, vägsalt och allmän smuts och de är ofta orsaken till att ABS-varningslampan tänds.

14 Om de preliminära kontrollerna har misslyckats med att avslöja felet måste bilen tas till en Volvo-verkstad eller en lämpligt utrustad verkstad för ett diagnostiskt test med hjälp av elektronisk testutrustning.

23.4 Vakuumpumpens fästskruvar (se pilar)

23.5a Byt vakuumpumpens O-ringar (se pilar)

23.5b Se till att drivtapparna hakar i spåren i änden av avgaskamaxeln

23 Vakuumpump – demontering och montering

Demontering

1 Dra plastkåpan på motorns ovansida rakt uppåt från dess fästen.

2 Ta bort batteriet och batterilådan enligt beskrivningen i kapitel 5.
3 Notera hur de är placerade och lossa vakuumslangarna från pumpen.
4 Skruva loss fästskruvarna och ta bort pumpen från topplocket **(se bild)**. Var beredd på spill. Kasta O-ringstätningarna, nya tätningar måste användas vid monteringen. Ingen isärtagning av pumpen rekommenderas.

Montering

5 Montera nya O-ringstätningar på pumpens fogyta och passa in pumpens drivtappar i spåren i änden av avgaskamaxeln och sätt dit pumpen på topplocket – dra åt skruvarna till angivet moment **(se bild)**.
6 Återstoden av monteringen utförs i omvänd ordning jämfört med demonteringen.

Kapitel 10
Fjädring och styrning

Innehåll

Svårighetsgrader

Enkelt, passar novisen med lite erfarenhet	Ganska enkelt, passar nybörjaren med viss erfarenhet	Ganska svårt, passar kompetent hemmamekaniker	Svårt, passar hemmamekaniker med erfarenhet	Mycket svårt, för professionell mekaniker

Specifikationer

Framhjulsupphängning

Typ .... Oberoende, med MacPherson-fjäderben med spiralfjädrar och teleskopiska stötdämpare. Krängningshämmare finns på alla modeller

Bakhjulsupphängning

Typ .... Helt oberoende, med flera länkar med spiralfjädrar monterade över hydrauliska teleskopstötdämpare. Krängningshämmare finns på alla modeller

Styrning

Typ .... Servoassisterad kuggstångsstyrning
Typ av servoolja .... Se *Smörjmedel och vätskor*

Hjulinställning och styrvinklar

	XC60	XC90
Framhjul:		
Cambervinkel	-0°38' ± 38'	0°15' ± 30'
Axellutning	3,0° 40' ± 30'	4° 42' till 5°42'
Toe-in	0°12' ± 06' toe-in	0°09' 36"± 30' toe-out
Bakhjul:		
Cambervinkel	0°12' ± 06'	-0° 20' ± 30'
Toe-in	-0°41' ± 30' toe-in	0°18'± 6' toe-in

Däck

Däcktryck .... Se etikett på förarsidans B-stolpe
Däckstorlekar (beroende på modell, marknad och område) .... 195/65 R 15, 205/65 R 16, 215/55 R 16, 225/45 R 17, 235/40 R 18 och T125/80 R 17 (nödhjul)

Åtdragningsmoment

Nm

Framhjulsupphängning

ABS-hjulsensor	Se kapitel 9
Drivaxelskruv	se kapitel 8
Fjädringsben på nav *	
XC60	110
XC90:	
Steg 1	105
Steg 2	Vinkeldra ytterligare 75°
Fjädringsbenets övre fäste på karossen*	
XC60	30
XC90	25
Främre och bakre fästskruvar på hjälpramen:*	
XC60:	
Bakre skruvar (M8)	24
Huvudskruvar	
Steg 1	150
Steg 2	Vinkeldra ytterligare 90°
XC90:	
Skruvar till fästbygel	50
Huvudskruvar	
Steg 1	105
Steg 2	Vinkeldra ytterligare 120°
Fästskruvar till kulled (i vridnav, endast XC90)	50
Hjälpramens främre tvärbalk och stödfästbyglar (XC60)	100
Klämskruvar till krängningshämmare	
XC60	175
XC90 (M10)	50
Krängningshämmarens dropplänk till fjäderbenet*	
XC60	60
XC90 (M12)	90
XC90	50
Krängningshämmarens dropplänk till krängningshämmaren*	
XC60	70
XC90	60
Mutter till fjädringsbenets kolv*	
XC60	50
XC90	70
Mutter till navets kulled på styrarmen*	
XC60	110
XC90:	
På navet	50
På styrarmen	100
Skruvar mellan kulled och vridnav*	
XC60	110
XC90	100
Skruvar till bromsokets fästbygel	Se kapitel 9
Styrarm på hjälpram:*	
XC60:	
Främre skruv:	
Steg 1	140
Steg 2	Vinkeldra ytterligare 45°
Bakre skruvar	175
XC90:	
Främre skruv (M12)	
Steg 1	65
Steg 2	Vinkeldra ytterligare 90°
Bakre skruv (M14)	
Steg 1	105
Steg 2	Vinkeldra ytterligare 90°

Bakhjulsupphängning

Bromsoksskruvar	se kapitel 9
Hjälpramens fästskruvar*	
XC60	110
XC90	100
Klämskruvar mellan krängningshämmare och hjälpram	
XC60	50
XC90	80
Krängningshämmarens dropplänk på krängningshämmaren	
XC60	15
XC90	80
Nav på länkarm*	
XC60	110
XC90 (M12).	80
Nav på övre arm	
XC60	180
XC90 (M12).	80
Nav till länkarm (XC60)	180
Navlager på nav*	
XC60	110
XC90 (M12)	
Steg 1	20
Steg 2	45
Steg 3	Vinkeldra ytterligare 60°
Nedre länkarm på hjälpram (XC60)	90
Parallellstag (XC90)	80
Sidolänkarm (CX90)	80
Skruvar till styrstag (XC60, båda skruvarna)*	110
Stötdämpare:	
XC60:	
Nedre fästskruv.	175
Nedre fästskruv (M16).	280
Övre fästskruvar	30
XC90:	
Nedre fästskruv.	80
Övre fästskruv.	60
Övre styrarm på hjälpram (XC60)	110

Styrning

Klämskruvar till styraxelns universalled*	
XC60	25
XC90	32
Muttrar/skruv kuggstång på hjälpram*	
XC60	140
XC90	50
Parallellstagets låsmuttrar	90
Rattskruv*	
XC60	48
XC90	
Steg 1	30
Steg 2	Vinkeldra ytterligare 30°
Rattstångens fästskruvar	24
Servostyrningspumpens fästskruvar	24
Servostyrningsrör på kuggstång	18
Styrstagsändens spindelledsmuttrar*	
XC60	80
XC90	
Steg 1	50
Steg 2	Vinkeldra ytterligare 35°

Hjul

Hjulskruvar	140

* Återanvänds inte. Volvo anger att om ett fäste kräver vinkelåtdragning måste det alltid bytas. Alla fästen som hålls fast med en gänglåsmassa måste också bytas. Muttrar med en nyloninsats måste alltid bytas.

2.2 Skruva loss drivaxelskruven

2.8 Dra hjulspindeln neråt från fjädringsbenets nederkant med skruven borttagen

XC60-modellerna

7 Ta bort den nedre klämskruven och dra bort länkarmen från navet (med en lång hävarm). Det kan vara nödvändigt att använda en trubbig mejsel för att öppna den nedre klämman på navet något.

8 Ta bort den skruv som håller fast hjulspindeln på fjäderbenet och dra hjulspindeln neråt från stötdämparen. Observera i vilken riktning skruven är insatt – framifrån **(se bild)**.

9 Sväng hjulspindelenheten utåt och ta bort drivaxeln från navflänsen. Stötta upp drivaxeln genom att fästa den på fjädringsbenet med ett kraftigt snöre.

10 Med hjulspindeln borttagen går det att trycka ut lagret från dess placering. Observera att denna uppgift (och efterföljande byte av lagret) kräver användning av en hydraulisk press och specialverktyg (Volvos artikelnummer 9997090, 9995686, 9997296 och 9997295). Låt en Volvo-verkstad eller lämpligt utrustad verkstad ta hand om detta arbete.

XC90-modellerna

11 Mät och notera avståndet från fjäderbenets bakre del till navets främre del innan navet tas bort **(se bild)**. Skriv ner måttet för att säkerställa att hjulets cambervinkel kan behållas när navet sätts ihop igen. Observera att detta tillvägagångssätt *kanske* inte är nödvändigt för senare modeller eftersom de inte verkar ha någon metod för justering.

12 Ta bort muttern från kulleden och använd en kulledsdelare för att skilja navet från styrarmen. Bänd ner styrarmen, dra navet utåt och lossa den tidigare lossade drivaxeln från navet **(se bild)**.

13 Om det endast är hjullagret som kräver uppmärksamhet går det nu att ta bort navets 4 fästskruvar **(se bild)**.

14 Ta bort skruvarna som håller fast fjäderbenet på navet och ta bort vridnavsenheten från bilen.

15 Det går nu att byta kulleden med vridnavsenheten på bänken enligt beskrivningen i avsnitt 3.

1 Allmän information

Den oberoende framhjulsupphängningen är av typen MacPherson fjäderben, med spiralfjädrar och inbyggda teleskopiska stötdämpare. Benen hålls på plats av tvärställda styrarmar, som är anslutna till den främre hjälpramen med gummibussningar vid deras inre ändar, och som har en spindelled i sina yttre ändar. Hjulspindel som håller fast navlagren, bromsoken och naven/skivorna, är fastskruvade vid MacPherson-benen, och anslutna till styrarmarna via spindellederna. Alla modeller har en främre krängningshämmare, som är ansluten till hjälpramen och MacPherson-benen via länkarmar.

Bakfjädringen är av den helt fristående multilinktypen och består av en övre och en nedre länkarm som är fästa med gummibussningar på hjulspindeln och den bakre hjälpramen. Hjulspindeln hålls på plats av en sidolänkarm och ett övre stag på varje sida. Spiralfjädrar är monterade mellan den nedre länkarmen och bilens kaross och det finns hydrauliska stötdämpare.

Kuggstångsstyrning med servo är standardutrustning. Servoassistansen ordnas av en hydraulisk pump som är remdriven från vevaxelremskivan på alla modeller utom nyare XC60-modeller. I dessa modeller tillhandahålls servo från en elektrohydraulisk servostyrningspump (EHPS).

2 Framhjulsnav och lager – demontering och montering

Observera: *I XC90-modellerna är lagret en del av navenheten.*

Demontering – alla modeller

1 Lossa det aktuella framhjulets skruvar, lyft sedan upp bilens framvagn och stötta den på pallbockar (se *Lyftning och stödpunkter*). Ta bort framhjulet.

2 Låt en medhjälpare trampa ner bromspedalen för att förhindra att navet roterar och lossa sedan den skruv som håller fast drivaxeln på navet delvis. Lossa drivaxeln i navet genom att trycka (eller knacka) skruven och drivaxeln inåt. Ta bort skruven helt **(se bild)** och kassera den. En ny måste användas för monteringen.

3 Ta bort bromsoket och bromsskivan enligt beskrivningen i kapitel 9. Observera att nya skruvar krävs vid monteringen.

4 Skruva loss och ta bort dammskyddet och ta sedan bort ABS-givaren. Lossa givarens kablage från stödfästbyglarna och flytta det år ena sidan.

5 Lossa krängningshämmarens droppplänk från styrarmen. Använd en nyckel av torxtyp för att hålla emot den koniska drivknuten. Upprepa tillvägagångssättet för styrstagsänden. Använd en kulledsdelare för att separera styrstagsänden från styrarmen.

6 Lossa styrarmen för strålkastarnivån om en sådan finns.

Montering

16 Med det nya lagret på plats och före monteringen tar du bort alla spår av metallfästmedel, rost, olja och smuts från räfflorna och gängorna på drivaxelns yttre drivknut.

2.11 Mät avståndet mellan fjäderbenets bakre del och navets främre del

2.12 Ta bort drivaxeln

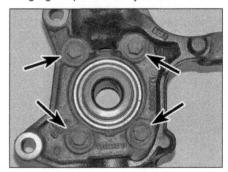

2.13 Ta bort navskruvarna (se pilar)

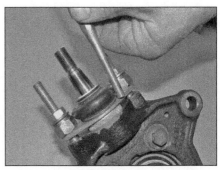

3.2 Arbeta med en dorn runt kulleden för att ta bort den

3.4a Dra åt muttrarna försiktigt ...

3.4b ... samtidigt som du driver fast kulleden

17 Montera tillbaka länkarmens kulled först, använd sedan en kraftig metallstång för att bända ner länkarmen och montera tillbaka drivaxeln baktill på navet. Montera tillbaka navet på fjädringsbenets nederkant. I XC60-modellerna måste du se till att fliken baktill på fjäderbenet går i ingrepp med spåret i navet när det monteras tillbaka.

18 I XC90-modellerna ska du montera navet på fjäderbenet och justera navet till det mätvärde som noterades tidigare innan du drar åt skruvarna helt.

19 Resten av monteringen utförs i omvänd ordning mot demonteringen. Tänk dock på följande:

a) Se till att navets och bromsskivans fogytor är helt rena och montera tillbaka skivan med inpassningsmarkeringarna inpassade.

b) Låt en Volvo-verkstad eller en lämpligt utrustad specialist kontrollera och justera framhjulsupphängningen.

c) Smörj drivknutens gängor och drivaxelns fästskruv med motorolja före monteringen av skruven. En ny skruv ska användas.

d) Dra åt alla muttrar och skruvar till angivet moment (se kapitel 9 för broms-komponenternas åtdragningsmoment).

3 Kulled till framhjulsnavet – demontering och montering (endast XC90-modellerna)

Observera: I XC60-modellerna är framhjulsupphängningens kulled en del av den nedre länkarmen. Om kulleden är sliten måste hela armen bytas.

Demontering

1 Ta bort vridnavsenheten enligt beskrivningen i avsnitt 2.

2 Ta bort fästskruvarna och använd en lämplig dorn för att ta bort kulleden med navet på bänken (se bild).

Montering

3 Använd en lämplig stålborste och rengör huset i navet och applicera sedan universalfett i huset.

4 Volvo använder specialverktyg (9995781 och 9995796) för att montera den nya kulleden. Dessa verktyg är styrsprintar och

en dorn som gör det möjligt att driva fast kulleden med korrekt inriktning. Vi använde 2 längder av gängat stag och lämpliga hylsor – rörkopplingar i vårt fall – och vi använde dessa för att rikta in kulleden när vi försiktigt drev fast den med hjälp av en kombination av en dorn och åtdragning av muttrarna på det gängade staget (se bilder).

5 Montera de nya skruvarna, dra åt dem till angivet moment och montera sedan tillbaka navet på bilen. Montera en ny mutter på kulleden. Observera att detta ska följa med utbyteskulleden.

4 Främre fjäderben – demontering och montering

Demontering

1 Lossa de relevanta framhjulsskruvarna. Klossa bakhjulen och dra åt handbromsen och lyft sedan upp framvagnen och ställ den på pallbockar (se Lyftning och stödpunkter). Ta bort hjulet.

2 Ta bort ABS-hjulsensorns kablage från vridnavet.

3 Skruva loss fästmuttern och separera krängningshämmarens dropplänk från fästbygeln på fjädringsbenet. Använd en torx-nyckel för att hålla emot muttern (se bild). Kassera muttern, en ny måste monteras.

XC60-modellerna

4 Låt en medhjälpare lägga på bromsarna och ta sedan bort drivaxelns mutter.

4.3 Skruva loss den mutter (se pil) som håller fast krängningshämmarens dropplänk på fjädringsbenet

5 Skruva loss den nedre länkarmens kulled på navet – enligt beskrivningen i avsnitt 6.

6 Frigör navenheten delvis från drivaxeln så att navet går fritt från länkarmens kulled.

7 Placera en domkraft under navet och lyft upp domkraften så att den är alldeles under navet.

8 Skruva loss klämskruven som håller fast fjädringsbenet på navet. Använd vid behov en trubbig mejsel för att öppna klämman något och sedan driva ut navet från fjäderbenet med en mjuk hammare. Stötta upp navet på garagedomkraften och se till att den böjliga bromsslangen inte sträcks. Fäst navet på hjälpramen med ett snöre om det behövs.

9 Arbeta inifrån motorrummet och ta bort utjämningskammarens kåpa och ta sedan delvis bort de tre skruvar som håller fast fjäderbenets övre fäste på karossen – försök inte lossa centrummuttern (se bild). Låt en medhjälpare stötta upp fjäderbensenheten och ta sedan bort muttrarna helt. Ta bort fjäderbensenheten från hjulhuset.

XC90-modellerna

10 Mät avståndet mellan navet och fjäderbenets bakre del enligt beskrivningen i avsnitt 2 (se bild 2.11).

11 Notera navets inriktning mot fjäderbenets muttrar och skruvar och ta sedan bort dem. Bänd loss fjäderbenet från navet och se till att drivaxeln inte rubbas eller att den böjliga bromsslangen inte sträcks.

12 Arbeta under motorhuven och ta delvis bort de tre skruvar som håller fast fjäderbenets övre fäste på karossen – försök inte lossa centrummuttern. Låt en medhjälpare stötta upp

4.9 Fjädringsbenets övre fästskruvar (se pilar)

5.2 Lossa fjädringsbenets fästmutter ett halvt varv och håll kolvstången med en torxbits

5.3 Montera fjäderkompressorerna (XC60-modellen visas)

5.4a Ta bort kolvmuttern

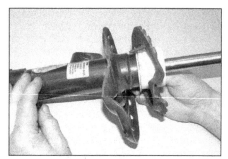

5.4b Med det övre fästet och spiralfjädern borttagna går det att ta bort gummifästet

5.4c Om det behövs kan damasken separeras från det övre fästet ...

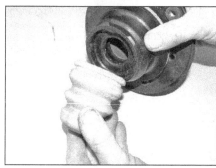

5.4d ... och stoppklacken kan tas bort

fjäderbensenheten och ta sedan bort muttrarna helt. Ta bort fjäderbensenheten från hjulhuset.

Montering

13 Monteringen utförs i omvänd ordningsföljd jämfört med demonteringen men tänk på följande:

a) Se till att ABS-sensorn och sensorns plats i hjulspindeln är helt rena före monteringen.

b) Dra åt alla muttrar och skruvar till angivet moment, med nya muttrar/skruvar vid behov.

c) Låt en verkstad eller lämpligt utrustad specialist utföra en kontroll av fjädringens geometri.

5 Främre fjäderben – isärtagning, kontroll och hopsättning

⚠ **Varning: Innan fjäderbenet kan demonteras måste ett passande verktyg för komprimering av spiralfjädern anskaffas. Justerbara spiralfjäderkompressorer som kan fästas säkert på fjädrarna kan enkelt införskaffas, och rekommenderas starkt. Alla försök att ta isär fjäderbenet utan ett sådant verktyg innebär stora risker för materiella skador och/eller personskador.**

Isärtagning

1 Demontera benet enligt beskrivningen i avsnitt 3.

2 Lossa fjäderbenets fästmutter 1/2 varv samtidigt som du håller den utstickande delen

av kolvstången med en torxbits **(se bild)**. Ta inte bort muttern på det här stadiet.

3 Montera fjäderkompressorer på spiralfjädrarna och dra åt kompressorerna tills belastningen försvinner från fjädersätena **(se bild)**.

4 Ta bort kolvmuttern, det övre lagret och damasken följt av fjädern och fjäderns nedre gummifäste i XC60-modellerna. Fjäderns övre gummifäste kan tas bort och damasken separeras från det övre fästet om det behövs **(se bilder)**.

5 Ta bort den övre muttern, täckplattan och sedan det övre fästet i XC90-modellerna. Ta bort den sekundära muttern som nu exponeras och ta sedan bort fjäderns övre säte **(se bilder)**. Ta bort fjädern och om det behövs damasken.

Kontroll

6 Med benet nu helt isärtaget, undersök alla delar och leta efter tecken på slitage, skador eller deformering. Byt alla delar som behöver bytas.

5.5a Ta bort den sekundära muttern ...

7 Undersök stötdämparen och leta efter tecken på läckage och undersök benets kolv efter tecken på punktkorrosion längs hela dess längd. Testa stötdämparens funktion när du håller den upprätt genom att röra kolven ett helt slag och sedan korta slag om 50 till 100 mm. I bägge fallen ska motståndet vara jämnt och kontinuerligt. Om motståndet är hoppigt eller ojämnt, eller om det finns synliga tecken på slitage eller skada, måste stötdämparen bytas ut.

8 Om några tveksamheter föreligger vad gäller spiralfjäderns kondition, lossa fjäderkompressorn gradvis och undersök fjädern efter tecken på deformering och sprickbildning. Eftersom ingen minsta fria längd anges av Volvo, är det enda sättet att kontrollera fjäderns spänst att jämföra den med en ny. Byt fjädern om den är skadad eller deformerad, eller om det föreligger några tveksamheter om dess kondition. Observera att fjädrar alltid ska bytas parvis.

9 Om en ny stötdämpare ska monteras, håll

5.5b ... och sedan fjädersätet

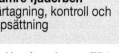

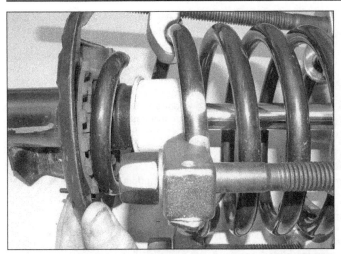

5.10a Se till att fjädern är helt hoptryckt innan den återmonteras och att fjäderändarna är korrekt placerade i sina gummifästen

5.10b Vid monteringen av det övre fästet måste du se till att de två plasttapparna (se pilar) är inriktade mot varandra

den lodrätt och pumpa med kolven ett par gånger. Byt alltid stötdämpare parvis.

Hopsättning

10 Hopsättningen sker i omvänd ordning jämfört med isärtagningen, men se till att fjädern är helt hoptryckt innan den sätts på plats. Se till att fjäderändarna är korrekt placerade i det övre och nedre sätet och att de två plasttapparna i XC60-modellerna är inriktade (se bilder). Dra åt fästmuttern till stötdämparkolven och fjäderbenets fästmuttrar till angivet moment.

6 Främre styrarm –
demontering, renovering och montering

Demontering

1 Lossa de relevanta framhjulsskruvarna. Klossa bakhjulen och dra åt handbromsen, och lyft sedan upp framvagnen och ställ den

på pallbockar (se *Lyftning och stödpunkter*). Ta bort hjulet, lossa sedan skruvarna och ta bort motorns undre skyddskåpa.
2 Lossa och ta bort skruven som håller fast drivaxeln på navet. Låt en medhjälpare trycka ner bromspedalen för att hindra navet från att rotera. Kassera skruven, en ny måste användas.
3 Följ det tillvägagångssätt som beskrivs i avsnitt 2 i detta kapitel och lossa kuledens kon från navet. Dra bort navet från drivaxeln.
4 Skruva loss länkarmen till körhöjdsgivaren från styrarmen i förekommande fall.
5 Skruva loss de skruvar som håller fast styrarmen på hjälpramen och ta bort armen (se bilder).

Översyn

6 Rengör länkarmen och området runt länkarmens fästen ordentligt. Undersök armen och leta efter tecken på sprickor, skador eller deformering, och kontrollera de inre pivåbussningarna noggrant efter tecken på svällning, sprickor eller åldrande av gummit.

7 Om någon av bussningarna kräver byte ska arbetet utföras av en Volvoverkstad eller annan lämpligt utrustad specialist. En hydraulpress och passande mellanläggsbrickor krävs för att demontera och sätta tillbaka bussningarna, och en positionsmätare krävs för noggrann placering av bussningarna i armen.
8 Om kulleden är sliten i XC60-modellerna måste hela styrarmen bytas eftersom Volvo inte tillhandahåller kulleden som en separat komponent. En reservdelsleverantör kan dock ha med kulleden som en separat artikel.

Montering

9 Placera armen i sina fästen på hjälpramen och montera de nya fästskruvarna. Dra åt muttrarna till angivet moment.
10 Lägg i kulledsstången i hjulspindeln och dra sedan åt den nya muttern till det angivna momentet.
11 Resten av monteringen utförs i omvänd ordning jämfört med demonteringen.

6.5a Skruva loss de tre styrarmsskruvarna (se pilar) på hjälpramen ...

6.5b ... och ta sedan bort styrarmen

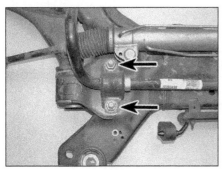

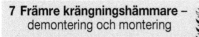
7.3a Klämmorna på XC60-modellerna (se pilar) ...

7.3b ... och på XC90-modellerna (se pilar)

7 Främre krängningshämmare – demontering och montering

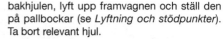

Observera: *Om det endast är krängningshämmarens bussningar som behöver bytas behöver inte den främre hjälpramen demonteras helt och hållet. Hjälpramen måste dock sänkas ner 50 mm på XC60-modellerna och 110 mm på XC90-modellerna. Med hjälpramen nersänkt kan krängningshämmaren lyftas upp tillräckligt mycket för att möjliggöra demontering av bussningarna.*

Demontering

1 Ta bort den främre hjälpramen enligt beskrivningen i avsnitt 9.

2 Observera att i XC60-modellerna hålls krängningshämmarnas klämmor fast på

8.2 Ta bort det övre fästet (XC90)

9.8 Ta bort tvärbalken

vardera sidan av de 2 bakre skruvarna till den nedre länkarmen.

3 Skruva loss krängningshämmarens klämmor med hjälpramen demonterad **(se bilder)** och ta bort krängningshämmaren.

4 Undersök om krängningshämmaren visar tecken på skador eller vridningar och om anslutningslänkarna och fästbussningarna visar tecken på skador i gummit.

Montering

5 Monteringen utförs omvänd ordningsföljd jämfört med demonteringen.

8 Främre krängningshämmare, dropplänk – demontering och montering

Demontering

1 Lossa framhjulsskruvarna. Klossa

8.3 Håll emot kulleden med en nyckel av torxtyp

9.9 Ta bort det bakre momentfästet (det vänstra visas)

bakhjulen, lyft upp framvagnen och ställ den på pallbockar (se *Lyftning och stödpunkter*). Ta bort relevant hjul.

2 Skruva loss den skruv som håller fast länken på fjädringsbenets nederkant **(se bild)**.

3 skruva loss fästmuttern och separera krängningshämmarens dropplänk från krängningshämmarens ände. Använd en torxbits på kulledsstångens ände för att hålla emot muttern om det behövs **(se bild)**. Ta bort dropplänken.

Montering

4 Monteringen utförs i omvänd ordningsföljd jämfört med demonteringen, med nya muttrar och de ska dras åt till angivet moment.

9 Främre hjälpram – demontering och montering

Demontering

1 Kör bilen framåt och parkera den med framhjulen riktade rakt fram. Ta ut fjärrkontrollen eller tändningsnyckeln för att låsa ratten i detta läge.

2 Lossa framhjulsskruvarna. Klossa bakhjulen, lyft upp framvagnen och ställ den på pallbockar (se *Lyftning och stödpunkter*). Du måste se till att det finns tillräckligt spel under bilen. Ta bort båda framhjulen och båda hjulhusfodren fram.

3 Skruva loss fästskruvarna och ta bort motorns undre skyddskåpa.

4 Skilj styrstagsändens kulleder på hjulspindeln på båda sidorna.

5 Skruva loss fästmuttern på båda sidorna och separera krängningshämmarens anslutningslänkar på vardera sidan från krängningshämmarändarna. Använd ett torxbit på kulledsstångens ände för att hålla emot muttern om det behövs.

6 Skruva loss rattstångens klämskruv och lossa stången från kuggstången.

XC60

7 Ta bort den främre stötfångarkåpan enligt beskrivningen i kapitel 11.

8 Ta bort den främre hjälpramens tvärbalk och ta sedan bort tvärbalkens stödfästbyglar från båda sidorna **(se bild)**.

9 Skruva loss båda de bakre nedre momentstagsskruvarna vid motorfästena **(se bild)**.

10 Skruva loss de 2 skruvar som håller fast avgassystemets hängfästbygel på hjälpramens bakre del. Var försiktig så att du inte böjer den böjliga delen av avgassystemet oavsiktligt. Använd två träbitar för att stötta upp den flexibla delen om det behövs.

11 Lossa servostyrningens matnings- och returledningar. Använd ett lämpligt fjäderlåsverktyg för luftkonditioneringar för att lossa kontaktdonen. Räkna med en del spill av vätska när ledningarna lossas.

12 Gör inställningsmärken mellan hjälpramen och bilens kaross för att underlätta

9.13a Skruva loss de båda stödmedarna ...

9.13b ... och ta bort dem

9.14 Ta bort hjälpramens skruvar

monteringen och stötta sedan upp hjälpramen underifrån med en domkraft (eller domkrafter).

13 Ta bort stödmedarna från båda sidorna framtill på hjälpramen **(se bilder)**. I modeller med EHPS (Electro Hydraulic Power Steering - elektrohydraulisk servostyrning) är det nödvändigt att skruva loss servopump- och behållarenheten åt ena sidan.

14 Skruva loss skruvarna till den främre hjälpramen **(se bild)**, sänk ner hjälpramen och dra bort hjälpramen under bilen. När enheten sänks ner ska du lossa alla rör och vajrar och se till att rör eller andra komponenter inte fastnar mellan hjälpramen och bilens kaross.

XC90

15 Motorn måste nu stöttas upp uppifrån. Vi använde 2 motorstödstänger för att komma åt hjälpramen **(se bild)**. Det bör dessutom också vara möjligt att stötta upp motorn med en lämplig motorkran.

16 Ta bort tvärbalken från bilens bakre del och ta sedan bort avgassystemets stödfästbygel **(se bilder)**.

17 Använd en hylsa och en förlängningsstång för att ta bort de främre och bakre motorfästena **(se bild)**.

18 Ta bort moment-/pendelfästet från motorns främre del och ta sedan bort det mindre motorfästet under vevaxelremskivan **(se bilder)**.

19 Stötta upp hjälpramen med en lämplig domkraft och ta sedan bort de mindre skruvarna från hjälpramens bakre stödfästbygel **(se bild)**.

20 Gör inställningsmärken mellan hjälpramen och bilens kaross. Vi gjorde dessutom

mätningar från fasta punkter på bilens kaross.

21 Lossa delvis huvudhjälpramens fästskruvar. Kontrollera att alla vajrar och rör har lossats från hjälpramen och ta sedan bort

9.15 Vi använde två stödstänger för att hålla motorn på plats

9.16b ... och avgassystemets stödfästbygel

hjälpramens skruvar helt. Sänk ner hjälpramen på domkraften och ta bort den från bilen.

Montering

22 Monteringen sker i omvänd ordning

9.16a Ta bort tvärbalken ...

9.17 Du kommer åt motorfästet genom hjälpramen

9.18a Ta bort det främre fästet ...

9.18b ... och motorfästskruvarna på höger sida (se pilar)

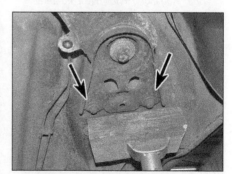

9.19 Ta bort skruvarna (se pilar)

jämfört med demonteringen. Tänk på följande:

a) När hjälpramen lyfts på plats måste du se till att rör och andra komponenter inte fastnar mellan hjälpramen och bilens kaross.

b) Lyft upp hjälpramens front med hjälp av domkraften och montera nya brickor och skruvar, dra endast åt med handkraft.

c) Se till att inställningsmärkena som gjordes tidigare (se bild) är i korrekt läge innan alla skruvar dras åt till angivet moment.

d) Låt en Volvo-verkstad eller en lämpligt utrustad specialist kontrollera och ställa in toe-in.

10 Bakre navlager – demontering och montering

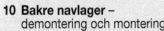

Observera: Lagren och naven levereras som en komplett enhet till båda modellerna.

Demontering

1 Lyft upp och stötta upp bilens bakvagn - se Lyftning och stödpunkter i referensavsnittet

2 Låt en medhjälpare lägga på bromsarna och lossa drivaxelskruven i AWD-modeller.

3 Ta bort bromsoket och bromsskivan enligt beskrivningen i kapitel 9.

4 Ta bort skruven och lossa försiktigt ABS-hjulhastighetsgivaren i XC90-modellerna.

5 Använd en mjuk hammare på drivaxelskruven och driv delvis in axeln i navet. Ta bort skruven helt.

6 Placera en garagedomkraft under fjädringens länkarm och lyft upp bakhjulsupphängningen så att avståndet mellan hjulhusets mitt och navets mitt är 500 mm i XC90-modellerna **(se bild)**.

7 Skruva loss de fyra skruvarna och ta bort lagerenheten från hjulspindeln **(se bilder)**. Observera att i XC60-modellerna går det att vrida krängningshämmaren något genom att skruva loss den övre skruven på krängningshämmarens anslutningslänk vilket gör det lättare att komma åt lagerenhetens skruvar.

Montering

8 Monteringen utförs i omvänd ordningsföljd jämfört med demonteringen med hänsyn tagen till följande:

a) Kontrollera tätningens tillstånd i navet och se till att den är korrekt placerat i navet. Smörj tätningen innan navet monteras.

11.6 Ta bort kablaget och bromsröret (XC60 visas)

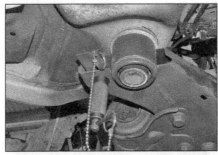

9.22 I XC60-modellerna finns det ett hål till vänster baktill på hjälpramen som möjliggör montering av ett inställningsverktyg

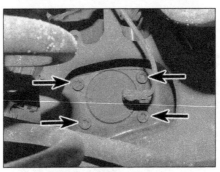

10.7a Bakhjulsnavets lagerskruvar (se pilar). XC60 FWD visas

b) Montera den nya enheten på hjulspindeln, sätt sedan in och dra åt de nya skruvarna (ingår i lager-/navsatsen) till angivet moment.

c) Montera tillbaka ABS-hjulhastighetsgivaren och bromsskivan enligt beskrivningen i kapitel 9.

11 Hjulspindel bak – demontering och montering

Demontering

1 Mät avståndet från navets mitt till hjulhusets mitt med korrekt tryck i alla däck. Notera avståndet.

2 Lyft upp och stötta upp bilens bakvagn - se Lyftning och stödpunkter i referensavsnittet Ta bort plastkåpan från den bakre golvplåten i XC60-modellerna

11.7 Ta bort den nedre länkarmens skruv (XC90)

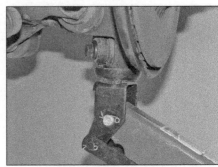

10.6 Lyft upp fjädringen

10.7b Ta bort lagret från navet

3 Ta bort spiralfjädern enligt beskrivningen i avsnitt 13.

4 Ta bort navlagren enligt beskrivningen i avsnitt 10.

5 Ta bort bromsskölden. Om en packning är monterad ska du skaffa en ny om originalet är skadat på något sätt.

6 Skruva loss eventuella klämmor som håller fast rör eller vajrar på navenheten **(se bild)**.

7 Observera placeringen av de skruvar som håller fast krängningshämmarlänken, stötdämparen, de övre och nedre länkarmarna och styrstaget på hjulspindeln **(se bild)**. Skruva loss de skruvar som håller fast sidostagen på bilens kaross enligt beskrivningen i relevant avsnitt i detta kapitel. Kassera skruvarna. Nya skruvar måste monteras. Ta bort hjulspindeln från bilen.

8 Om någon av de olika elastiska metallbussningarna på hjulspindeln verkar skadad eller sliten ska du låta en Volvo-verkstad eller en specialist byta dem i och med att det krävs tillgång till specialverktyg och en hydraulisk press.

Montering

9 Placera hjulspindeln, anslut de olika länkarmarna och montera de nya skruvarna. Dra endast åt skruvarna för hand på det här stadiet.

10 Kontrollera att hjulspindeln är i det "normala" läget i XC60-modellerna enligt beskrivningen i avsnitt 17. Använd en domkraft under den bakre länkarmen **(se bild 10.6)** och lyft upp fjädringen i XC90-modellerna så att avståndet mellan navets mitt och hjulhuset är detsamma som det tidigare noterade avståndet.

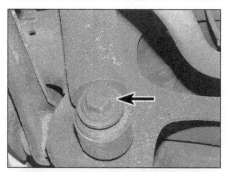

12.3a Stötdämparens nedre fästskruv (se pil)

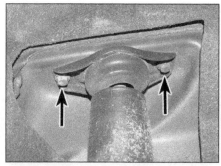

12.3b Stötdämparens övre fästskruvar (se pilar)

12.7 Ta bort det övre fästet (visas utanför bilen för tydlighetens skull)

11 Dra nu åt de nya fästskruvarna till angivet moment om det är tillämpligt.
12 Resten av monteringen utförs i omvänd ordning jämfört med demonteringen.

12 Bakre stötdämpare –
demontering och montering

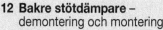
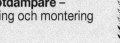

Observera: *Stötdämparna ska alltid bytas parvis.*

Demontering

1 Klossa bakhjulen, lyft upp bakvagnen och ställ den på pallbockar (se *Lyftning och stödpunkter*). Ta bort relevant bakhjul.
2 Placera en domkraft under den nedre länkarmens ytterände och lyft upp domkraften tillräckligt mycket så att den tar över belastningen från stötdämparen för att underlätta demonteringen.

XC60

3 Skruva loss stötdämparens nedre fästskruv och de 2 övre fästskruvarna **(se bilder)**.
4 Kontrollera stötdämparens skick och byt den om det behövs.

XC90

5 För sätesdynan bakåt på den tredje sätesraden och lokalisera den skisserade skärpunkten i ljudisoleringen.
6 Skär av fliken med en vass kniv och ta bort den täckplatta som nu exponeras.
7 Använd en torxhylsa och en kråkfotsnyckel för att ta bort stötdämparens övre fästmutter **(se bild)**.

13.4 Tryck ihop fjädern

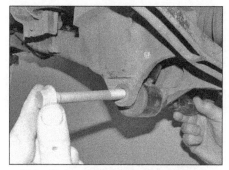

12.8a Ta bort den nedre fästskruven ...

8 Ta bort det nedre fästet och ta bort stötdämparen **(se bilder)**.
9 Kontrollera stötdämparens skick och byt den om det behövs.

Montering

10 Monteringen utförs i omvänd ordning jämfört med demonteringen, dra åt alla muttrar och skruvar till angivet moment.

13 Bakre spiralfjäder –
demontering och montering

Demontering

1 Lossa bakhjulsskruvarna. Klossa bakhjulen, lyft upp framvagnen och ställ den på pallbockar (se *Lyftning och stödpunkter*). Ta bort relevant hjul.

13.5a Ta bort det övre fästet ...

12.8b ... och ta bort stötdämparen

XC60

2 Skruva loss den övre skruven på krängningshämmarens anslutningslänk enligt beskrivningen i avsnitt 16.
3 Ta bort innerskärmen
4 Fäst fjäderhoptryckare och tryck ihop fjädern **(se bild)**.
5 Lyft ut fjädern från dess plats. Observera att det dessutom går att ta bort fjädern genom att stötta upp fjädringsarmen med en domkraft. Ta bort skruven från armen vid navänden och sänk försiktigt ner domkraften **(se bilder)**. Om fjädern tas bort genom att fjädringsarmen sänks ner måste fjädern tryckas ihop för montering eftersom det är omöjligt att placera bakhjulsupphängningen i serviceläget (enligt beskrivningen i avsnitt 17) med fjädern monterad.
6 Undersök alla delar och leta efter tecken på slitage eller skada och byt om det behövs.

13.5b ... och ta sedan bort fjädern från bakvagnen

13.5c Sänk ner domkraften och ta bort fjädern

XC90

7 Placera en domkraft ordentligt under den nedre länkarmen och lyft upp fjädringen något.
8 Ta bort stötdämparens nedre fäste och ta sedan bort den nedre länkarmen (om en sådan finns) till strålkastarnas nivåregleringssystem.

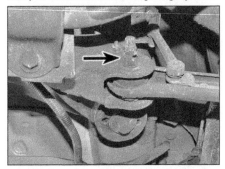

14.4a Ta bort styrstagets inre fästskruv (se pil) ...

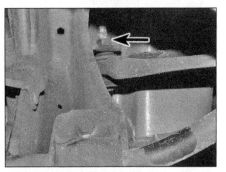

14.6a Den övre armens inre skruv (se pil)

14.8a Lossa krängningshämmarens anslutningslänk (se pilar) innan du tar bort den nedre armen

13.10 Ta bort den bakre fjädern

9 Ta bort de skruvar som placerar den justerbara armen på navet, de skruvar som placerar länkarmen på navet och de skruvar som placerar kardanstaget på navet.
10 Sänk sakta ner domkraften och lossa spänningen från fjädern. Ta bort domkraften,

14.4b ... och den yttre fästskruven

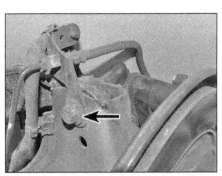

14.6b Den övre armens yttre skruv (se pil) på hjulspindeln

14.8b Märk ut snäckan innan du tar bort skruven

sänk ner den nedre länkarmen och ta sedan bort fjädern **(se bild)**.

Montering

11 Monteringen utförs i omvänd ordningsföljd jämfört med demonteringen vilket säkerställer att fjädern sitter korrekt i den nedre armen. Observera att på XC90-modellerna måste fjädringen vara i serviceläget enligt beskrivningen i slutet av avsnitt 17.

14 Bakre länkarmar – demontering och montering

Demontering

1 Lossa bakhjulsskruvarna. Klossa bakhjulen, lyft upp framvagnen och ställ den på pallbockar (se *Lyftning och stödpunkter*). Demontera hjulet (hjulen)

XC60

Styrstag

2 Ta bort spiralfjädern enligt beskrivningen i avsnitt 13.
3 Lossa höjdsensorns fästskruvar om en sådan finns.
4 Skruva loss de skruvar som håller fast styrstaget på hjälpramen och på länkarmen/hjulspindeln **(se bilder)**. Ta bort styrstaget från bilen.

Övre arm

5 Ta bort spiralfjädern enligt beskrivningen i avsnitt 13.
6 Skruva loss de skruvar som håller fast den övre armen på navhållaren och på hjälpramen och ta bort den från bilen **(se bilder)**.

Länkarm

7 Ta bort spiralfjädern enligt beskrivningen i avsnitt 13.
8 Skruva loss krängningshämmarens dropplänk. Skruva loss de skruvar som håller fast den nedre länkarmens innerände på hjälpramen och på navhållaren. Lossa länkarmen **(se bilder)**.

XC90-modellerna

Nedre länkarm

9 Ta bort fjädern enligt beskrivningen i avsnitt

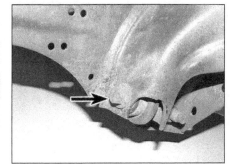

14.8c Den nedre armens yttre skruv (se pil)

14.9 Fäst navenheten på stoppklackens fäste

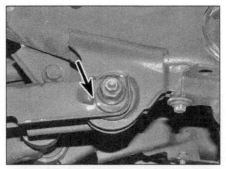

14.16 Märk ut snäckans position (se pil)

14.19 Sidostagets inre fäste

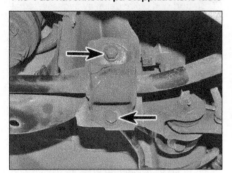

15.3 XC60 klämskruvar till krängningshämmare (se pilar)

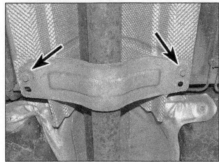

15.4 Ta bort fästbygelns skruvar (se pilar)

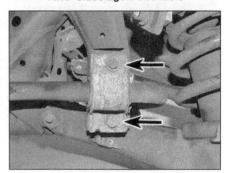

15.8 XC90 klämskruvar till krängningshämmaren (se pilar)

13 och fäst navenheten så att den inte är i vägen **(se bild)**.
10 Ta bort skruven på hjälpramens ände och ta bort styrarmen.

Övre länkarm

11 Låt en medhjälpare manövrera bromsen och lossa sedan drivaxelns skruv. Se till att drivaxeln rör sig fritt i navet och ta sedan bort skruven helt.
12 Demontera bromsoket enligt beskrivningen i kapitel 9.
13 Lossa skruven till den övre styrarmen och använd en lämplig avdragare med två ben för att trycka loss navet från den övre armen. Ta bort skruven helt när navet är fritt.
14 Upprepa tillvägagångssättet för hjälpramens fäste och ta sedan bort den övre styrarmen.

Styrstag

15 Placera en lämplig domkraft under den nedre länkarmen och lyft upp fjädringen något. Lossa styrfästbygeln om en sådan finns.
16 Det finns en snäcka på armens hjälpramsände som möjliggör justering av bakhjulens spårvidd. Märk ut snäckans position innan du fortsätter **(se bild)**.
17 Ta bort skruvarna och ta bort länken från bilen.

Sidolänkarm

18 Placera en lämplig domkraft under den nedre länkarmen och lyft upp fjädringen något.
19 Ta loss de inre och yttre fästskruvarna **(se bild)**. Ta bort armen.

Montering

20 Monteringen utförs i omvänd ordningsföljd

jämfört med demonteringen med hänsyn tagen till följande punkter:
a) Byt alltid länkarmarnas fästskruvar.
b) Dra åt alla hållare till angivet moment (där sådant angetts).
c) Se till att fjädringen är i "normalt" läge enligt beskrivningen i avsnitt 17 innan du drar åt någon fästskruv till länkarmen.
d) Kalibrera xenonlamporna – i förekommande fall.
e) Låt kontrollera spårvidden och justera den om det behövs.

15 Bakre krängningshämmare – demontering och montering

Demontering

1 Klossa bakhjulen, lyft upp framvagnen och ställ den på pallbockar (se Lyftning och stödpunkter).

XC60

2 Skruva loss de skruvar på varje sida som håller fast krängningshämmaren på dropplänken enligt beskrivningen i avsnitt 16.
3 Skruva loss de skruvar som håller fast krängningshämmarens klämmor på hjälpramen och ta bort den från bilen **(se bild)**.

XC90 modeller

4 Ta bort stödfästbygeln baktill i växellådstunneln **(se bild)**.
5 Ta bort avgassystemet genom att separera det från katalysatorn. Stötta upp omformaren.
6 Ta bort fjädern på vänstra sidan enligt beskrivningen i avsnitt 13.
7 Ta bort dropplänkarna från krängnings-

hämmarens ändar enligt beskrivningen i avsnitt 16.
8 Ta bort krängningshämmarens bussnings-klämmor **(se bild)**.
9 Observera dragningen av parkeringsbroms-vajern och ta bort krängningshämmaren.

Montering

10 Monteringen sker i omvänd ordning jämfört med demonteringen.

16 Bakre krängningshämmare, dropplänk – demontering och montering

1 Lossa bakhjulsskruvarna. Klossa bakhjulen, lyft upp framvagnen och ställ den på pallbockar (se Lyftning och stödpunkter). Ta bort relevant hjul.
2 Skruva loss den skruv som håller länkarmen **(se bild)**.

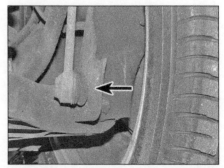

16.2 XC60 nedre fästskruv till dropplänken (se pil)

16.3 Använd en torxnyckel för att hindra kulleden från att vridas (XC90 visas)

3 Skruva loss den skruv som håller fast länken på krängningshämmaren **(se bild)**. Det går nu att ta bort dropplänken.

4 Monteringen utförs i omvänd ordningsföljd jämfört med demonteringen, med nya muttrar och de ska dras åt till angivet moment.

17 Bakre hjälpramsenhet – demontering och montering

Observera: *Det går att ta bort hjälpramen komplett med alla viktiga tillhörande komponenter, till exempel den bakre differentialen och drivaxlarna. Dessa kan tas bort först om det behövs.*

Demontering

1 Mät avståndet mellan navets mitt och hjulhuset mittre punkt innan arbetet påbörjas. I XC60-modellerna bör detta vara ungefär 350 mm, i XC90-modellerna bör detta vara ungefär 453 mm **(se bild)**.

2 Lyft upp och stötta upp bilens bakvagn - se *Lyftning och stödpunkter* i referensavsnittet

XC60

3 Ta bort båda fjädrarna enligt beskrivningen i avsnitt 13 i detta kapitel. Vid montering av de gamla fjädrarna ska du göra inställningsmärken mellan fjädern och fjädersätet för att underlätta monteringen.

4 Skruva loss de nedre fästskruvarna till de bakre stötdämparna.

5 Skruva loss skruvarna på varje sida och ta bort underredspanelerna från golvplattan.

6 Ta bort de skruvar som håller fast navlänkarmarna på bilens kaross **(se bild)**.

7 Skruva loss den böjliga bromsslangens stödfästbygel från chassibenet – på båda sidorna.

8 Använd ett lämpligt diagnostiskt verktyg och aktivera handbromsens serviceläge (se kapitel 9). Lossa ABS-sensorns anslutningskontakt och anslutningskontakten till handbromsställdonet.

9 Skruva loss bromsokets styrsprintskruvar från hjulspindeln och flytta bromsoken åt ena sidan. Skruva loss bromsrörets stödfästbygel från navet. Häng upp bromsoken från bilens kaross för att förhindra att bromsslangen sträcks.

10 Ta bort kardanaxeln enligt beskrivningen i kapitel 8B.

11 Lossa anslutningskontakten från Haldexenheten och lossa sedan avgassystemet från gummifästet.

12 Gör inställningsmärken mellan hjälpramen och bilens kaross och stötta sedan hjälpramen med en lämplig domkraft.

13 Ta bort de 4 fästskruvarna till hjälpramen och sänk ner hjälpramen från bilen **(se bild)**.

XC90

14 Låt en medhjälpare lägga på bromsen och ta bort drivaxelns navmuttrar. Lossa delvis drivaxeln från navet.

15 Ta bort bromsoket, bromsskivan och handbromsvajern enligt beskrivningen i kapitel 9.

16 Skruva loss och ta bort ABS-hjulhastighetsgivarna från båda sidorna med drivaxlarna delvis borttagna.

17 Ta bort den bakre delen av avgassystemet enligt beskrivningen i kapitel 4A och ta sedan bort kardanaxeln enligt beskrivningen i kapitel 4B. Lossa anslutningskontakten från Haldex-enheten.

18 Lossa bränslepåfyllningsrörets stödfästbygel från spiralfjäderns övre fäste **(se bild)**.

19 Märk ut hjälpramens position i förhållande till bilens kaross. Vi tillverkade små fästbyglar och skruvade fast dem på stoppklackarna för att de skulle fungera som inställningsmärken **(se bild)**.

20 Stötta upp hjälpramen ordentligt. Vi använde en växellådsdomkraft av saxtyp och fäste hjälpramen på domkraften med en rem av spärrtyp.

21 Ta bort hjälpramens fästskruvar **(se bild)** och sänk sedan ner hjälpramen delvis med hjälp av en medhjälpare, sänk ner hjälpramen från bilen.

22 Ta bort kablaget och lossa bromsrören från stödfästbyglarna med hjälpramen nersänkt något och dragningen noterad.

17.1 Mät avståndet från navets mitt till hjulhuset (XC60 visas)

17.6 Ta bort skruvarna (se pilar)

17.13 Bakre fästskruv till hjälpramen

17.18 Ta bort stödfästbygeln

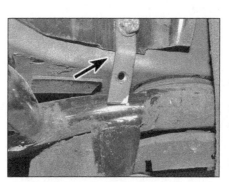

17.19 Fabricerade fästbyglar används för att rikta in hjälpramen (se pil)

17.21 Ta bort hjälpramens fästskruvar

Montering

23 Monteringen utförs i omvänd ordningsföljd. Tänk på följande:

a) *För hjälpramsenheten på plats med hjälp av domkrafterna och säkra den med de fyra fästskruvarna på varje sida, rikta in de tidigare gjorda märkena och dra åt skruvarna till angivet moment.*

b) *Använd de nya skruvarna till fjädrings- och bromskomponenterna enligt beskrivningen i de relevanta avsnitten.*

c) *Deaktivera serviceläget i XC60- modellerna med anslutningskontakten till handbromsställdonet återansluten.*

d) *Innan skruvarna till fjädringskomponenterna dras åt slutligen måste fjädringen vara i sitt "normala" läge. I XC60-modellerna ska detta utföras med de bakre fjädringarna demonterade. Placera en garagedomkraft under styrarmen på den punkt där den är fäst på hjulspindeln och lyft upp enheten tills avståndet från hjulhuset till navets mitt är 350 mm (XC60) eller 453 mm (XC90). Placera barlast i bagageutrymmet om det behövs för att öka bilens vikt så att fjädringen kan tryckas ihop tillräckligt av domkraften utan att bilen lyfts från pallbockarna. Dra åt alla fästskruvar till angivet moment.*

18 Ratt – demontering och montering

⚠️ **Varning: Var ytterst försiktig vid hanteringen av krockkudden för att undvika personskador. Håll alltid enheten med kåpan riktad från kroppen. Vid tveksamheter angående arbete med krockkudden eller dess styrningskrets bör en Volvo-verkstad kontaktas.**

Demontering

1 Kör bilen framåt och parkera den med framhjulen riktade rakt fram.
2 Lossa batteriets jordledning och vänta 10 minuter innan du fortsätter.
3 Placera en bit maskeringstejp på rattnavets överdel och en annan bit på rattstångens övre kåpa som en försiktighetsåtgärd. Dra ett pennstreck mellan de båda tejpbitarna som

ska fungera som ett inställningsmärke för centralisering av ratten vid monteringen.
4 Ta bort krockkuddsenheten från ratten enligt beskrivningen i kapitel 12.
5 Lossa rattens mittre fästskruv något. Det krävs en del kraft för att skruva loss skruven och detta förhindrar skador på kontaktrullen när den är låst på plats.
6 Se till att ratten är i rakt fram-läget och ta sedan bort skruven till låsstiftet (till krockkuddens urfjäder) (om ett sådant finns) från dess förvaringsposition.
7 Skruva loss rattens mittersta fästskruv **(se bild)**.
8 Lyft bort ratten från rattstången och mata kablaget och plastremsan genom hålet i ratten. Montera låsstiftet på krockkuddens urfjäder eller tejpa alternativt ihop urfjäderns två delar.

Montering

9 Se till att framhjulen fortfarande är riktade rakt framåt.
10 Mata kablaget genom hålet i ratten, haka sedan i ratten med rattstången. Se till att markeringarna som gjordes vid demonteringen är linjerade och att piggarna på kontaktrullen hakar i spåren på rattnavet. Observera att det övre höljet är fäst på instrumentpanelens sarg. Försök inte att vrida på ratten när kontaktrullen är spärrad, då kan rullen skadas.
11 Montera en ny rattfästskruv och dra åt den till angivet moment.
12 Sätt tillbaka krockkuddsenheten på ratten enligt beskrivningen i kapitel 12.

19 Rattstång – demontering och montering

Observera: *Även om det inte är absolut nödvändigt gör demontering av ratten det avsevärt enklare att komma åt rattstången och fästskruvarna.*

Demontering

1 Koppla loss batteriets jordledning – se kapitel 5.
2 Dra ut rattstången så långt det går och ta sedan bort ratten (se avsnitt 18).
3 Ta bort rattstångens kåpor. Lossa den böjliga delen under instrumentpanelen från

18.7 Ta bort ratten

den övre kåpan och lossa den övre kåpan från den nedre kåpan. Arbeta under rattstångens nedre kåpa och skruva loss de 3 skruvarna och ta bort dem **(se bild)**.
4 Ta bort rattens styrenhet. Skruva loss de 4 skruvarna, lossa anslutningskontakten och ta bort modulen **(se bild)**. Observera att vid monteringen kan modulen behöva programmeras om med speciell Volvo testutrustning – arbetet bör överlåtas till en Volvo-återförsäljare eller lämpligt utrustad specialist.
5 Lossa anslutningskontakten från nyckelläsarens spole och sätt in nyckeln. Vrid nyckeln till det första läget, tryck in låshuvudet och lossa spärrvajern från rattlåset **(se bild)**.
6 Ta bort klädselpanelen under instrument- brädan på förarsidan. Lossa anslutnings- kontakten från lampan i fotutrymmet.
7 Lossa damasken från rattstångens bas i XC90-modellerna **(se bild)**.
8 Skruva loss klämskruven på universalleden på rattstångens mellanaxel och dra bort leden

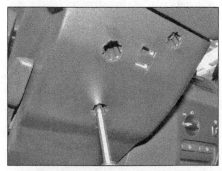
19.3 Ta bort den nedre kåpan

19.4 Ta bort modulen

19.5 Lossa spärrvajern (XC90-modeller)

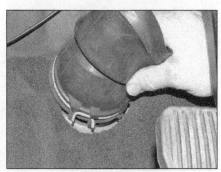
19.7 Lossa damasken

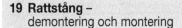

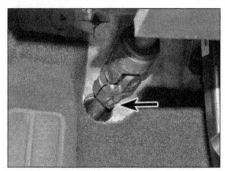

19.8 Rattstångens klämskruv i XC60-modellerna (se pil)

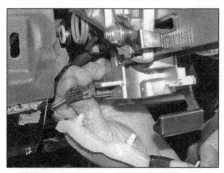

19.9 Lossa anslutningskontakten och kablaget

19.10a I XC60-modellerna ska du ta bort de övre ...

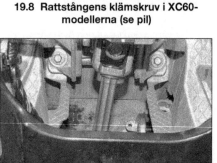

19.10b ... och nedre skruvarna

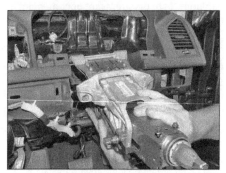

19.10c Ta bort rattstången

från den nedre axeln. I XC90-modellerna är detta enklare om skruven tas bort från bilens undersida **(se bild)**. Kassera skruven, en ny måste monteras.

9 Lossa kablagestyrningen **(se bild)** från rattstångens undersida och låt det hänga ner.

10 Skruva loss de fyra skruvar som håller fast rattstången på instrumentbrädan och dra bort enheten bakåt samtidigt som du lossar eventuella anslutningskontakter när den tas bort (visas med rattstången borttagen för tydlighetens skull) **(se bilder)**.

Montering

11 Monteringen utförs i omvänd ordningsföljd. Tänk på följande:

a) Smörj mellanaxelns räfflor med fett innan rattstången går i ingrepp.

b) Vid montering av rattstångens fästskruvar ska du dra åt de bakersta först.

c) Använd en ny universalledsklämskruv.

20 Rattlås – demontering och montering

Observera: I XC60-modellerna är rattlåset elektriskt drivet. Observera att en felaktig demontering kan leda till att enheten blir permanent låst och att det krävs en helt ny rattstång.

1 Ta bort rattstången från bilen enligt beskrivningen i avsnitt 19.

2 Vrid nyckeln till läge ett (I) om tillämpligt. Det måste gå att vrida låset.

3 Borra ur säkerhetsskruvarna **(se bild)**.

Använd en 6 mm borrbits och borra inte djupare än maximalt 15 mm.

4 Montera nya "skär" och dra åt dem tills skallarna går av.

21 Kuggstång – demontering och montering

Observera: Volvo föreslår att detta kan göras genom att den bakre delen av den främre hjälpramen sänks ner i XC60-modellerna. I praktiken kommer detta troligen att visa sig vara svårt om inte bilen kan lyftas upp tillräckligt mycket på en ramp eller lyft. Om du inte har dessa möjligheter är det mycket lämpligt att den främre hjälpramen demonteras med kuggstången monterad.

Demontering

1 Skruva loss rattstångens klämskruv vid universalleden i förarsidans fotutrymme. Kassera klämskruvens mutter, en ny måste monteras.

2 Tappa ur servooljebehållaren genom att lossa röret på behållarens nederkant och samla upp vätskan i en lämplig behållare.

3 I XC60-modellerna ska du torka rent området runt vätskerörsanslutningarna på kuggstångens drevhus, skruva loss anslutningsmuttern och dra försiktigt loss röret **(se bild)**. En alternativ metod är att lossa slangklämman från returröret och

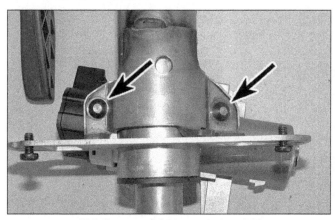

20.3 Borra ur skärskruvarna (se pilar)

21.3 Ta bort skruven (se pil)

sedan lossa kontaktdonet av fjäderlåstyp från matarledningen (om en sådan finns). Detta är placerat framför kuggstången, bredvid hjälpramen. Var beredd på en del spill.
4 Lossa vätskematnings- och returledningarna från innerskärmen i XC90-modellerna **(se bilder)**.
5 Följ tillvägagångssättet för demontering av den främre hjälpramen enligt beskrivningen i avsnitt 9.
6 Skruva loss de 2 skruvar som håller fast kuggstången på hjälpramen och ta bort enheten.

Montering

7 Monteringen sker i omvänd ordningsföljd jämfört med demonteringen och givaren ska dras åt till angivet moment.
8 Fyll på och lufta kuggstången enligt beskrivningen i avsnitt 23.
9 Låt en lämpligt utrustad verkstad kontrollera framhjulens toe-in.

22 Kuggstångsdamask – byte

1 Räkna och registrera antalet exponerade gängor på parallellstaget från stagets ände till styrstagsändens låsmutter.
2 Ta bort styrstagsänden på berörd sida enligt beskrivningen i avsnitt 26. Skruva loss låsmuttern från parallellstaget.
3 Lossa de båda klämmorna och skala av damasken **(se bild)**.
4 Ta bort smuts och orenheter från styrstagets inre ände och kuggstången (om du kommer åt den).
5 Linda isoleringstejp runt styrstagets gängor för att skydda den nya damasken under monteringen.
6 Montera tillbaka styrstagsändens låsmutter och placera den så att samma antal gängor som räknades vid demonteringen är synliga.
7 Sätt tillbaka styrstagsänden enligt beskrivningen i avsnitt 26.

23 Kuggstång – luftning

1 Servooljebehållaren är placerad på motorrummets högra sida, alldeles framför kylvätskeexpansionskärlet.
2 MAX- och MIN-markeringarna anges på behållaren. Vätskenivån måste alltid hållas mellan dessa två markeringar
3 Om påfyllning är nödvändig ska området runt behållarens påfyllningsrör torkas rent och påfyllningslocket skruvas loss från behållaren. Använd ren olja av specificerad typ (se *Smörjmedel och vätskor*).
4 Om någon del har bytts, eller om vätskenivån har fallit så lågt att luft kommit in i hydraulsystemet, måste systemet luftas som följer.
5 Fyll behållaren till rätt nivå enligt beskrivningen ovan.

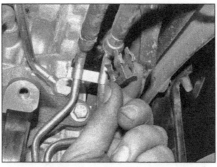
21.4a Ta bort klämman ...

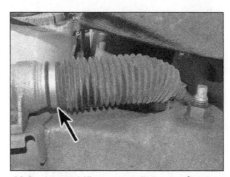
22.3a Lossa klämmorna till kuggstångens inre ...

6 Klossa bakhjulen, lyft upp framvagnen och ställ den på pallbockar (se *Lyftning och stödpunkter*).
7 Vrid ratten från fullt utslag åt ena hållet till fullt utslag åt det andra hållet flera gånger i rad och fyll på vätskenivån om det behövs.
8 Sänk ner bilen på marken och starta sedan motorn och låt den gå på tomgång.
9 Vrid ratten långsamt till fullt utslag åt höger och håll den där under 2 sekunder.
10 Vrid nu ratten väldigt långsamt till fullt utslag åt vänster och håll den där under 2 sekunder.
11 Fyll på mer vätska igen, om det behövs.
12 Upprepa avsnitt 9 och 10. Kontrollera och fyll på vätskenivån under detta arbete flera gånger om det behövs.
13 Avsluta med att stoppa motorn, kontrollera oljenivån igen och montera sedan tillbaka behållarens påfyllningslock.

24 Servostyrningspump – demontering och montering

Observera: *Alla modeller förutom XC60-modellerna har servostyrning av standardtyp med en remdriven pump. Senare XC60-modeller har en elektrohydraulisk servostyrningspump (EHPS).*

Demontering - modeller med servostyrning av standardtyp

1 Dra upp och ta bort motorkåpan.
2 Ta bort drivremmen (drivremmarna) enligt beskrivningen i kapitel 1.
3 Ta bort vindavvisaren under stötfångaren och

21.4b ... och använd ett fjäderlåsverktyg för att lossa röret

22.3b . .. och yttre damask

ta sedan bort luftkonditioneringskompressorns fästskruvar på XC60-modellerna. Stötta upp kompressorn och flytta den åt ena sidan.
4 Ha en ren behållare redo och ta sedan bort matar- och tryckrören från pumpens sida. Var beredd på vätskeläckage och täta rörens öppningar för att förhindra förorening **(se bild)**.
5 Skruva loss den skruv som håller fast rörfästbygeln på pumpens sida.
6 Arbeta genom pumpens remskiva, skruva loss de 3 skruvarna och ta bort pumpen från motorrummet.

Demontering – modeller med EHPS-styrning

7 Lyft upp bilens framvagn - se *Lyftning och stödpunkter* i referensavsnittet. Ta bort höger hjul
8 Ta bort höger innerskärm och stötfångarkåpan enligt beskrivningen i kapitel 11.
9 Ha en ren behållare redo och ta sedan

24.4 Täta utloppen från servostyrningspumpen (XC90)

24.9a Ta bort returröret ...

24.9b ... och matarröret (se pil)

24.10a Lossa anslutningskontakten ...

24.10b ... och ta bort fästskruvarna

25.4 Ta bort kylarens övre styrsprintar

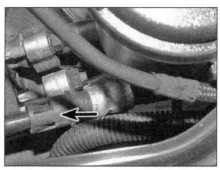

25.6 Lossa vätskerörsanslutningen (se pil) bredvid vätskebehållaren

25.8 Skruva loss skruven (se pilar) som håller fast servostyrningens oljekylare på kylaren

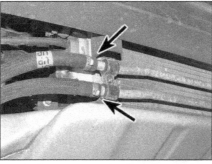

25.10 Lossa oljekylarrören (se pilar)

bort retur- och tryckröret från pumpens sida **(se bilder)**. Var beredd på vätskeläckage och täta rörens öppningar för att förhindra förorening.

10 Lossa anslutningskontakten och ta sedan bort de 4 fästskruvarna **(se bilder)**.

Montering

11 Monteringen utförs i omvänd ordningsföljd. Tänk på följande:

a) *Använd nya O-ringstätningar om sådana finns.*

b) *Dra åt pumpens fästskruvar till angivet moment.*

c) *Montera tillbaka drivremmen enligt beskrivningen i kapitel 1.*

d) *Fyll på vätskebehållaren och lufta systemet enligt beskrivningen i avsnitt 23.*

e) *Om en ny EHPS-pump har monterats ska du låta en Volvo-verkstad eller en lämpligt utrustad verkstad installera den nödvändiga kalibreringsprogramvaran till pumpen.*

25 Servooljekylare – demontering och montering

Demontering – XC60

1 Demontera båda strålkastarna enligt beskrivningen i kapitel 12.

2 Demontera den främre stötfångaren enligt beskrivningen i kapitel 11.

3 Tappa ur servooljebehållaren genom att lossa röret på behållarens nederkant och samla upp vätskan i en lämplig behållare.

4 Skruva loss skruvarna och ta bort kylarens de övre triangelformade styrsprintarna av plast **(se bild)**. Luta försiktigt kylaren bakåt något.

5 Arbeta från sidan i höger strålkastaröppning och skruva loss servostyrningsoljerörets fästbygel.

6 Lossa servostyrningsoljerörets anslutning bredvid vätskebehållaren **(se bild)**. Var beredd på spill.

7 Arbeta från bilens framvagn och ta bort plastpanelen på kylarens högra sida.

8 Skruva loss den skruv som håller fast oljekylaren på kylaren och ta bort oljekylaren och rören från kylarens främre del **(se bild)**.

Demontering – XC90

9 Lyft upp och stötta upp bilens framvagn - se *Lyftning och stödpunkter* i referensavsnittet.

10 Placera en stor ren behållare under kylaren och lossa slangarna från kylaren **(se bild)**.

11 Skruva loss och ta bort kylaren.

Montering

12 Monteringen sker i omvänd ordning jämfört med demonteringen. Fyll på och lufta systemet enligt beskrivningen i avsnitt 23.

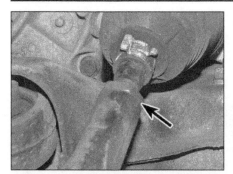

26.2 Lossa styrstagsändens låsmutter (se pil)

26.3a Skruva loss styrstagsändens kulledsmutter ...

26.3b ... och reparera kulleden med hjälp av en kulledsavdragare

26 Styrstagsände – demontering och montering

Demontering

1 Lossa de relevanta framhjulsskruvarna. Klossa bakhjulen, lyft upp framvagnen och ställ den på pallbockar (se *Lyftning och stödpunkter*). Ta bort hjulet.
2 Håll emot styrstaget och lossa styrstagsändens låsmutter ett halvt varv **(se bild)**. Om låsmuttern nu lämnas på denna plats, kan den användas som hjälp vid monteringen.
3 Skruva loss styrstagsändens kulledsmutter. Skilj spindelleden från länkarmen med en lämplig spindelledsavdragare, ta sedan bort muttern och lossa spindelleden från armen **(se bilder)**.
4 Skruva loss styrstagsänden från styrstaget och räkna det antal varv som krävs för att ta bort den. Notera antalet varv, så att hjulinställningen kan återställas (eller åtminstone uppskattas) vid monteringen.

Montering

5 Skruva på styrstagsänden på styrstaget samma antal varv som noterades vid demonteringen.
6 Passa in spindeltappen i länkarmen. Sätt på en ny mutter och dra åt den till angivet moment.
7 Håll emot styrstaget och dra åt låsmuttern.
8 Montera tillbaka framhjulet, sänk ner bilen och dra åt hjulskruvarna i diagonal ordningsföljd till angivet moment.
9 Låt en Volvo-verkstad eller en mekaniker med rätt utrustning kontrollera och justera framhjulens toe-in (hjulinställning).

27 Hjulinställning och styrvinklar – allmän information

1 En bils styrning och fjädring definieras geometriskt med fyra grundinställningar – alla vinklar uttrycks i grader, de relevanta inställningarna är camber, castor, styraxellutning och toe-in **(se bild)**. I de modeller som täcks av denna handbok kan endast camber fram, samt hjulens toe-in fram

och bak ställas in. Alla andra fjädrings och styrningsvinklar ställs in under tillverkningen och går inte att justera. Man får således utgå från att alla förinställda vinklar är korrekta om inte bilen har skadats vid en olycka.

Camber

2 Camber är den vinkel som framhjulen ställs in från lodrätt sett framifrån eller bakifrån bilen. Negativ camber är den utsträckning (grader) som hjulen lutar inåt från lodrätt längst upp.
3 Den främre camber-vinkeln justeras genom att fästskruvarna till hjulspindeln på fjädringsbenet lossas och genom att hjulspindelenheterna placeras om så mycket som krävs.

Castor

4 Castor är vinkeln mellan styrningsaxeln och en lodrät linje från varje sida av bilen. Positiv castor är när styrningens axel lutar bakåt längst upp.

Styrningsaxelns lutning

5 Styrningsaxelns lutning är vinkeln (sett framifrån bilen) mellan lodrätt och en imaginär linje som dragits genom det främre fjädringsbenets övre fäste och styrarmens kulled.

Toe

6 Toe är den utsträckning som avståndet mellan hjulens främre innerkanter (mätt i navhöjd) skiljer sig från det diametralt motsatta avståndet som mätts upp mellan hjulens bakre innerkanter. Toe-in är när hjulen pekar inåt, mot varandra där framme, medan toe-out är när de sneddar utåt från varandra där framme.
7 Framhjulens toe-inställning justeras genom att längden på styrstagen ändras på båda sidorna. Denna justering kallas normalt för tracking.
8 Bakhjulens toe-inställning justeras genom att placeringen av fästena för bakhjulsupphängningens tvärlänkar ändras.
9 Det krävs speciell optisk mätutrustning för att kontrollera och justera toe-inställningarna fram och bak och camber-vinklarna på ett riktigt sätt och detta arbete ska utföras av en Volvo-verkstad eller en liknande specialist. De flesta däckmonteringsföretag har den expertis och den utrustning som krävs för att åtminstone utföra en kontroll av toe-inställningen på framhjulen (tracking) till en nominell kostnad.

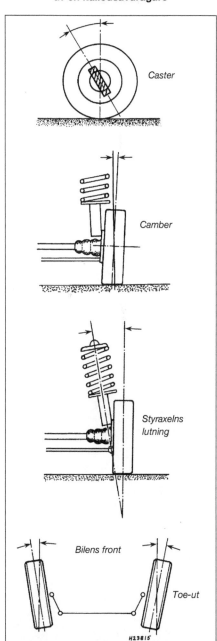

27.1 Framhjulens geometri

28.3a Fästskruvar till den främre höjdgivaren (se pilar)

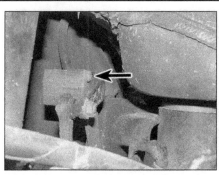

28.3b Fästskruv till den bakre höjdgivaren (se pil)

28 Fjädringens körhöjdsgivare – demontering och montering

Demontering

1 Lyft upp bilens fram- eller bakvagn och stötta upp den ordentligt på pallbockar (se *Lyftning och stödpunkter*).

2 Skruva loss muttern och lossa länkarmen från den främre eller bakre givaren.

3 Lossa givarens anslutningskontakt, skruva loss fästskruvarna och ta bort givaren **(se bilder)**.

Montering

4 Montering sker i omvänd ordningsföljd.

Kapitel 11
Kaross och detaljer

Innehåll

Svårighetsgrader

Enkelt, passar novisen med lite erfarenhet	Ganska enkelt, passar nybörjaren med viss erfarenhet	Ganska svårt, passar kompetent hemmamekaniker	Svårt, passar hemmamekaniker med erfarenhet	Mycket svårt, för professionell mekaniker 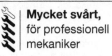

Specifikationer

Åtdragningsmoment*	Nm
Fästbyglar till mittkonsolen (M8).	24
Fästskruvar till baksätets sätesdyna	25
Fästskruvar till framsätena	40
Gångjärnsbultskruvar till motorhuven	24
Gångjärnsskruvar till bakluckan	24
Gångjärnsskruvar till dörrarna 24	18
Instrumentbräda (på tvärbalken)	10
Säkerhetsbälten:	
Alla övriga skruvar	40
Förankring till framsätet	45

*Volvo anger att om ett fäste kräver vinkelåtdragning måste det alltid bytas. Alla fästen som hålls fast av gänglåsningsmassa måste också bytas. Mutter med en nyloninsats måste alltid bytas.

1 Allmän information

Karossen är tillverkad av sektioner av pressat stål med tillägg av konstruktionsmässiga aluminiumsektioner. De flesta komponenter är sammansvetsade, men ibland används bindemedel. Dörrarna och dörrstolparna är förstärkta (med extra starkt borstål) mot sidokrockar som en del av sidokrocksskyddssystemet (SIPS).

Ett antal av strukturdelarna och karosspanelerna är gjorda av galvaniserat stål för att ge bra skydd mot korrosion. Även plastmaterial används mycket, framför allt till de inre detaljerna men även till vissa yttre komponenter. De främre och bakre stötfångarna är gjutna av ett syntetmaterial som är mycket starkt men lätt. Plastkomponenter, som hjulhusfoder, sitter monterade på bilens undersida för att ytterligare öka bilens motståndskraft mot rostangrepp.

2 Underhåll –
kaross och underrede

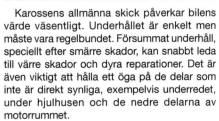

Karossens allmänna skick påverkar bilens värde väsentligt. Underhållet är enkelt men måste vara regelbundet. Försummat underhåll, speciellt efter smärre skador, kan snabbt leda till värre skador och dyra reparationer. Det är även viktigt att hålla ett öga på de delar som inte är direkt synliga, exempelvis underredet, under hjulhusen och de nedre delarna av motorrummet.

Tvättning utgör grundläggande underhåll av karossen – helst med stora mängder vatten från en slang. Detta tar bort all lös smuts som har fastnat på bilen. Det är viktigt att smutsen spolas bort på ett sätt som förhindrar att lacken skadas. Hjulhusen och underredet behöver också spolas rent från lera som håller kvar fukt, vilken i sin tur kan leda till rostskador. Paradoxalt nog är det bäst att tvätta av underredet och hjulhuset när det regnar eftersom leran då är blöt och mjuk. Vid körning i mycket våt väderlek spolas vanligen underredet av automatiskt vilket ger ett lämpligt tillfälle för kontroll.

Med undantag för bilar med vaxade underreden är det bra att periodvis rengöra hela undersidan av bilen, inklusive motorrummet, med ångtvätt så att en grundlig kontroll kan utföras för att se vilka åtgärder och mindre reparationer som behövs. Ångtvättar finns att få tag på hos bensinstationer och verkstäder och behövs när man ska ta bort de ansamlingar av oljeblandad smuts som ibland lägger sig tjockt i vissa utrymmen. Om en ångtvätt inte finns tillgänglig finns det ett par utmärkta avfettningsmedel som man stryker på med borste för att sedan spola bort smutsen. Observera att ingen av ovanstående metoder ska användas på bilar med vaxade underreden, eftersom de tar bort vaxet. Bilar

med vaxade underreden ska kontrolleras årligen, helst på senhösten. Underredet ska då tvättas av så att skador i vaxbestrykningen kan hittas och åtgärdas. Helst ska ett helt nytt lager vax läggas på. Överväg även att spruta in vaxbaserat skydd i dörrpaneler, trösklar, balkar och liknande som ett extra rostskydd där tillverkaren inte redan åtgärdat den saken.

Torka av lacken med sämskskinn efter tvätten så att den får en fin yta. Ett lager med genomskinligt skyddsvax ger förbättrat skydd mot kemiska föroreningar i luften. Om lacken mattats eller oxiderats kan ett kombinerat rengörings-/polermedel återställa glansen. Detta kräver lite arbete, men sådan mattning orsakas vanligen av slarv med regelbundenheten i tvättningen. Metalliclacker kräver extra försiktighet och speciella slipmedelsfria rengörings-/polermedel krävs för att inte skada ytan. Kontrollera alltid att dräneringshål och rör i dörrar och ventilation är öppna så att vatten kan rinna ut. Kromade ytor ska behandlas på samma sätt som lackerade. Fönster och vindrutor ska hållas fria från fett och smuts med hjälp av fönsterputs. Vax eller andra medel för polering av lack eller krom ska inte användas på glas.

3 Underhåll –
klädsel och mattor

Mattorna ska borstas eller dammsugas med jämna mellanrum så att de hålls rena. Om de är svårt nedsmutsade kan de tas ut ur bilen och skrubbas. Se i så fall till att de är helt torra innan de läggs tillbaka i bilen. Säten och klädselpaneler kan torkas rena med fuktig trasa. Om de smutsas ner (syns ofta bäst i ljusa inredningar) kan lite flytande tvättmedel och en mjuk nagelborste användas för att skrubba ut smutsen ur materialet. Glöm inte takets insida. Håll det rent på samma sätt som klädseln. När flytande rengöringsmedel används inne i en bil får de tvättade ytorna inte överfuktas. För mycket fukt kan tränga in i sömmar och stoppning och framkalla fläckar, störande lukter och till och med röta. Om insidan av bilen blir mycket blöt är det mödan värt att torka ur den ordentligt, speciellt mattorna. *Lämna inte olje- eller eldrivna värmare i bilen för detta ändamål.*

4 Mindre karosskador –
reparation

Mindre repor

Om en repa är mycket ytlig och inte har trängt ner till karossmetallen är reparationen mycket enkel att utföra. Gnugga det skadade området helt lätt med lackrenoveringsmedel eller en

mycket finkornig slippasta så att lös lack tas bort från repan och det omgivande området befrias från vax. Skölj med rent vatten.

Lägg bättringslack på skråman med en fin pensel. Lägg på i många tunna lager till dess att ytan i skråman är i jämnhöjd med den omgivande lacken. Låt den nya lacken härda i minst två veckor och jämna sedan ut den mot omgivande lack genom att gnugga hela området kring repan med lackrenoveringsmedel eller en mycket finkornig slippasta. Avsluta med en vaxpolering.

Om repan gått ner till karossmetallen och denna börjat rosta krävs en annan teknik. Ta bort lös rost från botten av repan med ett vasst föremål och lägg sedan på rostskyddsfärg så att framtida rostbildning förhindras. Använd sedan ett spackel av gummi eller nylon och fyll upp repan med spackelmassa. Vid behov kan spacklet tunnas ut med thinner så att det blir mycket tunt vilket är idealiskt för smala repor. Innan spacklet härdar, linda ett stycke mjuk bomullstrasa runt en fingertopp. Doppa fingret i cellulosaförtunning och stryk snabbt över fyllningen i repan. Detta ser till att spackelytan blir något ihålig. Lacka sedan över repan enligt tidigare anvisningar.

Bucklor

När en djup buckla uppstått i bilens kaross blir den första uppgiften att räta ut den så att karossen i det närmaste återfår ursprungsformen. Det finns ingen anledning att försöka återställa formen helt eftersom metallen i det skadade området sträckt sig vid skadans uppkomst och aldrig helt kommer att återta sin gamla form. Det är bättre att försöka ta bucklans nivå upp till ca 3 mm under den omgivande karossens nivå. Om bucklan är mycket grund är det inte värt besväret att räta ut den. Om undersidan av bucklan är åtkomlig kan den knackas ut med en träklubba eller plasthammare. När detta görs ska mothåll användas på plåtens utsida så att inte större delar knackas ut.

Skulle bucklan finnas i en del av karossen som har dubbel plåt, eller om den av någon annan anledning är oåtkomlig från insidan, krävs en annan teknik. Borra ett flertal hål genom metallen i bucklan – speciellt i de djupare delarna. Skruva därefter in långa plåtskruvar precis så långt att de får ett fast grepp i metallen. Dra sedan ut bucklan genom att dra i skruvskallarna med en tång.

Nästa steg är att ta bort lacken från det skadade området och ca 3 cm runt den omgivande oskadade plåten. Detta görs enklast med stålborste eller slipskiva monterad på borrmaskin, men det kan även göras för hand med slippapper. Fullborda underarbetet genom att repa den nakna plåten med en skruvmejsel eller filspets, eller genom att borra små hål i det område som ska spacklas. Detta gör att spacklet fäster bättre.

Se avsnittet om spackling och sprutning för att avsluta reparationen.

Rosthål och revor

Ta bort lacken från det drabbade området och ca 30 mm av den omgivande oskadade plåten med en sliptrissa eller stålborste monterad i en borrmaskin. Om sådana verktyg inte finns tillgängliga kan ett antal ark slippapper göra jobbet lika effektivt. När lacken är borttagen kan rostskadans omfattning uppskattas mer exakt och därmed kan man avgöra om hela panelen (om möjligt) ska bytas ut eller om rostskadan ska repareras. Nya plåtdelar är inte så dyra som de flesta tror och det går ofta snabbare och ger bättre resultat med plåtbyte än att försöka reparera större rostskador.

Ta bort all dekor från det drabbade området, utom den som styr den ursprungliga formen av det drabbade området, exempelvis lyktsarger. Ta sedan bort lös eller rostig metall med plåtsax eller bågfil. Knacka kanterna något inåt så att du får en grop för spacklingsmassan.

Borsta av det drabbade området med en stålborste så att rostdamm tas bort från ytan av kvarvarande metall. Lacka det berörda området med rostskyddsfärg om baksidan på det rostiga området går att komma åt behandlar du även det.

Före spackling måste hålet blockeras på något sätt. Detta kan göras med nät av plast eller aluminium eller med aluminiumtejp.

Nät av plast eller aluminium eller glasfiberväv är antagligen det bästa materialet för ett stort hål. Skär ut en bit som är ungefär lika stor som det hål som ska fyllas och placera den i hålet så att kanterna är under nivån för den omgivande plåten. Ett antal klickar spackelmassa runt hålet fäster materialet.

Aluminiumtejp bör användas till små eller mycket smala hål. Dra av en bit tejp från rullen och klipp till den storlek och form som behövs. Dra bort eventuellt skyddspapper och fäst tejpen över hålet. Flera remsor kan läggas bredvid varandra om bredden på en inte räcker till. Tryck ner tejpkanterna med ett skruvmejselhandtag eller liknande så att tejpen fäster ordentligt på metallen.

Spackling och sprutning

Se tidigare anvisningar beträffande reparation av bucklor, repor, rosthål och andra hål innan beskrivningarna i det här avsnittet följs.

Det finns många typer av spackelmassa. Generellt sett är de som består av grundmassa och härdare bäst vid den här typen av reparation. Ett brett och följsamt spackel av nylon eller gummi är ett ovärderligt verktyg för att skapa en väl formad spackling med fin yta.

Blanda lite massa och härdare på en skiva av exempelvis kartong eller masonit. Följ tillverkarens instruktioner och mät härdaren noga, i annat fall härdar spacklingen för snabbt eller för långsamt. Bred ut massan på det förberedda området med spackeln; dra applikatorn över massans yta för att forma den och göra den jämn. Sluta bearbeta massan så

snart den börjar anta rätt form. Om du arbetar för länge kommer massan att bli klibbig och fastna på spackeln. Fortsätt lägga på tunna lager med ca 20 minuters mellanrum till dess att massan är något högre än den omgivande plåten.

När massan härdat kan överskottet tas bort med hyvel eller fil. Börja med nr 40 och avsluta med nr 400 våt- och torrpapper. Linda alltid papperet runt en slipkloss, i annat fall blir inte den slipade ytan plan. Vid slutpoleringen med torr- och våtpapper ska papperet då och då sköljas med vatten. Detta skapar en mycket slät yta på massan i slutskedet.

På det här stadiet bör bucklan vara omgiven av en ring med ren metall, som i sin tur omges av den ruggade kanten av den "friska" lacken. Skölj av reparationsområdet med rent vatten tills allt slipdamm har försvunnit.

Spruta ett tunt lager grundfärg på hela reparationsområdet. Då avslöjas mindre ytfel i spacklingen. Laga dessa med ny spackelmassa eller filler och slipa av ytan igen. Massa kan tunnas ut med thinner så att den blir mer lämpad för riktigt små gropar. Upprepa denna sprutning och reparation till dess att du är nöjd med spackelytan och den ruggade lacken. Rengör reparationsytan med rent vatten och låt den torka helt.

Reparationsytan är nu klar för lackering. Färgsprutning måste utföras i ett varmt, torrt, drag- och dammfritt utrymme. Detta kan åstadkommas inomhus om det finns tillgång till ett större arbetsområde. Om arbetet måste äga rum utomhus är valet av dag av stor betydelse. Om arbetet utförs inomhus kan golvet spolas av med vatten eftersom detta binder damm som annars skulle finnas i luften. Om reparationsområdet begränsas till en karosspanel täcker du över omgivande paneler. Då kommer inte mindre nyansskillnader i lacken att synas lika tydligt. Dekorer och detaljer (kromlister, handtag med mera) ska även de maskeras. Använd riktig maskeringstejp och flera lager tidningspapper för att göra detta.

Före sprutning, skaka burken ordentligt och spruta på en provbit, exempelvis en konservburk, tills tekniken behärskas. Täck reparationsområdet med ett tjockt lager grundfärg. Tjockleken ska byggas upp med flera tunna färglager, inte ett enda tjockt lager. Slipa ner grundfärgen med nr 400 slippapper tills den är riktigt slät. Medan detta utförs ska ytan hållas våt och papperet ska periodvis sköljas i vatten. Låt torka innan mer färg läggs på.

Spruta på färglagret och bygg upp tjockleken med flera tunna lager färg. Börja spruta i ena kanten och arbeta med sidledes rörelser till dess att hela reparationsytan och ca 5 cm av den omgivande lackeringen täcks. Ta bort maskeringen 10 – 15 minuter efter att det sista färglagret sprutats på.

Låt den nya lacken härda i minst två veckor innan den nya lackens kanter jämnas ut mot den gamla med en lackrenoverare eller mycket fin slippasta. Avsluta med en vaxpolering.

Plastdetaljer

Eftersom biltillverkarna använder mer och mer plast i karosskomponenterna (t.ex. i stötfångare, spoilrar och i vissa fall även i de större karosspanelerna), har reparationer av allvarligare skador på sådana komponenter blivit fall för specialister eller så får hela komponenterna bytas ut. Gör-det-självreparationer av sådana skador lönar sig inte på grund av kostnaden för den specialutrustning och de speciella material som krävs. Principen för dessa reparationer är dock att en skåra tas upp längs med skadan med en roterande rasp i en borrmaskin. Den skadade delen svetsas sedan ihop med en varmluftspistol och en plaststav i skåran. Plastöverskott tas bort och ytan slipas ner. Det är viktigt att rätt typ av plastlod används. Plasttypen i karossdelar varierar och kan bestå av exempelvis PCB, ABS eller PPP.

Mindre allvarliga skador (skrapningar, små sprickor etc.) kan lagas av en hemmamekaniker med hjälp av en tvåkomponents epoxymassa. Den blandas i lika delar och används sedan på ungefär samma sätt som spackelmassa på plåt. Epoxyn härdar i regel inom 30 minuter och kan sedan slipas och målas.

Om ägaren har bytt en komponent på egen hand eller reparerat med epoxymassa, återstår svårigheten att hitta en färg som lämpar sig för den aktuella plasten. Tidigare fanns ingen universalfärg som kunde användas, på grund av det breda utbudet av plaster i karossdelar. Generellt sett fastnar inte standardfärger på plast och gummi, men det finns färger och kompletta färgsatser för plast- och gummilackering och att köpa. Numera finns det dock satser för plastlackering att köpa. Dessa består i princip av förprimer, grundfärg och färglager. Kompletta instruktioner finns i satserna, men grundmetoden är att först lägga på förprimern på den aktuella delen och låta den torka i 30 minuter. Sedan ska grundfärgen läggas på och lämnas att torka i ungefär en timme innan det färgade ytlacket läggs på. Resultatet blir en korrekt färgad del där lacken kan röra sig med materialet, något de flesta standardfärger inte klarar.

5 Större karosskador – reparation

Om helt nya paneler måste svetsas fast på grund av större skador eller bristande underhåll, bör arbetet överlåtas till professionella mekaniker. Om det är frågan om en allvarlig krockskada måste en professionell mekaniker med uppriktningsriggar utföra arbetet för att det ska bli framgångsrikt. Förvridna delar kan även orsaka stora belastningar på komponenter i styrning och fjädring och möjligen kraftöverföringen med åtföljande slitage och förtida haveri, i synnerhet då däcken.

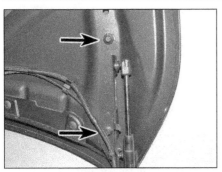

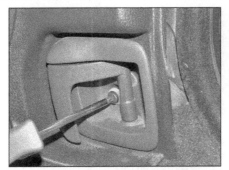

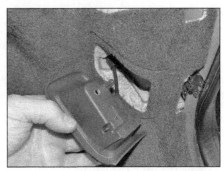

6.4 Lossa stödbenet och skruva loss gångjärnsskruvarna (se pilar)

7.3a Ta bort den enda skruven från motorhuvens öppningshandtag (XC90) ...

7.3b ... och ta bort handtaget (XC60)

6 Motorhuv – demontering, montering och justering

Demontering

1 Öppna motorhuven och lossa slangarna från spolarmunstyckena enligt beskrivningen i kapitel 12.
2 Koppla i förekommande fall loss spolarmunstyckenas anslutningskontakter och dra bort kablaget från motorhuven.
3 Gör en markering runt gångjärnsfästet på undersidan av huven med en filtpenna för att underlätta monteringen. Bänd upp klämman och dra bort stödbenet från dess placering.
4 Ta hjälp av en medhjälpare. Stöd motorhuven och skruva loss gångjärnsskruvarna **(se bild)**. Lyft bort motorhuven och ställ den på en säker plats.

Montering och justering

5 Placera trasor under motorhuvens hörn, nära gångjärnen, innan den monteras, för att skydda lacken.
6 Montera motorhuven och sätt i gångjärnsskruvarna. Placera bara skruvarna i de tidigare markerade hålen.
7 Återanslut spolarröret och anslutningskontakterna.
8 Stäng motorhuven och kontrollera att den passar som den ska. Om det behövs lossar du skruvarna och sätter tillbaka huven.

9 Dra åt gångjärnsskruvarna ordentligt när justeringen är korrekt och montera tillbaka stödet.

7 Motorhuvslåsvajer – demontering, montering och justering

Demontering

1 Ta bort båda strålkastarna fram enligt beskrivningen i kapitel 12.
2 Ta bort grillen på XC60-modeller enligt beskrivningen i avsnitt 21 i detta kapitel. Ännu enklare är att ta bort hela stötfångarkåpan fram enligt beskrivningen i avsnitt 20.
3 Ta bort lossningshaken från fotutrymmet. Ta bort den enda skruven **(se bilder)** och haka sedan loss kabeln i alla modeller.
4 Lossa vajern från motorhuvslåset - enligt beskrivningen i nästa avsnitt.
5 Ta bort batteriet (kapitel 5) och ta sedan bort filterhuset (kapitel 4A) i vänsterstyrda XC60-modeller.
6 Märk ut placeringen av vajerstyrklämmorna och arbeta sedan längs med vajern och ta bort den från de tillhörande vajerklämmorna för att underlätta monteringen.
7 Mata vajern genom mellanväggen, notera vajerns exakta dragning och ta bort den från bilen.

Montering

8 Monteringen sker i omvänd ordning jämfört med demonteringen.

8 Motorhuvslås – demontering och montering

Demontering

1 Ta bort grillen eller stötfångarkåpan på XC60-modellerna och ta bort luftfiltrets insugskanal på XC90-modeller.
2 Ta bort vindavvisarna från kylarens alla ändar på XC60-modellerna. Ta bort båda strålkastarna på XC90-modellerna (kapitel 12) och skruva sedan bort vakuumpumpen (om en sådan finns). Flytta pumpen åt ena sidan – det finns inget behov att ta bort den helt.
3 Vajern måste lossas från öppningshandtaget först, enligt beskrivningen i avsnitt 7 – detta ger tillräckligt med slack i vajern så att den kan hakas loss från låsenheterna. Märk ut låsets placering och skruva loss de 2 skruvarna och ta bort låsmekanismen, lossa vajern när enheten tas loss **(se bilder)**.

Montering och justering

4 Montering utförs i omvänd ordningsföljd jämfört med demonteringen. Dra endast åt låsets fästskruvar för hand, stäng sedan motorhuven för att centrera haken. Dra åt fästskruvarna ordentligt.

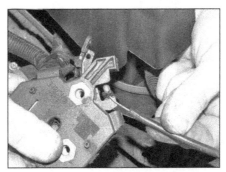

8.3a Ta bort fästskruvarna (XC60)

8.3b Lossa kabeln i XC90-modellerna ...

8.3c ... och i XC60-modellerna

9.1 Gör inställningsmärken och mät gapet

9.3a Lossa anslutningskontakten (XC90)

9.3b Lossa spärrfliken i XC60-modellerna

9 Dörrar – demontering, montering och justering

Demontering

1 Koppla loss batteriets jordledning (se kapitel 5). Använd maskeringstejp för att göra inställningsmärken på dörrpanelen för att underlätta monteringen. Mät gapet mellan dörren och den angränsande panelen och notera detta på strategiska punkter som en hjälp för monteringen **(se bild)**.

2 Öppna dörren och stöd den med en domkraft eller en pallbock. Använd trasor för att skydda lacken.

3 Koppla loss dörrens elektriska kablage. Dra gummidamasken bakåt, använd sedan en liten skruvmejsel för att lossa klämman och koppla loss kontaktdonet. Om du tar bort en bakdörr, lossa muffen från dörrstolpen, dra bort kontaktdonet från stolpen, tryck ner klämman och separera kontaktdonets båda halvor **(se bild)**.

4 Lossa dörrhållarremmen genom att skruva loss skruven som fäster den på dörrstolpen **(se bild)**.

5 Skruva loss de övre och nedre gångjärnsskruvarna från stolpen **(se bild)**. Ta loss och notera den exakta placeringen för distansbrickor som är monterade på dörren

6 Ta bort dörren med hjälp av en medhjälpare.

9.4 Skruva loss dörrstängningsremsan

Montering och justering

7 Montera dörren i omvänd ordningsföljd.

10 Dörrens inre klädselpanel – demontering och montering

Demontering

Framdörrar

1 Lossa batteriet - se Koppla loss batteriet i avsnitt 5. Vänta minst en minut så att eventuell lagrad elektrisk energi i det extra säkerhetssystemet (SRS) försvinner innan arbetet påbörjas.

2 Bänd försiktigt upp högtalarens klädselpanel från dörrspegelns fäste **(se bild)**.

3 Använd ett verktyg med platt blad för

9.5 Ta bort gångjärnsskruvarna (pil visar den övre)

att bända upp klädselpanelbiten från dörrhandtaget i XC90-modellerna. Ta bort de skruvar som nu exponeras. Skruva loss de två torxskruvarna under dörrdragaren i XC60-modellerna.

4 Använd ett verktyg med brett blad för klädselpanel av plast och lossa dörrpanelen.

5 Dra bort panelen från dörren tillräckligt mycket så att det går att komma åt högtalarens, elfönstrets och elspegelns anslutningskontakter och handtagets utlösningskabel bakom den. Observera kontakternas placering, lossa dem och lyft av fliken på dörrhandtagets bakre del för att lossa kabeln **(se bilder).**

6 Lyft klädselpanelen uppåt och bort från dörren.

Bakdörrar

7 Bakdörrens panel tas bort på i stort samma sätt som den främre panelen.

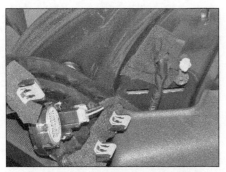

10.2 Ta bort högtalarpanelen (XC60)

10.5a Lossa kabeln ...

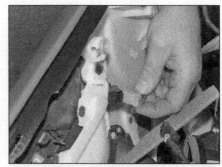

10.5b ... och lossa anslutningskontakten (anslutningskontakterna)

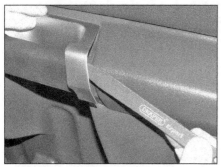

10.8a Lossa ...

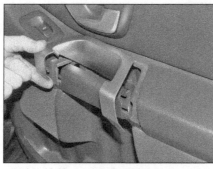

10.8b ... och ta sedan bort klädselpanelstycket

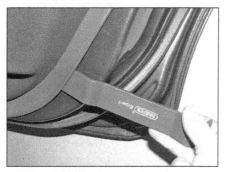

10.8c Ta bort skruvarna (se pilar)

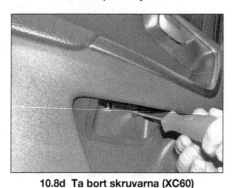

10.8d Ta bort skruvarna (XC60)

8 Ta bort dörrens klädselpanel och ta bort de 2 skruvarna underifrån i XC90-modeller. Ta bort skruvarna under draghandtaget i XC60-modellerna **(se bilder)**.
9 Använd ett verktyg med brett blad för

klädselpanel av plast och lossa fästklämmorna från panelens kant **(se bild)**.
10 Dra bort panelen från dörren tillräckligt mycket så att det går att komma åt högtalarens anslutningskontakter, elfönstrets

anslutningskontakt (anslutningskontakter) och handtagets utlösningskabel. Observera kontakternas placering, lossa dem och lyft av fliken på dörrhandtagets bakre del för att lossa kabeln **(se bilder 10.5a och 10.5b)**.
11 Lyft klädselpanelen uppåt och bort från dörren.

Montering

12 Monteringen sker i omvänd ordning jämfört med demonteringen. Skaffa och montera nya klämmor till panelens nederdel/kanterna om de gamla gick sönder vid demonteringen. Kontrollera funktionen hos alla reglage och brytare innan klädselpanelen sätts på plats.

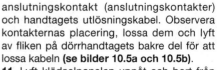

11 Dörrhandtag och låskomponenter – demontering och montering

Yttre handtag

XC60-modellerna

1 Funktionen är densamma för både fram- och bakdörrarna.
2 Bänd ut genomföringen på överdelen av dörrens bakkant **(se bild)**.
3 Sätt in skruvmejseln genom hålet och lossa skruven högst 5 varv. Handtagets mindre del kan nu tas bort från dörren. Förarens dörr har låscylindern som en del av denna del av handtaget **(se bilder)**.
4 Ta bort ytterhandtaget, lossa den framåtriktade styrskruven från dess placering i dörren. Ta bort gummitätningen **(se bilder)**.

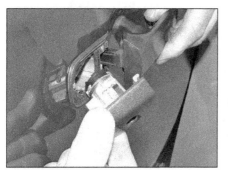

10.9 Lossa dörrpanelen

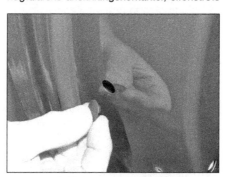

11.2 Ta bort genomföringen

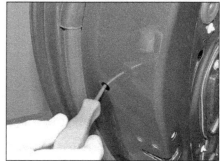

11.3a Lossa låsskruven ...

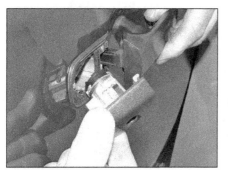

11.3b ... och ta bort ytterhandtagets lilla del

11.4a Ta bort handtaget ...

11.4b ... och ta loss tätningen

11.9a Borra ur nitarna ...

11.9b ... och ta bort styrningskanalen av glas

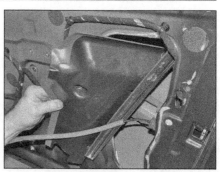

11.10 Frigör kåpan från dörren

5 Modeller som är utrustade med ett nyckellöst låssystem har kablage anslutet till ytterhandtaget. När handtaget tas bort ska du försiktigt dra anslutningskontakten framåt för att låsa det på plats innan du lossar kontaktdonet.
6 Monteringen sker i omvänd ordning.

XC90 modeller

7 Ta bort dörrens inre panel från relevant dörr enligt beskrivningen i avsnitt 10.
8 Demonteringsmetoden är nästan samma för alla fyra dörrarna med undantag av framdörren i modeller utrustade med blockerat låsläge.
9 Om du arbetar på framdörren (på en modell med blockerat låsläge) bänder du upp gummistyrningen från kanalen och borrar sedan ur styrningens fästnitar från dörren (3,5 mm borr). Ta bort styrningskanalen och (om du arbetar med förardörren) ta bort den enda skruven från låsets/handtagets stöldskyddskåpa **(se bilder)**.
10 Lossa kåpan från dörren vilket är svårt **(se bild)**.
11 Notera länkstångens placering när den är monterad på alla dörrarna och lossa den från handtagsmekanismen. Sträck dig in i dörren och för tillbaka mekanismens fjäderbelastade del för att lossa handtaget. Dra loss handtaget och haka loss den framåtriktade kanten.
12 Monteringen sker i omvänd ordning jämfört med demonteringen.

Framdörrens låscylinder

XC60-modellerna

13 Följ den process som beskrivs ovan för demontering av handtaget.

14 Ta loss låscylindern och kåpan från handtaget. Lossa de 2 klämmorna för att separera låscylindern från kåpan.
15 Monteringen sker i omvänd ordning jämfört med demonteringen. Tänk på följande:
a) Se till att låscylindern är insatt korrekt.
b) Sätt inte in nyckeln i låscylindern när den monteras tillbaka i och med att cylindern då kan bli monterad med fel placering.

XC90-modellerna

16 Ta bort ytterhandtaget enligt beskrivningen i detta avsnitt och ta sedan bort den mindre del som täcker över nyckelcylindern. Observera att denna lilla del skadas när den tas bort. Volvo insisterar på att den måste bytas mot en ny men denna del levereras endast målad med grundfärg och kräver lackering innan den monteras. Det kan naturligtvis gå att fästa den gamla delen på plats med ett lämpligt lim.
17 Ta bort de 2 skruvarna bakom det nu borttagna handtaget och ta sedan bort de 2 skruvarna från dörrens ände.
18 Ta bort den inre delen av handtagsenhet från bilen, bänd upp låsringen och ta bort låscylindern **(se bild)**.
19 Monteringen sker i omvänd ordningsföljd jämfört med demonteringen.

Framdörrens låskolvenhet

XC60-modellerna

20 Dörrens låskolvenhet tas bort samtidigt som dörrhållaren och är fäst på hållaren med en fästklämma. Se avsnitt 12 för demontering av dörrhållaren. Separera låsdelen från dörrhandtagets inre del med dörrhållaren på

bänken **(se bilder)**. Låset, den inre delen av handtaget och de sammanlänkade vajrarna/den sammanlänkande länkstången finns som separata delar.

XC90-modellerna

21 Fönstret måste vara helt stängt innan du börjar arbeta.
22 Ta bort dörrens innerpanel och ta sedan bort membranet från dörrpanelen med hjälp av ett vasst blad enligt beskrivningen i avsnitt 10 i detta kapitel.
23 Lossa länkstången till låsknappen och ta sedan bort fönstrets styrningskanal. Detta kräver urborrning av 2 nitar från dörrens ände **(se bild 11.09a)**.
24 Om du arbetar på förardörren ska du ta bort stöldskyddskåpan (om en sådan finns) från handtaget/nyckelcylindern. Denna hålls på plats av en enda skruv **(se bild 11.10)**. Haka loss länkvajrarna till det yttre dörrhandtaget.
25 Ta bort de 3 skruvarna från dörrens ände, dra in låskolven i dörramen och lossa anslutningskontakten. Ta bort låskolvenheten från dörren. Haka loss innerhandtagets utlösningskabel från låskolven om det behövs.
26 Monteringen utförs i omvänd ordningsföljd jämfört med demonteringen men montera nya nitar på styrskenan.

Bakdörrens låskolvenhet

27 Se noteringen ovan när det gäller demontering av framdörrens låskolvsenhet på XC60-modellerna. Tillvägagångssättet är det samma för demontering av bakdörrens låskolv. Tillvägagångssättet är identiskt

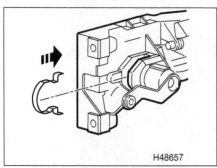

11.18 Bänd upp låsringen (A)

11.20a Lossa spärrfliken (se pil) ...

11.20b ... och lossa anslutningskontakten

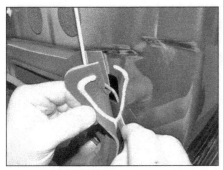

11.29 Ta bort membranet

11.30 Lossa låsknappen (A) och ytterhandtagets (B) länkstänger

11.32 Lossa kabeln

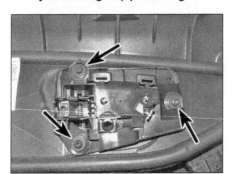

11.37 Ta bort skruvarna (se pilar)

med demonteringen av framdörrens låskolv på XC90-modellerna förutom att det inte finns något behov av att borra ur fönstrets styrskena.

XC90 Bakdörrens låskolv

28 Ta bort dörrens innerpanel enligt beskrivningen i avsnitt 10.
29 Använd ett vasst blad och ta bort membranet **(se bild)**.
30 Lossa länkarmen på det yttre handtaget och på den invändiga låsknappen **(se bild)**.
31 Ta bort skruvarna från dörrens ände och lossa låskolvenheten. Koppla loss

anslutningskontakten när låskolven tas bort från dörren.
32 Ta bort den inre handtagsvajern genom att lossa den yttre och haka loss den inre vajern med enheten på bänken **(se bild)**.

Dörrens innerhandtag

33 Observera att processen är den samma för både fram- och bakdörrarna.
34 Ta bort dörrens klädselpanel enligt beskrivningen i avsnitt 10. Lossa alla kablar och anslutningskontakter när panelen tas bort.

35 Använd ett verktyg med platt blad för att försiktigt bända upp klädselpanelbiten över dörrhandtaget på XC60-modellerna.
36 På XC60-modellerna hålls handtaget på plats med flera brickor av krimptyp och en plastplugg som är fäst på handtaget. Skär av plastpluggens huvud och bänd bort brickorna för att ta bort handtaget från dörrpanelen.
37 Ta bort de 3 skruvarna och ta bort handtaget på XC90-modellerna **(se bild)**.
38 Vid montering eller byte ska handtaget fästas på dörrens klädselpanel med hjälp av låsbrickor (XC60-modellerna). Återstoden utförs i omvänd ordningsföljd jämfört med demonteringen.

12 Dörrhållare (endast XC60-modellerna) – demontering och montering

Demontering

Framdörr

1 Ta bort dörrens inre klädselpanel enligt beskrivningen i avsnitt 10.
2 Ta bort det yttre dörrhandtaget (och låscylindern på förardörren) enligt beskrivningen i avsnitt 11.
3 Lossa fönsterglaset (enligt beskrivningen i avsnitt 13) och fäst det på dörramen med tejp.
4 Lossa alla klämmar som håller fast kablar på panelen och skruva loss de 10 skruvar som håller fast hållaren på dörren. Skruva loss de skruvar i dörrens bakre ram som håller fast låsenheten **(se bilder)**. Ta bort den skruv som är placerad på den yttre dörrpanelen (under det yttre dörrhandtaget).
5 Skruva loss klämman och lossa anslutningskontakten från dörrstolpen. Lossa klämman och tryck in anslutningskontakten i dörren eftersom kablaget tas bort när hållarpanelen tas bort. Lossa elspegelns

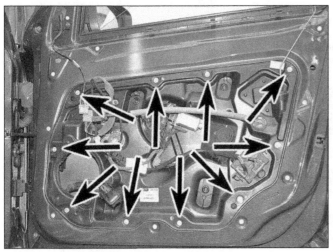

12.4a Ta bort skruvarna (se pilar) från panelen

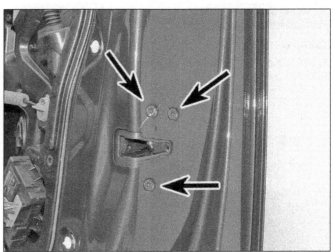

12.4b ... och från dörrlåset (se pilar)

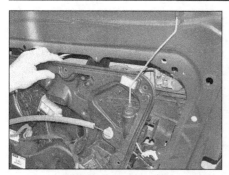

12.6 Ta bort panelen

12.9 Fäst rutan med tejp

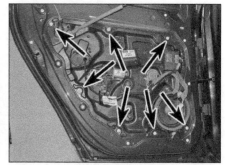

12.11 Ta bort panelskruvarna (se pilar)

anslutningskontakt och lossa den från dörramen.
6 För bort panelenheten från bilen **(se bild)**.

Bakdörr

7 Ta bort dörrens inre klädselpanel enligt beskrivningen i avsnitt 10.
8 Ta bort det yttre dörrhandtaget enligt beskrivningen i avsnitt 11.
9 Lossa fönsterglaset (enligt beskrivningen i avsnitt 13) och fäst det i stängt läge med tejp **(se bild)**.
10 Skruva loss klämman och lossa anslutningskontakten på B-stolpen. Tryck in anslutningskontakten i dörren eftersom den kommer att lossas när hållarpanelen tas bort.
11 Skruva loss de 8 skruvar som håller fast hållaren på dörren **(se bild)**. Skruva loss de 3 skruvar i dörrens bakre ram som håller fast låsenheten.
12 Skruva loss den skruv som är placerad på vridpunkten på det yttre dörrhandtaget.
13 Ta bort hållarpanelen tillsammans med låsenheten och lossa alla vajrar och allt kablage när den tas bort.

Montering

14 För båda dörrarna utförs monteringen i omvänd ordningsföljd jämfört med demonteringen. Före användningen måste fönsterläget initieras enligt beskrivningen i avsnitt 13.

---

13 Dörrfönsterglas, motor och regulator – demontering och montering

Observera: *När strömförsörjningen till de elektriska fönsterhissarna bryts måste elfönstren alltid initieras och synkroniseras när arbetet slutförs. Öppna fönstret helt och håll brytaren i neråtläget i 5 sekunder för att göra detta. Upprepa tillvägagångssättet med fönstret helt stängt.*

Framdörrens fönsterglas

XC60-modellerna

1 Öppna fönstret tills rutans överdel är 185 mm från tätningslisten (uppmätt vid dörrens bakre del).
2 Ta bort dörrens inre klädselpanel enligt

beskrivningen i avsnitt 10 och bänd upp den inre tätningslisten. *Ta bort tätningen.*
3 Bänd loss gummilocket vid varje ände av dörrhållaren om sådana är monterade.
4 Använd en lämplig stans eller skruvmejsel och tryck in styrklämmorna för att lossa rutan **(se bild)**.
5 Lyft av rutans bakre kant först och för den uppåt och ut ur dörramen.
6 Monteringen sker i omvänd ordning.

XC90 modeller

7 Öppna fönstret till hälften. Ta bort dörrpanelen enligt beskrivningen i avsnitt 10 i detta kapitel och ta sedan bort membranet (med hjälp av en vass kniv) **(se bild 11.29)**.
8 Ta bort den inre skraplisten.
9 Bänd försiktigt upp låsringen från sliden längst ner på fönsterglaset **(se bild)**.
10 Använd en skruvmejsel och snäpp ut kulleden från hylsan **(se bild)**.

13.4 Vid korrekt inriktning går det att komma åt styrstiftet (se pil) genom rutan

13.10 Lossa kulan från hållaren

11 Ta bort rutan genom att vinkla den en aning och lyfta den mot dörramens insida.
12 Monteringen sker i omvänd ordning jämfört med demonteringen.

Bakdörrens fönsterglas

XC60-modellerna

13 Öppna fönstret så att rutan är 150 mm över den yttre skraplisten – uppmätt vid dörrens framkant.
14 Ta bort dörrpanelen enligt beskrivningen i avsnitt 10.
15 Använd ett verktyg med platt blad för att bända bort den yttre tätningslisten. Skydda lacken med maskeringstejp om det behövs.
16 Bänd upp tätningen från rutans styrningskanal baktill på dörren och lossa sedan dörrtätningen delvis baktill.
17 Använd ett 5 mm borr för att ta bort de nitar som nu exponeras **(se bild)**.

13.9 Ta bort låsringen

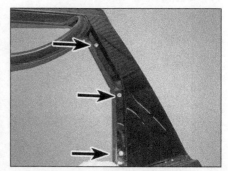

13.17 Borra ur nitarna (se pilar) ...

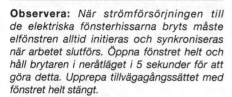

13.20 Ta bort panelen

13.21a Ta bort genomföringen ...

13.21b ... och lossa rutan

13.22 Byt de urborrade nitarna

13.24a Ta bort den övre skruven ...

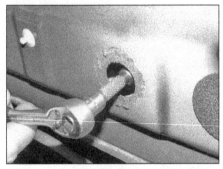

13.24b ... ta bort skyddet av skumgummi
och sedan den nedre skruven

18 Arbeta på dörrens insida för att ta bort tätningslisten.
19 Använd ett 7 mm borrbits för att ta bort den enda niten alldeles bredvid låsknappen
20 Det går nu att ta bort den bakre klädselpanelen från dörren **(se bild)**.
21 Ta bort blindgenomföringen och använd en lämplig skruvmejsel eller stans för att trycka in styrfliken och lossa rutan **(se bilder)**.
22 Monteringen utförs i omvänd ordningsföljd och nya nitar ska sättas in i fönsterramen **(se bild)**.

XC90-modellerna

23 Öppna fönsterrutan helt och ta bort den inre dörrpanelen (enligt beskrivningen i avsnitt 10). Ta bort ljudisoleringsskivan med en vass kniv.
24 Bänd upp rutstyrningskanalen av gummi och ta sedan bort den inre tätningslisten. Ta bort skruven och skruven från den bakre styrningskanalen **(se bilder)**.
25 Ta bort den bakre sidorutan, slutför med

styrskenan genom att dra den framåt och sedan uppåt och sedan ut från dörren.
26 Lossa anslutningskontakten, borra ur nitarna och ta bort högtalaren.
25 Lossa fönsterglaset halvvägs. Detta gör att det går att komma åt de nitar som håller fast rutan. Det går att komma åt en nit genom högtalarhålet **(se bild)** och den andra genom att ta bort en angränsande täckplugg till skumgummit. Borra ur nitarna och ta bort rutan från dörren.
26 Monteringen utförs i omvänd ordning jämfört med demonteringen men observera att det inte går att montera nya nitar utan en nitpistol med en extra lång nos. Om det inte finns något lämpligt verktyg ska nitarna ersättas med muttrar och skruvar.

Främre och bakre fönstermotor
XC60-modellerna

27 Lossa batteriets jordledning enligt beskrivningen i kapitel 5 och ta bort dörrens klädselpanel enligt beskrivningen i kapitel 10.

28 Skruva loss de 3 skruvar som håller fast motorn på dörrhållaren och lossa anslutningskontakten när motorn demonteras **(se bild)**.
29 Monteringen utförs i omvänd ordningsföljd.

XC90-modellerna

Observera: *Regulatorn och motorn demonteras som en komplett enhet i XC90-modellerna. Volvo har inga lösa delar. Om det är fel på regulatorn och/eller motorn måste enheten bytas som en komplett enhet.*
30 Ta bort dörrens innerpanel – se avsnitt 10, öppna fönstret och lossa relevant fönster enligt beskrivningen ovan. Ta inte bort fönstret utan använd istället kanaltejp (eller någon liknande stark tejp) och fäst rutan i stängt läge.
31 Borra ur nitarna och ta bort den enda skruven (endast den bakre motorn) för att lossa regulatorn och motorenheten. Lossa anslutningskontakten när enheten tas bort **(se bild)**.

13.25 Borra ur niten

13.28 Ta bort skruvarna (se pilar)

13.31 Ta bort motorn och regulatorn

32 Monteringen utförs i omvänd ordningsföljd jämfört med demonteringen men kom ihåg att montera nya nitar.

Främre och bakre fönsterregulator – XC60-modeller

33 Regulatorn är inbyggd i hållarenheten och hålls fast av nitar och skruvar. Följ anvisningarna för borttagning av enheten enligt beskrivningen i avsnitt 12 och för borttagning av fönstermotorn enligt beskrivningen ovan. Sedan kan regulatorn tas bort.

14 Bakluckans inre klädselpanel (kombi) – demontering och montering

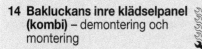

Demontering

XC60-modellerna

1 Öppna bakluckan och bänd bort kåpan över låsspärren längst ner på bakluckan **(se bilder)**.
2 Skruva loss de skruvar som håller fast innerhandtaget **(se bild)** och ta bort handtaget.
3 Skruva loss den skruv på varje sida som håller fast den övre och nedre klädselpanelen **(se bild)** och lossa sedan klämmorna och ta bort den övre klädselpanelen med början på sidorna och sedan utåt mot toppen.
4 Ta bort den nedre klädselpanelen och lossa klämmorna på sidorna och på nederkanten. Bänd upp brytaren till elbakluckan och lossa anslutningskontakten (om en sådan finns).
5 Lossa anslutningskontakten till bagageutrymmeslampan och använd sedan en tång för att trycka ihop det centrala styrstiftet när panelen tas bort **(se bild)**.

XC90 -modellerna – övre baklucka

6 Bänd upp den lediga yttre delen av innerhandtaget och ta bort den nya skruven – detta lämnar kvar den inre delen av handtaget på plats **(se bilder)**.
7 Använd en skruvmejsel med litet blad och ta bort innerlampan. Lossa anslutningskontakten och ta sedan bort den enda skruven **(se bild)**.
8 Använd ett verktyg av plast med brett blad för klädselpanel och lossa dörrpanelen.

14.1 Ta bort kåpan

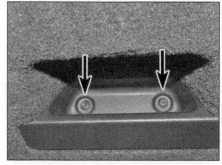

14.2 Ta bort skruvarna (se pilar)

14.3 Ta bort skruvarna och lossa den övre klädselpanelen

9 Lossa den övre mittre klädselpanelen och lossa sedan bakluckans sidopaneler

XC90 -modellerna – nedre baklucka

10 Lyft av den fjäderbelastade täckpanelen.

14.5 Tryck ihop flikarna på styrstiftet (panelen borttagen för tydlighetens skull)

Ta bort de 3 skruvarna och ta sedan bort huvudpanelen.
11 Bänd upp kåpan från öppningshandtaget, ta bort de 2 skruvarna och ta sedan bort handtaget **(se bilder)**.

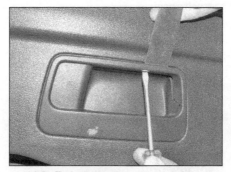

14.6a Ta bort handtagets yttre del ...

14.6b ... och ta sedan bort den enda skruven (se pil)

14.7 Ta bort skruven (se pil)

14.11a Bänd bort kåpan ...

14.11b ... ta bort skruvarna och sedan handtaget

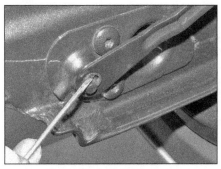

15.12a Ta bort låsringen ...

15.12b ... och lossa staget

15.13 Ta bort skruvarna (se pilar)

12 Ta bort de 2 yttre täckpluggarna och ta bort de exponerade skruvarna med huvudpanelen demonterad. Ta bort ytterligare 4 skruvar från panelen och ta sedan bort panelen.

Montering

13 Monteringen sker i omvänd ordningsföljd jämfört med demonteringen.

15 Baklucka (kombi) – demontering och montering

Demontering
XC60 modeller

1 Öppna bakluckan och ta bort de övre och nedre klädselpanelerna enligt beskrivningen i avsnitt 14.
2 Lossa de sorterade anslutningskontakterna från bakluckan med karosspanelerna borttagna.
3 Dra loss vindrutespolarröret och lossa sedan kablaget (och notera dragningen) och spolarslangen från bakluckan.
4 Stötta upp bakluckan och ta sedan bort bakluckans stödben – se avsnitt 16.
5 Märk ut gångjärnens exakta placering och ta sedan bort fästskruvarna och ta bort bakluckan med hjälp av en medhjälpare.

XC90-modellerna – övre baklucka

6 Ta bort täckpluggarna och skruva loss det högt placerade bromsljuset. Lossa anslutningskontakten och vindrutespolarröret när lampan tas bort.
7 Öppna bakluckan och ta bort klädsel-panelerna enligt beskrivningen i avsnitt 14.

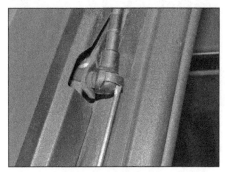

16.6 Lossa låsringen

8 Lossa anslutningskontakterna från bakrutetorkaren, den bakre låskolven, bakrutevärmaren och den kombinerade öppningshandtags- och registrerings-skyltsenheten.
9 Observera dragningen och lossa kablaget och spolarslangen från bakluckan. Mata kablaget och slangen uppåt och ut från bakluckan.
10 Stötta upp bakluckan och ta sedan bort bakluckans stödben – se avsnitt 16.
11 Märk ut gångjärnens exakta placering och ta sedan bort fästskruvarna och ta bort bakluckan med hjälp av en medhjälpare.

XC90-modellerna – nedre baklucka

12 Skydda den bakre stötfångaren med en gammal trasa eller filt och lossa sedan stagen från bakluckans vardera ände **(se bilder)**.
13 Märk ut gångjärnens placering, ta sedan bort gångjärnens fästskruvar **(se bild)** och ta sedan bort bakluckan från bilen med hjälp av en medhjälpare.

Montering

14 Monteringen sker i omvänd ordningsföljd jämfört med demonteringen.

16 Bakluckans stödben – demontering och montering

Observera: Bakluckorna är tunga artiklar. De måste stöttas ordentligt när stödbenen tas bort.

Demontering
XC60

1 De flesta XC60-modellerna är utrustade

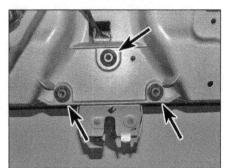

17.2 Ta bort skruvarna (se pilar)

med en elbaklucka. Båda stödbenen drivs elektriskt.
2 Ta bort bakluckans klädselpanel (enligt beskrivningen i avsnitt 14) och lossa anslutningskontakten, bänd upp genomföringen och mata ut kablaget från bakluckan.
3 Stötta upp bakluckan och bänd upp den nedre låsringen och bänd sedan upp den övre klämman. Ta bort stödbenet
4 Montering sker i omvänd ordningsföljd.

XC90

5 Stötta upp bakluckan med en lämplig längd robust trä.
6 Använd en liten skruvmejsel och lossa de nedre och övre låsklämmorna **(se bild)**. Ta bort fjäderbenet från bilen.
7 Monteringen sker i omvänd ordningsföljd jämfört med demonteringen.

17 Bakluckans låskomponenter – demontering och montering

Demontering
XC60

Låsenhet

1 Demontera bakluckans övre och nedre klädselpaneler enligt beskrivningen i avsnitt 14.
2 Skruva loss de 3 skruvarna och lossa vajern från bakluckans lås **(se bild)**. Observera att det är enklare att lossa vajern om den tas bort från stängningsmotorn först enligt beskrivningen nedan.
3 Lossa anslutningskontakten och ta bort låset från bakluckan.

Stängningsmotor elbaklucka

4 Följ stegen ovan för att ta bort låsenheten. Om man stoppar in låsenheten i bakluckan kan man ta bort vajrarna från motorn. Skruva loss de 3 skruvarna, lossa anslutningskontakten och ta bort motorn.
5 Haka loss manövervajern **(se bild)**.

XC90 – övre baklucka

6 Ta bort klädselpanelen enligt beskrivningen i avsnitt 14.
7 Lossa anslutningskontakten och ta sedan bort de 3 skruvarna från låskolvsenheten och ta delvis bort den.

17.5 Ta bort kabeln (se pil)

17.9a Lossa kabeln ...

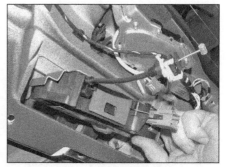

17.9b ... och ta bort låset

17.13a Ta bort skruvarna ...

17.13b ... haka loss den yttre ...

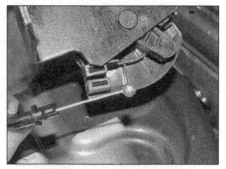

17.13c ... och lossa den inre

8 Bowdenvajern måste nu lossas från handtagsenheten. Detta är avsevärt enklare om torkarmotorn tas bort först (se kapitel 12 för detaljerad information) även om det inte är avgörande.

9 Ta bort fästklämman från bowdenvajerns yttre vajer och haka sedan loss den inre vajern från öppningshandtaget **(se bilder)**.

10 Ta bort torkarmotorn enligt beskrivningen i kapitel 12 och lossa sedan anslutningskontakten från handtagsenheten för att ta bort det yttre öppningshandtaget.

11 Ta bort de 4 skruvarna från bakluckan och ta sedan bort handtaget helt tillsammans med registreringsskyltslamporna. Denna uppgift blir något enklare om den bakre registreringsskylten tas bort först.

XC90 – nedre baklucka

12 Ta bort klädselpanelen enligt beskrivningen i avsnitt 14.

13 Ta bort skruvarna (3 per låskolv) och

lyft av låskolven från bakluckan. Lossa utlösningskabeln från varje låskolvsenhet **(se bilder)**.

14 Ta bort de 2 skruvarna och ta bort handtaget (komplett med bowdenvajrar) från bakluckan **(se bild)**.

Montering

15 Monteringen sker i omvänd ordningsföljd jämfört med demonteringen.

18 Vindruta och andra fasta glasrutor – demontering och montering

Det krävs specialutrustning och specialteknik för att lyckas demontera och montera vindrutan, bakrutan och sidorutorna. Överlåt arbetet till en Volvo-återförsäljare eller till en specialist på vindrutor.

19 Speglar och tillhörande komponenter – demontering och montering

⚠️ **Varning: Om spegelglaset går sönder ska du använda handskar för att skydda händerna. Det är klokt att använda handskar även om glaset inte gått sönder, eftersom det lätt går sönder under arbetet.**

Sidospegelglas

1 Vrid spegelglaset i spegelhuset så långt som möjligt på den inre kanten.

2 Sätt in ett trubbigt verktyg med platt blad bakom glasets yttre kant och bänd upp glaset från fästet. Var försiktig – om du använder för mycket kraft kan glaset spricka. Lossa anslutningskontakterna när glaset tas bort **(se bilder)**.

17.14 Ta bort handtaget

19.2a Lossa rutan vid ytterkanten (XC60) ...

19.2b ... eller från överkanten (XC90)

19.2c Lossa anslutningskontaktdonen

19.8 Ta bort kåpan

3 Monteringen utförs i omvänd ordningsföljd jämfört med demonteringen.

Dörrspegelns hölje

4 Ta bort spegelglaset enligt beskrivningen ovan.
5 Sätt in en liten skruvmejsel i åtkomsthålet i spegelhuset och lossa klämmorna.
6 Bänd försiktigt upp kåpan från spegeln **(se bild)**.
7 Monteringen utförs i omvänd ordningsföljd jämfört med demonteringen och det är nödvändigt att se till att kåpans läpp passar korrekt runt spegelhusets kant.

Spegel (komplett enhet)

8 Ta bort dörrens invändiga klädselpanel enligt beskrivningen i avsnitt 10 och ta sedan bort den lilla kåppanelen **(se bild)**. Lossa spegelns anslutningskontakt och lossa vajern från vajerklämmorna.
9 **Lokalisera den enda fästskruven på XC90-modellerna eller de 3 skruvarna på XC60-modellerna och ta bort dem.**
10 Stötta upp spegeln och ta bort spegeln från dörren. Lossa gummigenomföringen från dörren när spegeln tas bort och mata igenom kablaget.
11 Monteringen utförs i omvänd ordningsföljd jämfört med demonteringen.

Innerspegel

Observera: *En del modeller kan vara utrustade med en närhetsvarningskamera, en fuktighetssensor i bilen eller en elektronisk kompass. Separata kåpor kan behöva tas bort för att komma åt spegelfästet. Det kan dessutom krävas omkalibrering av dessa*

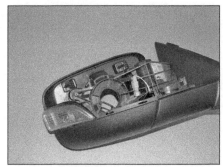

19.6 Notera placeringen för kåpans fästklämmor (XC60)

19.18 Ta bort den enda skruven (XC90)

enheter vid monteringen och du bör rådfråga en Volvo-verkstad eller en lämpligt utrustad specialist.
12 Bänd försiktigt bort kåpan under spegeln för att komma åt fästet.
13 Håll spegeln på fästpunkten (och inte på själva spegeln) och vrid den medurs och ta bort den från fästet. Lossa eventuella anslutningskontakter på det sätt som visas.
14 Monteringen sker i omvänd ordning jämfört med demonteringen.

System för information om fordon i döda vinkeln

15 Ett tillvalssystem för information om fordon i döda vinkeln (BLIS) kan vara monterat för att varna föraren om en bil i döda vinkeln som inte syns i dörrspegeln på bilens båda sidor. Systemet använder digitalkamerateknik för att upptäcka en bil i döda vinkeln på båda sidorna om bilen och tänder en varningslampa på dörrens innerpanel bredvid spegeln. Med en brytare på instrumentbrädan kan föraren aktivera systemet när det behövs. Observera att systemet inte reagerar på cyklar eller mopeder och att det endast reagerar på bilar med strålkastarna tända på natten.
16 Kameran är placerad i dörrspegelns nedre panel och kan demonteras genom att dörrspegelns kåpa först demonteras enligt beskrivningen tidigare i detta avsnitt.
17 Varningslampan är placerad på den trekantiga klädselpanelen över dörrspegelns monteringsmutter och kan demonteras enligt tillvägagångssättet för demontering av dörrens klädselpanel som beskrivs i avsnitt 10 i detta kapitel.

Dörrspegelns motor

18 Ta bort spegelglaset (enligt beskrivningen ovan) och ta sedan bort antingen den enda skruven av torxtyp från motorns mitt **(se bild)** eller de 3 skruvarna från omkretsen.
19 Använd en skruvmejsel och lossa motorenheten från låsflikarna. Koppla loss anslutningskontakten när motorn tas bort. De flesta individuella komponenterna i spegeln kan fås som separata delar hos en Volvo-verkstad.
20 Monteringen utförs i omvänd ordningsföljd jämfört med demonteringen.

20 Stötfångare – demontering och montering

Observera: *Stötfångarna består av flera avsnitt och när stötfångarenheten har demonterats enligt beskrivningen nedan kan den tas isär ytterligare. Rådfråga en Volvo-verkstad om vilka avsnitt som kan erhållas separat.*

Stötfångare fram

XC60-modellerna

1 Öppna motorhuven och lossa batteriet enligt beskrivningen i kapitel 5.
2 Arbeta längs med stötfångarens övre kant och ta bort fästena **(se bild)**.
3 Lyft upp och stötta upp bilens framvagn - se *Lyftning och stödpunkter* i referensavsnittet.
4 Arbeta i hjulhuset, skruva loss de 6 skruvarna som håller fast hjulhusfodret på stötfångarens bakre kant. Upprepa tillvägagångssättet i det andra hjulhuset.
5 Arbeta under bilen och skruva loss de 3 plastskruvarna i stötfångarens mitt. Även om demontering av strålkastarna inte är avgörande (enligt beskrivningen i kapitel 12) underlättas demonteringen av kåpan på detta sätt.
6 Ta hjälp av en medhjälpare och dra stötfångarens sidor utåt lite för att lossa de åtta klämmorna under strålkastarna, dra den sedan bakåt och ta bort den från bilen **(se bild)**. Notera monteringsläget för de olika anslutningskontakterna och koppla från dem när stötfångaren tas bort. Lossa slangen från pumpen på spolarvätskebehållaren på modeller med strålkastarspolare.
7 Monteringen utförs i omvänd ordningsföljd

20.2 Tryck in det mittre stiftet för att lossa fästena

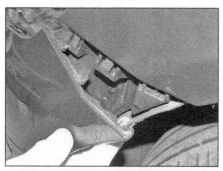

20.6 Lossa stötfångaren från skärmen

20.8 Lossa de bakre sidopanelerna

20.9a Ta bort brickornas kåpor ...

jämfört med demonteringen och det är viktigt att se till att stötfångaren är korrekt inriktad mot de omgivande karosspanelerna.

XC90-modellerna

8 Ta bort de 2 klämmorna (1 per sida) och ta sedan bort stötfångarens hörnpaneler **(se bild)**.

9 Ta i förekommande fall bort kåporna från strålkastarspolarna och ta sedan bort kåporna och skruvarna från fästpunkterna på varje sida av kylaren **(se bilder)**.

10 Lossa stötfångarens hörn från framskärmarna med hjälp av en medhjälpare som stöttar upp stötfångaren **(se bild)**.

11 Dra stötfångaren framåt, lossa strålkastarspolarslangen (räkna med en del förlust av spolarvätska) och skruva loss anslutningskontakten från dimljusen. Ta bort stötfångaren.

12 Monteringen sker i omvänd ordning jämfört med demonteringen.

Stötfångare bak

XC60-modellerna

13 Öppna bakluckan och lossa sedan batteriets jordledning enligt beskrivningen i kapitel 5.

14 ta bort stoppklacken och skruva sedan loss torxskruven från öppningens nedre hörn på varje sida **(se bilder)**.

15 Arbeta i hjulhuset, skruva loss de 5 skruvarna som håller fast hjulhusfodret på stötfångarens bakre kant och skruva loss fästet på stötfångarens överdel.

16 Skruva loss de 2 plastskruvarna på i mitten på stötfångarens undersida.

17 Ta hjälp av en medhjälpare och dra stötfångarens sidor utåt lite för att lossa

20.9b ... och sedan fästskruvarna

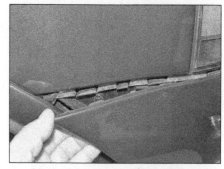

20.10 Haka loss stötfångarhörnen

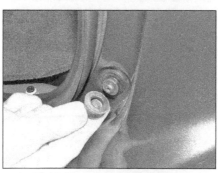

20.14a Ta bort stoppklacken ...

klämmorna under lampenheterna där stötfångaren möter bakskärmen, dra den sedan bakåt och ta bort den från bilen. Anteckna var eventuella anslutningskontakter är placerade och koppla loss dem när stötfångaren tas bort **(se bilder)**.

18 Monteringen utförs i omvänd ordningsföljd jämfört med demonteringen och det är viktigt att se till att stötfångaren är korrekt inriktad mot de omgivande karosspanelerna.

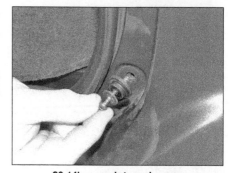

20.14b ... och torxskruven

XC90-modellerna

19 Öppna båda delarna av bakluckan och lyft upp batterifackets kåpa. Ta bort bogserstångens kåpa.

20 Ta bort batteriet enligt beskrivningen i kapitel 5. Ta bort lastområdets bakre golvhörnpaneler.

21 Arbeta i batterifacket och ta bort ljudisoleringen och ta sedan bort stötfångarens 4 fästmuttrar **(se bild)**.

20.17a Lossa stötfångaren ...

20.17b ... och lossa anslutningskontakten

20.21 Ta bort fästskruvarna

20.23a Lossa klädselpanelen ...

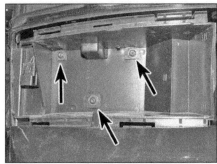

20.23b ... och ta bort skruvarna (se pilar)

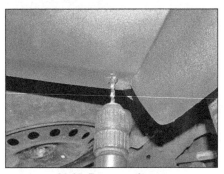

20.25 Borra ur nitarna

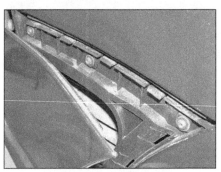

20.26 Lossa stötfångaren

22 Ta bort vänster bagageutrymmespanel och lossa anslutningskontakten till de bakre parkeringssensorerna – om sådana finns.

23 Bänd upp dekorpanelerna under baklamporna och ta bort de skruvar som

exponeras nu på stötfångarens ytterkanter **(se bilder)**.

24 Lyft upp och stötta upp bilens bakvagn - se *Lyftning och stödpunkter* i referensavsnittet

25 Använd ett 6 mm borr och ta bort nitarna

21.1 Detaljerad vy över grillens spärrflikar (se pil)

21.2 Ta bort grillen på XC60-modellerna

22.4a Ta bort den bakre kåpan på XC60-modellerna ...

22.4b ...och på XC90-modellerna

(se bild) från de bakre hjulhusens nederkanter (1 per sida).

26 Lossa i förekommande fall anslutningskontakterna från sidolamporna och lossa stötfångaren från bakskärmarnas bas. Se till att båda delarna lossas som en enda del **(se bild)**.

27 Haka loss låshuvudena under baklamporna och ta sedan bort stötfångaren från bilen.

28 Monteringen utförs i omvänd ordningsföljd jämfört med demonteringen men kom ihåg att skaffa nya nitar.

21 Framgrill – demontering och montering

Demontering

1 Volvo säger att grillen kan demonteras med stötfångaren på plats på XC60-modellerna. I praktiken har detta visat sig vara svårt och det finns en riska att grillen och den omgivande lacken skadas så vi rekommenderar att stötfångaren demonteras först. Använd ett verktyg med platt blad för att lossa fästklämmorna runt grillens kant - det är 4 upptill, 4 nedtill och 1 på varje sida mot överdelen. Demontera grillen **(se bild)**.

2 Öppna motorhuven delvis och bänd bort grillen på XC90-modellerna **(se bild)**.

Montering

3 Monteringen sker i omvänd ordning jämfört med demonteringen.

22 Framsäte – demontering och montering

Observera: *Samtliga modeller har en SIPS-krockkudde som sitter på sidan av framsätets ryggstöd och är en del av sidokrockskyddssystemet (SIPS); se kapitel 12 för ytterligare information om SRS- och SIPS-systemen.*

Demontering

1 Lyft upp sätets bas till maximal höjd och flytta det framåt så långt det går i alla modeller.

2 Lossa säkerhetsbältets nedre förankring antingen genom att trycka ner snabbkopplingsspärren genom hålet i kåpan eller genom att dra tillbaka gummifliken bredvid förankringen. Använd en liten skruvmejsel i båda fallen för att trycka in klämman.

3 Ta bort sätets sidopaneler i en del XC60-modeller.

4 Ta bort skruvkåporna **(se bilder)** från sätenas bakre del och ta sedan bort skruvarna. Flytta sätena till det bakersta läget, ta bort de främre skruvkåporna och ta sedan bort skruvarna.

5 Se till att tändningen är avstängd. Koppla sedan loss batteriets minusledare enligt beskrivningen i kapitel 5. Vänta minst fem minuter innan du fortsätter så att eventuell kvarbliven elenergi försvinner.

6 Skruva loss skruven på 7 mm under sätets främre del och lossa anslutningskontakten **(se bild)**.

7 Kontrollera att alla anslutningskontakter har kopplats loss och lyft sedan upp sätet och för ut det ur bilen med hjälp av en medhjälpare.

Montering

8 Placera sätet över styrsprintarna. Återanslut kablaget och montera fästskruvarna. Dra åt skruvarna ordentligt och montera tillbaka skruvkåporna.

9 Återanslut säkerhetsbältets nedre förankring. Se till att haken är helt fäst.

10 Se till att ingen befinner sig i bilen, återanslut sedan batteriets jordledning.

23 Baksäte – demontering och montering

Observera: *Alla säten är mycket tunga i båda modellerna. Försök inte ta bort dem utan hjälp av en medhjälpare.*

Demontering

1 Lossa batteriet enligt beskrivningen i kapitel 5. Vänta minst fem minuter innan arbetet påbörjas

XC60-modellerna

Sätesdyna

2 För in en skruvmejsel i sätets sida, lokalisera spärren och tryck skruvmejseln inåt för att lossa sätet (se bild). Dra sätets främre kant uppåt, för dynan mot bilens front och ta bort den.

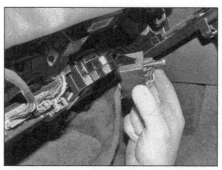

22.6 Lossa anslutningskontakten

3 Om det är ett säte med värme för du sätet framåt en aning och lossar anslutningskontakten som är placerad baktill, närmast sidodynan. Ta bort dynan.

Yttre ryggstöd

4 Ta bort sätesdynan och sidodynan enligt beskrivningen i detta avsnitt.

5 Skruva loss anslutningskontakten och fästskruven och ta bort de nedre förankringarna för säkerhetsbältena i den mån det är relevant.

6 Skruva loss skruven från ryggstödets ytterkant, närmast dörren, ta bort styrskruven från det mittre ryggstödets bas och ta bort ryggstödet **(se bilder)**.

Mittre ryggstöd/armstöd

7 Ta bort det yttre ryggstödet enligt beskrivningen ovan.

8 Dra ut plasttapparna på varje sida och ta bort ryggstödet/armstödet **(se bild)**.

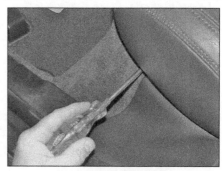

23.2 Lossa sätesdynan

Sidodyna

9 Luta ryggstödet framåt och lossa de klämmor som är placerade mot sidodynans överdel med hjälp av en skruvmejsel och ett verktyg med platt blad och ett insatt på varje sida **(se bild)**.

10 Lossa klämman längs ner och ta bort sidodynan genom att dra den uppåt och mot bilens mitt.

XC90-modellerna

11 För sätet helt framåt och ta bort kåporna från de bakre sidoskenorna **(se bild)**.

12 Skruva loss sätesskenans skruvar baktill och flytta sedan sätet bakåt.

13 Ta bort kåporna från sätesskenorna framtill och skruva sedan loss sätet. Om du arbetar med mittsätet ska du lossa anslutningskontakten **(se bild)**. Ta försiktigt bort sätet från bilen

23.6a Baksätets ryggstöd (se pil)

23.6b Ta bort styrskruven från det mittre ryggstödets bas

23.8 Dra ut plasttapparna på ena sidan

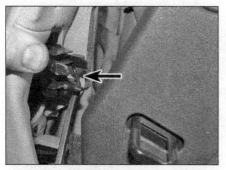

23.9 Lossa klämman (se pil) ovanpå sidodynan

23.11 Ta bort kåporna

23.13a Ta bort den mittre kåpan ...

23.13b ... sidokåpan ...

23.13c ... och lossa anslutningskontakten

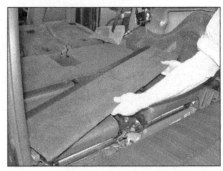

23.15 Ta bort panelen

XC90-modellerna – tredje sätesraden

14 Ta bort bagageutrymmets bakre sidopaneler enligt beskrivningen i avsnitt 24.
15 Skruva loss den tvärgående kåppanelen **(se bild)**.
16 Ta bort de mindre paneler som stöttar upp bagageutrymmets hörnpaneler **(se bild)**.
17 Ta bort domkraften och dess fack och ta sedan bort det lilla förvaringsutrymmet av polystyren från golvet
18 Öppna det lilla förvaringsfacket mellan sätena och ta bort kåpan i basen. Ta bort de 2 skruvarna och ta bort klädselpanelen mellan sätena **(se bilder)**.
19 Ta bort ytterligare en liten bit klädselpanel och ta sedan bort säkerhetsbältets nedre fästskruvar enligt avsnitt 25.
20 Arbeta runt sätesramarna och ta bort fästskruvarna – sätena tas bort som ett par.
21 Lyft upp sätena och vinkla dem för att ta ut dem genom bakluckan **(se bild)**. Om det behövs kan de nya sätena tas bort från stödramarna.

Montering

22 Monteringen sker i omvänd ordning jämfört med demonteringen.

24 Inre dekor och klädsel– demontering och montering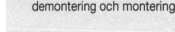

Allmänt

1 De inre klädselpanelerna sitter fast med antingen skruvar eller olika typer av hållare, vanligen pinnskruvar eller klämmor.
2 Kontrollera att det inte finns några andra paneler som överlappar den panel som ska tas bort eller några andra delar som hindrar borttagningen. Normalt finns det en ordningsföljd som måste följas och den blir bara uppenbar om man gör en noggrann inspektion.
3 Vissa av de inre panelerna sitter även fästa med de skruvar som håller fast andra komponenter, till exempel handtag.

4 Ta bort alla synliga fästen, t.ex. skruvar, och kom ihåg att de kan vara dolda under små plastlock. Om panelen inte lossnar sitter den fast med inre klämmor eller hållare. Sådana fästen sitter oftast runt panelens kanter och lossnar om de bänds upp; observera dock att de kan gå sönder mycket lätt, så nya fästen ska finnas tillgängliga. Det bästa sättet att ta bort sådana klämmor är genom att använda en stor flatbladig skruvmejsel eller ett annat bredbladigt verktyg. Observera att i flera fall måste tätningsremsan bändas loss för att en panel ska gå att ta bort.
5 Använd **aldrig** överdriven kraft för att ta bort en panel i och med att panelen då kan skadas; Kontrollera alltid noga att alla fästen eller andra relevanta komponenter har tagits bort eller lossats innan försök görs att dra bort panelen.
6 Monteringen utförs i omvänd ordningsföljd jämfört med demonteringen. Fäst alla hållare genom att trycka fast dem ordentligt. Se till att alla komponenter som rubbats är korrekt fastsatta för att förhindra skallrande ljud.

Mattor

7 Passagerarutrymmets golvmatta är i flera delar och hålls fast på sidorna av klädselpanelerna på tröskeln.
8 Det är ganska enkelt men också tidskrävande att demontera och montera mattan eftersom alla angränsande klädselpaneler måste tas bort först, liksom sätena och även säkerhetsbältenas nedre förankringar.

Inre takklädsel

9 Den inre takklädseln är fastklämd i taket och kan endast tas bort när alla detaljer som handtag, solskydd, taklucka (i förekommande

23.16 Ta bort stödpanelerna

23.18a Ta bort kåpan ...

23.18b ... skruvarna ...

23.18c ... och sedan panelen

23.21 Ta bort sätena

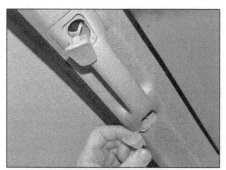

24.11 Ta bort kåporna för att komma åt fästskruvarna (XC90)

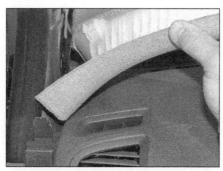

24.12 Den nedre fästklämman till klädselpanelen (XC60)

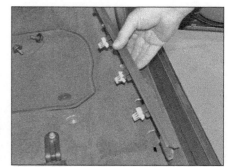

24.15 Ta bort dörrstegspanelen (XC60 visas)

24.18 Ta bort panelen (XC90)

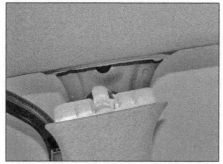

24.19a Notera den övre styrfliken (XC90)

24.19b Notera placeringen för de nedre klädselpanelklämmorna (XC60)

fall), fasta rutglas och tillhörande klädselpaneler samt aktuella tätningsremsor har avlägsnats.

10 Observera att demontering och montering av den inre takklädseln kräver betydande skicklighet och erfarenhet om arbetet ska kunna utföras utan skador. Därför bör arbetet överlåtas till en Volvo-verkstad eller till en specialist på bilklädslar.

Klädselpaneler till A-stolpen

11 Bänd ut krockkuddsmärket och skruva loss skruven i märkesöppningen. Ta bort kurvhandtagets fästskruvar i XC90-modellerna **(se bild)**.
12 Lossa dörrtätningen om det behövs. Dra A-stolpens klädselpanel inåt mot mitten av passagerarutrymmet för att lossa klämmorna, dra sedan bort klädselpanelen från den nedre kanten. **(se bild)**.
13 Om det krävs i XC90-modellerna kan kurvhandtaget tas bort från stolpens klädsel.
14 Om några klämmor skadas ska nya användas vid monteringen för att inte försämra krockskyddsgardinens prestanda.

B-stolpen

15 Dra framdörrens sidokarmsklädselpanel rakt uppåt för att lossa den från fästklämmorna. Upprepa proceduren på bakdörrens rampanel **(se bild)**.
16 Ta bort eller täck över tätningen i (eller flytta tätningen i XC90-modellerna) och tryck in snabbkopplingsspärren på sidan samt ta bort säkerhetsbältets nedre förankring från utsidan av sätet.
17 Flytta framsätet så långt framåt det går, dra sedan loss gummitätningsremsorna från dörröppningarna bredvid B-stolpen.

18 Ta bort det lilla klädselpanelstycket från B-stolpens bas i XC90-modellerna **(se bild)**.
19 Dra den nedre kanten på B-stolpens klädselpanel mot mitten av kupén för att lossa klämmorna och lossa luftkanalerna (om tillämpligt), dra den sedan neråt samtidigt som du trycker ihop sidorna på klädselpanelens överdel för att lossa fästklämmorna som är placerade på B-stolpen under gummilisten. **(se bild)**.
20 Mata säkerhetsbältet genom panelen och ta bort det från kupén.

C-stolpen

21 Ta bort baksätets sidodyna enligt beskrivningen i avsnitt 23 i XC60-modellerna.
22 Bänd upp panelen. Skruva loss säkerhetsbältets golvfäste (enligt beskrivningen i avsnitt 25) och mata bältet genom panelen för att ta bort det helt i XC90-modellerna.

D-stolpens klädselpaneler – endast XC90

23 Bänd upp innerpanelen och (om en sådan finns) och lossa anslutningskontakten från högtalaren **(se bild)**. För bort säkerhetsbältet från panelen.
24 Bänd loss panelen från D-stolpen. Skruva antingen loss bältesrullen från stolpens bas (efter borttagning av klädselpanelen) och mata rullen genom panelen för att ta bort den helt. Skruva alternativt bort säkerhetsbältet från golvfästet enligt beskrivningen i avsnitt 25.

Sidopanel bagageutrymme

25 Ta bort C-stolpens klädsel enligt beskrivningen. Ta bort D-stolpens klädselpanel i XC90-modellerna.
26 Ta bort kantskenpanelen med ett lämpligt klädselpanelverktyg i XC60-modellerna **(se bild)**. Ta bort de 2 skruvarna och

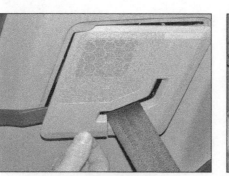

24.23 Ta bort skyddspanelen till högtalaren

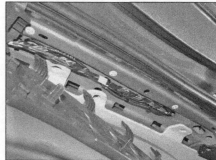

24.26 Ta bort kantskenspanelen (XC60)

24.29a Ta bort kåpan ...

24.29b ... och sedan skruven

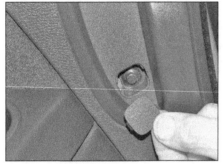

24.30 Ta bort kåpan för att komma åt den övre fästskruven (XC90)

24.33 Ta bort klädselpanelen (XC90)

bänd sedan upp och ta bort bakluckans stötpanel.

27 Ta bort kåpan och styrningen till bältesrullen bak och ta sedan bort reservhjulskåpans panel i XC60-modellerna.

28 Ta bort hörnpanelerna bak och åtkomst-panelerna på sidan i XC90-modellerna.

29 Bänd upp kåporna från lastsäkringsringarna och ta sedan bort skruvarna i alla modeller **(se bild)**.

30 Lokalisera och ta bort de övre fästskruvarna **(se bild)**.

31 Dra bort panelen på den övre kanten och lyft upp den. Lossa anslutningskontakterna och ta bort panelen.

Handskfack

32 Ta bort ändpanelen från instrumentbrädan i XC60-modellerna. Lossa anslutningskontakten där bak när panelen tas bort.

33 Ta bort klädselpanelen under handskfacket **(se bild)** och lossa anslutningskontakten från lampan i fotutrymmet om en sådan finns.

34 Bänd loss handskfackslampan och lossa anslutningskontakten när lampan tas bort. Lossa USB-kontakten baktill på handskfacket.

35 Ta bort handskfackets fästskruvar. Det finns 8 fästskruvar i XC60-modellerna och 9 i XC90-modellerna.

36 Lossa fästklämmorna från omkretsen och dra handskfacket framåt och ta bort det i XC60-modellerna. Det finns inga fästklämmor i XC90-modellerna **(se bilder)**.

Solskydd

37 Bänd upp plastkåporna och skruva loss skruvarna och den skruv som exponeras i öppningen **(se bilder)**.

38 Lossa solskyddet från det invändiga fästet och ta bort det. Lossa anslutningskontakten när solskyddet tas bort.

39 Bänd loss fästfliken och ta bort fästet från takklädseln för att ta bort det invändiga fästet **(se bilder)**.

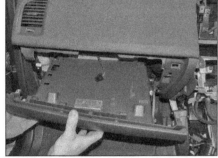

24.36a Ta bort handskfacket i XC60 ...

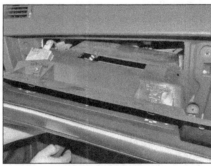

24.36b ... och i XC90

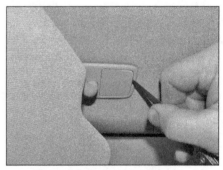

24.37a Bänd upp plastkåporna ...

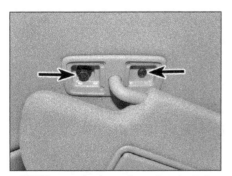

24.37b ... och skruva loss skruven och skruven (se pilar)

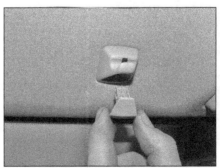

24.39a Bänd ner fästfliken

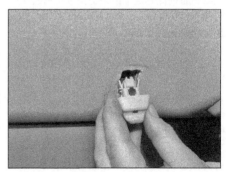

24.39b Ta bort fästet från takklädseln

Kurvhandtag

40 Håll kurvhandtaget nedåt, bänd upp plastkåporna och skruva loss de 2 fästskruvarna **(se bild)**.

25 Säkerhetsbälten – allmän information, demontering och montering

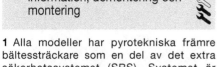

1 Alla modeller har pyrotekniska främre bältessträckare som en del av det extra säkerhetssystemet (SRS). Systemet är utformat för att omedelbart fånga upp spelrum i säkerhetsbältet vid plötsliga frontalkrockar och på så sätt minska risken för skador för framsätets passagerare. Båda framsätena är utrustade med systemet. Spännarna sitter bakom de övre B-stolparnas klädselpaneler.

2 Bältessträckaren löses ut, tillsammans med förarsidans och passagerarsidans krockkudde, av en krock framifrån som överstiger en förutbestämd kraft. Mindre krockar, inklusive påkörningar bakifrån, utlöser inte systemet.

3 När systemet löses ut drar den explosiva gasen i spännarmekanismen tillbaka bältet och låser det med hjälp av en vajer som verkar på rullen. Detta förhindrar att säkerhetsbältet rör sig, och håller passageraren säkert på plats i sätet. När spännaren har utlösts kommer säkerhetsbältet att vara permanent spänt och enheten måste bytas ut. Om onormala skallrande ljud hörs när bältena dras ut eller dras tillbaka är även det tecken på att spännarna har utlösts.

4 Det finns risk för att systemet utlöses av misstag under arbete med bilen. Därför rekommenderar vi å det starkaste att allt arbete som rör säkerhetsbältenas spännarsystem överlåts till en Volvo-verkstad eller en lämpligt utrustad verkstad. Observera följande varningar innan något arbete utförs på de främre säkerhetsbältena.

⚠️ **Varning: Slå av tändningen, lossa batteriets jordledning och vänta i minst 5 minuter tills eventuell kvarvarande ström laddas ur innan du påbörjar arbetet med de främre säkerhetsbältena.**

• **Utsätt inte sträckarmekanismen för temperaturer över 100 °C.**

• **Om sträckarmekanismen tappas måste**

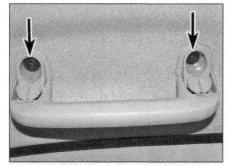

24.40 Skruva loss de två skruvarna (se pilar)

den bytas ut, även om den inte har fått några synliga skador.

• **Låt inga lösningsmedel komma i kontakt med sträckarmekanismen.**

• **Försök inte öppna spännarmekanismen, eftersom den innehåller explosiv gas.**

• **Sträckare från andra bilar, även från samma modell och modellår, får inte monteras.**

• **Sträckare måste laddas ur innan de kastas, men detta arbete ska överlåtas till en Volvo-återförsäljare eller specialist.**

Demontering

Främre säkerhetsbälte

5 Slå av tändningen och koppla från batteriets jordledning enligt beskrivningen i kapitel 5. Vänta i minst 5 minuter innan arbetet återupptas.

6 Alla modeller har ett beslag av snabbkopplingstyp till den nedre

25.6 Lossa säkerhetsbältet (XC60)

25.9a XC60 övre fästskruvar (se pilar) ...

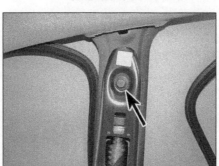

25.9b ... och XC90 den övre (se pil)...

förankringspunkten till säkerhetsbältet **(se bild)**.

7 Ta bort bältesrullen, ta bort B-stolpen enligt beskrivningen i avsnitt 24.

8 Koppla loss anslutningskontakten från säkerhetsbältet genom att klämma ihop kontaktens två fästklämmor **(se bild)**.

9 Skruva loss och ta bort de 3 fästskruvarna till bältesrullen och ta bort bältesrullen och bältessträckaren från bilen **(se bilder)**.

10 Ta först bort sätet enligt beskrivningen i avsnitt 22 för att ta bort bältesspännet. Skär av buntbanden som håller fast kablaget på sätet och lossa anslutningskontakten under sätet. Bältesspännena är fästa med en stor torxskruv.

Bakre säkerhetsbälten

11 Slå av tändningen och koppla från batteriets jordledning enligt beskrivningen i kapitel 5. Vänta i minst 5 minuter innan arbetet återupptas.

12 Ta bort bagageutrymmets sidopaneler enligt beskrivningen i avsnitt 24 för att ta bort bältesrullen.

13 Koppla loss anslutningskontakten till bältessträckaren genom att klämma ihop kontaktens två fästklämmor **(se bild)**.

14 Skruva loss de skruvar som håller fast den övre bältesstyrningen och bältesrullen och ta bort bältesrullen.

15 Ta bort den bakre sätesdynan (enligt beskrivningen i avsnitt 23) och den bakre tröskelpanelen för att ta bort den nedre bältesförankringen i XC60-modellerna. Dra upp ljuddämpningsmaterialet och vik tillbaka det tills det går att komma åt förankringen om det behövs. Skruva loss den skruv som håller

25.8 XC90 anslutningskontakt till framsätets bältessträckare (se pil)

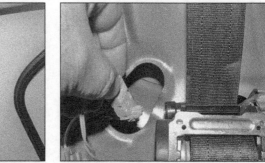

25.13 Lossa anslutningskontakten (XC90)

25.15 XC60 bältesspännen och de nedre säkerhetsbältesfästena går att komma åt när sätet är borttaget

25.16a Ta bort panelen ...

25.16b ... för att exponera fästet

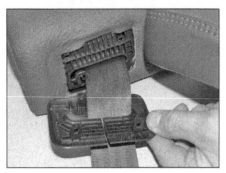

25.18a Ta bort styrningen

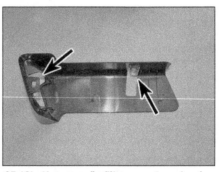

25.18b Notera spärrflikarnas placering (se pilar)

25.19 Ta bort kåpan på sätets baksida

fast förankringen på golvplattan. De bakre bältesspännena kan också tas bort vid behov **(se bild)**.

16 I XC90-modellerna har det nedre bältesfästet en snabbkoppling. Ta bort tröskelpanelen och använd en skruvmejsel för att lossa bältet. Ta bort relevant säte (enligt beskrivningen i avsnitt 23) och ta bort sätets sidopanel för att ta bort bältesspännet **(se bilder)**.

Säkerhetsbälte i mitten

17 I båda modellerna är mittbältets rulle inbyggd i sätets ryggstöd. Ta bort sätet från bilen enligt beskrivningen i avsnitt 23.

XC60-modellerna

18 Ta bort den övre bältesstyrningen och sätesspärrens kåpa med sätet på bänken **(se bilder)**.

19 Använd ett plastverktyg med brett blad för att lossa ryggstödskåpan. Detta uppnås bäst genom att man först lossar kanten på baksätets främre kåpa **(se bild)**. En del tidiga modeller har 4 skruvar som håller sätets ryggstöd på plats. Ta bort dessa.

20 Lossa metallpanelen från sätets överdel så att den kan vridas runt niten. Ta loss den lilla biten av klädselpanel och skruva sedan loss bälteskåpan från ryggstödet **(se bilder)**.

XC90-modellerna

21 Ta bort bältesstyrningen från sätets överdel med sätet på bänken – 2 små torxhuvudskruvar.

22 Använd ett plastverktyg med klädselpanel för att lossa ryggstödskåpan. Vrid sätet åt ena sidan, ta bort en enda skruv (per sida) och ta sedan delvis bort ryggstödet från sätesramen **(se bilder)**.

23 Skruva loss den yttre delen av ryggstödets frigöringshandtag, tryck det igenom handtaget från den inre vajern och lossa den sedan därifrån **(se bild)**. Ta bort ryggstödet helt från sätesramen.

24 Skruva loss bältesrullen och lossa anslutningskontakten **(se bild)**. Ta bort säkerhetsbältet.

25.20a Notera den lilla klädselpanelens placering

25.20b Vrid panelerna för att lossa säkerhetsbältet

25.22a Lossa kåpan ...

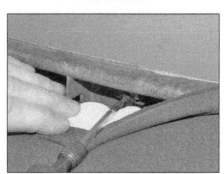

25.22b ... och skruvarna som nu är exponerade

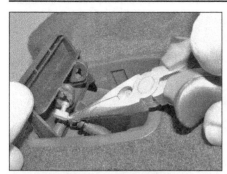

25.23 Haka loss kabeln

25.24 Skruva loss bältesrullen

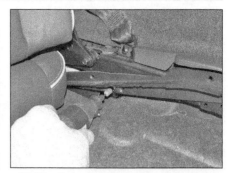

25.27a Ta bort en liten del av kåpan för att ...

25 Ta bort sidokåpan och skruva loss bältesspännet för att ta bort det.

Tredje sätesraden – endast XC90-modellerna

26 Lyft upp sätena i den tredje raden i upprätt läge.

27 För att ta bort den nedre sätesskenans fäste är det nödvändigt att ta bort en del av plastkåpan från styrskenan. Vi använde en turbinslipmaskin för att ta bort tillräckligt med material så att det går åt att komma åt skruven **(se bilder)**. Observera att ett snabbkopplingsbeslag används men det går inte att komma åt detta med sätena monterade.

28 Ta bort bagagerummets sidopanel och relevant D-stolpspanel enligt beskrivningen i avsnitt 24 för att ta bort bältesrullen och det övre fästet. Lossa anslutningskontakten och skruva loss rullen och det övre fästet.

Montering

29 För alla modeller gäller att monteringen utförs i omvänd ordningsföljd jämfört med demonteringen. Dra åt säkerhetsbältenas fästen till angivet moment. Observera följande när säkerhetsbältena monteras:

a) *Återanslut säkerhetsbältenas nedre förankringar med snabbkoppling och se till att spärrhaken går helt i ingrepp med ett hörbart klick. Dra i bältet för att se till att det är helt i ingrepp. Observera att om kontaktdonet inte går i ingrepp positivt måste det bytas.*

b) *Se till att ingen befinner sig i bilen. Slå*

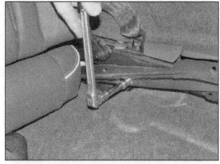

25.27b ... skapa tillräckligt med utrymme för att montera en hylsa på skruvskallen

på tändningen och återanslut batteriets minusledare. Slå av tändningen och slå på den igen. Kontrollera att säkerhetssystemets varningslampa tänds och sedan slocknar inom 15 sekunder.

26 Mittkonsol – demontering och montering

Demontering – alla modeller

1 Dra åt handbromsen helt och flytta växelspaken till neutralläge. Observera att det kan vara nödvändigt att flytta växelspaken eller växelväljaren när konsolen tas bort.

2 Se till att framstolarna är i det nedersta läget och helt tillbakaskjutna.

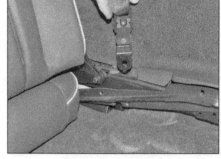

25.27c Ta bort fästet

3 Koppla loss och ta bort batteriets jordledning enligt beskrivningen i kapitel 5.

4 Lossa och ta bort mittkonsolens sidopaneler **(se bild)**.

XC60 modeller

5 Öppna kåpan (om en sådan finns) lyft upp mugghållaren och ta sedan bort mugghållaren. Lossa anslutningskontakten från eluttaget när enheten tas bort **(se bild)**.

6 Ta bort och sätt in den under förvaringsfacket och ta bort de 2 skruvarna.

7 Ta bort den enda skruven under mugghållaren

8 Ta bort växelväljarvajrarna enligt beskrivningen i kapitel 7A eller 7B.

9 Ta bort de 2 dolda skruvarna från den bakre delen av konsolens övre panel **(se bild)**.

10 Använd ett klädselpanelverktyg med brett blad för att ta bort de mittre

26.4 Ta bort konsolens sidopanel (XC60)

26.5 Ta bort mugghållaren

26.9 Ta bort vänster skruv. En annan skruv är monterad på höger sida

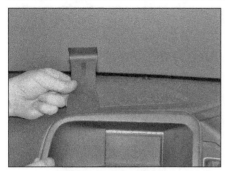

26.10a Lossa och ta ...

26.10b ... sedan bort
ventilationsöppningens panel

26.11 Ta bort panelen och sedan
skruvarna (se pilar)

26.12 Ta bort panelen

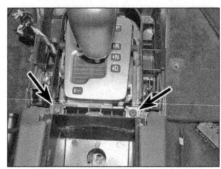

26.13 Ta bort skruvarna (se pilar)

25.16 Ta bort mittkonsolens huvuddel

ventilationsöppningarna för luftfördelning **(se bilder)**. Lossa anslutningskontakten när ventilationsöppningarna tas bort. Ta bort de nu exponerade fästskruvarna

26.17a Ta bort skruvarna (se pilar) ...

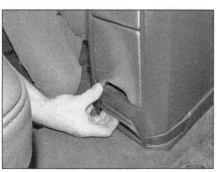

26.18 Lossa armstödet

11 Ta bort klädselpanelen från CD-spelaren **(se bild)** och ta sedan bort de 2 skruvarna.
12 Bänd försiktigt upp värmereglerings-

26.17b ... och lyft av stödpanelen

26.19 Lossa klädselpanelen

panelen **(se bild)**. Lossa anslutningskontakten när panelen tas bort
13 Ta bort de 2 skruvarna från mittkonsolens framkant **(se bild)**.
14 Ta bort de 2 skruvar som håller fast konsolens övre stöd på instrumentbrädan. Vänster skruv pekar mot bakvagnen och höger skruv pekar framåt mot höger fotutrymme.
15 Lossa anslutningskontakterna från konsolens stöd och växelväljarhuset.
16 För huvuddelen av konsolen mot bilens bakre del och haka loss den från den främre delen **(se bild)** samt lossa anslutningskontakterna när den tas bort.
17 Ta bort ytterligare 4 skruvar och ta sedan bort klädselstödpanelen över växelväljaren **(se bilder)**.

XC90-modellerna

18 Ta bort armstödet. I en del modeller lossas detta enkelt **(se bild)** i andra modeller finns det dolda skruvar under de små bakre klädselpanelerna.
19 Använd ett klädselpanelverktyg av plast och ta bort den kåpa som nu exponeras och ta sedan bort klädselpanelen från området runt växelväljaren **(se bild)**.
20 Separera den yttre klädselpanelen från den inre panelen och ta bort den **(se bild)**. Detta görs bäst genom att man tar bort växelväljarknoppen - med ett kraftigt drag. Detta möjliggör att panelen vrids runt och lossas utan att kablaget spänns.
21 Lokalisera de 6 skruvarna och ta bort dem från mittkonsolen. Lossa

anslutningskontakterna och ta bort konsolen över växelväljaren **(se bild)**.

Montering

22 Monteringen sker i omvänd ordning jämfört med demonteringen.

27 Instrumentbräda – demontering och montering

⚠️ **Varning:** *Placera instrumentbräds- och krockkuddsmodulen på en säker plats med mekanismen riktad neråt som en försiktighetsåtgärd mot manövrering av misstag. Försök inte öppna eller reparera krockkuddsmodulen eller lägga på en elektrisk spänning. Återanvänd inte en krockkudde som är synligt skadad eller som har manipulerats.*
Observera: *Demonteringavinstrumentbrädans tvärbalk (för åtkomst till värmeenheten) beskrivs i kapitel 3.*

Demontering – alla modeller

1 Se till att framsätena är i de bakersta lägena, koppla sedan loss batteriets jordledning (se kapitel 5) och vänta minst två minuter innan du fortsätter så att eventuell lagrad elektrisk energi förbrukas.
2 Ta bort mittkonsolen enligt beskrivningen i kapitel 26 och ta sedan bort handskfacket (avsnitt 24).
3 Ta bort ratten, urfjädern, rattstångens brytare och instrumentpanel enligt beskrivningen i kapitel 10 och kapitel 12.
4 Ta bort A-stolpens klädselpaneler

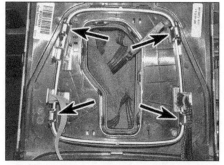

26.20 Notera styrflikarnas placering (se pilar)

och instrumentbrädans ändpaneler. Ändpanelerna kläms på plats enkelt. Lossa anslutningskontakten från passagerarkrockkuddens deaktiveringsbrytare (PAD) på den vänstra panelen.
5 Ta bort värmereglagen, ljudanläggningen och (om en sådan finns) förarinformationsdisplayen/ GPS-enheten - enligt beskrivningen i kapitel 3 och kapitel 12.
6 Bänd upp solsensorn från instrumentbrädans mitt, lossa anslutningskontakten och ta bort sensorn **(se bild)**. Observera att i XC60-modellerna kan det vara nödvändigt att lossa anslutningskontakten där bak när instrumentbrädan har tagits bort delvis

XC60-modellerna

7 Arbeta i instrumentbrädans öppning som nu är tom och ta bort de 3 fästskruvarna. En skruv är dold och för att ta bort denna måste luftfördelningskanalen delvis tryckas ihop **(se bild)**.

26.21 Ta bort mittkonsolen

8 Ta bort anslutningskontakten till temperaturgivaren i kupén om en sådan finns och de 2 skruvarna under rattstångsöppningen.
9 Ta bort belysningsbrytaren (enligt beskrivningen i kapitel 12) och ta sedan bort den exponerade skruven **(se bild)**.
10 Ta bort de 2 delvis dolda skruvarna från parkeringsbromsbrytaren. Dra brytaren framåt, lossa anslutningskontakten och ta bort brytaren **(se bilder)**.
11 Ta bort kåpan från diagnosuttaget, ta bort skruven och ta sedan bort uttaget från instrumentbrädan. Tryck uttaget igenom instrumentbrädan och lossa sedan kablaget från instrumentbrädans bakre del.
12 Ta bort den högtalare som är monterad på instrumentbrädan. Bänd upp kåpan med ett klädselpanelverktyg eller tryck upp kåpan underifrån **(se bild)**. Ta bort de 3 fästskruvarna, lossa anslutningskontakten och ta bort högtalaren.

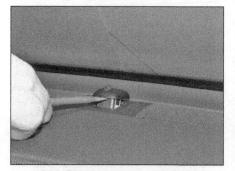

27.6 Ta bort solsensorn (XC90)

27.7 Notera det dolda fästets och de redan borttagna skruvarnas placering (se pilar)

27.9 Ta bort skruven

27.10a Ta bort skruvarna...

27.10b ... och lossa anslutningskontakten

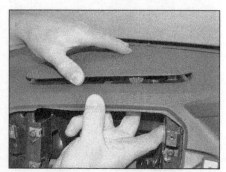

27.12 Ta bort högtalarkåpan

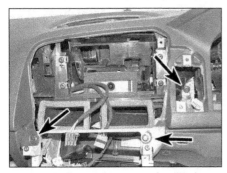

27.14 Ta bort skruvarna (se pilar)

27.16 Ta bort skruvarna (se pilar)

27.17a Ta bort skruvarna (se pilar) ...

27.17b ... och ta sedan bort instrumentpanelen från bilen

27.18 Ta bort den nedre panelen

27.19 Bänd upp högtalargallret

13 Ta bort de 4 skruvarna och lossa informationsdisplayenheten. Lossa anslutningskontakten när displayen tas bort.
14 Ta bort de 3 fästskruvarna bakom informationsdisplayenheten **(se bild)**.
15 Ta bort kåpan från tändningsbrytaren, ta bort skruvarna och ta sedan bort brytaren - enligt beskrivningen i kapitel 12. Lossa anslutningskontakten när brytaren tas bort.
16 Arbeta i handskfacksöppningen och lossa anslutningskontakten från krockkudden och ta sedan bort skruvarna till krockkuddens fästbygel **(se bild)**.
17 Ta bort A-stolpens nedre karosspaneler. Lokalisera instrumentbrädans fästskruvar och märk sedan ut instrumentbrädans placering i förhållande till A-stolparna. Kontrollera att kablaget har lossats helt längs med hela instrumentbrädan. Låt en

medhjälpare stötta upp panelen och ta sedan bort de 4 fästskruvarna (2 per sida). Ta bort instrumentbrädan från bilen **(se bilder)**.

XC90-modellerna

18 Arbeta i båda fotutrymmena och ta bort isoleringspanelen. Lossa anslutningskontakten från fotutrymmeslamporna när panelen tas bort **(se bild)**.
19 Bänd upp den mittre högtalarkåpan **(se bild)**, ta bort de 5 skruvarna, lossa anslutningskontakten och ta bort högtalaren (om en sådan finns). Var precis jämte högtalaröppningen och lossa anslutningskontakten från varningsblinkerskontakten.
20 Haka loss handbromsvajern från frigöringshandtaget **(se bilder)**.

21 Lossa i förekommande fall spärrvajern från växelspaken.
22 Ta bort de 4 fästskruvarna till växelspaken och flytta hela växelspaksenheten åt ena sidan. Det behöver inte tas ut från bilen. Täck den exponerade växelspaken med lämpligt material – bubbelplast är idealiskt. Detta förhindrar att växelväljaren skadar instrumentbrädan när den tas bort. Ta alternativt bort växelväljarhuset helt och hållet – se kapitel 7A eller kapitel 7B.
23 Ta bort både A-stolpens klädselpaneler och ta sedan bort instrumentbrädans ändpaneler enligt beskrivningen i avsnitt 24.
24 Sträck dig igenom instrumentbrädans ände och tryck ut ljuskontakten. Lossa anslutningskontakten när brytaren tas bort.
25 Skruva loss diagnosuttaget **(se bild)** och lossa sedan kablaget från instrumentbrädan.

27.20a Ta bort skruvarna ...

27.20b ... och ta bort handtaget och haka loss kabeln

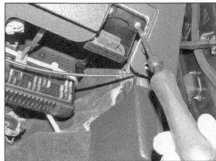

27.25 Ta bort diagnosuttaget

26 Ta bort anslutningskontakten från krockkudden på passagerarsidan och ta sedan bort de 2 fästskruvarna **(se bild)**.
27 Ta bort de mittre fästskruvarna till instrumentbrädan. Det finns 2 i instrumentbrädans öppning, 1 i mitten (bakom högtalaröppningen) och 2 nedre under ljudanläggningen/värmereglageöppningen **(se bilder)**.
28 Gör inställningsmärken mellan instrumentbrädan och A-stolpen. Kontrollera att alla anslutningskontakter, kabelklämmor och fästen har tagits bort och be sedan en medhjälpare stötta upp instrumentbrädan. Ta bort de 4 fästskruvarna till instrumentbrädan från instrumentbrädans ände (2 per sida) med panelen uppstöttad. Ta bort panelen från bilen **(se bilder)**.

Montering

29 Monteringen sker i omvänd ordningsföljd jämfört med demonteringen.

28 Soltak – allmän information

En elstyrd taklucka finns som standard-utrustning eller som tillval, beroende på modell.
Soltaket är underhållsfritt. All justering, demontering eller montering av soltakets komponenter bör överlåtas till en återförsäljare eftersom enheten är mycket sammansatt och eftersom stora delar av den inre klädseln och innertaket måste tas bort för att det ska gå att komma åt. Den senare åtgärden är komplicerad och kräver försiktighet och specialistkunskaper för att innertaket inte ska skadas.
Om takluckans funktion blir långsam kan skenorna och/eller vajrarna behöva smörjas in – kontakta en Volvoverkstad eller annan specialist för råd om vilken produkt som ska användas. Övriga kontroller vid funktions-problem som en hemmamekaniker kan utföra är att kontrollera säkringarna och kablaget, enligt kopplingsscheman i slutet av kapitel 12.

Dräneringsrör

Det är lämpligt att kontrollera takluckans vattendräneringsrör regelbundet. Om de täpps

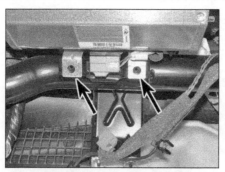

27.26 Ta bort fästskruvarna till passagerarkrockkudden (se pilar)

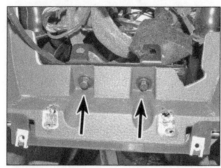

27.27b ... och från instrumentbrädans mitt (se pilar)

27.28b ... ta bort skruvarna (se pilar)...

27.27a Ta bort skruvarna från öppningen i instrumentbrädan (se pilar) ...

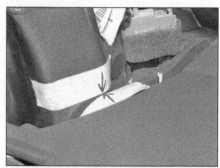

27.28a Gör inställningsmärken mellan instrumentbrädan och A-stolpen ...

27.28c ... och ta bort instrumentbrädan

till kan de rensas med en bit lämplig kabel (och gamla hastighetsmätarkablar är idealiska). De främre dräneringsrören slutar vid den främre mellanväggen baktill i motorrummet. De bakre dräneringsrören slutar framför bakhjulen inne i hjulhusen.

Anteckningar

Kapitel 12
Karossens elsystem

Innehåll

Svårighetsgrader

| **Enkelt,** passar novisen med lite erfarenhet | ⚬ | **Ganska enkelt,** passar nybörjaren med viss erfarenhet | ⚬ | **Ganska svårt,** passar kompetent hemmamekaniker | ⚬ | **Svårt,** passar hemmamekaniker med erfarenhet | ⚬ | **Mycket svårt,** för professionell mekaniker | ⚬ |

Specifikationer

Allmänt

Systemtyp	12 volt, negativ jord
Säkringar	Se kopplingsscheman i slutet av kapitlet och etiketten på locket till styrenhetens låda för specifika fordonsuppgifter

Glödlampor

Watt

Bromsljus	21 bajonettfattning
Dörrspegelns markbelysning	6 kil
Dimstrålkastare:	
Fram	35 H8
Bak	21 bajonettfattning
Belysning fotutrymme	5 kil
Handskfacksbelysning	3 bajonett
Strålkastare:	
Halogen	55 H7
Bi-xenon	35 D2R
Högt monterat bromsljus av LED-typ (går inte att byta)	
Körriktningsvisarlampor	5 kil
Blinkers (fram och bak).	21 bajonett
Belysning bagageutrymme	5 kil
Nummerplåtsbelysning.	5 slingfäste
Backljus	21 bajonett
Positionsljus på sidan:	
Fram	5 kil
Bak	10 bajonettfattning
Parkeringsljus	5 utan glas
Baklyktor	5 bajonett
Sminkspegelsbelysning	1.2 slingfäste

Åtdragningsmoment

Nm

Krockkudde (passagerarsidan):

Fästskruvar.	10
Fästbygel på krockkudde.	10
Fästbygel på tvärbalk.	6
Krockkuddsstyrmodul	10
Sidokrockgivare	6
Skruvar till torkarmotor på bakluckan	10
Skruvar/muttrar till vindrutetorkarnas länksystem	10
Vindrutetorkararmens muttrar	30

1 Allmän information och föreskrifter

Systemet är ett 12 volts elsystem med negativ jordning. Strömmen till lamporna och alla elektriska tillbehör kommer från ett bly/syrabatteri som laddas av den remdrivna generatorn.

Detta kapitel tar upp reparations- och servicearbeten för de elkomponenter som inte hör till motorn. Information om batteriet, generatorn och startmotorn finns i kapitel 5.

 Varning: Innan något arbete utförs på elsystemet, läs igenom föreskrifterna i Säkerheten främst! i början av denna handbok.

2 Felsökning av elsystemet – allmän information

Observera: *Se föreskrifterna i detta kapitel innan arbetet påbörjas. Följande tester relaterar till test av huvudkretsen och de ska inte användas för att testa delikata elektroniska kretsar, i synnerhet om en elektronisk styrenhet används.*

Allmänt

1 En typisk elkrets består av en elektrisk komponent, alla brytare, reläer, motorer, säkringar, smältinsatser eller kretsbrytare som rör den komponenten, samt det kablage och de kontaktdon som länkar komponenten till batteriet och karossen. För att underlätta felsökningen i elkretsarna finns kopplingsscheman i slutet av det här kapitlet.

2 Studera det relevanta kopplingsschemat

2.4 Kontroll med avseende på emissionsrelaterade felkoder

för att förstå den aktuella kretsens olika komponenter innan ett elfel diagnosticeras. De möjliga felkällorna kan reduceras genom att man undersöker om andra komponenter som hör till kretsen fungerar som de ska. Om flera komponenter eller kretsar slutar fungera samtidigt, rör felet antagligen en delad säkring eller jordanslutning.

3 Elproblem har ofta enkla orsaker, som lösa eller rostiga anslutningar, jordfel, trasiga säkringar, smälta smältinsatser eller ett defekt relä. Se först efter i vilket skick säkringar, kablar och anslutningar är hos en felande krets, innan komponenterna testas. Använd kopplingsscheman för att se vilka kabelanslutningar som behöver testas för att hitta felet.

4 De grundläggande verktyg som krävs för felsökning av elsystemet inkluderar en kretstestare eller voltmätare (en 12-voltslampa med ett antal testledningar kan också användas till vissa test), en ohmmätare (för att mäta resistans och kontrollera förbindelse), ett batteri och en uppsättning testkablar samt en testkabel, helst med en kretsbrytare eller inbyggd säkring som kan användas för att koppla förbi misstänkta kablar eller elkomponenter. Innan felsökning med hjälp av testinstrument påbörjas, använd kopplingsschemat för att bestämma var kopplingarna ska göras.

 Varning: Under inga som helst förhållanden får strömförande mätinstrument som ohmmätare, voltmätare eller testlampa användas för att kontrollera någon av krockkuddarna eller de pyrotekniska säkerhetsbältessystemen. All kontroll av dessa system måste överlåtas till en Volvo-verkstad eftersom det är risk för att systemet aktiveras av misstag om inte rätt åtgärder vidtas.

Varning: De flesta elektroniska styrenheter (ECU) ansluts via ett nätverkssystem som möjliggör tvåvägskommunikation mellan alla styrenheterna i nätverket. När till exempel automatväxellådan når en växlingspunkt signalerar den ECU-motorstyrningen via nätverket. När växlingen utförs av växellådans styrmodul fördröjer motorstyrningens styrmodul tändningsinställningen och minskar tillfälligt motorns uteffekt för att ge en mjukare övergång från ett utväxlingsförhållande till ett annat. På grund nätverkssystemets uppbyggnad rekommenderas det inte att bakåtsöka ECU:erna med en multimeter på

traditionellt vis. Istället har elsystemen ett sofistikerat självdiagnossystem som kan tolka de olika styrmodulerna för att visa sparade felkoder och hjälpa till att lokalisera fel. Det krävs speciell testutrustning för att komma åt självdiagnossystemet. De diagnosverktyg som krävs är normalt kända som "kodläsare" eller "skannrar". Kodläsare som kan komma åt emissionsrelaterade data från den obligatoriska inbyggda diagnostiken (EOBD - European On Board Diagnostics) är numera lätta att hitta för hemmamekanikern (se bild). En grundläggande felkodsdiagnos kräver användning av sofistikerade verktyg och när det gäller eventuella fel som inte går att komma åt med den grundläggande EOBD-kodläsaren ska du rådfråga din Volvo-verkstad eller en lämpligt utrustad specialist.

5 För att hitta källan till ett periodiskt återkommande kabelfel (vanligen på grund av en defekt eller smutsig anslutning eller skadad isolering), kan ett vicktest göras på kabeln. Det innebär att man vickar på kabeln för hand för att se om felet uppstår när den rubbas. Det ska därmed vara möjligt att ringa in felet till en speciell kabelsträcka. Denna testmetod kan användas tillsammans med vilken annan testmetod som helst i de följande underavsnitten.

6 Förutom problem som uppstår på grund av dåliga anslutningar kan två typer av fel uppstå i en elkrets – kretsavbrott och kortslutning.

7 Kretsavbrott orsakas av ett brott någonstans i kretsen, vilket hindrar strömmen. Strömavbrott gör att en komponent slutar fungera.

8 Kortslutningar orsakas av att ledarna går ihop någonstans i kretsen, vilket medför att strömmen tar en alternativ, lättare väg (med mindre motstånd), vanligtvis till jordningen. Kortslutning orsakas oftast av att isoleringen nötts bort, så att en ledare kommer i kontakt med en annan ledare eller jordningen, t.ex. karossen. En kortslutning bränner i regel kretsens säkring.

Hitta ett kretsbrott

9 För att kontrollera om en krets är bruten, koppla ena ledaren på en kretsprovare eller minuskabeln på en voltmätare till batteriets negativa pol eller någon annan bra jordanslutning.

10 Koppla den andra ledaren till en anslutning i den krets som ska provas, helst närmast batteriet eller säkringen. Nu bör batterispänningen gå att läsa av, om det inte är fel på själva batterikabeln eller säkringen. (Tänk på att somliga kretsar inte blir strömförande förrän tändningslåset ställs i ett visst läge).

11 Slå på strömkretsen och anslut sedan mätkabeln till anslutningen närmast komponentsidans kretsbrytare.

12 Finns det spänning (visas genom att testlampan lyser eller voltmätaren ger utslag), betyder det att delen mellan anslutningen och brytaren är felfri.

13 Kontrollera resten av kretsen på samma sätt.

14 Om en punkt där det inte finns någon spänning upptäcks, ligger felet mellan den punkten och den föregående testpunkten med spänning. De flesta fel kan härledas till en trasig, korroderad eller lös anslutning.

Hitta en kortslutning

15 För att söka efter en kortslutning, koppla bort strömförbrukarna från kretsen (strömförbrukare är de delar som drar ström i en krets, t.ex. lampor, motorer och värmeelement).

16 Ta bort den aktuella säkringen från kretsen och anslut en kretsprovare eller voltmätare till säkringens anslutningar.

17 Slå på kretsen. Tänk på att vissa kretsar bara är strömförande med tändningslåset i ett visst läge.

18 Om det finns spänning (visas genom att testlampan lyser eller voltmätaren ger utslag), betyder det att kretsen är kortsluten.

19 Om testet inte visar någon spänning, men säkringen ändå går sönder när strömförbrukarna kopplas in, är det ett tecken på ett internt fel i någon av strömförbrukarna.

Hitta ett jordfel

20 Batteriets minuspol är ansluten till jord (metallen i motorn/växellådan och karossen) och många system är kopplade med enbart positiv kabelanslutning, medan returströmmen går genom metallen i karossen **(se bild)**. Det innebär att komponentfästet och karossen utgör en del av kretsen. Lösa eller korroderade fästen kan därför orsaka flera olika elfel, allt ifrån totalt haveri till svårfångade, partiella fel. Vanligast är att lampor lyser svagt (särskilt när en annan krets som delar samma jordpunkt används samtidigt) och att motorer (t.ex. torkarmotorerna eller kylarens fläktmotor) går långsamt. En krets kan påverka en annan, till synes orelaterad, krets.

21 Observera att på många bilar används särskilda jordledningar mellan vissa komponenter, som motorn/växellådan och karossen, vanligtvis där det inte finns någon direkt metallkontakt mellan komponenterna på grund av gummiupphängningar o.s.v.

22 Koppla bort batteriet och koppla den ena ledaren på en ohmmätare till en känd jord för att kontrollera om en komponent är korrekt jordad. Koppla den andra ledaren till den kabel eller jordkoppling som ska kontrolleras. Resistansen ska vara noll Om inte kontrollerar du anslutningen enligt följande.

23 Om en jordanslutning misstänks vara bruten, ta isär anslutningen och putsa upp metallen på både ytterkarossen och kabelfästet (eller komponentens jordanslutnings fogyta). Se till att få bort alla spår av rost och smuts, och skrapa sedan bort lacken med en kniv för att få fram en ren metallyta. Dra åt kopplingsfästena ordentligt vid monteringen; om en kabelterminal monteras, använd låsbrickor mellan anslutning och karossen för att vara säker på att en ren och säker koppling uppstår.

24 När kopplingen återansluts, rostskydda ytorna med ett lager vaselin, silikonfett eller genom att regelbundet spraya på fuktdrivande aerosol eller vattenavstötande smörjmedel.

3 Säkringar och reläer – allmän information

2.20 Jordkabelanslutningar (se pil) under luftrenarhuset (XC60)

Säkringar

1 Säkringarna är placerade i den centrala säkringsdosan (på vänster sida i motorrummet) baktill till vänster i bagageutrymmet (bakom klädselpanelen) och under handskfacket (XC60-modellerna) och på instrumentbrädans högra sida i XC90-modellerna **(se bilder)**.

2 Om en säkring går sönder slutar den elektriska krets som skyddas av säkringen att fungera. Var säkringen sitter placerad och vilka kretsar som skyddas beror på bilens specifikationer, modellår och land. Se kopplingsschemana i slutet av den här handboken samt etiketten på säkringsdosans lock för uppgifter om den aktuella bilen.

3 Slå först av tändningen, lyft sedan upp kåpan på den centrala säkringsdosan för att ta bort säkringen. Dra ut säkringen ur anslutningen med hjälp av det medföljande borttagningsverktyget av plast. Tråden i säkringen ska synas; om säkringarna har löst ut är tråden av eller smält.

4 Ersätt alltid en säkring med en ny av samma klass; använd aldrig en säkring med annan kapacitet än den ursprungliga, och byt inte ut den mot något annat. Det är brandfarligt. Byt aldrig en säkring mer än en gång utan att spåra orsaken till felet. På säkringens överdel finns kapaciteten inpräglad; observera att säkringarna också är färgkodade för att vara lätta att känna igen. Det finns reservsäkringar i säkringsdosan.

5 Om säkringen fortsätter att gå sönder är något fel i den skyddade kretsen. Om fler än en krets är inblandad, slå på en komponent i

3.1a Den centrala säkringsdosan är placerad på vänster sida i motorrummet (XC60)

3.1b Säkringsdosan i XC60 är placerad under handskfacket (anslutningskontakten borttagen för tydlighetens skull)

3.1c Säkringsdosa monterad på instrumentbrädan (XC90)

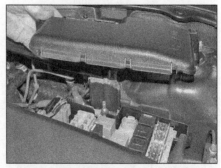

3.1d Säkringsdosa under motorhuven (XC90)

4.2a Skruva loss de två skruvarna (se pilar)

4.2b Ta bort brytaren från rattstången

4.3 Ta bort brytarenheten

taget tills säkringen går sönder och ta på så sätt reda på i vilken krets felet ligger.

6 En trasig säkring kan utöver ett fel i den aktuella elektriska komponenten orsakas av kortslutning i kablaget till komponenten. Leta efter klämda eller fransade kablar som gör det möjligt för en strömförande ledning att komma i kontakt med bilens metall. Leta även efter lösa eller skadade skarvdon.

7 Observera att **endast** säkringar av bladtyp får bytas av en hemmamekaniker. Om någon av de stora smältsäkringarna i huvudsäkringsdosan utlöses indikerar detta ett allvarligt elektriskt fel. Anta att detta inte beror på ett uppenbart fel. Då är det mycket lämpligt att bilen tas till en Volvo-verkstad eller en bilelektrisk specialist.

Reläer

8 Ett relä är en elektrisk brytare som har följande användning:

a) *Ett relä kan bryta kraftig ström på avstånd från den krets där strömmen förekommer.*

Det gör det möjligt att använda tunnare kablar och brytarkontakter.

b) *Ett relä kan ta emot mer än en reglageingång, till skillnad från en mekanisk brytare.*

c) *Ett relä kan ha en timerfunktion – till exempel för fördröjning av vindrutetorkarna.*

9 Kom ihåg att om ett fel uppstår i en krets med ett relä kan felet ligga hos själva reläet. Ett enkelt sätt att kontrollera ett reläs funktion är att lyssna efter ett klick från reläet medan en medhjälpare aktiverar den aktuella komponenten. Den här kontrollen visar åtminstone om reläet ställer om eller inte, men den ger inget slutgiltigt bevis på att reläet fungerar.

10 De flesta reläer har fyra eller fem anslutningar – två anslutningar som förser reläets solenoidhärva med ström för att reläet ska kunna ställa om, en huvudingång och antingen en eller två utgångar för att antingen förse den aktuella komponenten med ström eller för att isolera den (beroende på dess utformning). Använd kopplingsschemana i

slutet av det här kapitlet. Kontrollera att alla anslutningar ger rätt spänning eller bra jord.

11 Det bästa sättet att kontrollera ett relä är att ersätta det med ett relä man vet fungerar. Var dock försiktig. Reläer som liknar varandra har inte nödvändigtvis identiska egenskaper.

12 Reläerna finns i säkringsdosan, på passagerarsidan i motorrummet och i säkringsdosan i bagageutrymmet.

13 Kontrollera att tändningen är avstängd om ett relä ska tas bort. Dra sedan bort reläet från hylsan. Tryck fast det nya reläet ordentligt.

4 Brytare/reglage – demontering och montering

Observera: *Lossa alltid batteriets jordledning enligt beskrivningen i kapitel 5 vid arbeten på en elektrisk komponent.*

Rattstångens flerfunktionsbrytare

1 Ta bort rattstångskåporna enligt beskrivningen i kapitel 10, avsnitt 19.

2 Varje brytare är fäst med två skruvar i XC60-modellerna. Ta bort skruvarna, lossa anslutningskontakten och dra försiktigt brytaren mot sidan **(se bilder)**.

3 I XC90-modellerna är det nödvändigt att ta bort hela brytarenheten. Ta bort ratten (kapitel 10) och urfjädern enligt beskrivningen i avsnitt 24 i detta kapitel. Skruva loss de 2 skruvarna (eller skruvarna) på rattstångens överdel, lossa anslutningskontakten och för bort enheten från stången **(se bild)**.

4 Montera tillbaka relevant brytare i omvänd ordning jämfört med demonteringen men observera att i skrivande stund fanns det inga individuella brytare tillgängliga till XC90-modellerna.

Tändningslåset/startmotorns brytare

XC60

5 Använd ett klädselpanelverktyg av plast och lirka av brytarens kåpa **(se bild)**.

6 Skruva loss de 3 fästskruvarna **(se bild)** och lossa anslutningskontakten. Dra bort brytaren från instrumentbrädan.

7 Ta bort nyckelläsaren och startbrytaren med brytaren på bänken **(se bilder)**.

4.5 Ta bort kåpan

4.6 Ta bort skruvarna (se pilar)

4.7a Ta bort kontakten ...

4.7b ... och nyckelläsaren

4.10 Ta bort kontakten

4.11a Lossa anslutningskontakten ...

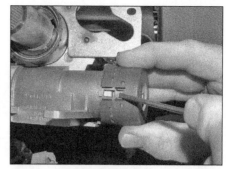

4.11b ... och använd en liten skruvmejsel för att lossa nyckelläsarens spole

8 Monteringen sker i omvänd ordning jämfört med demonteringen.

XC90

9 Ta bort stångens kåpor enligt beskrivningen i kapitel 10.

10 Lossa anslutningskontakten, ta bort de 2 skruvarna och ta bort brytaren **(se bild)**.

11 Om det behövs kan nyckelläsaren också tas bort **(se bilder)**.

12 Monteringen sker i omvänd ordning jämfört med demonteringen.

Strålkastarbrytaren:

13 Ta bort instrumentbrädans ändpanel i båda modellerna **(se bild)**.

14 Ta bort de 2 skruvarna från parkerings-bromsens frigöringsarm i XC90-modellerna.

15 Brytaren kan nu tryckas ut från huset i instrumentbrädan **(se bild)**. Lossa anslutningskontakten när brytaren demonteras

16 Monteringen sker i omvänd ordning jämfört med demonteringen.

Varningslampans brytare

XC60

17 Använd ett verktyg med platt blad och bänd försiktigt upp panelen till den mittre ventilationsöppningen för luftfördelning från instrumentbrädan - enligt beskrivningen i kapitel 11. Ta bort hela panelen från instrument-brädan och lossa anslutningskontakten.

18 Tryck ihop fästklämmorna och tryck bort brytaren från panelen **(se bild)**.

19 Monteringen sker i omvänd ordning jämfört med demonteringen.

XC90

20 Ta bort den mittre högtalaren som är monterad på instrumentbrädan genom att bända loss kåpan.

21 Använd en tandspegel och en lång tunn

skruvmejsel för att komma åt fjäderklämmorna baktill på brytaren. Om du byter brytaren på grund av att du vet att den är defekt går det att ta bort den genom att bända loss den från instrumentbrädan. Observera dock att brytaren skadas om den tas bort på detta sätt **(se bild)**.

22 Monteringen sker i omvänd ordning jämfört med demonteringen.

Brytare på mittpanelen

23 XC60-modellerna är brytarna integrerade i klimatkontrollpanelen. Det finns byteskåpor till brytare men i skrivande stund måste hela klimatkontrollpanelen bytas om det är ett elektriskt fel på brytaren.

24 Ta bort klimatkontrollpanelen enligt beskrivningen i kapitel 3, ta bort kåpan och bänd sedan loss relevant brytare i XC90-modellerna **(se bilder)**.

25 Monteringen sker i omvänd ordning jämfört med demonteringen.

4.13 Ta bort ändpanelen (XC60)

4.15 Tryck ut brytaren (XC90)

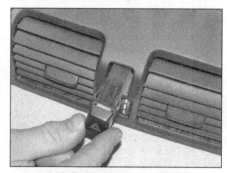

4.18 Ta bort brytaren (XC60)

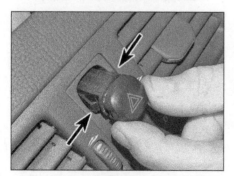

4.21 Notera spärrflikarnas placering (se pilar)

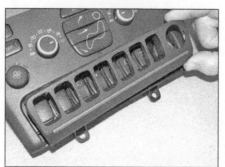

4.24a Ta bort täckpanelen ...

4.24b ... och sedan relevant brytare

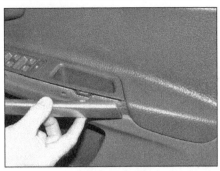

4.27a Om du arbetar i XC60-modeller ska du ta bort klädselpanelbiten ...

4.27b ... och trycka ut brytarpanelen

4.28 Ta bort skruven (se pil)

Dörrpanelbrytare

Fram- och bakdörrar

26 Demontera dörrens klädselpanel enligt beskrivningen i kapitel 11.

27 Lossa anslutningskontakten, tryck in fästklämmorna och tryck enheten uppåt och ut från dörrpanelen **(se bilder)**.

28 Om du arbetar med förardörren i XC90-modellerna ska du ta bort skruven **(se bild)** och trycka ut brytaren. Alla andra XC90-brytare är enkla att trycka loss bakifrån.

29 Återmonteringen utförs i omvänd ordningsföljd jämfört med demonteringen men testa brytarens funktion innan dörrens klädselpanel monteras tillbaka. Manövrera brytaren för att stänga fönstret helt och håll brytaren i detta läge under minst 5 sekunder för att synkronisera fönstermekanismen. Öppna sedan fönstret helt och håll brytaren i detta läge under minst 5 sekunder. Upprepa processen för stängning av fönstret. Fönstermekanismen ska nu vara synkroniserad. **Observera:** *Om en brytare/modul har monterats kan den behöva programmeras med hjälp av speciell testutrustning från Volvo – överlåt detta arbete åt en Volvo-verkstad eller en lämpligt utrustad specialist.*

Brytarmodul i dörrpanelen

Observera: *Detta gäller endast för XC60-modellerna. I XC90-modellerna är modulen integrerad i framdörrsbrytarna.*

30 Funktionen är densamma för både fram- och bakdörrarna. Ta bort dörrklädseln enligt beskrivningen i kapitel 11.

31 Lossa anslutningskontakterna, lossa och ta bort modulen **(se bild)**.

32 Återmonteringen utförs i omvänd ordningsföljd jämfört med demonteringen men testa brytarens funktion innan dörrens klädselpanel monteras tillbaka. Manövrera brytaren för att stänga fönstret helt och håll brytaren i detta läge under minst 5 sekunder för att synkronisera fönstermekanismen. Öppna sedan fönstret helt och håll brytaren i detta läge under minst 5 sekunder. Upprepa processen för stängning av fönstret. Fönstermekanismen ska nu vara synkroniserad. **Observera:** *Om en ny modul har monterats kan den behöva programmeras med hjälp av speciell testutrustning från Volvo – överlåt detta arbete*

åt en Volvo-verkstad eller en lämpligt utrustad specialist.

Bromsljusbrytare

33 Se kapitel 9.

Bytare varningslampa parkeringsljus

XC60

34 Skruva loss de 2 skruvarna under brytaren och ta bort brytaren från instrumentbrädan. Lossa anslutningskontakten. Om det behövs kan brytarna nu tas bort från klädselpanelbiten.

35 Monteringen sker i omvänd ordning jämfört med demonteringen.

XC90

36 Ta försiktigt bort golvmattan på förarsidan

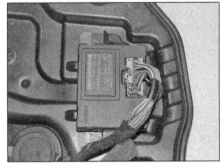
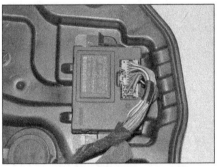

4.31 Dörrstyrmodulen (endast XC60)

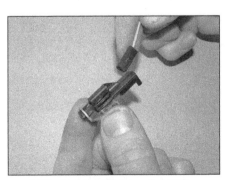

4.37b Lossa anslutningskontakten

för att komma åt parkeringsbromsen som är monterad på växellådstunneln. Det finns inget behov av att ta bort mattan helt.

37 Ta bort bromsens fästskruvar, sänk ner och vrid runt enheten för att komma åt brytarens fästskruv. Ta bort skruvarna och lossa brytaren. Lossa anslutningskontakten när brytaren har tagits bort **(se bilder)**.

38 Monteringen sker i omvänd ordning jämfört med demonteringen.

Rattens brytare

39 Demontera krockkudden på förarsidan enligt beskrivningen i avsnitt 24.

40 Använd ett verktyg med platt blad och bänd försiktigt upp panelen (panelerna) från ratten i XC60-modellerna. Lossa anslutningskontakten och ta bort skruvarna för att lossa brytaren i XC90-modellerna **(se bilder)**.

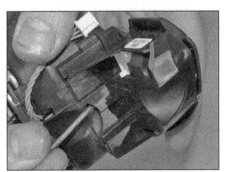

4.37a Ta bort parkeringsbromsens pedalenhet för att komma åt varningslampans brytare (se pil)

4.40a Ta bort skruven ...

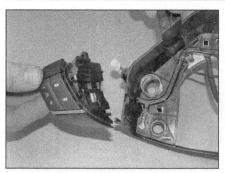

4.40b ... och lossa brytaren

5.3 Ta bort den nedre klädselpanelsbiten (XC60)

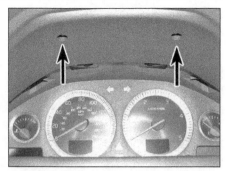

5.4a Ta bort skruvarna (se pilar)

41 Monteringen sker i omvänd ordning jämfört med demonteringen.

Soltakets reglage

42 Demontera kupébelysningen i taket enligt beskrivningen i avsnitt 9.
43 Lossa fästklämmorna, lossa anslutningskontakten och ta bort brytaren.
44 Monteringen sker i omvänd ordning jämfört med demonteringen.

5 Instrumentbräda – demontering och montering

Observera: *Om en ny instrumentbräda ska monteras måste bildata från den gamla instrumentbrädan hämtas före demonteringen och sedan laddas in i den nya instrumentbrädan. Arbetet bör överlåtas till en Volvo-återförsäljare eller lämpligt utrustad specialist.*

Demontering

1 Instrumentbrädan är länkad till Volvos inbyggda diagnossystem (OBD - on-board diagnosis system) och detta innebär att alla fel som uppträder i instrumentbrädan loggas och kan låsas av med hjälp av diagnostisk utrustning (normalt en felkodsläsare). Det är därför lämpligt att alla fel som inte är uppenbara undersöks av en Volvo-verkstad eller en lämpligt utrustad verkstad.
2 Dra ut och sänk ner rattstången så mycket som möjligt.
3 Lossa klädselpanelen mellan den övre kåpan och instrumentbrädans bas i XC60-modellerna **(se bild)**.
4 Ta bort de 2 skruvarna och lossa infattningen i XC90-modellerna **(se bilder)**.
5 Skruva loss de 2 övre och de 2 nedre skruvarna, dra instrumentbrädan bakåt och lossa anslutningskontakten **(se bilder)**.
6 Ta bort instrumentbrädan helt och ta loss eventuellt ljuddämpande material över instrumentbrädan.

Montering

7 Monteringen sker i omvänd ordning jämfört med demonteringen.

5.4b Lossa infattningen ...

6 Elsystemets givare – demontering och montering

Observera: *Inte alla sensorer finns på alla modeller.*

Hastighetsgivare

1 Bilens hastighetsinformation till hastighetsmätaren tillhandahålls av de låsningsfria bromsarnas (ABS) hjul. Om hastighetsmätaren inte fungerar är det alltså ett tecken på möjliga problem med signalen från ABS-systemets hjulsensorer. Kontrollera kabelanslutningarna till hjulsensorerna och till ABS-systemets styrenhet. Om inget fel upptäcks bör en Volvo-verkstad eller en annan lämpligt utrustad verkstad kontaktas för diagnoskontroll.

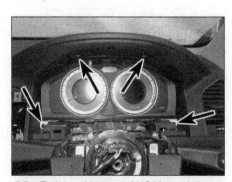

5.5a Ta bort skruvarna i XC60-modellerna (se pilar) ...

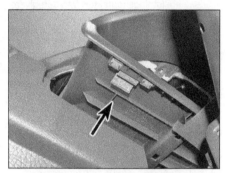

5.4c ... och notera den nedre fästklämmans placering (se pil)

Bromsoljans nivågivare

2 Bromsoljans nivågivare består av en flottör inbyggd i huvudcylinderbehållaren. Givaren och behållaren är en enhet; byt behållaren om det är fel på enheten – se kapitel 9.

Kylvätskenivågivare

3 Vänta till dess att motorn är helt kall innan detta arbete påbörjas. Kylsystemet behöver inte tömmas.
4 Skruva av påfyllningslocket till kylsystemets expansionskärl försiktigt för att släppa ut eventuellt tryck som finns kvar i systemet. Montera tillbaka locket ordentligt.
5 Skruva loss fästskruven och lyft bort expansionskärlet från dess fäst och vrid det upp och ner så långt det går utan att lossa några av slangarna.

5.5b ... och gör detsamma i XC90-modellerna (se pilar)

6.6 Lossa anslutningskontakten (XC60)

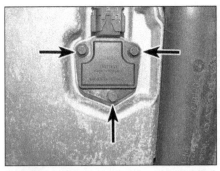

6.13 Oljenivågivarens fästskruvar (se pilar)

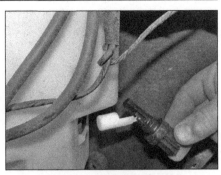

6.17 Spolarvätskenivågivare

6 Lossa anslutningskontakten från den givare som är placerad på kärlets bas **(se bild)**.
7 Se till så att du undviker att spilla ut kylvätska när du drar ut givaren från tätningsmuffen.
8 Monteringen sker i omvänd ordning jämfört med demonteringen. Fyll på expansionskärlet enligt beskrivningen i *Veckokontroller* om kylvätska har spillts ut.

Oljenivågivare

9 Oljenivågivaren är placerad på sumpen.
10 Vänta tills motorn kallnat. Klossa bakhjulen, lyft upp framvagnen och ställ den på pallbockar (se *Lyftning och stödpunkter*).
11 Skruva loss skruvarna och ta bort motorns undre skyddskåpa.
12 Tappa ur motoroljan enligt beskrivningen i kapitel 1.
13 Skruva loss de 3 skruvarna och ta bort sensorn från sumpen **(se bild)**. Räkna med en del oljespill när givaren tas bort.
14 Monteringen utförs i omvänd ordning jämfört med demonteringen och motorns ska fyllas med den angivna mängden olja.
15 Återmonteringen utförs i omvänd ordningsföljd jämfört med demonteringen och givaren ska dras åt ordentligt.

Spolarvätskans nivågivare

16 Se till att komma åt spolarvätskebehållarens bakre del enligt beskrivningen i avsnitt 16.
17 Givaren och flottören är placerade på kärlets bas. Lossa anslutningskontakten och dra bort givaren från kärlet. Räkna med en del vätskespill **(se bild)**.
18 Monteringen sker i omvänd ordning jämfört med demonteringen.

Bränslenivågivare

19 Se kapitel 4A.

Temperaturgivare för kylvätska:

20 Se kapitel 3.

Yttertemperaturgivare

21 Ta bort dörrspegelns glas och kåpa på passagerarsidan enligt beskrivningen i kapitel 11.
22 Lossa klämmorna och tryck bort givaren från spegelhuset **(se bild)**. Koppla från anslutningskontakten när givaren tas bort.
23 Monteringen sker i omvänd ordning jämfört med demonteringen.

6.22 Ta bort givaren (XC90)

Temperaturgivare till luftkonditioneringens förångare

24 Se kapitel 3, avsnitt 10.

Kopplingspedalens lägesgivare

25 Se kapitel 6.

Tryckgivare bromshuvudcylinder

26 Givaren (eller givarna) är antingen placerade på huvudcylinderns undersida eller i bromsledningen nära mellanväggen. Placera trasor eller pappershanddukar under givaren för att samla upp den utspillda vätskan.
27 Lossa givarens anslutningskontakt, använd sedan en djup hylsa på 24 mm och skruva loss givaren. Plugga igen öppningen i huvudcylindern för att begränsa vätskeförlusten.
28 återmonteringen utförs i omvänd ordningsföljd jämfört med demonteringen men kom ihåg att dra åt givaren ordentligt och lufta bromsarna enligt beskrivningen i kapitel 9.

Gir-/sidoaccelerationsgivare

29 Ta bort förarsätet enligt beskrivningen i kapitel 11.
30 Ta bort ljudmodulen enligt beskrivningen i avsnitt 20.
31 Vik mattan åt ena sidan, skruva sedan loss de skruvar som håller fast givaren på golvet **(se bild)**. Notera hur givaren sitter monterad och koppla sedan loss anslutningskontakten när du tar bort givaren. VAr försiktig vid hantering av givaren eftersom den skadas lätt - om den tappas måste en ny monteras.
32 Monteringen sker i omvänd ordning jämfört med demonteringen. **Observera:** *Om du har monterat en ny givare måste den kalibreras med särskild testutrustning från Volvo. Arbetet*

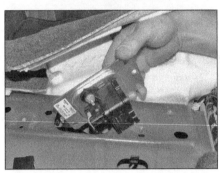

6.31 Ta bort gir-/sidoaccelerationsgivaren

bör överlåtas till en Volvo-återförsäljare eller lämpligt utrustad specialist.

7 Central elektrisk modul (CEM) – allmän information, demontering och montering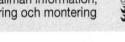

Allmän information

Den centrala elektronikmodulen (CEM) hanterar funktionen för ett antal artiklar inklusive strålkastarna, dimljusen, vindrutespolarna, bakrutespolaren (i förekommande fall), bromsljusen, strålkastarspolarna (i förekommande fall), centrallåset, motorlåsnings-systemet, räckviddsjustering av strålkastarna, blinkers, informationssystemet för blinda fläcken, kupélampan, elbackspeglarna, bränslepumpen, startmotorn, hastighetskänslig servostyrning, uppvärmda säten och signalhornet. Den fungerar dessutom som en gateway mellan höghastighets- och låghastighetskommunikationsnätverken. Den övervakar signalerna mellan bilens flesta givare, ställdon och styrmoduler. Eftersom CEM kommunicerar med alla andra moduler innehåller den bilens självdiagnossystem och sparar alla felkoder som genereras. CEM innehåller även specifik information för bilen: VIN, tillverkningsdetaljer och utrustningsalternativ. Det innebär att om CEM ska bytas måste den sparade informationen hämtas innan modulen tas bort och därefter programmeras in i den nya enheten när den har monterats.

Central elektronikmodul

Observera: *Om CEM ska bytas måste sparad information hämtas och programmeras in i*

7.4 CEM (se pilar) är placerad bakom handskfacket (XC60)

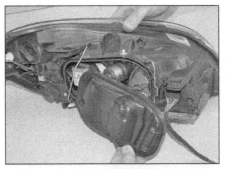

8.2a Lossa ledningsklämman och ta bort kåpan från strålkastarens bakre del (XC60) ...

8.2b ... eller ta av kåpan (XC90)

den nya CEM:en. Eftersom detta kräver att man använder särskild Volvo-testutrustning överlåter du detta åt en Volvo-verkstad eller en lämpligt utrustad specialist.
1 Koppla loss och ta bort batteriets jordledning enligt beskrivningen i kapitel 5.

XC60
2 Ta bort handskfacket enligt beskrivningen i kapitel 11.
3 Lossa anslutningskontakterna och lossa fästet ovanpå enheten i tidiga modeller. Flytta enheten åt vänster och ta bort den från fästet.
4 Ta bort kåpan genom att lossa klämman på nederkanten i senare modeller. Lossa anslutningskontakterna och använd en lite skruvmejsel för att lossa de övre fästena. Flytta enheten framåt och ta bort den åt höger **(se bild)**.
5 Montera tillbaka i omvänd ordning jämfört med demonteringen.

XC90
6 Ta bort instrumentbrädan enligt kapitel 11.
7 Lossa anslutningskontakterna från CEM:s yta och (om en sådan finns) lossa fästbandet från enheten.
8 Sänk ner CEM och ta bort anslutnings-kontakterna där.
9 Lokalisera de 2 skruvar som håller fast CEM och dess fästbygel på tvärbalken. Ta bort skruvarna – observera att åtkomsten till dessa skruvar är begränsad – och ta bort CEM från bilen
10 Återmonteringen utförs i omvänd ordningsföljd jämfört med demonteringen men kom ihåg att montera ett nytt fästband om det behövs.

8 Glödlampor (ytterbelysning) – byte

Allmänt

1 Tänk på följande när en glödlampa byts ut:
a) Kom ihåg att lampan kan vara mycket varm om lyset nyss varit på.
b) Kontrollera alltid lampans sockel och kontaktytor. Se till att kontaktytorna mellan lampan och ledaren och lampan och jord är rena. Avlägsna all korrosion och smuts innan en ny lampa sätts i.
c) Om lampor med bajonettfattning används, se till att kontakterna har god kontakt med glödlampan.
d) Se alltid till att den nya lampan har rätt specifikationer och att den är helt ren innan den monteras. Detta gäller i synnerhet för glödlampor till strålkastarna/ dimljusen (se nedan).
e) Använd mjukt papper eller en ren trasa vid hantering av kvartshalogenglödlampor (strålkastare och liknande användningar). Vidrör inte glödlampan med fingrarna. Även små mängder fett från fingrarna leder till att lampan svartnar och slutar fungera i förtid. Om en glödlampa vidrörs av misstag ska den rengöras med denaturerad sprit och en ren trasa.

Strålkastare
Observera: Demontering av strålkastarna är ett enkelt tillvägagångssätt på alla modeller.

Det är lämpligt att hela strålkastaren tas bort från bilen för byte av glödlampa.

Halogenglödlampa för halv- och helljus
2 Ta bort strålkastaren enligt beskrivningen i avsnitt 10 och ta sedan bort kåpan från enhetens bakre del **(se bilder)**.
3 Lossa anslutningskontakten och, beroende på modell, vrid antingen glödlampan eller lossa fjäderklämman för att ta bort glödlampan **(se bild)**. En tång kan användas för att lossa halvljusglödlampan från XC60-modellerna.
4 Montering sker i omvänd ordningsföljd.

Bi-xenon glödlampa
Varning: Xenonglödlampor är trycksatta upp till ungefär 10 bar. Dessa glödlampor måste hanteras försiktigt annars finns det risk för explosion. Använd alltid handskar och skyddsglasögon vid hantering av xenonglödlampor.
5 På grund av de höga spänningarna (22 000 volt ungefär) som krävs för xenonurladdningslampor ska batteriets jordledning lossas (se kapitel 5) och slå sedan på hel- och halvljuset omväxlande för att göra slut på eventuellt kvarvarande energi – låt lampan (lamporna) svalna innan arbetet påbörjas.
6 Ta bort strålkastaren enligt beskrivningen i kapitel 10 och lossa kåpan från enhetens bakre del.
7 Vrid låsringen (med hjälp av en plattång om det behövs) och ta bort glödlampan. Lossa anslutningskontakten när glödlampan tas bort **(se bilder)**.
8 Monteringen sker i omvänd ordning jämfört med demonteringen.

8.3 Ta bort glödlampan från lampenheten (XC90)

8.7a Vrid låsringen ...

8.7b ... och ta försiktigt bort xenonglödlampan

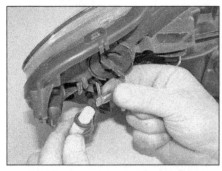

8.9a Kilglödlampa till parkeringsljuset (XC60) ...

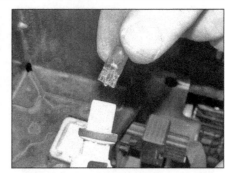

8.9b ... och glödlampa till varselljuset (XC90)

8.12a Vrid lamphållaren moturs och ta bort den (XC60).

Varselljus

Observera: *XC60-modellerna har ett parkeringsljus och ett varselljus. Varselljuset använder LED-glödlampor (Light emitting diode - lysdiod). Om lysdioderna är felaktiga måste hela lampan bytas.*

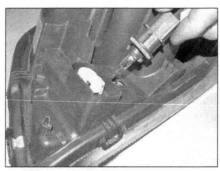

8.12b XC90-modellerna har en ovanlig glödlampa

9 Ta bort strålkastaren och vrid sedan lamphållaren för att ta bort den. Dra ut glödlampan av kiltyp från lamphållaren **(se bilder)**.
10 Monteringen sker i omvänd ordning jämfört med demonteringen.

Främre körriktningsvisare

11 Ta bort strålkastaren enligt beskrivningen i avsnitt 10.
12 Vrid lamphållaren moturs för att ta bort den. Glödlampan är av bajonettyp. Tryck in glödlampan och vrid den moturs för att ta bort den **(se bilder)**.
13 Monteringen sker i omvänd ordning jämfört med demonteringen.

Främre dimljus

14 Man kommer åt dimljusets glödlampa bakom lampenheten – lyft upp bilens framvagn om så önskas (se *Lyftning och stödpunkter*).
15 Ta bort vindavvisaren från stötfångarkåpans nedre kant i XC60-modellerna.
16 Lamphållaren har två flikar som gör det lättare att vrida den – vrid lamphållaren moturs för att lossa den från lampenhetens baksida **(se bild)**.
17 Ta bort glödlampan från lamphållaren.
18 Monteringen sker i omvänd ordning jämfört med demonteringen.

Körriktningsvisarens sidoblinkers

19 Ta bort sidospegelns kåpa enligt beskrivningen i kapitel 11.
20 Dra bort lamphållaren från dess plats och dra sedan bort glödlampan av kiltyp från lamphållaren **(se bild)**.
21 Monteringen sker i omvänd ordning jämfört med demonteringen.

Glödlampor till bakljusarmaturen

Observera: *På XC60-modellerna används lysdioder till bakljuset.*
22 På XC60-modellerna går det att komma åt lamphållarna genom att ta bort kåpan från sidopanelen, på XC90-modellerna tas baklampan bort enligt beskrivningen i avsnitt 10.
23 Vrid relevant lamphållaren moturs och dra bort den från lampan. Tryck in glödlampan och vrid den moturs för att ta bort den från lamphållaren **(se bilder)**.
24 Monteringen sker i omvänd ordning jämfört med demonteringen.

Högt bromsljus

25 Det högt monterade bromsljuset innehåller inte konventionella glödlampor utan en rad lysdioder (light-emitting diodes - lysdioder). En följd av detta är att det slutligen kan vara nödvändigt att byta hela lampenheten om det högt monterade bromsljuset slutar fungera – se avsnitt 10. Kontrollera dock säkringen och allt kablage med hjälp av informationen i avsnitt 2 och kopplingsschemana i slutet av detta kapitel innan du bestämmer dig för att detta är nödvändigt.

Registreringsskyltsbelysning

26 Skruva loss de 2 skruvar som håller fast lampenheten på bakluckan **(se bild)**.
27 Bänd försiktigt upp lampenheten.
28 Dra ut glödlampan ur hållaren **(se bild)**.
29 Monteringen sker i omvänd ordning jämfört med demonteringen.

8.16 Ta bort lamphållaren och sedan glödlampan (XC90)

8.20 Ta bort lamphållaren och sedan glödlampan (XC60)

8.23a Ta bort glödlampan (XC60)

8.23b Ta bort lamphållaren (XC90)

8.26 Ta bort skruvarna

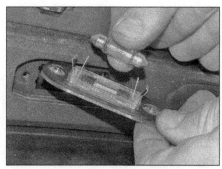

8.28 Ta bort glödlampan

8.30 Tryck in klämman för att lossa dimljuset

Dimbakljus

Observera: *På XC90-modellerna är huvuddimbakljuset en del av bakljuset. En del modeller har ett dimljus som är monterat på stötfångaren och detta tas bort på samma sätt som på XC60-modellerna.*

30 Lossa lampan från stötfångaren på XC60-modellerna – den hålls på plats av en klämma. Borttagning av lampan gör det mycket enklare att byta glödlampan **(se bild)**.

31 Vrid lamphållaren för att lossa den **(se bild)** och ta sedan bort glödlampan

Glödlampa till dörrspegelns markljus

32 Ta bort sidospegelns kåpa enligt beskrivningen i kapitel 11.

33 Ta bort glaset genom att sätta in en liten skruvmejsel i spåret och tryck sedan in den för att lossa klämman. Ta bort glaset under spegelhuset och dra ut lamphållaren **(se bild)**. Ta bort glödlampan.

34 Monteringen sker i omvänd ordning jämfört med demonteringen.

9 Glödlampor (innerbelysning) – byte

Allmänt

1 Tänk på följande när en glödlampa byts ut:

a) *Kom ihåg att lampan kan vara mycket varm om lyset nyss varit på.*

b) *Kontrollera alltid lampans sockel och kontaktytor. Se till att kontaktytorna mellan lampan och ledaren och lampan och jord är rena. Avlägsna all korrosion och smuts innan en ny lampa sätts i.*

c) *Om lampor med bajonettfattning används, se till att kontakterna har god kontakt med glödlampan.*

d) *Se alltid till att den nya lampan har rätt specifikationer och att den är helt ren innan den monteras.*

2 En del glödlampor till brytarbelysning/ledbelysning är inbyggda i brytarna och går inte att byta separat.

Sminkspegellampor

3 Använd ett lämpligt verktyg med platt blad och bänd upp spegelhuset från solskyddet. Detta ska göras försiktigt

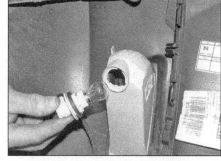

8.31 Ta bort dimljusets lamphållare

eftersom komponenten går sönder lätt. Med spegelhuset demonterat kan glödlamporna dras ut från hållarna **(se bilder)**.

4 Stäng spegelkåpan och tryck försiktigt tillbaka huset på plats i solskyddet och se till att klämmorna går i ingrepp ordentligt för att montera tillbaka spegelhuset.

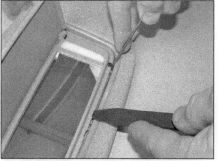

9.3a Lossa spegeln försiktigt ...

9.3c Ta bort glödlampan

8.33 Ta bort glödlampan

Kupé-/läslampor

Fram

XC60

5 Bänd försiktigt upp enheten från takklädseln och lossa anslutningskontakterna **(se bild)**.

6 Ta bort lamphållaren (glödlampan är inbyggd

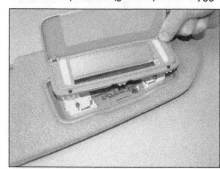

9.3b ... och ta bort den

9.5 Bänd försiktigt loss lampenheten från takklädseln

9.6 Vrid lamphållarenheten 90° och ta bort enheten

9.8 Lossa mittsektionen

9.9 Ta bort glödlampan

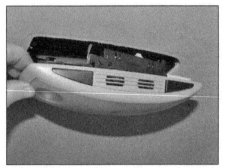

9.10 Bänd loss lampan från takklädseln

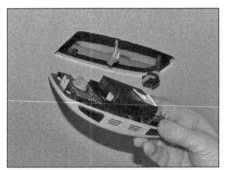

9.11 Lossa anslutningskontakten när lampan tas bort

9.13 Bänd loss lampan

i hållaren och går inte att byta separat) **(se bild)**.

7 Monteringen sker i omvänd ordning jämfört med demonteringen.

XC90

8 Bänd upp lampans mittre sektion **(se bild)**.
9 Lossa låsflikarna och ta bort kåpan. Ta bort

relevant glödlampa av slingfästtyp genom att dra ut den från lamphållaren **(se bild)**.

Bak

XC60

10 Bänd försiktigt upp glas-/kåpenheten från takklädseln **(se bild)**.

11 Vrid lamphållarna 90 grader moturs och ta bort dem från enheten **(se bild)**.
12 Monteringen sker i omvänd ordning jämfört med demonteringen.

XC90

13 Bänd upp lampan från takklädseln **(se bild)**.
14 Lossa reflektorn och dra loss glödlampan av slingfästtyp **(se bilder)**.
15 Monteringen sker i omvänd ordning jämfört med demonteringen.

Handskfacksbelysning

16 Bänd försiktigt upp lampenheten från handskfacket **(se bild)**.
17 Dra loss glödlampan med slingfäste från kontakterna **(se bild)**.
18 Monteringen sker i omvänd ordning jämfört med demonteringen.

Värmeregleringens/ brytarpanelens belysning – endast XC90

Observera: XC60-modellerna är inte utrustade med glödlampor som går att byta.
19 Ta bort kontrollpanelen enligt beskrivningen i kapitel 3.
20 Använd en lämplig skruvmejsel och vrid lamphållaren 90 grader och ta bort den **(se bild)**. Observera att glödlampan är en del av lamphållaren och att den måste bytas som en komplett enhet.

Belysning av automatväxellådans växelväljare

21 Växelväljarpanelen belyses av lysdioder.

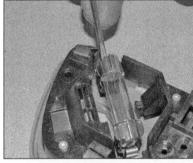

9.14b Ta bort reflektorn och ...   **9.14b ... bänd loss glödlampan**

9.16 Bänd loss lampan (XC60)

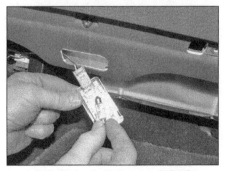

9.17 Ta bort glödlampan (XC90)

9.20 Använd en skruvmejsel för att ta bort glödlamporna

10.1a Dra upp de två spakarna på låspanelen

10.1b Lossa anslutningskontakten

Om det är fel på dem måste hela panelen bytas.

Instrumentbrädans glödlampor:

22 Panelen belyses av lysdioder som inte kan bytas oberoende av instrumentbrädan. Rådfråga en Volvo-verkstad vid ett fel.

Belysning i bagageutrymmet

23 Bänd försiktigt upp lampenheten från dess placering.
24 Ta bort glödlampan från hållaren.
25 Monteringen sker i omvänd ordning jämfört med demonteringen.

Fotutrymmeslampor

26 Bänd upp lampenhetens inre kant, lossa sedan dess anslutningskontakt men se till så att inte klädselpanelen skadas.
27 Dra bort rörglödlampan från kontakterna
28 Monteringen sker i omvänd ordning jämfört med demonteringen.

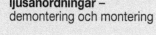

10 Strålkastare och yttre ljusanordningar – demontering och montering

Varning: Se till att tändningen slås av innan du fortsätter

Strålkastare

1 Dra upp de 2 glidspakar som är placerade på låspanelen över strålkastarna och lossa anslutningskontakterna när enheten tas bort från bilens front **(se bilder)**.
2 Monteringen utförs i omvänd ordning jämfört med demonteringen. Kontrollera strålkastarinställningen när detta är klart (se avsnitt 11).

Främre dimljus

3 Dra åt handbromsen, klossa bakhjulen, lyft sedan upp bilens framvagn och stötta den ordentligt på pallbockar.

XC60

4 Skruva loss de klämmor som håller fast dimljusgallrets infattning. Skruva loss fästskruven framifrån, lossa anslutningskontakten, ta sedan bort dimljuset.
5 Montera tillbaka i omvänd ordning jämfört med demonteringen.

XC90

6 Lossa anslutningskontakten bakifrån.
7 Ta bort de 3 fästskruvarna och ta bort lampan där bak **(se bild)**.

Bakljusarmaturer

XC60

8 Ta bort bagageutrymmets sidoklädselpanel enligt beskrivningen i kapitel 11, avsnitt 14.
9 Ta delvis bort stötfångarkåpan på relevant sida (enligt beskrivningen i kapitel 11) och ta sedan bort stödpanelen under lampan **(se bild)**.
10 Arbeta inne i D-stolpen och lokalisera och ta bort de 3 fästpunkterna **(se bild)**.
11 Ta bort lampan och koppla loss lamphållarna och anslutningskontakterna när lampan tas bort
12 Monteringen sker i omvänd ordning jämfört med demonteringen.

XC90

13 Öppna bakluckans båda sektioner och ta bort golvhörnpanelerna i bagageutrymmet. Ta bort bagageutrymmets bakre sidopaneler.
14 Ta bort de 2 muttrarna baktill och lossa lampan **(se bild)**. Observera lamphållarnas placering och ta sedan bort dem.
15 Om lamphållarna är skadade och måste bytas ska den bakre sidoklädselpanelen tas bort enligt beskrivningen i kapitel 11. Lossa kablagets multikontakt som är monterad på D-stolpen.
16 Om det behövs kan den övre lampsektionen nu tas bort. Observera dock att denna endast är kosmetisk och inte innehåller några.
17 Monteringen sker i omvänd ordning jämfört med demonteringen.

Högt bromsljus

18 Ta bort bakluckans klädselpanel enligt beskrivningen i kapitel 11.

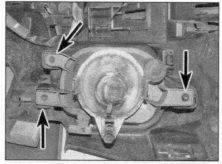

10.7 Ta bort skruvarna (se pilar)

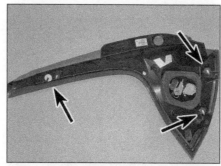

10.10 Notera fästpunkternas placering med lampan demonterad (se pilar)

10.9 Ta bort panelens fästskruvar (se pilar)

10.14 Ta bort fästskruvarna (se pilar)

10.22 Ta bort täckpluggarna

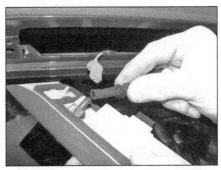

10.23 Ta bort bakrutespolarslangen

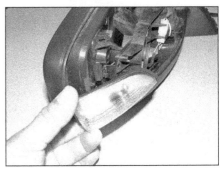

10.27 Ta bort lampan (XC60)

10.31a Ta bort skruven...

10.31b ... och för ut lampan genom strålkastaröppningen

XC60

19 Ta bort de 3 fästskruvarna.
20 Lyft av bromslampan och lossa anslutningskontakten.
21 Monteringen sker i omvänd ordning jämfört med demonteringen.

XC90

22 Ta bort anslutningskontakten. Vi använde en bit klibbig tejp för att plocka upp täckpluggen från lampan **(se bild)**.
23 Ta bort fästskruvarna. Ta bort lampan, lossa anslutningskontakten och bänd bort spolarslangen **(se bild)**. Observera att utöver spolarmunstycket finns det inga individuella delar.

Registreringsskyltsbelysning

24 Skruva loss de skruvar som håller fast relevant lampenhet på bakluckan **(se bild 8.26)**.

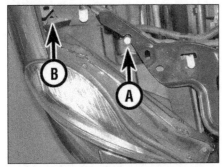

11.2 Justeringspunkter för strålkastarna (XC90)

A Lodrät justering
B Horisontell justering

25 Bänd/för försiktigt ut lampenheten och lossa anslutningskontakten när den tas bort.
26 Monteringen sker i omvänd ordning jämfört med demonteringen.

Blinkerslampa i dörrspegeln

27 Ta bort dörrspegelns yttre kåpa enligt beskrivningen i kapitel 11. Använd en liten skruvmejsel för att trycka in plastfliken i glaset och ta bort glaset från spegelhuset **(se bilder)**.
28 Monteringen sker i omvänd ordning jämfört med demonteringen.

Varselljus – endast XC60

29 Ta bort strålkastaren enligt beskrivningen i avsnitt 1.
30 Lossa delvis relevant hörnavsnitt från stötfångarkåpan genom att ta bort plastnitarna från stötpanelen.
31 Ta bort den enda skruven och frigör lampan försiktigt från stötfångarkåpans bakre del **(se bilder)**. Skruva loss anslutningskontakten och ta bort lampan.

12.2 Ta bort höjdregleringsmotorn

11 Strålkastarinställning – kontroll och justering

1 Strålkastarinställningen ska utföras av en Volvo-verkstad eller någon annan specialist som har den nödvändiga optiska inställningsutrustning som krävs.
2 Strålkastarna kan justeras med hjälp av de lodräta och horisontella justeringsreglagen ovanpå strålkastarenheten **(se bild)**.
3 Alla modeller är utrustade med ett elektriskt drivet strålkastarinställningssystem som regleras genom brytaren på instrumentbrädan. På dessa modeller måste du se till att brytaren är i läget "off" innan du justerar strålkastarens riktning.

12 Strålkastarens höjdregleringsmotor – demontering och montering

Observera: *Endast XC90-modellerna.*

Demontering

1 Ta bort strålkastaren enligt beskrivningen i avsnitt 10 och ta bort kåpan från enhetens bakre del.
2 Lossa anslutningskontakten från motorn, vrid motorns stomme och ta bort reglermotorn från strålkastarenheten **(se bild)**.

Montering

3 Monteringen sker i omvänd ordning jämfört med demonteringen.
4 Låt en verkstad eller en specialist kontrollera strålkastarinställningen och justera den om det behövs.

13 Strålkastarstyrmodul - demontering och montering

Demontering

XC60

1 Strålkastarstyrenheten sitter under strålkastaren.
2 Ta bort strålkastaren, placera strålkastare upp och ner på en mjuk yta och ta bort de 3 skruvarna. Ta bort styrenheten.

14.6 Signalhornen är monterade under höger strålkastare (XC90)

XC90

3 Ta bort vänster framsäte enligt beskrivningen i kapitel 11.
4 Ta bort täckpanelen, lossa modulen och lossa anslutningskontakten.

Montering

5 Montera tillbaka i omvänd ordning jämfört med demonteringen.
6 Om en reservdelsenhet har monterats kräver detta programmering med hjälp av lämplig diagnostisk utrustning.

14 Signalhorn –
demontering och montering

Demontering
XC60

1 Lyft upp och stötta bilens framvagn (se *Lyftning*

16.6a Spolarvätskepumparna på XC60-modellerna ...

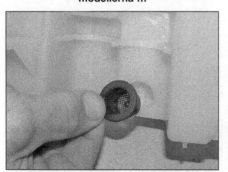

16.8 Pumptätningen har ett filter

och stödpunkter i referensavsnittet). Signalhornen är placerade bakom stötfångarkåpans högra ände och går att komma åt från hjulhuset.
2 Vrid ratten helt åt vänster för att komma åt de 5 fästskruvar som håller fast innerskärmen på stötfångarkåpan.
3 Ta bort de 5 skruvarna och lossa delvis innerskärmen.
4 Vit tillbaka innerskärmen för att komma åt signalhornen. Lossa anslutningskontakten och ta bort de 2 skruvarna från fästbygeln. Ta bort signalhornen från bilen.

XC90

5 Ta bort höger strålkastare enligt beskrivningen i avsnitt 10.
6 Ta bort det invändiga signalhornet från fästbygeln **(se bild)** och ta sedan bort fästbygeln helt tillsammans med det yttre signalhornet. Lossa anslutningskontakten när signalhornen tas bort.

Montering

7 Monteringen sker i omvänd ordning jämfört med demonteringen.

15 Takluckans motor -
demontering och montering

Demontering och montering

1 Lossa batteriet enligt beskrivningen i kapitel 5.
2 Ta bort den främre kupélampenheten enligt beskrivningen i avsnitt 9.
3 Skruva loss de 3 skruvarna, lossa anslutningskontakten och ta bort motorn **(se bild)**.
4 Montering sker i omvänd ordningsföljd.

16.6b ... och den yttre spolarvätskepumpen på XC90-modellerna

16.11a Ta bort skruven på XC60-modellerna (se pil)...

Kalibrering

5 Det kan krävas att kalibrering utförs enligt följande efter återmonteringen.
6 Slå på tändningen med takluckan stängd.
7 Håll reglerbrytaren neråt och låt takluckan stängas. Brytaren ska hållas neråt under hela tillvägagångssättet.
8 När taket stängs är kalibreringen slutförd.

16 Spolarsystemets
komponenter – demontering
och montering

Spolarvätskepumpar

1 Spolarvätskebehållaren och pumparna är placerade bakom vänster stötfångarkåpa fram i XC60 -modellerna och bakom höger stötfångarkåpa fram i XC90-modellerna.
2 Spolarvätskepumparna går att komma åt genom att man tar bort spolarvätskebehållaren.
3 Lyft upp och stötta upp bilens framvagn – se *Lyftning och stödpunkter* i referensavsnittet.
4 Skruva loss de plastnitar (eller skruvar) som håller fast den främre delen av innerskärmen på vänster sida och vik tillbaka innerskärmen försiktigt tills det går att komma åt pumpen i XC60-modellerna.
5 Borra ur nitarna på höger innerskärm och vik tillbaka innerskärmen för att komma åt pumparna i XC90-modellerna.
6 Notera hur de sitter, dra sedan loss slangen (slangarna) från pumpen och lossa pumpens anslutningskontakt **(se bilder)**.
7 Placera en burk under behållaren. Var beredd på spill.
8 Ta tag i spolarvätskepumpen och dra ut den från behållaren **(se bild)**.
9 Monteringen sker i omvänd ordning jämfört med demonteringen.

Spolarvätskebehållare

10 Demontera den främre stötfångaren enligt beskrivningen i kapitel 11.
11 Ta bort den enda skruven och dra ut påfyllningsröret från behållaren **(se bilder)**.
12 Lossa anslutningskontakterna från nivågivaren och pumpen (pumparna) på behållaren. Skruva loss de 3 fästskruvarna och sänk ner behållaren från dess placering.

16.11b ... och på XC90-modellerna (se pil)

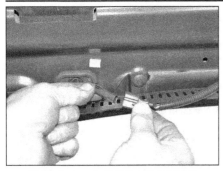

16.14 Lossa anslutningskontakten

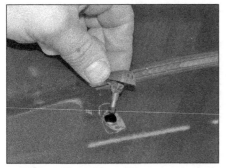

16.15b ... och tryck ut spolarmunstycket (XC90 visas)

13 Monteringen sker i omvänd ordning jämfört med demonteringen.

Spolarmunstycken

Vindruta

14 Öppna motorhuven och (om en

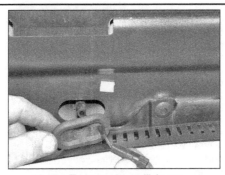

16.15a Ta bort genomföringen ...

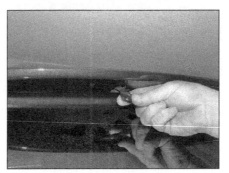

16.18 Ta bort spolarmunstycket

sådan finns) lossa spolarmunstyckets anslutningskontakt (se bild).
15 Ta bort genomföringen, om en sådan finns, och tryck sedan på munstyckets nederkant för att lossa den från motorhuven (se bilder).
16 Monteringen sker i omvänd ordning jämfört med demonteringen.

17 Det kanske går att justera spolarmunstyckena med en nål men om detta inte går måste hela spolarmunstycket bytas.

Baklucka

18 Bänd loss spolarmunstycket och lossa slangen i XC60-modellerna (se bild).
19 Ta bort det högt placerade bromsljuset (enligt beskrivningen i avsnitt 10 i detta kapitel) och bänd sedan upp spolarmunstycket i XC90-modellerna (se bild).

Strålkastare

20 Demontera den främre stötfångaren enligt beskrivningen i kapitel 11.
22 Skruva loss de 2 skruvar som håller fast spolarmunstycket på fästet och lossa anslutningskontakten och spolarvätskeslangen baktill på stötfångaren. Observera att det är XC60 som visas men XC90 är nästan samma (se bilder).
23 Arbeta framtill på stötfångaren, lossa det karossfärgade dekorpanelstycket från spolarmunstyckenas överdel. Det går nu att ta bort enheten från stötfångarens bakre del (se bilder).
24 Monteringen sker i omvänd ordning jämfört med demonteringen.

Spolarvätskans nivågivare
25 Se avsnitt 6.

17 Torkararmar – demontering och montering

Demontering
1 Placera vindrutetorkarna i det normala

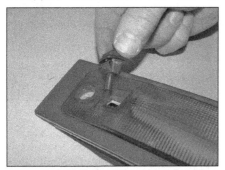

16.19 Bänd bort spolarmunstycket från det högt placerade bromsljuset

16.22c ... och spolarvätskeslangen

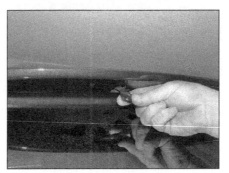

16.22a Skruva loss spolarmunstyckets två fästskruvar (se pilar)

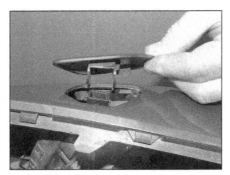

16.23a Lossa det karossfärgade panelstycket från stötfångarens överdel

16.22b Lossa anslutningskontakten från spolarmunstycket ...

16.23b Ta bort spolarmunstycket från stötfångarens bakre del

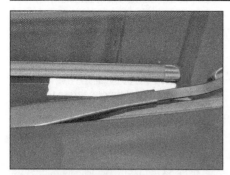

17.1 Märk ut vindrutetorkarnas placering innan du tar bort dem

17.2 Bänd upp kåpan och skruva loss torkararmens mutter

17.3a Använd en lämplig avdragare om det behövs . . .

17.3b . .. och ta bort torkararmen från spindeln

17.4a Lyft av plastkåpan, skruva loss muttern . . .

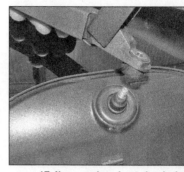

17.4b . .. och ta bort den bakre torkararmen från spindeln

parkeringsläget. Märk ut torkarnas placering antingen med maskeringstejp på vindrutan **(se bild)** under vindrutetorkaren eller genom att mäta avståndet från torkaren till vindrutans nederkant.

2 Lyft av eller bänd bort kåpan (om tillämpligt), lossa sedan muttern på torkararmens bas **(se bild)**.

3 Tryck ner de främre torkararmarna och knacka försiktigt på dem för att bryta förbandet mellan armen och spindeln – använd tejp för att skydda armen. Använd en gungande rörelse för att dra av armarna från räfflorna. Använd en avdragare för att ta bort armarna vid behov **(se bilder)**.

4 Lyft upp kåpan och skruva loss den mutter som håller fast armen på spindeln på bakrutetorkaren. Dra av armen från spindeln med en gungande rörelse **(se bilder)**.

Montering

5 Montera tillbaka i omvänd ordning jämfört med demonteringen.

18 Vindrutetorkarens motor och länksystem – demontering och montering

Demontering

1 Slå på torkarna. Slå sedan av dem igen för att se till att motorn och länksystemet är parkerade.

2 Ta bort vindrutans torkararmar enligt beskrivningen i avsnitt 17.

3 Ta bort utjämningskammarens kåpa genom att först ta bort batterikåpan som har en del som är fäst på utjämningskåpan med en plastskruv i XC60-modellerna. Dra bort och ta bort gummitätningen på panelens framkant, skruva sedan bort de 6 plastklämmorna. Lossa de små panelerna från vindrutans nedre hör på båda sidorna. Haka loss panelen från vindrutans nederkant **(se bilder)**.

4 Ta bort de 6 plastnitarna i XC90-modellerna.

Dra upp låssprinten på de 2 nitarna under vindrutan och tryck låssprinten genom niten på de övriga. Ta hand om sprinten när den tas bort. Observera att det kan bli nödvändigt att driva ut sprintarna med en liten dorn.

5 Skruva loss de 3 skruvarna och ta bort länksystemet/ramen, lossa anslutningskontakterna när enheten tas bort **(se bilder)**.

6 Märk ut placeringen för motorns vevarm i förhållande till ramen, skruva loss muttern och ta bort vevarmen från motorn.

7 Skruva loss de tre motorfästskruvarna och ta bort motorn från ramen. Observera att i skrivande stund fanns det endast en reservdelstorkarmotor till XC90-modellerna. Ramen och länksystemets armar är en enhet och kan inte bytas individuellt.

Montering

8 Montera tillbaka motorn på ramen och fäst den med de 3 fästskruvarna.

18.3a Ta bort plastnitarna från utjämningskåpan

18.3b Ta bort kåpan

18.5a Ta bort skruvarna ...

18.5b ... och lossa anslutningskontakterna när mekanismen tas bort

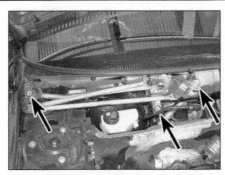

18.5c Fästskruvar på XC60-modellerna (se pilar)

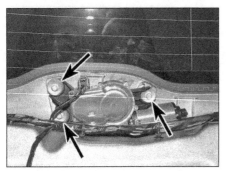

19.4a Skruvar till bakrutetorkarens motor i XC60 (se pilar) ...

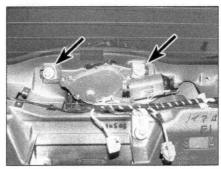

19.4b ... och skruvarna till torkarmotorn i XC90 (se pilar)

9 Om en ny motor ska monteras ska kontaktdonen återanslutas till bilen och sedan ska motorn slås på och av igen för att säkerställa att den är parkerad.
10 Placera vevarmen på motorn med de märken som gjordes vid demonteringen inriktade mot varandra. Hindra att vevarmen vrids genom att hålla fast den med en skruvnyckel, sätt sedan tillbaka och dra åt muttern.

11 Om en ny ram och ett nytt länksystem monteras kan motorn alternativt sättas i parkeringsläge enligt den tidigare beskrivningen och sedan placeras så att den är parallell med länksystemets arm direkt ovanför vid anslutningen av vevarmen till motorn.
12 De monterade komponenterna kan nu monteras tillbaka i omvänd ordningsföljd jämfört med demonteringen samtidigt som man observerar att genomföringen vid länksystemets bakre del är placerat på en fästbygel under vindrutan. Se till att utjämningskåpan monteras tillbaka korrekt på vindrutans nederkant.

19 Bakrutetorkarens motor– demontering och montering

Demontering

1 Slå på torkarna. Slå sedan av dem igen för att se till att motorn och länksystemet är parkerade.
2 Demontera bakrutans torkararm enligt beskrivningen i avsnitt 17.
3 Ta bort bakluckans klädselpaneler enligt beskrivningen i kapitel 11.
4 Lossa anslutningskontakten, skruva loss de tre fästskruvarna till motorn och ta bort den från bakluckan (se bild).

Montering

5 Montera tillbaka motorn på bakluckan och fäst den med de tre fästskruvarna.
6 Om en ny motor ska monteras ska kablagekontaktdonet återanslutas till bilen och sedan ska motorn slås på och av igen för att säkerställa att den är parkerad.
7 Monteringen sker i omvänd ordning jämfört med demonteringen.

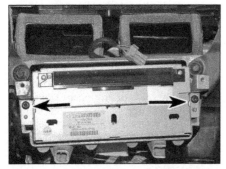

20.2a Ljudanläggningens fästskruvar (se pilar)

20.2b Dra enheten framåt ...

20 Ljudanläggning – demontering och montering

Observera: Om några komponenter i Volvos ljudsystem byts måste lämplig programvara laddas ner från Volvo och installeras. Arbetet bör överlåtas till en Volvo-återförsäljare eller lämpligt utrustad specialist.

Ljudanläggning på instrumentbrädan

XC60-modellerna

1 Ta bort mittkonsolen enligt beskrivningen i kapitel 11.
2 Skruva loss de 2 fästskruvarna och dra loss enheten från instrumentbrädan tills det går att komma åt anslutningskontakterna (se bild).
3 Lossa anslutningskontakterna och demontera enheten. Tänk på att kablaget kan vara av fiberoptisk typ och att de inte får böjas för mycket eftersom det kan orsaka skador.
4 Om det behövs kan även huvudinformationsdisplayenheten tas bort i detta skede (se bilder). Observera att

20.2c ... och lossa anslutningskontakterna

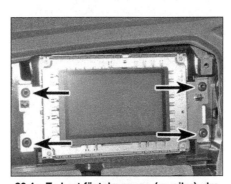

20.4a Ta bort fästskruvarna (se pilar), dra ut displayen ...

inte alla tillgängliga uttag på displayens bakre del utnyttjas – detta beror på bilens utrustningsnivå.

5 Montera tillbaka i omvänd ordning jämfört med demonteringen.

XC90 modeller

6 Flytta växelväljaren till det bakersta läget och ta sedan delvis bort mittkonsolen enligt beskrivningen i kapitel 11. Det finns inget behov av att ta bort mittkonsolen helt.

7 Ta bort de nedre 2 fästskruvarna **(se bild)** och ta sedan bort värmeregleringspanelen, komplett med ljudanläggningen. Lossa anslutningskontakterna när enheten tas bort.

8 Ta bort de 2 skruvarna, tryck in låsflikarna och separera sedan ljudanläggningen från värmeregleringspanelen med hela enheten på bänken.

9 Ta bort CD-spelaren med kontrollpanelen borttagen **(se bild)**.

10 Monteringen sker i omvänd ordning jämfört med demonteringen.

Ljudförstärkare

11 För förarsätet bakåt så långt som möjligt och skruva loss de 3 fästskruvarna.

12 Lossa anslutningskontakterna när förstärkaren tas bort **(se bild)**.

13 Monteringen sker i omvänd ordning jämfört med demonteringen.

---

21 Högtalare – demontering och montering

Högtalare på instrumentbrädan

1 Bänd försiktigt upp högtalar-/ displayenhetens galler på instrumentbrädans överdel **(se bild)**.

2 Skruva loss de 3 skruvarna (XC60-modellerna) eller de 5 skruvarna (XC90-modelllerna) och lyft av högtalaren. Koppla loss kablaget och ta bort högtalaren.

3 Montering sker i omvänd ordningsföljd. Se till att högtalaren är korrekt placerad.

Dörrhögtalare

Fram

4 En diskanthögtalare är placerad i

20.4b ... och lossa anslutningskontakterna

20.9 Ta bort skruvarna

dörrens framkant framför fönstret. Lossa klädselpanelen med högtalaren försiktigt och lossa anslutningskontakten när den tas bort. Högtalaren är inbyggd i klädselpanelen och därför ska du rådfråga en Volvo-verkstad när det gäller byte **(se bilder)**.

21.1 Bänd loss högtalargallret ovanpå instrumentbrädan (XC90)

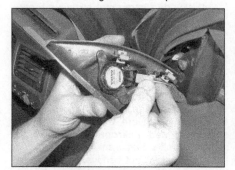

21.4b ... och lossa anslutningskontakten

21.6a Ta bort skruvarna i XC60-modellerna (se pilar) ...

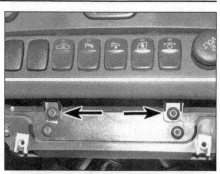

20.7 Ta bort fästskruvarna (se pilar)

20.12 Ta bort förstärkaren (XC90)

5 Ta bort dörrklädselpanelen enligt beskrivningen i kapitel 11 för att demontera huvudhögtalarna.

6 Ta bort skruvarna i XC60-modeller, borra ur nitarna i XC90-modellerna **(se bilder)**. Ta bort högtalaren och lossa anslutningskontakten.

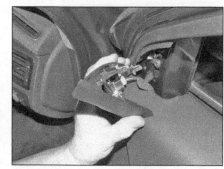

21.4a Lossa panelen ...

21.6b ... och borra ur nitarna i XC90-modellerna

21.9 Ta bort högtalaren (XC60)

7 Återmonteringen utförs i omvänd ordningsföljd jämfört med demonteringen men kom ihåg att montera nya nitar i XC90-modellerna.

Bak

8 Demontera dörrens klädselpanel enligt beskrivningen i kapitel 11.

9 Ta bort skruvarna i XC60-modellerna, borra ur de 3 nitar som håller fast högtalaren på dörrpanelen i XC90-modellerna. Demontera högtalaren och lossa anslutningskontakten **(se bild)**.

10 Monteringen sker i omvänd ordning jämfört med demonteringen.

Högtalare i D-stolpen (endast XC90)

11 Använd ett klädselpanelverktyg och bänd upp högtalarkåpan (se bild). Mata säkerhetsbältet genom det spår som finns i kåpan. Ta bort locket.

12 Lossa anslutningskontakten **(se bild)** och lossa högtalaren från kåpan.

Subwoofer

XC60-modellerna

13 Lyft upp panelen i bagageutrymmets golv och använd en liten skruvmejsel, lossa klämman på gasstötdämparens nederdel. Ta bort förvaringsutrymmet.

14 Sänk ner ryggstöden och skruva loss de 2 skruvarna/skruvarna på enhetens främre del (närmast de bakre ryggstöden) och lossa anslutningskontakterna.

15 Skruva loss de 2 skruvar/skruvar närmast stötfångaren som håller fast enheten på bilens golv och lyft försiktigt bort enheten från dess placering.

21.11 Ta bort kåpan

16 Monteringen sker i omvänd ordning jämfört med demonteringen.

XC90 modeller

17 Ta bort vänster sidopanel i bagageutrymmet enligt beskrivningen i kapitel 11.

18 Koppla loss kontaktdonet, ta bort fästskruvarna och ta bort subwoofern från bilen.

19 Monteringen sker i omvänd ordning jämfört med demonteringen.

22 Tjuvlarm och motorlåsningssystem – allmän information

Observera: *Den här informationen gäller endast de system som monteras av Volvo som originalutrustning.*

Motorlåsningssystem

Det elektroniska motorlåsningssystemet aktiveras automatiskt när fjärrkontrollen eller nyckeln tas bort från startpanelen eller tändningslåset. I XC60-modeller med nyckellös låsning aktiveras systemet när fjärrkontrollen tas bort från bilen. När det aktiveras bryter det tändningskretsen och hindrar motorn från att startas.

I XC60-modellerna deaktiveras systemet när fjärrkontrollen sätts in i startpanelen på instrumentbrädan eller (om ett nyckellöst låssystem är monterat) så snart fjärrkontrollen är i kupén. I XC90-modellerna deaktiveras systemet när nyckeln placeras i nyckelcylindern. Det bör observeras att i alla modeller är detta en passiv säkerhetsfunktion. Det behövs inga fungerande batterier i fjärrkontrollen eller nyckelringen för att deaktivera systemet.

Det är mycket viktigt att den etikett som visar fjärrkontrollen (eller nyckelnumret) inte förloras (denna följer med bilen när den är ny). Eventuella extra fjärrkontroller eller nycklar måste erhållas från en Volvo-verkstad som behöver numret för att leverera en kopia.

Alla problem eller åtgärder som rör motorlåsningssystemet ska överlåtas till en Volvo-verkstad eller specialist eftersom det krävs särskild elektronisk utrustning för att diagnosticera felen och för att passa ihop de olika komponenterna.

21.12 Lossa anslutningskontakten

Tjuvlarm

Ett tjuvlarm finns monterat som standardutrustning. Larmet har brytare på alla dörrar (inklusive bakluckan) och motorhuven. Om bakluckan, motorhuven eller någon av dörrarna öppnas eller om tändningslåset slås på medan larmet är aktiverat kommer en larmsiren att ljuda och varningslamporna att blinka. Larmet har även en motorlåsningsfunktion som gör att tändningen inte fungerar när larmet aktiveras.

Signaler från larmsystemets brytare och kontakter som sitter inbyggda i låsen till dörrarna, motorhuven och bakluckan skickas till en central styrenhet inuti bilen när systemet aktiveras. Styrenheten övervakar signalerna och aktiverar larmet om någon av signalerna bryts eller om någon försöker starta bilen.

Systemets status visas med hjälp av en blinkande lysdiod.

Tänk på följande om ett fel uppstår på larmsystemet:

a) *Precis som med annan elektrisk utrustning beror många fel på dåliga anslutningar eller dålig jord.*

b) *Kontrollera att alla brytarna i dörrar, motorhuv och baklucka fungerar samt att all innerbelysning fungerar.*

c) *Larmsystemet kan bete sig underligt om bilbatteriet är i dåligt skick eller om batteriets anslutningar är lösa.*

d) *Om systemet fungerar korrekt med utlöser för många falska larm kanske en Volvo-verkstad eller en Volvo-specialist kan minska känsligheten för en del av systemets givare.*

e) *Helst bör bilen lämnas in till en Volvo-verkstad eller en verkstad med lämplig utrustning för undersökning. Dessa kommer att ha tillgång till en särskild diagnostestare som snabbt kan spåra alla fel i systemet.*

23 Krockkuddssystem – allmän information och föreskrifter

Ett säkerhetssystem av någon typ finns som standard eller tillval beroende på modell och land.

Systemets huvudkomponent består av en krockkudde på förarsidan som är utformad för att skydda föraren mot allvarliga bröst- och skallskador vid en olycka. Liknande krockkuddar för framsätespassageraren, sidokrockkuddar (inbyggda i framstolarnas sida) och sidokrockgardiner är också standard. Sidokrockgivarna är placerade på bilens B- och C-stolpar, med en frontalgivare inbyggd i SRS-modulen som är placerad under mittkonsolen. Modulen innehåller en fartminskningsgivare och en elektronisk styrenhet med mikroprocessor för att registrera kraften i krocken och för att lösa ut krockkudden när det behövs. Krockkudden blåses upp av en gasgenerator som tvingar ut kudden ur modulkåpan i rattens mitt, eller ut ur en kåpa på passagerarsidan av

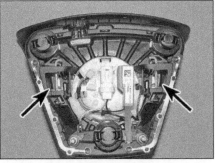

24.3a Lossa fjäderklämmorna baktill på ratten

24.3b Notera fästfjädrarnas placering (se pilar)

24.5 Lossa anslutningskontakterna

instrumentbrädan/sätesklädsel/takklädsel. En kontaktrulle (urfjäder) bakom ratten, ovanför rattstången, ser till att god elektrisk förbindelse alltid upprätthålls med krockkudden trots att ratten vrids i båda riktningarna.

Utöver krockkuddsenheterna innehåller säkerhetssystemet även pyrotekniska bältessträckare som regleras av gaskassetter i säkerhetsbältets rullenhet. De pyrotekniska enheterna och krockkuddarna utlöses av krockgivaren och sträcker säkerhetsbältena så att de ger bättre skydd vid en krock.

Alla modeller är även försedda med ett sidokrockskyddssystem som standardutrustning. I sitt grundutförande utgör sidokrockskyddssystemet en del av fordonsstrukturen och där förstärkningar används för att fördela kraften från en sidokrock genom karossen. Detta görs genom att de nedre delarna av dörrarna och dörrstolparna förstärks och genom att förstärkningsstag monteras i sätena och i mittkonsolen. På det sättet absorberas kraften från en sidokrock av hela karosstrukturen, vilket ger en oslagbar motståndskraft mot krockar.

⚠ **Varning: Ett säkert handhavande av säkerhetssystemets komponenter kräver användning av specialutrustning från Volvo. Alla försök att ta isär krockkudden, sidokrockkudden, krockgivarna, kontaktspolen, säkerhetsbältessträckarna eller tillhörande kablage och komponenter utan rätt utrustning och utan de specialistkunskaper som behövs för att använda utrustningen korrekt, kan leda till allvarliga personskador och/eller ett defekt system.**

• **Innan något arbete utförs på SRS-komponenterna, koppla från batteriet och vänta i minst 10 minuter så att eventuell kvarvarande ström hinner laddas ur innan du fortsätter.**

• **Var ytterst försiktig vid hanteringen av krockkudden för att undvika personskador. Håll alltid enheten med kåpan riktad från kroppen. Vid tveksamheter angående arbete med krockkudden eller dess styrningskrets bör en Volvo-verkstad kontaktas.**

• **Observera att krockkudden (krockkuddarna) inte får utsättas för temperaturer över 90°C. När krockkudden tas bort ska du se till att den lagras med kudden vänd uppåt för att förhindra aktivering.**

• **Låt inga lösningsmedel eller rengöringsmedel komma i kontakt med krockkudden. De får endast rengöras med en fuktig trasa.**

• **Både krockkudden/-kuddarna och styrenheten/-enheterna är känsliga för stötar. Om de tappas eller skadas måste de bytas ut.**

• **Koppla loss anslutningskontakten till krockkuddens styrenhet innan någon svetsning utförs på bilen.**

24 Krockkuddsystemets komponenter – demontering och montering

Observera: *Se varningarna i avsnitt 23 innan du fortsätter.*

Förarsidans krockkudde

1 Öppna förarsidans fönster och lossa sedan batteriets jordledning (se kapitel 5). Vänta 10 minuter innan du fortsätter.

2 Ta bort de övre och nedre rattstångskåporna enligt beskrivningarna i kapitel 10.

3 Sätt in en flatbladig skruvmejsel (med en 7 mm bred topp och ungefär 225 mm lång) genom hålen baktill på ratten, lyft upp skruvmejselns handtag och lossa fjäderklämman på vardera sidan **(se bilder)**. Vrid ratten 90° i vardera riktningen för att komma åt hålen. Observera att klämmorna kan vara svåra att nå och att detta arbete kräver tålamod.

4 Återför ratten till rakt fram-läget.

5 Lyft av krockkuddsenheten från ratten,

lossa anslutningskontakterna från enhetens bakre del **(se bild)** och ta bort den från bilen.

⚠ **Varning:** **Placera krockkuddsenheten på en säker plats med dynan riktad uppåt som en försiktighetsåtgärd mot oavsiktlig funktion. Försök inte öppna eller reparera krockkuddsenheten eller lägga på en elektrisk spänning. Återanvänd inte en krockkudde som är synligt skadad eller som har manipulerats.**

6 Monteringen sker i omvänd ordning.

7 Se till att ingen befinner sig i bilen. Var precis jämte det öppna fönstret på förarsidan och slå på tändningen. I XC60-modellerna är det mycket viktigt att man kommer åt nyckelfacket i instrumentbrädan bakom ratten via bilens passagerarsida. Slå av tändningen och slå på den igen. Kontrollera att sidokrockkuddens varningslampa tänds och sedan slocknar inom 7 sekunder. Vrid nyckeln till läge två och återanslut sedan batteriets jordledning i XC90-modellerna.

Förarkrockkuddens kontaktrulle (urfjäder)

8 Ta bort krockkudden enligt beskrivningen ovan och ratten enligt beskrivningen i kapitel 10.

9 SE till så att kontaktenheten inte vrids. Det ska finnas ett stift (fastklämt på ratten) som gör det möjligt för urfjädern att låsas på plats. Använd maskeringstejp för att låsa fast urfjäderns 2 delar i varandra om det behövs **(se bilder)**. Skruva loss de 4 fästskruvarna och ta bort urfjädern från rattstångens brytarenhet. Lossa anslutningskontakten.

10 Om en ny urfjäder monteras ska det

24.9a Sätt in kontaktrullens låsskruv (se pil) i XC60-modellerna ...

24.9b ... och på XC90-modellerna (se pil)

buntband som är monterat för att förhindra oavsiktlig vridning skäras av.

11 En ny rulle ska ordnas i mittläget – om inte finns det en risk för att enheten inte är i mittläget ska du göra på följande sätt. Vrid rullen moturs försiktigt så långt som möjligt, vrid den sedan tillbaka medurs två hela varv. Fortsätt att vrida tills en gul märkning syns i kontaktenhetsfönstret – i läget klockan ett.

12 Montera enheten på rattstångens brytarenhet och dra åt dess fästskruvar ordentligt.

13 Montera tillbaka ratten enligt beskrivningen i kapitel 10 och krockkuddsenheten enligt beskrivningen ovan.

Passagerarsidans krockkudde

14 Lossa batteriets jordledning (ses kapitel 5) och vänta 10 minuter innan du fortsätter.

15 Ta bort handskfacket enligt beskrivningen i kapitel 11.

XC60

16 Skruva loss de skruvar som håller fast plattan under enheten **(se bild)** och lossa sedan anslutningskontakten.

17 Ta bort de 6 skruvarna och sänk ner krockkudden från instrumentbrädan.

18 Monteringen sker i omvänd ordning jämfört med demonteringen.

19 Återanslut batteriets jordledning och sträck dig sedan genom fönstret och sätt in nyckeln i nyckelfacket på instrumentbrädan (och ha nyckeln bakom ratten när detta görs). Slå av tändningen och slå på den igen. Kontrollera att sidokrockkuddens varningslampa tänds och sedan slocknar inom 7 sekunder.

XC90

20 Ta bort instrumentbrädans ändpanel för att komma åt instrumentbrädans fästskruvar. Ta bort skruvarna och ta sedan bort instrumentbrädans mittre fästskruvar - enligt beskrivningen i kapitel 11. I teorin gör denna åtgärd det möjligt att flytta ut instrumentbrädan tillräckligt mycket så att det går att ta bort krockkudden men vi upptäckte att detta är omöjligt och tog vår tillflykt till att ta bort hela instrumentbräda (med passagerarsidans krockkudde) enligt beskrivningen i kapitel 11, avsnitt 27.

21 Lossa anslutningskontakten, skruva loss de 6 fästskruvarna och ta bort krockkudden från dess fäste **(se bild).**

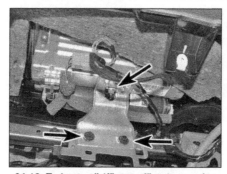

24.16 Ta bort stödfästets fästskruvar (se pilar)

22 Monteringen sker i omvänd ordning jämfört med demonteringen.

23 Vrid nyckeln till läge två och återanslut sedan batteriets jordledning. Sträck dig in genom förarsidans fönster, slå på tändningen och slå sedan av den och på den igen. Kontrollera att SRS-varningslampan tänds och sedan släcks inom 7 sekunder.

Krockkuddens styrenhet

24 Lossa batteriets jordledning enligt beskrivningen i kapitel 5. Vänta minst 10 minuter innan du fortsätter för att eventuell kvarvarande ström ska hinna laddas ur.

25 Ta bort mittkonsolen och ta isär den nedre sektionen enligt beskrivningen i kapitel 11.

26 Lossa låsspärren och lossa givarens anslutningskontakt.

27 Observera dess monteringsläge, skruva loss de 3 eller 4 skruvarna och ta bort modulen **(se bilder).**

28 Monteringen utförs i omvänd ordning jämfört med demonteringen. Se till att modulen monteras med pilen på ovansidan riktad framåt.

29 Se till att ingen befinner sig i bilen. Återanslut batteriets jordledning i XC60-modellerna. Vrid nyckeln till läge två och återanslut sedan batteriet i XC90-modellerna. Slå av tändningen och slå på den igen. Kontrollera att sidokrockkuddens varningslampa tänds och sedan slocknar inom 7 sekunder. **Observera:** *Om en ny styrenhet har monterats måste lämplig programvara hämtas från Volvo och installeras. Arbetet bör överlåtas till en Volvo-återförsäljare eller lämpligt utrustad specialist.*

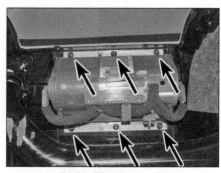

24.21 Fästskruvar till passagerarkrockkudden i XC90 (se pilar)

Sidokrockkuddar

30 Sidokrockkuddarna är inbyggda i sidan av framsätena. För att man ska kunna demontera dem måste sätenas klädsel först tas bort. Detta anses inte vara en lämplig uppgift för hemmamekanikern och bör därför överlåtas åt en Volvo-verkstad eller specialist.

Sidokrockgivare

31 Sidokrockgivarna är monterade på B-stolpen (mellan förar- och passagerardörren) och C-stolpens bas. Batteriet bör lossas enligt beskrivningen i kapitel 5 innan något arbete utförs på givarna.

32 Ta bort stolpens klädsel enligt beskrivningen i kapitel 11 och ta bort givaren på B-stolpen. Lossa klämmorna och lossa anslutningskontakten från givaren **(se bild).** Skruva loss fästskruven och ta bort givaren.

33 Ta bort baksätets sidodyna enligt beskrivningen i kapitel 11 för att ta bort givaren från C-stolpens bas. Skruva loss fästskruven och ta bort givaren.

34 Sätt dit givarna på stolparna och dra åt fästskruvarna till angivet moment. Återanslut anslutningskontakten.

35 Resten av monteringen utförs i omvänd ordning jämfört med demonteringen.

Främre krockgivare - endast XC90

36 De främre krockgivarna är placerade bakom varje strålkastare. Lossa batteriet enligt beskrivningen i kapitel 5 innan givarna tas bort.

37 Ta bort strålkastaren enligt beskrivningen i avsnitt 10. Lossa anslutningskontakten från givaren, skruva loss fästskruven och ta bort givaren.

24.27a Ta bort krockkuddsstyrenhet i XC60

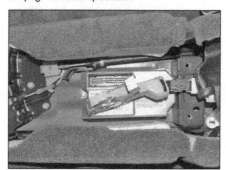

24.27b Krockkuddsstyrenhet i XC90

24.32 Krockgivare B-stolpe

24.41 Avstängningsknapp till passagerarkrockkudden (se pil)

38 Monteringen sker i omvänd ordning jämfört med demonteringen.

Sidokrockgardin

38 För att kunna ta bort sidokrockgardinen måste man lossa takklädseln. Detta anses inte vara en lämplig uppgift för hemmamekanikern och bör därför överlåtas åt en Volvo-verkstad eller specialist.

Deaktiveringsbrytare krockkudde

39 Om en sådan finns är brytaren för deaktivering av den främre passagerar-krockkudden placerad i klädselpanelen i instrumentbrädans ände på passagerarsidan.
40 Lossa först batteriets jordledning enligt beskrivningen i kapitel 5 för att ta bort brytaren.
41 Bänd försiktigt bort klädselpanelen, dra den framåt lite och lossa anslutningskontakten **(se bild)**.
42 Lossa fästklämmorna och demontera brytaren baktill på panelen.
43 Monteringen sker i omvänd ordning jämfört med demonteringen.

25 Parkeringsassistanssystem
– demontering och montering

Styrenhet

1 I XC60-modellerna sitter parkeringshjälp-modulen (PAM) bakom klädselpanelen på höger sida i bagageutrymmet. I XC90-

25.6a Ta isär fästklämmorna och ...

25.4a Ta bort klädselpanelklämmorna ...

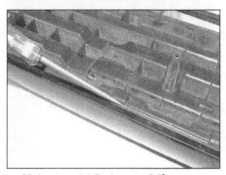

25.4c ... och bänd upp stötfångarens förstärkningspanel

modellerna sitter PAM bakom klädselpanelen på vänster sida i bagageutrymmet. Ta bort panelen enligt beskrivningen i kapitel 11.
2 Lossa fästklämmorna, ta bort modulen och lossa anslutningskontakterna.
3 Monteringen sker i omvänd ordning jämfört med demonteringen. En ny enhet kan kräva omkalibrering och detta ska överlåtas till en Volvo-verkstad eller en lämpligt utrustad specialist.

Givare

4 Givarna är placerade i den bakre stötfångaren och på den främre stötfångaren i en del modeller. Ta bort relevant stötfångare enligt beskrivningen i kapitel 11. Separera förstärkningspanelen från stötfångarkåpan på den bakre stötfångaren (endast XC90-modellerna) **(se bilder)**.
5 Lossa anslutningskontakten från varje givare **(se bild)**.
6 Sprid fästklämmorna och dra bort givaren från stötfångarens insida **(se bilder)**.

25.6b ... ta bort givaren från stötfångarens bakre del

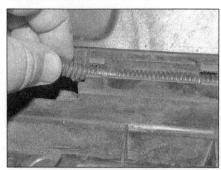

25.4b ... lossa kablaget ...

25.5 Lossa anslutningskontakten från givaren

7 Monteringen sker i omvänd ordning jämfört med demonteringen.

26 Låsmotor till tanklockslucka
– demontering och montering

Demontering

1 Ta bort sidoklädselpanelen på höger sida i bagageutrymmet enligt beskrivningen i kapitel 11.
2 Lossa anslutningskontakten, dra i nödlossningsfliken för att ta bort tryckkolven och tryck försiktigt motorns överdel mot höger sidan för att lossa den från fästbygeln. Det går nu att demontera motorn **(se bild)**.

Montering

3 Monteringen sker i omvänd ordning jämfört med demonteringen.

26.2 Låsmotor till bränslepåfyllningslocket (XC60)

Volvo XC60 kopplingsscheman

Schema 1

VARNING: *Denna bil är utrustad med ett extra krockkuddesystem (SRS) som består av en kombination av förarpassagerarkrockkudde (och passagerarkrockkudde), sidokrockkuddar och bältesförsträckare. Användning av elektrisk testutrustning på SRS-system kan göra att bältesförsträckarna dras in abrupt och att krockkuddarna utlöses explosivt vilket kan leda till svåra personskador. Var mycket noggrann vid identifiering av kretsar som ska testas för att undvika att SRS-kablar väljs av misstag.*
Se försiktighetsåtgärder för krockkuddesystemet för ytterligare information i kapitlet om karossens elsystem.
Observera: SRS-kabelknippet kan normalt identifieras av gula och/eller orangea kabelknippen eller kabelknippskontakter.

Förklaringar till symboler

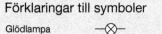
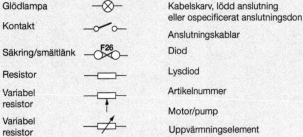

Glödlampa	Kabelskarv, lödd anslutning eller ospecificerat anslutningsdon	Solenoid
Kontakt	Anslutningskablar	Jordningspunkt och placering
Säkring/smältlänk	Diod	Streckade linjer betecknar en del av ett större objekt som i detta fall innehåller en elektronisk eller en fast enhet (stift 1 och 2 till ett enkelt kontaktdon som betecknas c5).
Resistor	Lysdiod	
Variabel resistor	Artikelnummer	
Variabel resistor	Motor/pump	Kabelfärg (röd med svart spår) Rd/Bk
	Uppvärmningselement	

Säkringsdosa motor 5

Nedre säkringsdosa

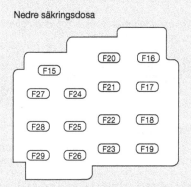

Övre säkringsdosa

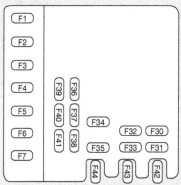

Säkringsdosa fram

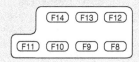

Nominell säkringskrets

F1	50 A	Huvudsäkring för centralelektronikens styrenhet	F23	5 A	Belysningsstyrenhet
F2	50 A	Huvudsäkring för centralelektronikens styrenhet	F24	-	Reserv
F3	60 A	Huvudsäkring för säkringsdosan i bagageutrymmet	F25	-	Reserv
F4	60 A	Huvudsäkring för centralelektronikens styrenhet	F26	-	Reserv
F5	60 A	Huvudsäkring för centralelektronikens styrenhet	F27	5 A	Relä strålkastarspolare, signalhorn, tändning
F6	-	Reserv	F28	20 A	Extraljus
F7	100 A	Luftförvärmare	F29	15 A	Signalhorn
F8	20 A	Strålkastarspolare	F30	10 A	Motorstyrning
F9	30 A	Vindrutetorkare	F31	15 A	Växellådsstyrenhet
F10	25 A	Förbränningsförvärmare	F32	15 A	Luftkonditionering, kylvätskepump
F11	40 A	Värmefläktmotor	F33	5 A	Klimatkontroll
F12	-	Reserv	F34	30 A	Startmotor
F13	40 A	ABS-pump	F35	10A	Glödstift
F14	20 A	ABS-ventiler	F36	15 A	Motorstyrning
F15	-	Reserv	F37	15 A	Motorstyrning
F16	10 A	Strålkastarbalansering, xenonstrålkastare	F38	10 A	Motorstyrning
F17	20 A	Huvudsäkring för centralelektronikens styrenhet	F39	10 A	Motorstyrning
F18	5 A	ABS	F40	20 A	Motorstyrning
F19	5 A	Servostyrning	F41	10 A	Vevhusventilationens värmare
F20	10 A	Motorstyrenhet, växellådsstyrenhet	F42	70 A	Glödstift
F21	10 A	Uppvärmda torkarmunstycken	F43	80 A	Motorkylfläkt
F22	5 A	Vakuumpumprelä	F44	100 A	Servostyrning

H47622

Volvo XC60 kopplingsscheman

Schema 2

Central elektronisk styrenhet [9]
(modeller fram till 2010)

Nominell säkringskrets

F1	5 A	Regnsensor
F2	10 A	SRS
F3	5 A	ABS, elektrisk handbroms
F4	7,5 A	Gaspedal, uppvärmda säten
F5	-	Reserv
F6	15 A	Display, CD och radio
F7	7,5 A	Rattstyrenhet
F8	-	Reserv
F9	15 A	Helljusstrålkastare
F10	20 A	Panoramatak
F11	7,5 A	Backljus
F12	-	Reserv
F13	15 A	Dimljus fram
F14	15 A	Vindrutespolare
F15	10 A	Adaptiv farthållare
F16	-	Reserv

F17	7,5 A	Innerbelysning, kontrollpanel på förardörren
F18	5 A	Informationsdisplay
F19	5 A	Elektriskt förarsäte
F20	15 A	Bakrutetorkare
F21	5 A	Fjärrmottagare, larmsensorer
F22	20 A	Bränslepump
F23	20 A	Elektriskt rattlås
F24	-	Reserv
F25	10 A	Bakluckslås, bränslefilterlås
F26	5 A	Larmsirén
F27	5 A	Stopp-/startknapp
F28	5 A	Bromsljusbrytare

Observera: modeller från ungefär 2010 använder en extra
separat säkringsdosa på passagerarsidan.

```
(F14) (F28)
(F13) (F27)
(F12) (F26)
(F11) (F25)
(F10) (F24)
 (F9) (F23)
 (F8) (F22)
 (F7) (F21)
 (F6) (F20)
 (F5) (F19)
 (F4) (F18)
 (F3) (F17)
 (F2) (F16)
 (F1) (F15)
```

Central elektronisk styrenhet [9]
(modeller från 2010)

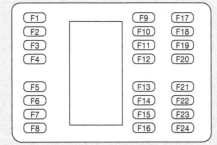

Nominell säkringskrets

F1	15 A	Bakrutetorkare
F2	-	Reserv
F3	7,5 A	Innerbelysning, förardörrens styrenhet, elektriska fönsterhissar, elstolar
F4	5 A	Informationsdisplay
F5	10 A	Adaptiv farthållare, kollisionsvarningssystem
F6	7,5 A	Innerbelysning, regnsensor
F7	7,5 A	Rattstyrenhet
F8	10 A	Centrallås
F9	15 A	Bakrutespolare
F10	15 A	Vindrutespolare
F11	10 A	Upplåsning baklucka
F12	-	Reserv
F13	20 A	Bränslepump
F14	5 A	Larm, klimatkontrollpanel
F15	15 A	Rattlås
F16	5 A	Larm, diagnoskontakt
F17	-	Reserv
F18	10 A	Krockkuddar
F19	5 A	Kollisionsvarningssystem
F20	7,5 A	Uppvärmda säten, innerbackspegel
F21	-	Reserv
F22	5 A	Bromsljus
F23	20 A	Soltak
F24	5 A	Startspärr

Säkringsdosa på passagerarsidan [18]
(modeller från 2010)

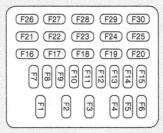

Nominell säkringskrets

F1	40 A	Ljudstyrenhet, matning till säkringar 16-20
F2	-	Reserv
F3	-	Reserv
F4	-	Reserv
F5	-	Reserv
F6	-	Reserv
F7	15 A	Tillbehörsuttag i bagageutrymmet
F8	20 A	Styrenhet förardörr
F9	20 A	Styrenhet passagerardörr
F10	20 A	Styrenhet höger bakdörr
F11	20 A	Styrenhet vänster bakdörr
F12	20 A	Nyckellöst lås
F13	20 A	Elstol förare
F14	20 A	Elstol, passagerare
F15	15 A	Fällbart nackskydd
F16	5 A	Infotainmentstyrenhet
F17	10 A	Styrenhet ljudsystem
F18	15 A	Ljudsystem
F19	5 A	Telematik, Bluetooth
F20	10 A	Motorstyrenhet, växellådsstyrenhet
F21	7,5 A	Underhållningssystem baksäte
F22	15 A	Tillbehörsuttag fram och bak
F23	15 A	Värme vänster baksäte
F24	15 A	Värme höger baksäte
F25	-	Reserv
F26	15 A	Värme passagerarstol
F27	15 A	Värme förarstol
F28	5 A	Parkeringshjälp, släpvagnsstyrenhet
F29	10 A	Styrenhet fyrhjulsdrivning
F30	10 A	Aktivt chassi Four-C

H47623

Volvo XC60 kopplingsscheman

Säkringsdosa i bagageutrymmet 74

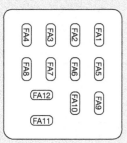

Nominell säkringskrets

F1	30 A	Vänster parkeringsbroms
F2	30 A	Höger parkeringsbroms
F3	30 A	Uppvärmd bakruta
F4	15 A	Släpvagnsuttag
F5	20 A	Elektrisk baklucka
F6	-	Reserv
F7	-	Reserv
F8	-	Reserv
F9	-	Reserv
F10	-	Reserv
F11	40 A	Släpvagnsstyrenhet
F12	-	Reserv

Nyckel till kretsarna

Schema 1	Information om elscheman
Schema 2	Information om elscheman
Schema 3	Information om elscheman
Schema 4	Start och laddning, signalhorn, motorkylfläkt och tillbehörsuttag
Schema 5	Broms- och backljus, varselljus/parkeringsljus, nummerplåtsbelysning och bakljus, strålkastare och dimljus
Schema 6	Körriktningsvisare och varningsblinkers, extraljus och innerbelysning
Schema 7	Strålkastarbalansering, förarinformation, spolning/torkning, strålkastarspolare och uppvärmda spolarmunstycken
Schema 8	Servostyrning, elektriskt soltak, bakrutevärme och elektrisk handbroms
Schema 9	Ljussystem och klimatkontroll
Schema 10	Centrallås
Schema 11	Elektriska fönster och elektriska speglar

Jordningspunkt

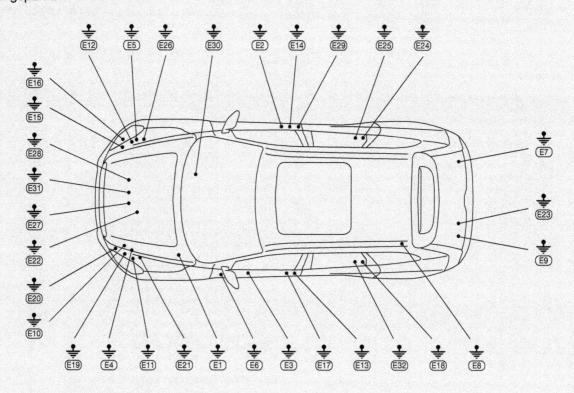

H47624

Kabelfärger

Bk	Svart	**Og**	Orange
Ye	Gul	**Bu**	Blå
Bn	Brun	**Wh**	Vit
Gy	Grå	**LGn**	Ljusgrön
Vt	Violett	**Nl**	Naturfärgad
Rd	Röd	**Gn**	Grön
Pk	Rosa		

Teckenförklaring

1 Batteri
2 Batterigivare
3 Generator
4 Startmotor
5 Säkringsdosa motor
  a = startmotorrelä
  b = tändningsrelä
  c = signalhornsrelä
6 Manuell styrenhet dieselmotor

7 Kopplingspedalkontakt
8 Tändningslås
9 Styrenhet centralelektronik
10 Rattstångslåsenhet
11 Motorkylfläkt
12 Kylvätsketemperaturgivare
13 Tryckgivare luftkonditionering
14 Signalhorn
15 Signalhornskontakt

16 Rattklockfjäder
17 Rattens styrenhet
18 Säkringsdosa på passagerarsidan
  a = komfortfunktionsrelä
19 Tillbehörsuttag fram
20 Tillbehörsuttag bak
21 Tillbehörsuttag i bagageutrymmet

Schema 4

H47625

Start och laddning

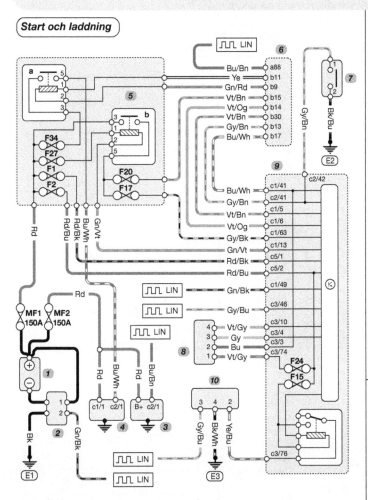

Signalhorn

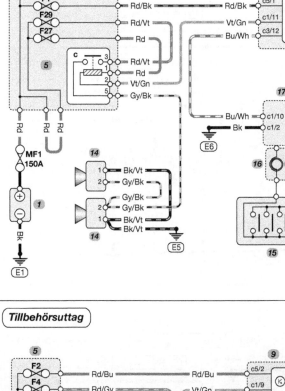

Motorkylfläkt

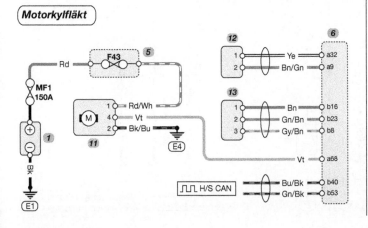

Tillbehörsuttag

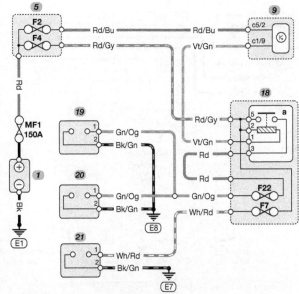

Kabelfärger

Bk	Svart	Og	Orange
Ye	Gul	Bu	Blå
Bn	Brun	Wh	Vit
Gy	Grå	LGn	Ljusgrön
Vt	Violett	Nl	Naturfärgad
Rd	Röd	Gn	Grön
Pk	Rosa		

Teckenförklaring

1 Batteri
5 Säkringsdosa motor
9 Styrenhet centralelektronik
17 Rattens styrenhet
25 Bromsljusbrytare
26 Backljuskontakt
27 Vänster bakljusenhet
 a = bromsljus
 b = backljus
 c = bakljus

28 Höger bakljusenhet
 (a till c som ovan)
29 Högt placerat bromsljus
30 Vänster strålkastarenhet fram
 a = varsel-/parkeringsljus
 b = halvljus
 c = helljus
31 Höger strålkastarenhet fram
 (a till c som ovan)
32 Vänster varsel-/parkeringsljus fram

33 Höger varsel-/parkeringsljus fram
34 Förarinformationsstyrenhet
35 Styrenhet till ljuskontakt
36 Vänster dimljus fram
37 Höger dimljus fram
38 Höger dimljus bak
39 Brytare nummerplåtsbelysning/
 bagageluckabelysning

Schema 5

H47626

Broms- och backljus

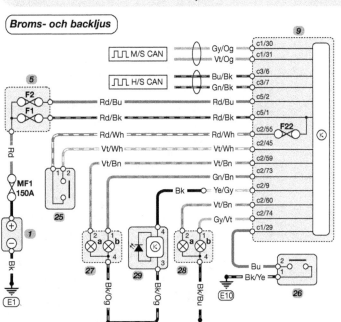

Varsel-/parkeringsljus, nummerplåtsbelysning och bakljus

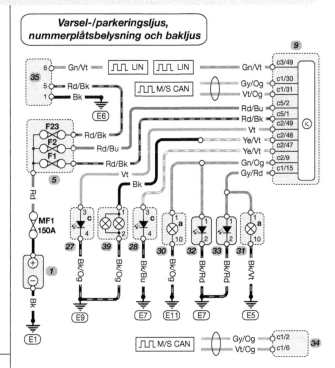

Strålkastare

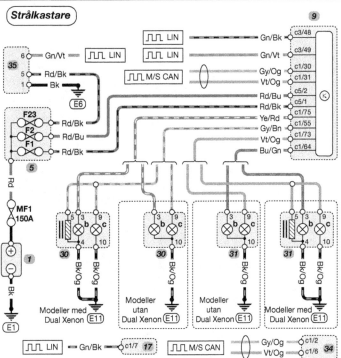

Dimljus

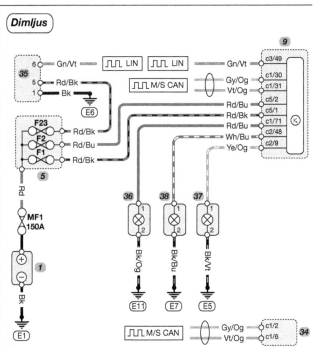

Kabelfärger

Bk	Svart	Og	Orange
Ye	Gul	Bu	Blå
Bn	Brun	Wh	Vit
Gy	Grå	LGn	Ljusgrön
Vt	Violett	Nl	Naturfärgad
Rd	Röd	Gn	Grön
Pk	Rosa		

Teckenförklaring

1 Batteri
5 Säkringsdosa motor
9 Styrenhet centralelektronik
17 Rattens styrenhet
18 Säkringsdosa på passagerarsidan
  a = komfortfunktionsrelä
27 Vänster bakljusenhet
  d = körriktningsvisare
28 Höger bakljusenhet
  d = vänster strålkastarenhet fram
30 Vänster strålkastarenhet fram
  d = körriktningsvisare
31 Höger strålkastarenhet fram
  d = körriktningsvisare

34 Förarinformationsstyrenhet
42 Brytare varningsblinkers
43 Styrenhet förardörr
44 Styrenhet passagerardörr
45 Spegelenhet på passagerarsidan
  (körriktningsvisare)
46 Spegelenhet på förarsidan
  (körriktningsvisare)
47 Extra ljuskontakt
48 Klimatkontrollenhet
49 Extra ljusrelä
50 Vänster extraljus
51 Höger extraljus
52 Brytare elektrisk handbroms

53 Askkoppsbelysning fram
54 Belysning hörlursuttag bak
55 Vänster innerbelysning fram
56 Höger innerbelysning fram
57 Handskfacksbelysning
58 Vänster sminkspegelsbelysning
59 Höger sminkspegelsbelysning
60 Innerbelysning fram
  a = innerbelysning
  b = kartbelysning
61 Bakre läslampa
62 Larmindikering och sol-/skymningsgivare
63 Bagageutrymmesbelysning
64 Låsmotor baklucka

Schema 6

H47627

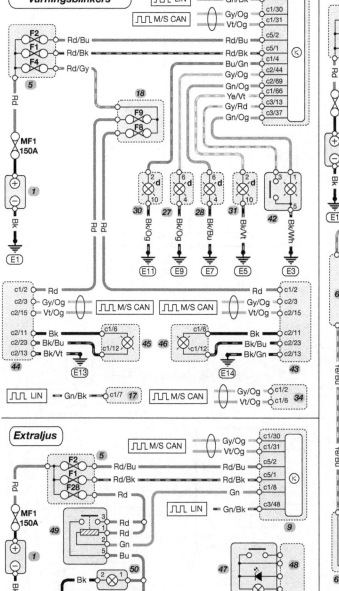

Körriktningsvisare och varningsblinkers

Extraljus

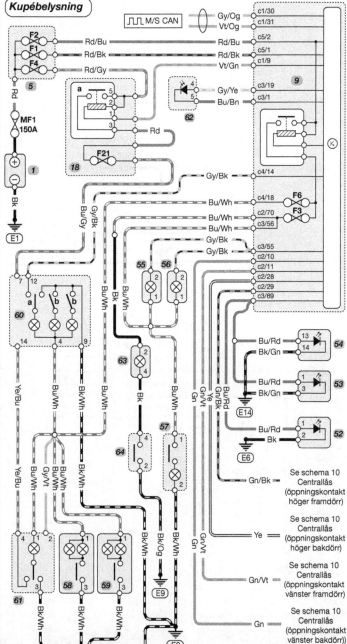

Kupébelysning

Se schema 10
Centrallås
(öppningskontakt
höger framdörr)

Se schema 10
Centrallås
(öppningskontakt
höger bakdörr)

Se schema 10
Centrallås
(öppningskontakt
vänster framdörr)

Se schema 10
Centrallås
(öppningskontakt
vänster bakdörr))

Kabelfärger

Bk	Svart	Og	Orange
Ye	Gul	Bu	Blå
Bn	Brun	Wh	Vit
Gy	Grå	LGn	Ljusgrön
Vt	Violett	Nl	Naturfärgad
Rd	Röd	Gn	Grön
Pk	Rosa		

Teckenförklaring

1 Batteri
5 Säkringsdosa motor
  b = tändningsrelä
  d = strålkastarspolarrelä
9 Styrenhet centralelektronik
17 Rattens styrenhet
30 Vänster strålkastarenhet fram
  e = manöverdon strålkastarbalansering
31 Höger strålkastarenhet fram
  e = manöverdon strålkastarbalansering

34 Förarinformationsstyrenhet
35 Styrenhet till ljuskontakt
67 Strålkastarspolarpump
68 Uppvärmt torkarmunstycke vänster sida
69 Uppvärmt torkarmunstycke höger sida
70 Vindrutetorkarmotor
71 Spolarpump
72 Bakre torkarmotor
73 Regnsensor

74 Säkringsdosa i bagageutrymmet
  a = torkarrelä bak
75 Styrenhet elektronisk handbroms
76 Kylvätskenivågivare
77 Spolarvätskenivågivare
78 Bromsvätskenivågivare
79 Bränslenivågivare/bränslepump

Schema 7

H47628

Strålkastarbalansering

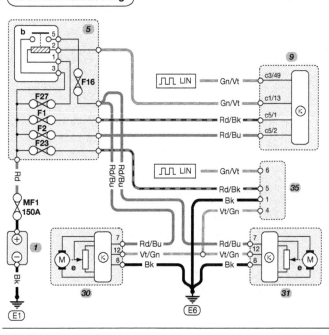

Förarinformation

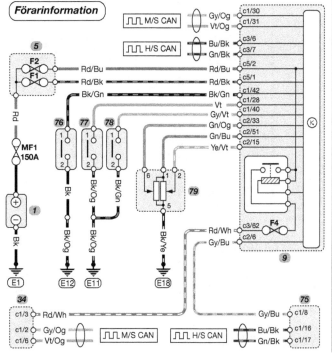

Spolning/torkning, strålkastarspolare och uppvärmda spolarmunstycken

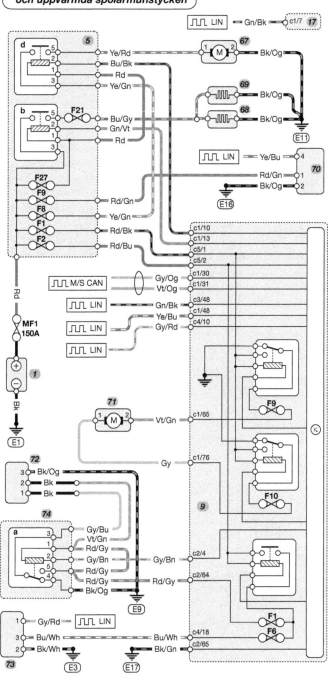

Kabelfärger

Bk	Svart	**Og**	Orange
Ye	Gul	**Bu**	Blå
Bn	Brun	**Wh**	Vit
Gy	Grå	**LGn**	Ljusgrön
Vt	Violett	**Nl**	Naturfärgad
Rd	Röd	**Gn**	Grön
Pk	Rosa		

Teckenförklaring

1 Batteri
5 Säkringsdosa motor
   b = tändningsrelä
9 Styrenhet centralelektronik
18 Säkringsdosa på passagerarsidan
   a = komfortfunktionsrelä
48 Klimatkontrollenhet
52 Brytare elektrisk handbroms
74 Säkringsdosa i bagageutrymmet
   b = relä bakrutevärme

75 Styrenhet elektrisk handbroms
83 Servostyrningsmotor
84 Servostyrningens styrenhet
85 Servostyrningsventil
86 Skivlåsmotor vänster bak
87 Skivlåsmotor höger bak
88 Styrenhet soltak
89 Styrkontakt soltak
90 Brytare uppvärmd bakruta/spegelvärme
91 Uppvärmd bakruta

Schema 8

H47629

Servostyrning

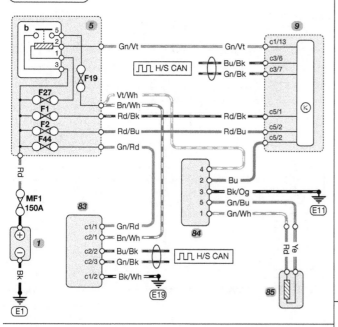

Elektriskt soltak

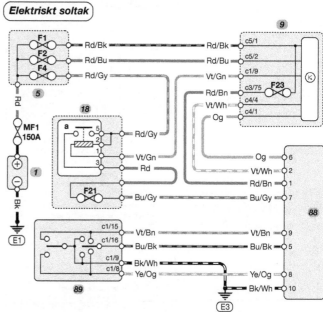

Uppvärmd bakruta

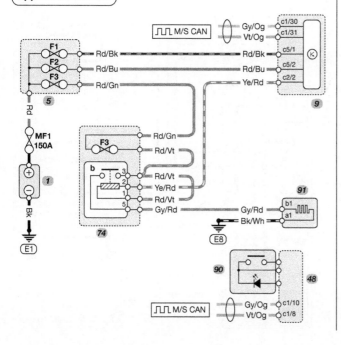

Elektrisk handbroms

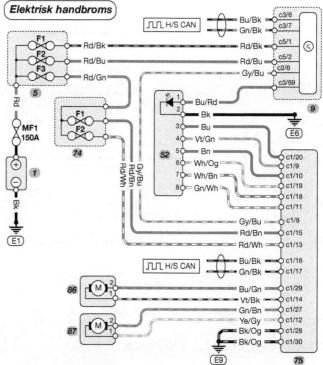

Kabelfärger

Bk	Svart	Og	Orange
Ye	Gul	Bu	Blå
Bn	Brun	Wh	Vit
Gy	Grå	LGn	Ljusgrön
Vt	Violett	Nl	Naturfärgad
Rd	Röd	Gn	Grön
Pk	Rosa		

Teckenförklaring

1 Batteri
5 Säkringsdosa motor
  e = motorstyrningsrelä
  f = klimatkontrollrelä
6 Styrenhet dieselmotorstyrning
9 Styrenhet centralelektronik
13 Tryckgivare luftkonditionering
17 Rattens styrenhet
18 Säkringsdosa på passagerarsidan
  a = komfortfunktionsrelä
45 Vänster spegel
  (omgivningstemperaturgivare)
48 Klimatkontrollenhet

62 Larmindikering och
  sol-/skymningsgivare
95 Infotainmentstyrenhet
96 USB-port
97 Extra ingång
98 Mikrofon
99 Fönsterantennförstärkare
100 Antenn bakspoiler
101 Fönsterantenn höger bak
102 Ljudanläggning
103 Vänster diskanthögtalare
104 Höger diskanthögtalare
105 Vänster framdörrhögtalare

106 Höger framdörrhögtalare
107 Vänster högtalare bak
108 Höger högtalare bak
109 Kompressorkoppling
112 Värmefläktmotor
113 Styrenhet värmefläktmotor
114 Höger temperaturspjäll
115 Vänster temperaturspjäll
116 Återcirkulationsspjäll
117 Defrosterspjäll
118 Golv-/ventilationsspjäll
119 Luftkvalitetssensor
120 Förångningsanordningens givare

Schema 9

H47630

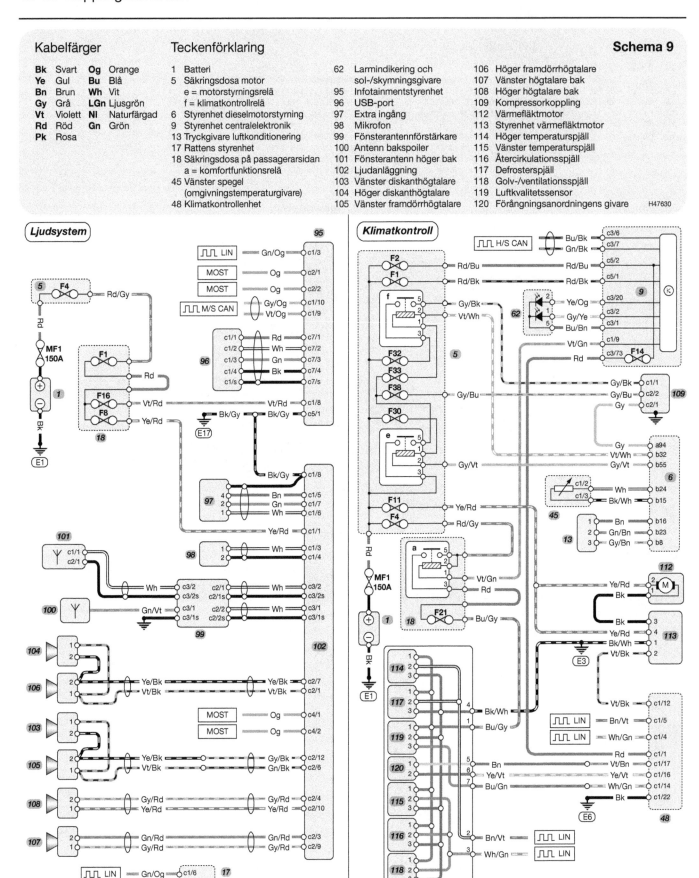

Kabelfärger

Bk	Svart	**Og**	Orange
Ye	Gul	**Bu**	Blå
Bn	Brun	**Wh**	Vit
Gy	Grå	**LGn**	Ljusgrön
Vt	Violett	**Nl**	Naturfärgad
Rd	Röd	**Gn**	Grön
Pk	Rosa		

Teckenförklaring

1	Batteri
5	Säkringsdosa motor
9	Styrenhet centralelektronik
18	Säkringsdosa på passagerarsidan
35	Styrenhet till ljuskontakt
39	Brytare nummerplåtsbelysning/ bagageluckbelysning
43	Styrenhet förardörr
44	Styrenhet passagerardörr
64	Låsmotor baklucka
125	Låsmotor bensintankslucka
126	Fjärrmottagarenhet
127	Styrenhet vänster bakdörr
128	Styrenhet höger bakdörr
129	Förardörrens låsmotorenhet
130	Passagerardörrens låsmotorenhet
131	Vänster dörrmotorlåsenhet bak
132	Höger dörrmotorlåsenhet bak
133	Förardörrens låsbrytare
134	Passagerardörrens låsbrytare

Schema 10

H47631

Centrallås

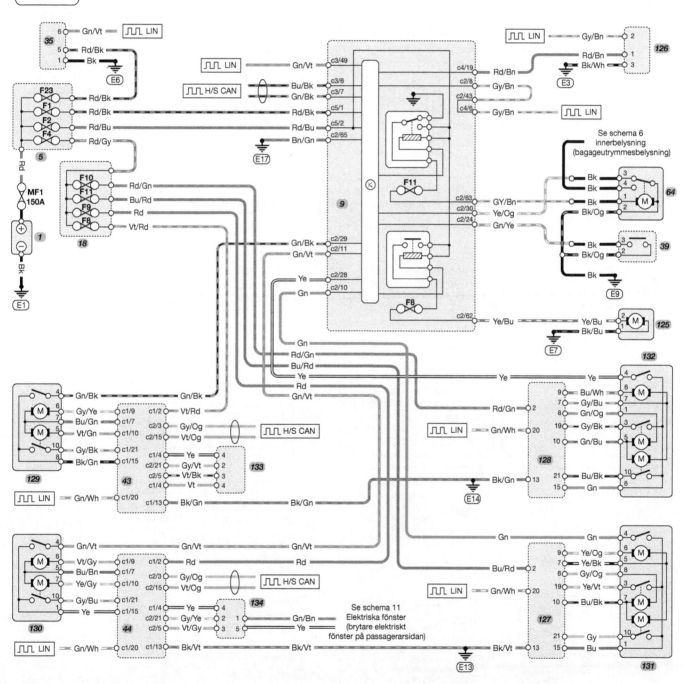

Kabelfärger

Bk	Svart	**Og**	Orange	
Ye	Gul	**Bu**	Blå	
Bn	Brun	**Wh**	Vit	
Gy	Grå	**LGn**	Ljusgrön	
Vt	Violett	**Nl**	Naturfärgad	
Rd	Röd	**Gn**	Grön	
Pk	Rosa			

Teckenförklaring

1 Batteri
5 Säkringsdosa motor
9 Styrenhet centralelektronik
18 Säkringsdosa på passagerarsidan
43 Styrenhet förardörr
44 Styrenhet passagerardörr
45 Spegelenhet på passagerarsidan
46 Spegelenhet på förarsidan
127 Styrenhet vänster bakdörr

128 Styrenhet höger bakdörr
138 Motor elektrisk fönsterhiss förare
139 Motor elektrisk fönsterhiss passagerare
140 Vänster elfönstermotor bak
141 Höger elfönstermotor bak
142 Brytare elektrisk fönsterhiss förare
143 Brytare elektrisk fönsterhiss passagerare
144 Vänster elfönsterbrytare bak
145 Höger elfönsterbrytare bak

Schema 11

H47632

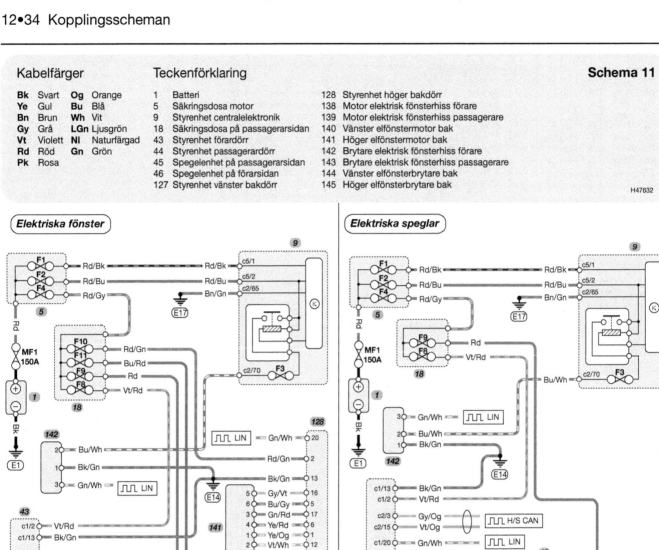

Elektriska fönster

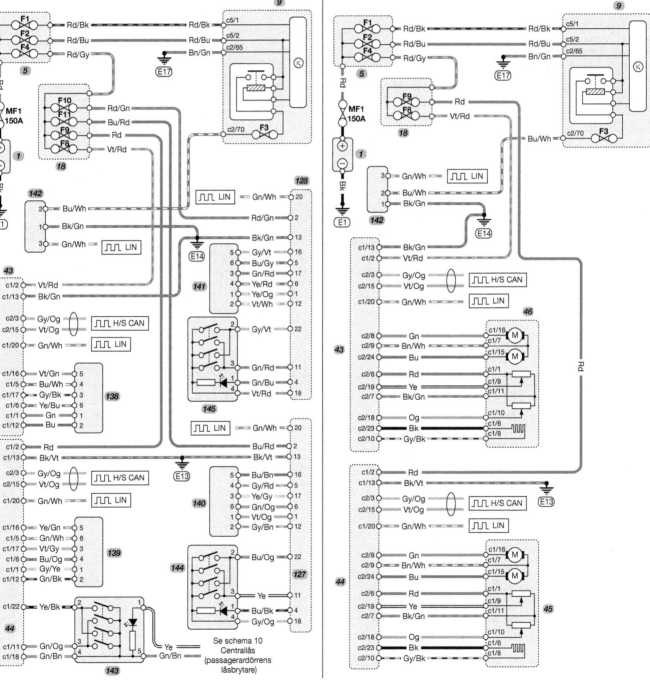

Elektriska speglar

Volvo XC90 kopplingsscheman

Schema 1

 VARNING: Denna bil är utrustad med ett extra krockkuddesystem (SRS) som består av en kombination av förarpassagerarkrockkudde (och passagerarkrockkudde), sidokrockkuddar och bältesförsträckare. Användning av elektrisk testutrustning på SRS-system kan göra att bältesförsträckarna dras in abrupt och att krockkuddarna utlöses explosivt vilket kan leda till svåra personskador. Var mycket noggrann vid identifiering av kretsar som ska testas för att undvika att SRS-kablar väljs av misstag.
Se försiktighetsåtgärder för krockkuddesystemet för ytterligare information i kapitlet om karossens elsystem.
Observera: SRS-kabelknippet kan normalt identifieras av gula och/eller orangea kabelknippen eller kabelknippskontakter.

Förklaringar till symboler

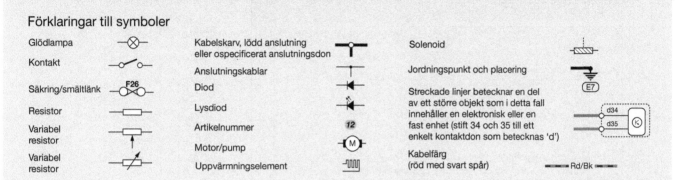

Glödlampa	Kabelskarv, lödd anslutning eller ospecificerat anslutningsdon
Kontakt	Anslutningskablar
Säkring/smältlänk **F26**	Diod
Resistor	Lysdiod
Variabel resistor	Artikelnummer **12**
Variabel resistor	Motor/pump
	Uppvärmningselement

Solenoid

Jordningspunkt och placering (E7)

Streckade linjer betecknar en del av ett större objekt som i detta fall innehåller en elektronisk eller en fast enhet (stift 34 och 35 till ett enkelt kontaktdon som betecknas 'd') d34 d35

Kabelfärg (röd med svart spår) ━━━ Rd/Bk ━━━

Säkringsdosa ⑤ motor

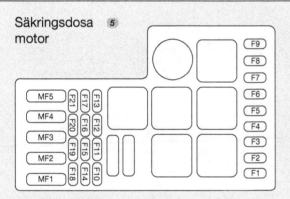

Nominell säkringskrets

MF1	60A	Glödstift
MF2	60A	Motorkylfläkt
MF3	-	Reserv
MF4	-	Reserv
MF5	-	Reserv
F1	30 A	ABS
F2	30 A	ABS
F3	35A	Strålkastarspolare
F4	-	Reserv
F5	35 A	Extraljus
F6	35A	Startmotorrelä
F7	25A	Vindrutetorkarmotor
F8	15 A	Bränslepump
F9	15 A	Växellådsstyrenhet
F10	20A	Tändspolar, motorstyrenhet
F11	10A	Gaspedalsensor, AC kompressor
F12	15A	Motorstyrenhet, bränsleinjektorer, luftflödesmätare
F13	10A	Insugningsgrenrörsställdon
F14	20A	Lambdasond
F15	15A	Vevhusventilation, A/C, motorstyrenhet
F16	20A	Halvljus på förarsidan
F17	20A	Halvljus på passagersidan
F18	-	Reserv
F19	5A	Motorstyrenhet, motorstyrningsrelä
F20	15A	Parkeringsljus
F21	20A	Vakuumpump

Säkringsdosa på passagerarsidan ⑬

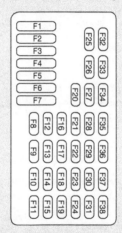

Nominell säkringskrets

F1	30 A	Värmefläktmotor
F2	30A	Ljudförstärkare
F3	25A	Elektriskt förarsäte
F4	25A	Elektriskt passagerarsäte
F5	25 A	Styrenhet förardörr
F6	25 A	Styrenhet passagerardörr
F7	-	Reserv
F8	15 A	Ljudsystem
F9	10A	Navigationssystem
F10	5A	On board diagnostics, ljuskontakt, rattstyrenhet och vinkelsensor
F11	7.5A	Tändningslås, SRS, motorstyrning och växellådsstyrenhet, startspärr
F12	10A	Innerbelysning, övre elstyrenhet
F13	15 A	Soltak
F14	5A	Bluetooth
F15/	-	Reserv
F38	-	Reserv

H47642

Volvo XC90 kopplingsscheman

Schema 2

Central elektronisk styrenhet 9

Nominell säkringskrets

F1	15A	Uppvärmt passagerarsäte
F2	15A	Uppvärmt förarsäte
F3	15 A	Signalhorn
F4	-	Reserv
F5	10 A	Ljudsystem
F6	-	Reserv
F7	-	Reserv
F8	5 A	Larmsirén
F9	5 A	Bromsljusbrytare
F10	10A	Instrumenter, klimatkontroll, elförarsäte, passagerviktsensor
F11	15A	Tillbehörsuttag fram och bak
F12	-	Reserv
F13	-	Reserv
F14	-	Reserv
F15	5A	ABS, DSTC
F16	10A	Servostyrning, aktiv strålkastare
F17	7.5A	Varselljus på förarsidan
F18	7.5A	Varselljus på passagerarsidan
F19	-	Reserv
F20	-	Reserv
F21	10 A	Växellådsstyrenhet
F22	10A	Helljus på förarsidan
F23	10A	Helljus på passagersidan
F24	-	Reserv
F25	-	Reserv
F26	-	Reserv
F27	-	Reserv
F28	5A	Elpassagerarsäte, underhållningssystem baksäte
F29	7.5 A	Bränslepump
F30	5A	System för information om fordon i döda vinkeln
F31	-	Reserv
F32	-	Reserv
F33	20A	Vakuumpump
F34	15A	Spolarpump fram och bak
F35	-	Reserv
F36	-	Reserv

Jordningspunkt

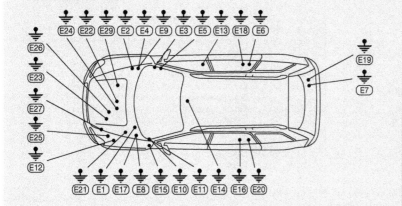

Elektronisk styrenhet bak 22

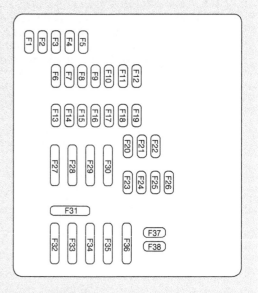

Nominell säkringskrets

F1	10A	Backljus
F2	20A	Sidoljus, nummerplåtsbelysning, stoppljus, dimljus, bak, bagagerumsbelysning
F3	15A	Tillbehör
F4	-	Reserv
F5	10A	Elektronisk styrenhet bak
F6	-	Reserv
F7	15A	Släpvagnskablage 30
F8	15 A	Tillbehörsuttag i bagageutrymmet
F9	20A	Elfönster vänster bak
F10	20A	Elfönster höger bak
F11	-	Reserv
F12	-	Reserv
F13	-	Reserv
F14	15A	A/C bak
F15	-	Reserv
F16	-	Reserv
F17	5A	Tillbehörsaudio
F18	-	Reserv
F19	15 A	Bakrutetorkare
F20	20A	Släpvagnskablage 15
F21	-	Reserv
F22	-	Reserv
F23	7.5A	AWD
F24	-	Reserv
F25	-	Reserv
F26	5A	Parkeringsassistanssystem
F27	30A	Släpvagnskablage, parkeringsassistanssystem, AWD
F28	15 A	Centrallås
F29	25A	Släpvagnsljus på förarsidan, sidoljus, körriktningsvisare
F30	25A	Släpvagnsljus på passagersidan, stoppljus, dimljus, bak, körriktningsvisare
F31	40A	Huvudsäkring för F37 och F38
F32	-	Reserv
F33	-	Reserv
F34	-	Reserv
F35	-	Reserv
F36	-	Reserv
F37	20 A	Uppvärmd bakruta
F38	20 A	Uppvärmd bakruta

H47643

Kabelfärger

Bk	Svart	**Og**	Orange
Ye	Gul	**Bu**	Blå
Bn	Brun	**Wh**	Vit
Gy	Grå	**LGn**	Ljusgrön
Vt	Violett	**Nl**	Naturfärgad
Rd	Röd	**Gn**	Grön
Pk	Rosa		

Teckenförklaring

1 Batteri
2 Batteriladdningsanslutning
3 Generator
4 Startmotor
5 Säkringsdosa motor
  a = startmotorrelä
6 Manuell styrenhet dieselmotor
7 Kopplingspedalkontakt
8 Tändningslås

9 Styrenhet centralelektronik
10 Växellådsstyrenhet
11 Pulsgivare
12 Batterisäkringsdosa
13 Säkringsdosa på passagerarsidan
14 Klimatkontroll tryckgivare
15 Kylvätsketemperaturgivare
16 Motorkylfläkt styrenhet
17 Motorkylfläktsmotor

18 Rattens styrenhet
19 Rattklockfjädrar
20 Signalhornskontakt
21 Signalhorn
22 Elektronisk styrenhet bak
23 Tillbehörsuttag fram
24 Tillbehörsuttag bak
25 Tillbehörsuttag i bagageutrymmet

Schema 3

H47644

Start och laddning

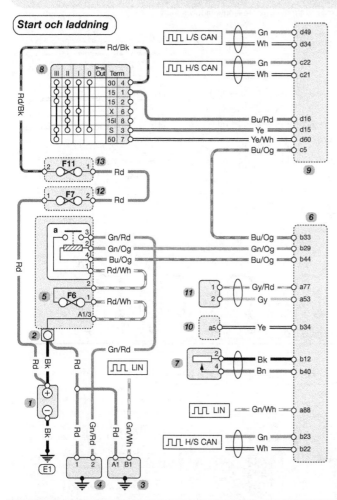

Motorkylfläkt

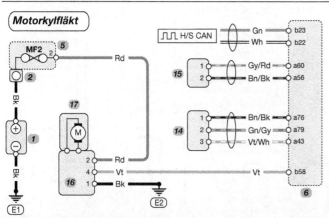

Signalhorn

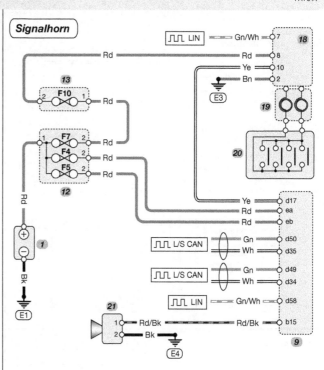

Tillbehörsuttag

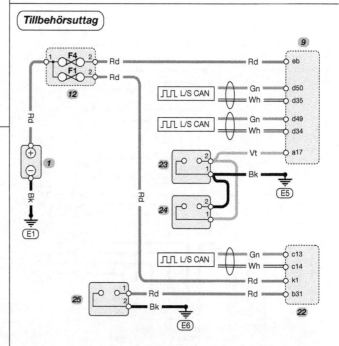

Kabelfärger

Bk	Svart	Og	Orange
Ye	Gul	Bu	Blå
Bn	Brun	Wh	Vit
Gy	Grå	LGn	Ljusgrön
Vt	Violett	Nl	Naturfärgad
Rd	Röd	Gn	Grön
Pk	Rosa		

Teckenförklaring

1 Batteri
2 Batteriladdningsanslutning
5 Säkringsdosa motor
9 Styrenhet centralelektronik
12 Batterisäkringsdosa
13 Säkringsdosa på passagerarsidan
18 Rattens styrenhet
22 Elektronisk styrenhet bak
30 Bromsljusbrytare
31 Backljuskontakt

32 Vänster bakljusenhet
  a = bromsljus
  b = backljus
  c = dimljus
  d = bakljus
33 Höger bakljusenhet
  (a till d som ovan)
34 Högt placerat bromsljus
35 Styrenhet till ljuskontakt
36 Vänster dimljus fram
37 Höger dimljus fram

38 Vänster strålkastarenhet
  a = halvljus
  b = varselljus
  c = helljus
39 Höger strålkastarenhet
  (a till c som ovan)
40 Registreringsskyltsbelysning
41 Vänster varsel-/parkeringsljus fram
42 Höger varsel-/parkeringsljus fram
43 Vänster sidoljus fram
44 Höger sidoljus fram

Schema 4

H47645

Broms- och backljus

Dimljus

Strålkastare

Varsel-/parkeringsljus, nummerplåtsbelysning och bakljus

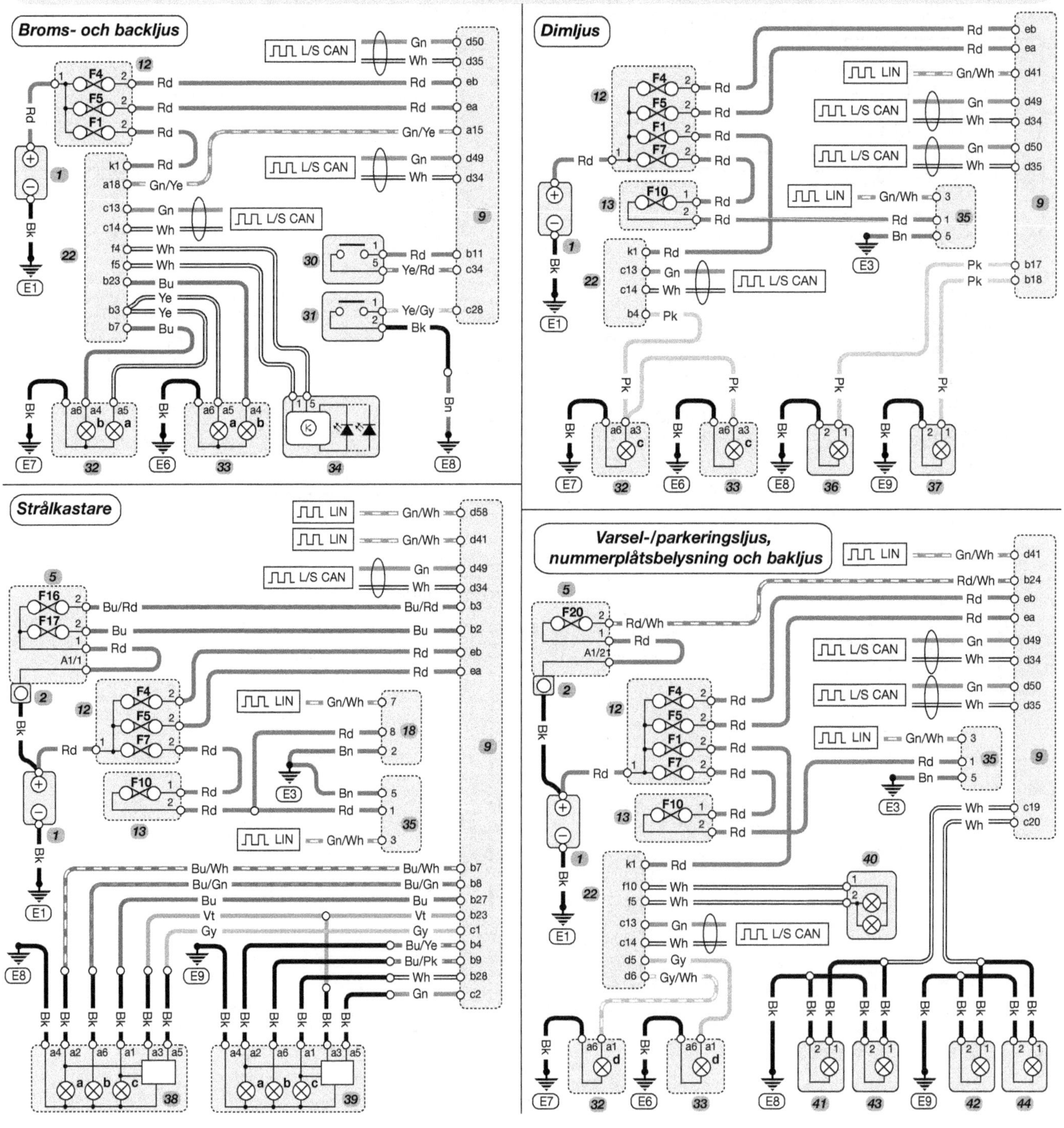

Kabelfärger

Bk	Svart	**Og**	Orange
Ye	Gul	**Bu**	Blå
Bn	Brun	**Wh**	Vit
Gy	Grå	**LGn**	Ljusgrön
Vt	Violett	**Nl**	Naturfärgad
Rd	Röd	**Gn**	Grön
Pk	Rosa		

Teckenförklaring

1 Batteri
2 Batteriladdningsanslutning
5 Säkringsdosa motor
9 Styrenhet centralelektronik
12 Batterisäkringsdosa
13 Säkringsdosa på passagerarsidan
22 Elektronisk styrenhet bak
32 Vänster bakljusenhet
   e = körriktningsvisare
33 Höger bakljusenhet
   e = körriktningsvisare

50 Vänster körriktningsvisare fram
51 Höger körriktningsvisare fram
52 Vänster spegel
   (körriktningsvisare)
53 Höger spegel
   (körriktningsvisare)
54 Varningsblinkersbrytare
55 Vänster extraljus
56 Höger extraljus
57 Övre elektronisk styrenhet
58 Innerbelysning

59 Vänster sminkspegelsbelysning
60 Höger sminkspegelbelysning
61 Bakre läslampa
62 Bagageutrymmesbelysning
63 Backluckelås
64 Vänster innerbelysning fram
65 Höger innerbelysning fram
66 Handskfacksbelysning/kontakt
67 Tändningslåsbelysning
68 Extra ljusrelä

Schema 5

H47646

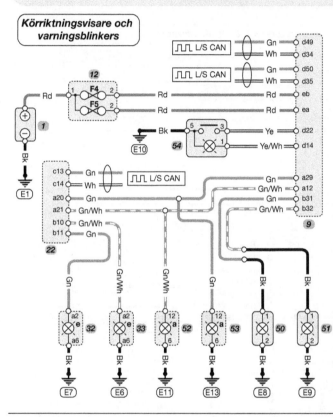

Körriktningsvisare och varningsblinkers

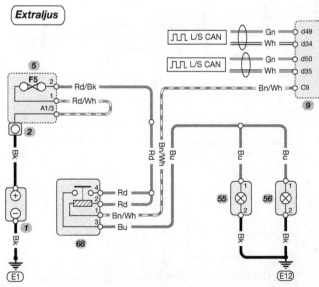

Extraljus

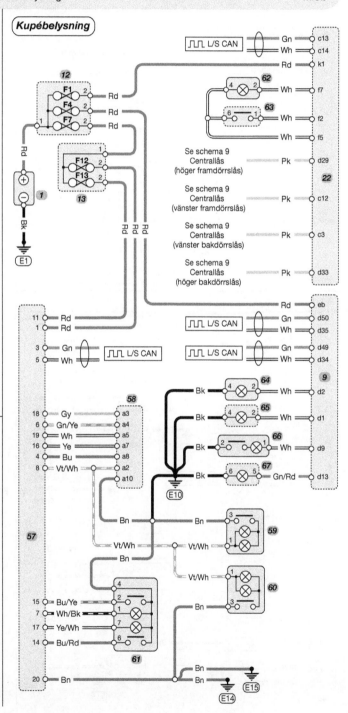

Kupébelysning

Kabelfärger

Bk	Svart	Og	Orange
Ye	Gul	Bu	Blå
Bn	Brun	Wh	Vit
Gy	Grå	LGn	Ljusgrön
Vt	Violett	Nl	Naturfärgad
Rd	Röd	Gn	Grön
Pk	Rosa		

Teckenförklaring

Schema 6

1 Batteri
2 Batteriladdningsanslutning
5 Säkringsdosa motor
6 Manuell styrenhet dieselmotor
9 Styrenhet centralelektronik
11 Pulsgivare
12 Batterisäkringsdosa
13 Säkringsdosa på passagerarsidan
15 Kylvätsketemperaturgivare
18 Rattens styrenhet
22 Elektronisk styrenhet bak
35 Styrenhet till ljuskontakt

53 Höger spegel
   (omgivningstemperaturgivare)
57 Övre elektronisk styrenhet
71 Vänster strålkastarmotor
72 Höger strålkastarmotor
73 Bränslenivågivare
74 Spolarvätskenivågivare
75 Handbromskontakt
76 Bromsvätskenivågivare
77 Kylvätskenivågivare
78 Oljenivågivare
80 Passagerar/förardörr styrenhet

81 Förarinformationsstyrenhet
82 Vindrutetorkarmotor
83 Bakre torkarmotor
84 Strålkastarspolarrelä
85 Strålkastarspolarpump
86 Vindrutespolarepump
87 Intervalltorkningsrelä
88 Torkare låg/höghastighetsrelä
89 Regnsensor

H47647

Strålkastarbalansering

Förarinformation

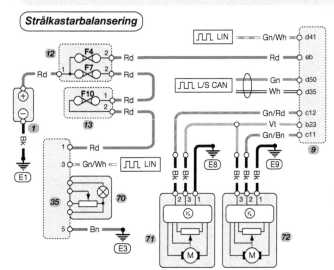

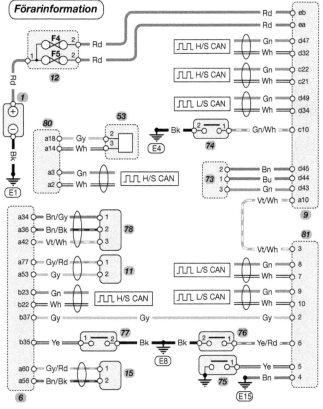

Spolning/torkning & strålkastarspolare

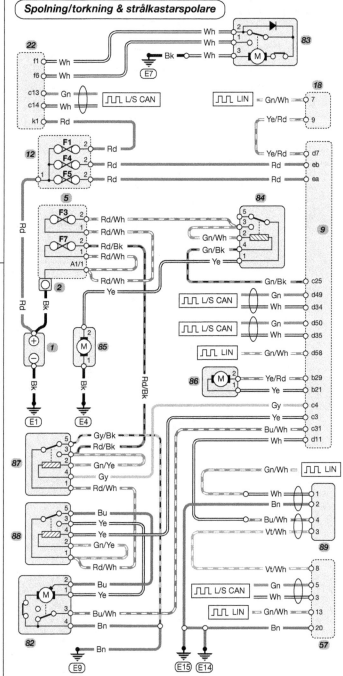

Kabelfärger

Bk	Svart	**Og**	Orange
Ye	Gul	**Bu**	Blå
Bn	Brun	**Wh**	Vit
Gy	Grå	**LGn**	Ljusgrön
Vt	Violett	**Nl**	Naturfärgad
Rd	Röd	**Gn**	Grön
Pk	Rosa		

Teckenförklaring

1 Batteri
9 Styrenhet centralelektronik
12 Batterisäkringsdosa
13 Säkringsdosa på passagerarsidan
18 Rattens styrenhet
22 Elektronisk styrenhet bak
52 Vänster spegel (spegelvärme)
53 Höger spegel (spegelvärme)
57 Övre elektronisk styrenhet
58 Innerbelysning

80 Passagerar/förardörr styrenhet
93 Servostyrningens styrenhet
94 Servostyrningsventil
95 Soltaksmotor
96 Styrenhet soltak
97 Soltaksbrytare
98 Klimatkontrollenhet
99 Uppvärmd bakruta/spegelbrytare
100 Uppvärmd bakruta
101 Uppvärmt förarsätesbrytare
102 Uppvärmt passagerarsätesbrytare
103 Uppvärmt förarsäte styrenhet

104 Uppvärmt passagerarsäte styrenhet
105 Förarsäte ryggstöd värmeelement
106 Förarsäte temperaturgivare
107 Förarsäte värmeelement
108 Passagerarsäte ryggstöd värmeelement
109 Passagerarsäte temperaturgivare
110 Passagerarsäte värmeelement
111 Förar/passagerardörr styrenhet

Schema 7

H47648

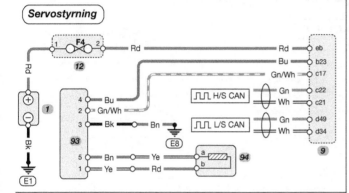

Servostyrning

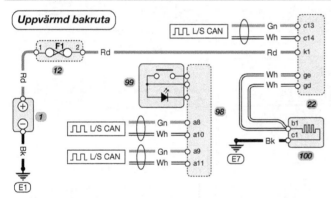

Uppvärmd bakruta

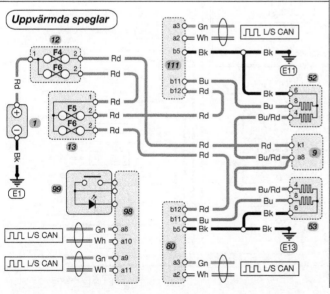

Uppvärmda speglar

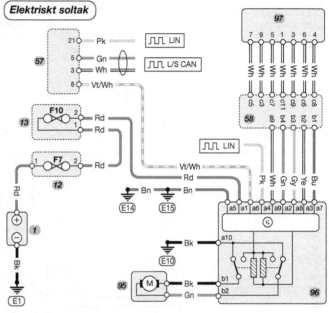

Elektriskt soltak

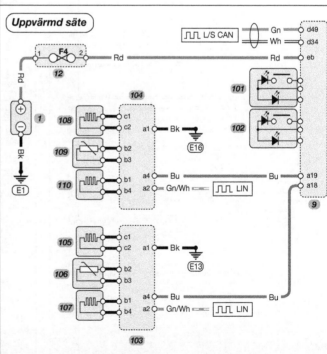

Uppvärmd säte

Kabelfärger

Bk	Svart	Og	Orange
Ye	Gul	Bu	Blå
Bn	Brun	Wh	Vit
Gy	Grå	LGn	Ljusgrön
Vt	Violett	Nl	Naturfärgad
Rd	Röd	Gn	Grön
Pk	Rosa		

Teckenförklaring

1 Batteri
2 Batteriladdningsanslutning
5 Säkringsdosa motor
6 Manuell styrenhet dieselmotor
9 Styrenhet centralelektronik
12 Batterisäkringsdosa
13 Säkringsdosa på passagerarsidan
14 Klimatkontroll tryckgivare
15 Kylvätsketemperaturgivare
53 Höger spegel
   (omgivningstemperaturgivare)
80 Passagerar/förardörr styrenhet
98 Klimatkontrollenhet

115 Ljudanläggning
116 USB-port
117 Extern aux-ingång
118 Vänster fönsterantennförstärkare
119 Höger fönsterantennförstärkare
120 Vänster högtalare fram
121 Vänster diskanthögtalare fram
122 Vänster högtalare bak
123 Höger högtalare fram
124 Höger diskanthögtalare fram
125 Höger högtalare bak
126 Motorstyrningsrelä
127 Värmefläkt styrenhet

128 Värmefläktmotor
129 Kompressorkopplingsrelä
130 Kompressorkoppling
131 Förångartemperaturgivare
132 Vänster temperaturspjällmotor
133 Höger temperaturspjällmotor
134 Avimningsspjällmotor
135 Återcirkulationsspjällmotor
136 Golv-/ventilationsspjällmotor
137 Luftkvalitetssensor
138 Solsensor

Schema 8

H47649

Ljudsystem

Klimatkontroll

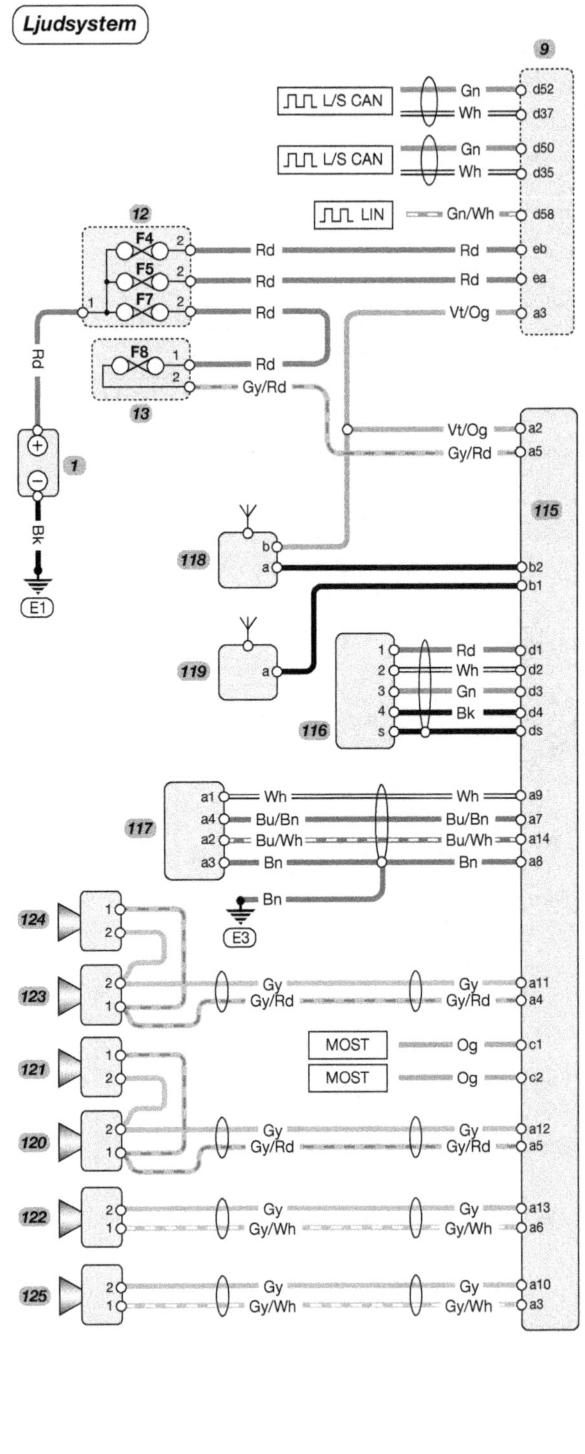

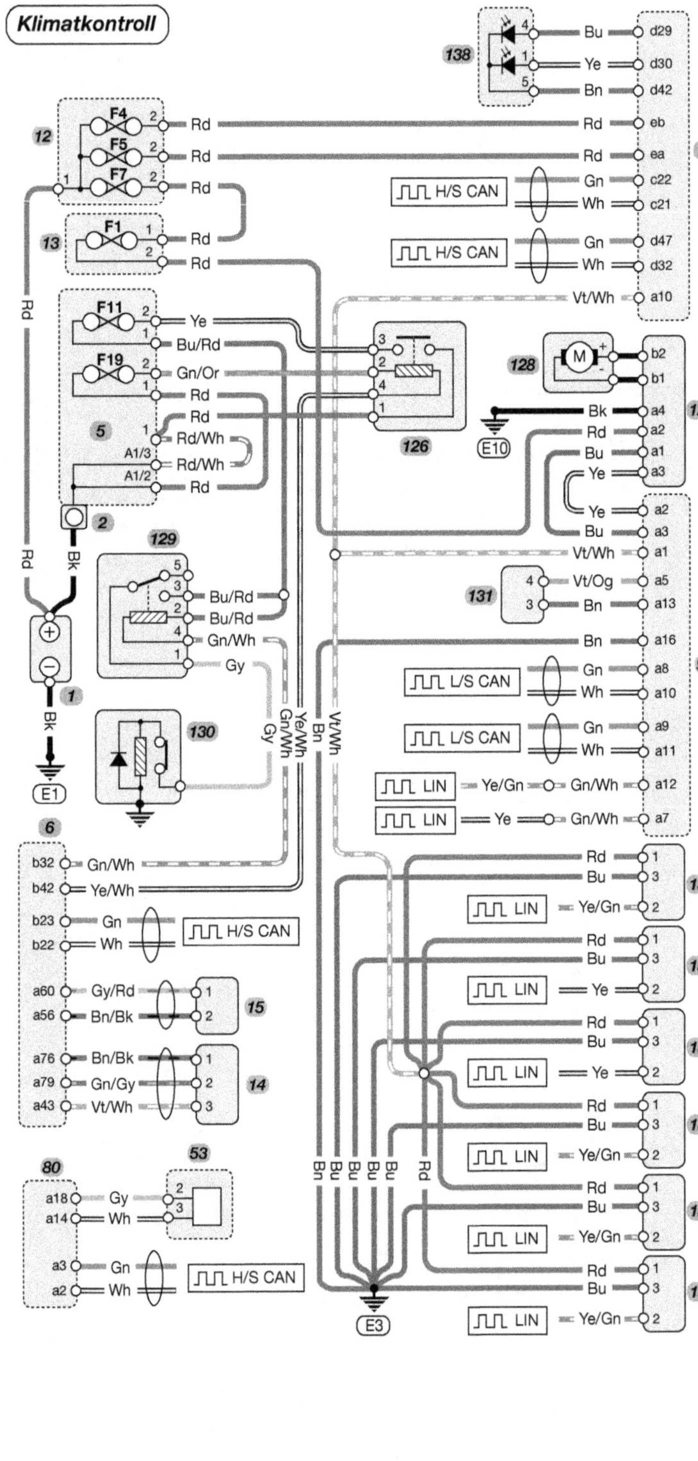

Kabelfärger

Bk	Svart	**Og**	Orange
Ye	Gul	**Bu**	Blå
Bn	Brun	**Wh**	Vit
Gy	Grå	**LGn**	Ljusgrön
Vt	Violett	**Nl**	Naturfärgad
Rd	Röd	**Gn**	Grön
Pk	Rosa		

Teckenförklaring

1   Batteri
9   Styrenhet centralelektronik
12 Batterisäkringsdosa
13 Säkringsdosa på passagerarsidan
22 Elektronisk styrenhet bak
57 Övre elektronisk styrenhet
63 Backluckelås
80 Passagerar/förardörr styrenhet
98 Klimatkontrollenhet
111 Förar/passagerardörr styrenhet
140 Huvudlåsbrytare

141 Barnsäkringslåsbrytare
142 Vänster framdörrslås
143 Höger framdörrslås
144 Vänster bakdörrslås
145 Höger bakdörrslås
146 Vänster bakdörr deadlockrelä
147 Höger bakdörr deadlockrelä
148 Vänster elfönsterbrytare bak
149 Höger elfönsterbrytare bak
151 Låsmotor bensintankslucka

Schema 9

H47650

Centrallås

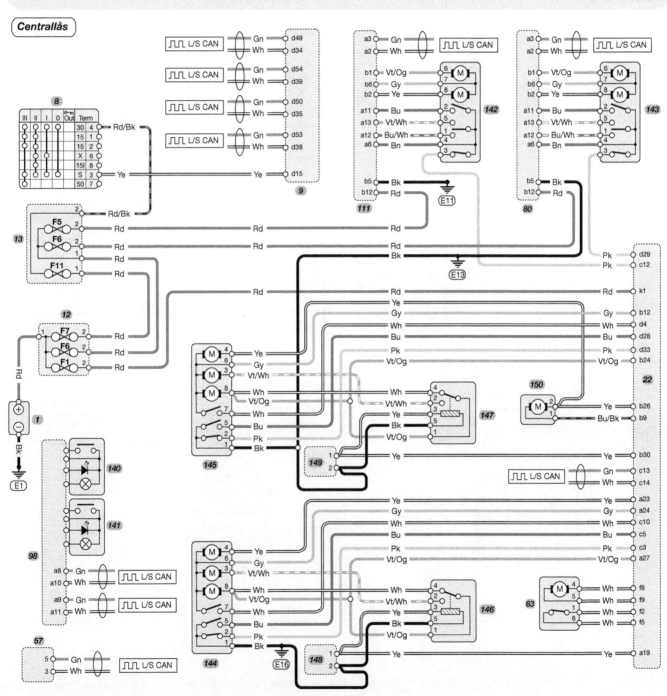

Kabelfärger

Bk	Svart	**Og**	Orange
Ye	Gul	**Bu**	Blå
Bn	Brun	**Wh**	Vit
Gy	Grå	**LGn**	Ljusgrön
Vt	Violett	**Nl**	Naturfärgad
Rd	Röd	**Gn**	Grön
Pk	Rosa		

Teckenförklaring

1 Batteri
12 Batterisäkringsdosa
13 Säkringsdosa på passagerarsidan
22 Elektronisk styrenhet bak
52 Vänster spegel
53 Höger spegel
80 Passagerar/förardörr styrenhet
98 Klimatkontrollenhet
111 Förar/passagerardörr styrenhet

148 Vänster elfönsterbrytare bak
149 Höger elfönsterbrytare bak
155 Vänster elfönsterbrytare fram
156 Höger elfönsterbrytare fram
157 Vänster elfönstermotor bak
158 Höger elfönstermotor bak
159 Spegelkontakt

Schema 10

H47651

Elektriska fönster

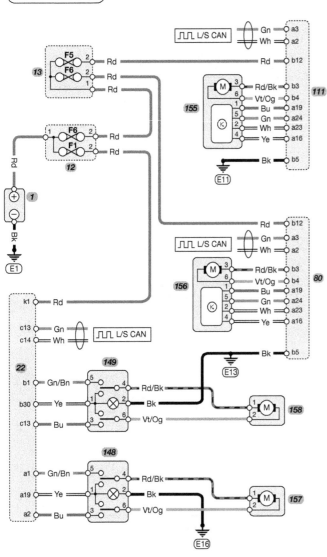

Elektriska speglar

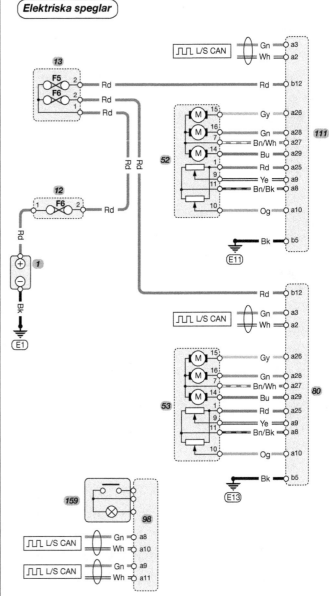

Mått och vikter

Observera: *Alla siffror är ungefärliga och kan variera beroende på modell. Se tillverkarens uppgifter för exakta mått.*

Dimensioner

XC60 modeller

Total längd	4627 mm
Total bredd (inklusive dörrspeglar)	2120 mm
Total höjd	1713 mm
Axelavstånd	2774 mm

XC90-modellerna

Total längd	4807 mm
Total bredd (inklusive dörrspeglar)	2112 mm
Total höjd	1784 mm
Axelavstånd	2857 mm

Vikter

Alla modeller

Fordonets vikt utan förare och last	Se bilens indentifikationsplatta på höger B-stolpe.
Maximal taklast	100 kg
Maximal släpvagnsvikt (bromsad)	Se bilens indentifikationsplatta på höger B-stolpe.

På grund av höga oljepriser, minskande reserver och ökat medvetande om avgasutsläpp har alternativa bränslen kommit i fokus de senaste åren. De tre huvudtyperna av alternativa bränslen i Europa är etanol, biodiesel och gasol (LPG). Etanol och biodiesel används vanligen i blandningar med bensin respektive konventionell diesel. Fordon som kan växla mellan alternativa och konventionella bränslen utan några modifieringar eller återställning från förarens sida kallas FFV (flexible fuel vehicle).

Etanol

Etanol (etylalkohol) är samma ämne som alkoholen i öl, vin och sprit. Precis som sprit framställs den oftast genom jäsning av vegetabiliska råvaror följt av destillation. Efter destillationen avlägsnas vattnet, och alkoholen blandas med bensin i förhållandet upp till 85 % (därför kallas bränslet E85). Blandningar med upp till 5 % etanol (10 % i USA) kan användas till alla bensindrivna fordon utan ändringar och har redan fått stor spridning eftersom etanolen höjer oktantalet. Blandningar med högre andel etanol kan endast användas i specialbyggda fordon.

Det går att göra motorer som går på 100 % etanol men det kräver mekaniska modifieringar och ökade kompressionstal. Sådana fordon finns i princip bara i länder som t.ex. Brasilien där man har beslutat att ersätta bensinen med etanol. I de flesta fall kan dessa fordon inte köras på bensin med gott resultat.

Etanol förgasas inte lika lätt som bensin under kalla förhållanden. Tidiga FFV-fordon var tvungna att ha en separat tank med ren bensin för kallstarter. I länder med kallt klimat som exempelvis Sverige, minskar man andelen etanol i E85-bränslet till 70 % eller 75 % på vintern. Med vinterblandningen måste man dock fortfarande använda motorblocksvärmare vid temperaturer under -10°C. En del insprutningssystem har en uppvärmd bränslefördelarskena för bättre resultat vid kallstart.

En annan nackdel med etanol är att den innehåller betydligt mindre energi än samma mängd bensin och därför ökar bränsleförbrukningen. Ofta vägs det upp av lägre skatt på etanol. Uteffekten påverkas dock inte nämnvärt eftersom motorstyrningssystemet kompenserar med ökad bränslemängd.

Modifiering av motorer

En FFV-motor går lika bra med E85, bensin eller en blandning av dessa. Den har ett motorstyrningssystem som känner av andelen alkohol i bränslet och justerar bränslemängden och tändläget därefter. Komponenter som kolvringar, oljetätningar på ventiler och andra delar som kommer i kontakt med bränsle, med start från bränsletanken, är gjorda av material som är beständiga mot alkoholens korrosiva verkan. Tändstift med högre värmetal kan också krävas.

För de flesta moderna bensinmotorer finns det ombyggnadssatser på eftermarknaden. Det bör dock påpekas att om man endast ändrar motorstyrningens mjukvara ('chipping')

kan det leda till problem om komponenterna i bränslesystemet inte är avsedda för alkohol.

Biodiesel

Biodiesel framställs från grödor som exempelvis raps och från kasserad vegetabilisk olja. Oljan modifieras kemiskt för att få liknande egenskaper som hos vanlig diesel. Allt dieselbränsle som säljs i EU kommer att innehålla 5 % biodiesel under 2010, och alla dieselbilar kommer att kunna använda denna blandning ('B5') utan problem.

En bränsleblandning med 30 % biodiesel ('B30') börjar dyka upp på tankställen även om den inte är allmänt spridd i skrivande stund. Detta bränsle har inte godkänts av alla fordonstillverkare och det är därför klokt att kontrollera med tillverkaren innan användning, särskilt om fordonets garanti fortfarande gäller. Äldre fordon med mekaniskt insprutningssystem påverkas troligen inte negativt. Men common rail-systemen som sitter i moderna fordon är känsliga och kan skadas redan vid mycket små förändringar i bränslets viskositet eller smörjegenskaper.

Det går att göra hemmagjord biodiesel av kasserad olja från restaurangkök; det finns många utrustningar på marknaden för detta

syfte. Bränsle som tillverkats på detta sätt är naturligtvis inte certifierat enligt någon norm och ska användas på egen risk. I en del länder beskattas sådant bränsle.

Ren vegetabilisk olja (SVO) kan inte användas i de flesta dieselmotorer utan modifiering av bränslesystemet.

Modifiering av motorer

Precis som med etanol kan biodiesel angripa gummislangar och packningar i bränslesystemet. Det är därför viktigt att dessa hålls i gott skick och att de är gjorda av rätt material. I övrigt behöver inga större ändringar göras. Det kan dock vara klokt att byta bränslefiltret oftare. Biodiesel är något trögflytande när den är kall, vilket gör att ett smutsigt filter kan vålla problem när det är kallt.

När man använder ren vegetabilisk olja (SVO) måste bränsleledningarna utrustas med en värmeväxlare och ett system för att kunna starta fordonet med konventionellt bränsle. Det finns ombyggnadssatser, men det är något för de verkliga entusiasterna. Precis som med hemmagjord biodiesel, kan användningen vara belagd med skatt.

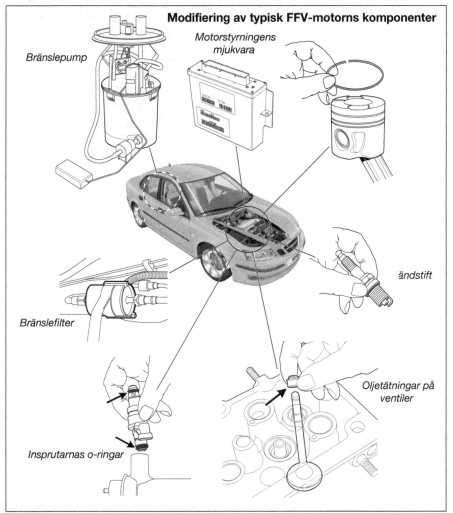

Modifiering av typisk FFV-motorns komponenter

Bränslepump

Motorstyrningens mjukvara

ändstift

Bränslefilter

Oljetätningar på ventiler

Insprutarnas o-ringar

Reservdelar går att få tag på från många håll, inklusive tillverkarens specifika verkstäder, tillbehörsbutiker och motorreparatörer. För att se till att rätt komponent köps in är det ibland nödvändigt att ange fordonets chassinummer. Om det är möjligt kan det också vara användbart att ta med de gamla komponenterna för att vara helt säker på att de identifieras korrekt. Enheter såsom startmotorer och generatorer kan finnas tillgängliga under ett program för serviceutbyte – alla delar som återlämnas ska vara rena.

Våra råd angående reservdelar är som följer.

Officiellt rekommenderade verkstäder

Dessa är den bästa källan för komponenter som är specifika för din bil, och som inte annars finns allmänt tillgängliga (dvs. dekaler, interiör, vissa paneler osv.). Det är också endast där du bör köpa reservdelar om din bil fotfarande är under garanti.

Tillbehörsbutiker

Dessa är väldigt bra för att köpa material och komponenter som behövs för din bils underhåll (olja, luft och bränslefilter, lampor, drivremmar, fett, bromsklossar, färg osv.).

Komponenter av denna sort som säljs av en seriös butik är vanligtvis av samma kvalitet som de som används av biltillverkaren.

Förutom komponenter har dessa butiker även verktyg och allmänna tillbehör, vanligtvis har de också bekväma öppettider, lägre priser, och kan ofta hittas nära ditt hem. Vissa tillbehörsbutiker har reservdelsavdelningar där komponenter för nästan vilket reparationsarbete som helst kan köpas eller beställas.

Fordonsdetaljhandel

Bra butiker inom fordonsdetaljhandeln brukar ha alla viktigare komponenter som nöts ut relativt snabbt, och kan ibland förse individuella komponenter som behövs för renoveringar av större enheter (dvs. bromstätningar och hydraulkomponenter, lagerhus, kolvar, ventiler). De kan ibland även utföra arbeten såsom fräsning av cylinderhus, omslipning av vevaxlar, osv.

Motorreparatörer

Dessa specialiserar på renovationer av motorer och kan också tillhandahålla komponenter. Det rekommenderas att företaget tillhör ett lämpligt organ för motorreparatörer.

Däck- och avgasspecialister

Dessa försäljningsställen kan vara enskilda eller tillhöra en lokal eller nationell kedja. De erbjuder ofta bra priser i förhållande till huvudåterförsäljare eller lokala verkstäder, men det är värt att få flera olika prisuppgifter innan ett beslut tas. När priser kontrolleras är det bra att fråga vilka extrautgifter som tillkommer – till exempel så räknas montering av en ny ventil, hjulbalansering och omhändertagande av gamla däck ofta som extrautgifter som läggs till på ett nytt däcks pris.

Andra källor

Var försiktig med material som hittas på marknader, auktioner, on-line-försäljning eller liknande källor. Dessa behöver inte nödvändigtvis vara av låg kvalitet, men det finns inte en särskilt stor chans för ersättning om de inte uppfyller förväntningar. När det gäller säkerhetsrelaterade komponenter som bromsklossar föreligger inte bara en risk för ekonomisk förlust utan även olyckor som kan leda till personskada eller död.

Komponenter som införskaffas i andra hand eller från skroten kan vara ett bra köp i vissa fall, men sådana inköp görs bäst av erfarna gör-det-själv-mekaniker.

Identifikationsnummer

För biltillverkning sker modifieringar av modeller fortlöpande och det är endast de större modelländringarna som publiceras. Reservdelskataloger och listor sammanställs på numerisk bas, så bilens chassinummer är nödvändigt för att få rätt reservdel.

Lämna alltid så mycket information som möjligt vid beställning av reservdelar. Ange fordonstyp och årsmodell, VIN och motornummer.

Bilens identifikationsnummer (VIN) finns på ett antal olika platser inklusive på en plastflik som är fäst på passagerarsidan av instrumentbräda, det syns genom vindrutan och på höger B-stolpe (se bilder).

Motornumret är instansat på den högra änden av motorblocket.

Växellådans ID-nummer sitter på en platta som är fäst ovanpå växellådshuset eller ingjutet i själva huset.

Chassinummer (VIN) längst ner på vindrutan

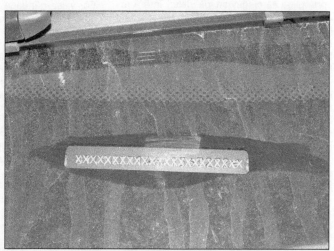

Chassinummer (VIN) på höger B-stolpe

När service, reparationer och renoveringar utförs på en bil eller bildel bör följande beskrivningar och instruktioner följas. Detta för att reparationen ska utföras så effektivt och fackmannamässigt som möjligt.

Tätningsytor och packningar

Vid isärtagande av delar vid deras tätningsytor ska dessa aldrig bändas isär med skruvmejsel eller liknande. Detta kan orsaka allvarliga skador som resulterar i oljeläckage, kylvätskeläckage etc. efter montering. Delarna tas vanligen isär genom att man knackar längs fogen med en mjuk klubba. Lägg dock märke till att denna metod kanske inte är lämplig i de fall styrstift används för exakt placering av delar.

Där en packning används mellan två ytor måste den bytas vid ihopsättning. Såvida inte annat anges i den aktuella arbetsbeskrivningen ska den monteras torr. Se till att tätningsytorna är rena och torra och att alla spår av den gamla packningen är borttagna. Vid rengöring av en tätningsyta ska sådana verktyg användas som inte skadar den. Små grader och repor tas bort med bryne eller en finskuren fil.

Rensa gängade hål med piprensare och håll dem fria från tätningsmedel då sådant används, såvida inte annat direkt specificeras.

Se till att alla öppningar, hål och kanaler är rena och blås ur dem, helst med tryckluft.

Oljetätningar

Oljetätningar kan tas ut genom att de bänds ut med en bred spårskruvmejsel eller liknande. Alternativt kan ett antal självgängande skruvar dras in i tätningen och användas som dragpunkter för en tång, så att den kan dras rakt ut.

När en oljetätning tas bort från sin plats, ensam eller som en del av en enhet, ska den alltid kasseras och bytas ut mot en ny.

Tätningsläpparna är tunna och skadas lätt och de tätar inte annat än om kontaktytan är fullständigt ren och oskadad. Om den ursprungliga tätningsytan på delen inte kan återställas till perfekt skick och tillverkaren inte gett utrymme för en viss omplacering av tätningen på kontaktytan, måste delen i fråga bytas ut. Tätningarna bör alltid bytas ut när de har demonterats.

Skydda tätningsläpparna från ytor som kan skada dem under monteringen. Använd tejp eller konisk hylsa där så är möjligt. Smörj läpparna med olja innan monteringen. Om oljetätningen har dubbla läppar ska utrymmet mellan dessa fyllas med fett.

Såvida inte annat anges ska oljetätningar monteras med tätningsläpparna mot det smörjmedel som de ska täta för.

Använd en rörformad dorn eller en träbit i lämplig storlek till att knacka tätningarna på plats. Om sätet är försedd med skuldra, driv tätningen mot den. Om sätet saknar skuldra bör tätningen monteras så att den går jäms med sätets yta (såvida inte annat uttryckligen anges).

Skruvgängor och infästningar

Muttrar, bultar och skruvar som kärvar är ett vanligt förekommande problem när en komponent har börjat rosta. Bruk av rostupplösningsolja och andra krypsmörjmedel löser ofta detta om man dränker in delen som kärvar en stund innan man försöker lossa den. Slagskruvmejsel kan ibland lossa envist fastsittande infästningar när de används tillsammans med rätt mejselhuvud eller hylsa. Om inget av detta fungerar kan försiktig värmning eller i värsta fall bågfil eller mutterspräckare användas.

Pinnbultar tas vanligen ut genom att två muttrar låses vid varandra på den gängade delen och att en blocknyckel sedan vrider den undre muttern så att pinnbulten kan skruvas ut. Bultar som brutits av under fästytan kan ibland avlägsnas med en lämplig bultutdragare. Se alltid till att gängade bottenhål är helt fria från olja, fett, vatten eller andra vätskor innan bulten monteras. Underlåtenhet att göra detta kan spräcka den del som skruven dras in i, tack vare det hydrauliska tryck som uppstår när en bult dras in i ett vätskefyllt hål

Vid åtdragning av en kronmutter där en saxsprint ska monteras ska muttern dras till specificerat moment om sådant anges, och därefter dras till nästa sprinthål. Lossa inte muttern för att passa in saxsprinten, såvida inte detta förfarande särskilt anges i anvisningarna.

Vid kontroll eller omdragning av mutter eller bult till ett specificerat åtdragningsmoment, ska muttern eller bulten lossas ett kvarts varv och sedan dras åt till angivet moment. Detta ska dock inte göras när vinkelåtdragning använts.

För vissa gängade infästningar, speciellt topplocksbultar/muttrar anges inte åtdragningsmoment för de sista stegen. Istället anges en vinkel för åtdragning. Vanligtvis anges ett relativt lågt åtdragningsmoment för bultar/muttrar som dras i specificerad turordning. Detta följs sedan av ett eller flera steg åtdragning med specificerade vinklar.

Låsmuttrar, låsbleck och brickor

Varje infästning som kommer att rotera mot en komponent eller en kåpa under åtdragningen ska alltid ha en bricka mellan åtdragningsdelen och kontaktytan.

Fjäderbrickor ska alltid bytas ut när de använts till att låsa viktiga delar som exempelvis lageröverfall. Låsbleck som viks över för att låsa bult eller mutter ska alltid bytas ut vid ihopsättning.

Självlåsande muttrar kan återanvändas på mindre viktiga detaljer, under förutsättning att motstånd känns vid dragning över gängen. Kom dock ihåg att självlåsande muttrar förlorar låseffekt med tiden och därför alltid bör bytas ut som en rutinåtgärd.

Saxsprintar ska alltid bytas mot nya i rätt storlek för hålet.

När gänglåsmedel påträffas på gängor på en komponent som ska återanvändas bör man göra ren den med en stålborste och lösningsmedel. Applicera nytt gänglåsningsmedel vid montering.

Specialverktyg

Vissa arbeten i denna handbok förutsätter användning av specialverktyg som pressar, avdragare, fjäderkompressorer med mera. Där så är möjligt beskrivs lämpliga lättillgängliga alternativ till tillverkarens specialverktyg och hur dessa används. I vissa fall, där inga alternativ finns, har det varit nödvändigt att använda tillverkarens specialverktyg. Detta har gjorts av säkerhetsskäl, likväl som för att reparationerna ska utföras så effektivt och bra som möjligt. Såvida du inte är mycket kunnig och har stora kunskaper om det arbetsmoment som beskrivs, ska du aldrig försöka använda annat än specialverktyg när sådana anges i anvisningarna. Det föreligger inte bara stor risk för personskador, utan kostbara skador kan också uppstå på komponenterna.

Miljöhänsyn

Vid sluthantering av förbrukad motorolja, bromsvätska, frostskydd etc. ska all vederbörlig hänsyn tas för att skydda miljön. Ingen av ovan nämnda vätskor får hällas ut i avloppet eller direkt på marken. Kommunernas avfallshantering har kapacitet för hantering av miljöfarligt avfall liksom vissa verkstäder. Om inga av dessa finns tillgängliga i din närhet, fråga hälsoskyddskontoret i din kommun om råd.

I och med de allt strängare miljöskyddslagarna beträffande utsläpp av miljöfarliga ämnen från motorfordon har alltfler bilar numera justersäkringar monterade på de mest avgörande justeringspunkterna för bränslesystemet. Dessa är i första hand avsedda att förhindra okvalificerade personer från att justera bränsle/luftblandningen och därmed riskerar en ökning av giftiga utsläpp. Om sådana justersäkringar påträffas under service eller reparationsarbete ska de, närhelst möjligt, bytas eller sättas tillbaka i enlighet med tillverkarens rekommendationer eller aktuell lagstiftning.

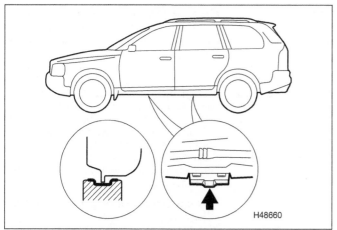

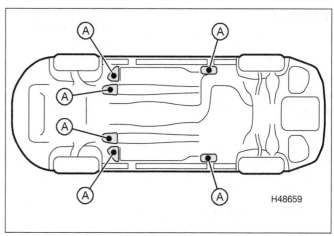

Lyftpunkter på tröskeln. XC90-modellen visas med XC60-modellerna är nästan samma

XC60 lyftpunkter på underredet (A)

Domkraften som följer med bilens verktygslåda bör **endast** användas för att byta hjul i nödfall – se *Hjulbyte* i början av den här handboken. Vid alla andra arbeten ska bilen lyftas med en kraftig hydraulisk domkraft (eller garagedomkraft), som alltid ska kompletteras med pallbockar under bilens stödpunkter. Om hjulen inte behöver demonteras kan hjulramper användas. Dessa placeras under hjulen när bilen har hissats upp med en hydraulisk domkraft och sedan sänks bilen ner på ramperna så att den vilar på hjulen.

Lyft bara upp bilen med domkraft när den står parkerad på ett stadigt plant underlag. Vid minsta lutning måste du vara mycket noga med att se till att bilen inte kan röra sig med hjulen ovan mark. Att lyfta med domkraft på ojämnt underlag eller grus rekommenderas inte eftersom bilens vikt inte kommer att fördelas jämnt och domkraften kan glida när bilen är upplyft.

Undvik i möjligaste mån att lämna bilen obevakad när den är upplyft, i synnerhet i närheten av barn.

Se till att handbromsen är ordentligt åtdragen innan bilens framvagn lyfts upp. Spärra framhjulen genom att lägga träklossar framför hjulen och lägg i ettans växel (eller P) innan bakvagnen lyfts upp.

Domkraften som medföljer bilen ska placeras på tröskelflänsarna, på de punkter som är markerade på bilens båda sidor **(se bild)**. Se till att domkraftens huvud sitter korrekt innan du börjar lyfta bilen.

När en hydraulisk domkraft eller pallbockar används måste domkraftshuvudet eller pallbockshuvudet placeras under en av de fyra stödpunkterna innanför dörrtrösklarna **(se bilder)**. När man lyfter eller stöder fordonet vid de här punkterna ska man alltid placera en träbit mellan domkraftshuvudet eller pallbocken och karossen. Det rekommenderas även att man använder en stor träbit när man lyfter under andra områden för att sprida belastningen över ett större område och minska risken för skador på bilens underrede (det hjälper även till att hindra att underredets lack skadas av

domkraften eller pallbockarna). **Lyft inte** bilen med domkraften under någon annan del av karmunderstycket, motorn, sumpen, golvplåten, kryssrambalken eller direkt under någon av styrningens eller fjädringens komponenter.

Arbeta aldrig under, runt eller i närheten

av en lyft bil om den inte stöds ordentligt av pallbockar. Lita inte på att bilen kan hållas uppe med bara domkraftens stöd. Även hydrauliska domkrafter kan ge vika under belastning. Provisoriska metoder skall inte användas för att lyfta och stödja bilen under servicearbeten.

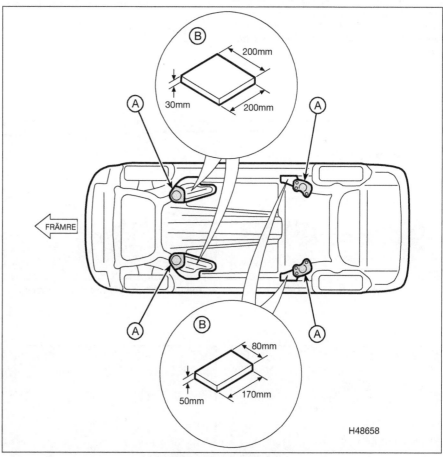

XC90 lyftpunkter på underredet.
Stötta upp bilen på hjälpramens fästbygel (A) eller alldeles bakom hjälpramen (B). Om du använder läget "B" på bilens framvagn ska en träbit på ungefär 200 mm X 200 mm X 30 mm användas för att sprida tyngden. Om du använder läget "B" på bilens bakvagn ska en träbit på ungefär 170 mm X 80 mm X 50 mm användas för att sprida tyngden.

Inledning

En uppsättning bra verktyg är ett grund-läggande krav för var och en som överväger att underhålla och reparera ett motorfordon. För de ägare som saknar sådana kan inköpet av dessa bli en märkbar utgift, som dock uppvägs till en viss del av de besparingar som görs i och med det egna arbetet. Om de anskaffade verktygen uppfyller grund-läggande säkerhets- och kvalitetskrav kommer de att hålla i många år och visa sig vara en värdefull investering.

För att hjälpa bilägaren att avgöra vilka verktyg som behövs för att utföra de arbeten som beskrivs i denna handbok har vi sammanställt tre listor med följande rubriker: *Underhåll och mindre reparationer, Reparation och renovering* samt *Specialverktyg*. Ny-börjaren bör starta med det första sortimentet och begränsa sig till enklare arbeten på fordonet. Allt eftersom erfarenhet och själv-förtroende växer kan man sedan prova svårare uppgifter och köpa fler verktyg när och om det behövs. På detta sätt kan den grundläggande verktygssatsen med tiden utvidgas till en reparations- och renoverings-sats utan några större enskilda kontant-utlägg. Den erfarne hemmamekanikern har redan en verktygssats som räcker till de flesta reparationer och renoveringar och kommer att välja verktyg från specialkategorin när han känner att utgiften är berättigad för den användning verktyget kan ha.

Underhåll och mindre reparationer

Verktygen i den här listan ska betraktas som ett minimum av vad som behövs för rutinmässigt underhåll, service och mindre reparationsarbeten. Vi rekommenderar att man köper blocknycklar (ring i ena änden och öppen i den andra), även om de är dyrare än de med öppen ände, eftersom man får båda sorternas fördelar.

- [ ] *Blocknycklar – 8, 9, 10, 11, 12, 13, 14, 15, 17 och 19 mm*
- [ ] *Skiftnyckel – 35 mm gap (ca.)*
- [ ] *Sats med bladmått*
- [ ] *Nyckel för avluftning av bromsar*
- [ ] *Skruvmejslar:*
  Spårmejsel – 100 mm lång x 6 mm diameter
  Stjärnmejsel – 100 mm lång x 6 mm diameter
- [ ] *Kombinationstång*
- [ ] *Bågfil (liten)*
- [ ] *Däckpump*
- [ ] *Däcktrycksmätare*
- [ ] *Oljekanna*
- [ ] *Verktyg för demontering av oljefilter (se bild)*
- [ ] *Fin slipduk*
- [ ] *Stålborste (liten)*
- [ ] *Tratt (medelstor)*

Reparation och renovering

Dessa verktyg är ovärderliga för alla som utför större reparationer på ett motorfordon och tillkommer till de som angivits för *Underhåll och mindre reparationer*. I denna lista ingår en grundläggande sats hylsor. Även om dessa är dyra, är de oumbärliga i och med sin mång-sidighet – speciellt om satsen innehåller olika typer av drivenheter. Vi rekommenderar 1/2-tums fattning på hylsorna eftersom de flesta momentnycklar har denna fattning.

Verktygen i denna lista kan ibland behöva kompletteras med verktyg från listan för *Specialverktyg*.

- [ ] *Hylsor, dimensioner enligt föregående lista (se bild)*
- [ ] *Spärrskaft med vändbar riktning (för användning med hylsor)*
- [ ] *Förlängare, 250 mm (för användning med hylsor)*
- [ ] *Universalknut (för användning med hylsor)*
- [ ] *Momentnyckel (för användning med hylsor)*
- [ ] *Självlåsande tänger*
- [ ] *Kulhammare*
- [ ] *Mjuk klubba (plast/aluminium eller gummi)*
- [ ] *Skruvmejslar:*
  Spårmejsel – en lång och kraftig, en kort (knubbig) och en smal (elektrikertyp)
  Stjärnmejsel – en lång och kraftig och en kort (knubbig)
- [ ] *Tänger:*
  Spetsnostång/plattång
  Sidavbitare (elektrikertyp)
  Låsringstång (inre och yttre)
- [ ] *Huggmejsel – 25 mm*
- [ ] *Ritspets*
- [ ] *Skrapa*
- [ ] *Körnare*
- [ ] *Purr*
- [ ] *Bågfil*
- [ ] *Bromsslangklämma (se bild)*
- [ ] *Avluftningssats för bromsar/koppling (se bild)*
- [ ] *Urval av borrar*
- [ ] *Stållinjal*
- [ ] *Insexnycklar (inkl Torxtyp/med splines) (se bild)*
- [ ] *Sats med filar*
- [ ] *Stor stålborste*
- [ ] *Pallbockar*
- [ ] *Domkraft (garagedomkraft eller en stabil pelarmodell)*
- [ ] *Arbetslampa med förlängningssladd*

Hylsor och spärrskaft

Avluftningssats för bromsar/koppling

Torx-nyckel, hylsor och bit

Bromsslangklämma

Vinkelmätare

Specialverktyg

Verktygen i denna lista är de som inte används regelbundet, är dyra i inköp eller som måste användas enligt tillverkarens anvis-ningar. Det är bara om du relativt ofta kommer att utföra tämligen svåra jobb som många av dessa verktyg är lönsamma att köpa. Du kan också överväga att gå samman med någon vän (eller gå med i en motorklubb) och göra ett gemensamt inköp, hyra eller låna verktyg om så är möjligt.

Följande lista upptar endast verktyg och instrument som är allmänt tillgängliga och inte sådana som framställs av biltillverkaren speciellt för auktoriserade verkstäder. Ibland nämns dock sådana verktyg i texten. I allmänhet anges en alternativ metod att utföra arbetet utan specialverktyg. Ibland finns emellertid inget alternativ till tillverkarens specialverktyg. När så är fallet och relevant verktyg inte kan köpas, hyras eller lånas har du inget annat val än att lämna bilen till en auktoriserad verkstad.

- [ ] *Vinkelmätare (se bild)*
- [ ] *Ventilfjäderkompressor*
- [ ] *Ventilslipningsverktyg*
- [ ] *Kolvringskompressor*
- [ ] *Verktyg för demontering/montering av kolvringar*
- [ ] *Honingsverktyg*
- [ ] *Kulledsavdragare*
- [ ] *Spiralfjäderkompressor (där tillämplig)*
- [ ] *Nav/lageravdragare, två/tre ben (se bild)*
- [ ] *Slagskruvmejsel*
- [ ] *Mikrometer och/eller skjutmått (se bild)*
- [ ] *Indikatorklocka (se bild)*
- [ ] *Kamvinkelmätare/varvräknare*
- [ ] *Multimeter*
- [ ] *Kompressionsmätare (se bild)*
- [ ] *Handmanövrerad vakuumpump och mätare*
- [ ] *Centreringsverktyg för koppling*
- [ ] *Verktyg för demontering av bromsbackarnas fjäderskålar*
- [ ] *Sats för montering/demontering av bussningar och lager*
- [ ] *Bultutdragare*
- [ ] *Gängningssats*
- [ ] *Lyftblock*
- [ ] *Garagedomkraft*

Inköp av verktyg

När det gäller inköp av verktyg är det i regel bättre att vända sig till en specialist som har ett större sortiment än t ex tillbehörsbutiker och bensinmackar. Tillbehörsbutiker och andra försöljningsställen kan dock erbjuda utmärkta verktyg till låga priser, så det kan löna sig att söka.

Det finns gott om bra verktyg till låga priser, men se till att verktygen uppfyller grund-läggande krav på funktion och säkerhet. Fråga gärna någon kunnig person om råd före inköpet.

Vård och underhåll av verktyg

Efter inköp av ett antal verktyg är det nöd-vändigt att hålla verktygen rena och i fullgott skick. Efter användning, rengör alltid verk-tygen innan de läggs undan. Låt dem inte ligga framme sedan de använts. En enkel upphängningsanordning på väggen för t ex skruvmejslar och tänger är en bra idé. Nycklar och hylsor bör förvaras i metalllådor. Mät-instrument av skilda slag ska förvaras på platser där de inte kan komma till skada eller börja rosta.

Lägg ner lite omsorg på de verktyg som används. Hammarhuvuden får märken och skruvmejslar slits i spetsen med tiden. Lite polering med slippapper eller en fil återställer snabbt sådana verktyg till gott skick igen.

Arbetsutrymmen

När man diskuterar verktyg får man inte glömma själva arbetsplatsen. Om mer än rutinunderhåll ska utföras bör man skaffa en lämplig arbetsplats.

Vi är medvetna om att många bilägare/hemmamekaniker av omständigheterna tvingas att lyfta ur motor eller liknande utan tillgång till garage eller verkstad. Men när detta är gjort ska fortsättningen av arbetet göras inomhus.

Närhelst möjligt ska isärtagning ske på en ren, plan arbetsbänk eller ett bord med passande arbetshöjd.

En arbetsbänk behöver ett skruvstycke. En käftöppning om 100-mm räcker väl till för de flesta arbeten. Som tidigare sagts, ett rent och torrt förvaringsutrymme krävs för verktyg liksom för smörjmedel, rengöringsmedel, bättringslack (som också måste förvaras frostfritt) och liknande.

Ett annat verktyg som kan behövas och som har en mycket bred användning är en elektrisk borrmaskin med en chuckstorlek om minst 8-mm. Denna, tillsammans med en sats spiralborrar, är i praktiken oumbärlig för mon-tering av tillbehör.

Sist, men inte minst, ha alltid ett förråd med gamla tidningar och rena luddfria trasor tillgängliga och håll arbetsplatsen så ren som möjligt.

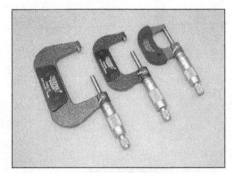

Mikrometerset

Indikatorklocka med magnetstativ

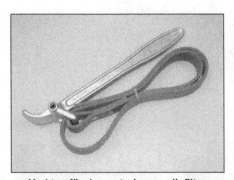

Verktyg för demontering av oljefilter

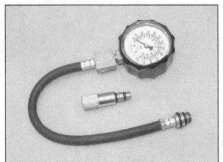

Kompressionsmätare

Navavdragare

Det här avsnittet är till för att hjälpa dig att klara bilbesiktningen. Det är naturligtvis inte möjligt att undersöka ditt fordon lika grundligt som en professionell besiktare, men genom att göra följande kontroller kan du identifiera problemområden och ha en möjlighet att korrigera eventuella fel innan du lämnar bilen till besiktning. Om bilen underhålls och servas regelbundet borde besiktningen inte innebära några större problem.

I besiktningsprogrammet ingår kontroll av nio huvudsystem – stommen, hjulsystemet, drivsystemet, bromssystemet, styrsystemet, karosseriet, kommunikationssystemet, instrumentering och slutligen övriga anordningar (släpvagnskoppling etc).

Kontrollerna som här beskrivs har baserats på Svensk Bilprovnings krav aktuella vid tiden för tryckning. Kraven ändras dock kontinuerligt och särskilt miljöbestämmelserna blir allt strängare.

Kontrollerna har delats in under följande fem rubriker:

1 Kontroller som utförs från förarsätet

2 Kontroller som utförs med bilen på marken

3 Kontroller som utförs med bilen upphissad och med fria hjul

4 Kontroller på bilens avgassystem

5 Körtest

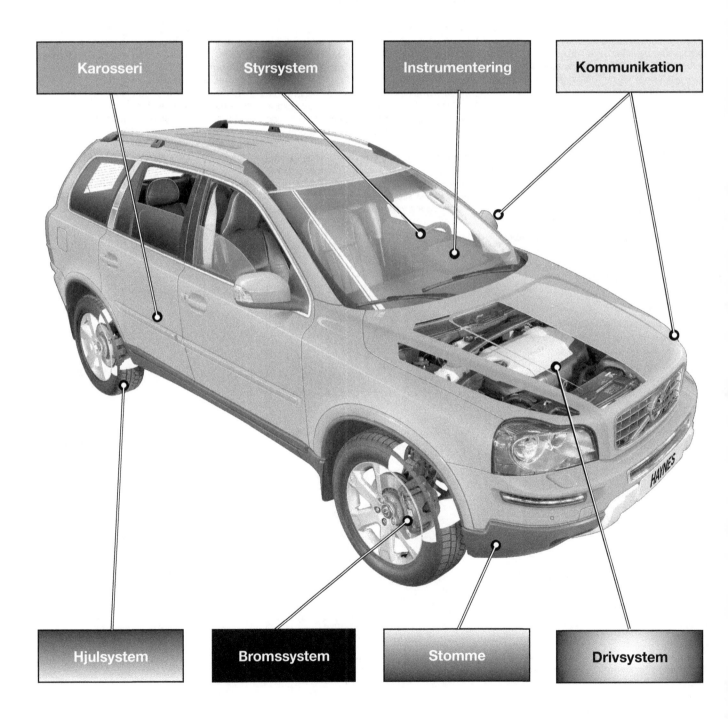

Karosseri

Styrsystem

Instrumentering

Kommunikation

Hjulsystem

Bromssystem

Stomme

Drivsystem

Besiktningsprogrammet

Vanliga personbilar kontrollbesiktigas första gången efter tre år, andra gången två år senare och därefter varje år. Åldern på bilen räknas från det att den tas i bruk, oberoende av årsmodell, och den måste genomgå besiktning inom fem månader.

Tiden på året då fordonet kallas till besiktning bestäms av sista siffran i registreringsnumret, enligt tabellen nedan.

Slutsiffra	Besiktningsperiod
1	november t.o.m. mars
2	december t.o.m. april
3	januari t.o.m. maj
4	februari t.o.m. juni
5	maj t.o.m. september
6	juni t.o.m. oktober
7	juli t.o.m. november
8	augusti t.o.m. december
9	september t.o.m. januari
0	oktober t.o.m. februari

Om fordonet har ändrats, byggts om eller om särskild utrustning har monterats eller demonterats, måste du som fordonsägare göra en registreringsbesiktning inom en månad. I vissa fall räcker det med en begränsad registreringsbesiktning, t.ex. för draganordning, taklucka, taxiutrustning etc.

Efter besiktningen

Nedan visas de system och komponenter som kontrolleras och bedöms av besiktaren på Svensk Bilprovning. Efter besiktningen erhåller du ett protokoll där eventuella anmärkningar noterats.

Har du fått en 2x i protokollet (man kan ha max 3 st 2x) behöver du inte ombesiktiga bilen, men är skyldig att själv åtgärda felet snarast möjligt. Om du inte åtgärdar felen utan återkommer till Svensk Bilprovning året därpå med samma fel, blir dessa automatiskt 2:or som då måste ombesiktigas. Har du en eller flera 2x som ej är åtgärdade och du blir intagen i en flygande besiktning av polisen, blir dessa automatiskt 2:or som måste ombesiktigas. I detta läge får du även böta.

Om du har fått en tvåa i protokollet är fordonet alltså inte godkänt. Felet ska åtgärdas och bilen ombesiktigas inom en månad.

En trea innebär att fordonet har så stora brister att det anses mycket trafikfarligt. Körförbud inträder omedelbart.

Karosseri

- Dörr
- Skärm
- Vindruta
- Säkerhetsbälten
- Lastutrymme
- Övrigt

Vanliga anmärkningar:
Skadad vindruta
Vassa kanter
Glappa gångjärn

Styrsystem

- Styrled
- Styrväxel
- Hjälpstyrarm
- Övrigt

Vanliga anmärkningar:
Glapp i styrleder
Skadade styrväxeldamasker

Kommunikation

- Vindrutetorkare
- Vindrutespolare
- Backspegel
- Strålkastarinställning
- Strålkastare
- Signalhorn
- Sidoblinkers
- Parkeringsljus fram bak
- Blinkers
- Bromsljus
- Reflex
- Nummerplåts- belysning
- Övrigt

Vanliga anmärkningar:
Felaktig ljusbild
Skadad strålkastare
Ej fungerande parkeringsljus
Ej fungerande bromsljus

Instrumentering

- Hastighetsmätare
- Taxameter
- Varningslampor
- Övrigt

Hjulsystem

- Däck
- Stötdämpare
- Hjullager
- Spindelleder
- Länkarm fram bak
- Fjäder
- Fjädersäte
- Övrigt

Vanliga anmärkningar:
Glapp i spindelleder
Utslitna däck
Dåliga stötdämpare
Rostskadade fjädersäten
Brustna fjädrar
Rostskadade länkarms- infästningar

Bromssystem

- Fotbroms fram bak rörelseres.
- Bromsrör
- Bromsslang
- Handbroms
- Övrigt

Vanliga anmärkningar:
Otillräcklig bromsverkan på handbromsen
Ojämn bromsverkan på fotbromsen
Anliggande bromsar på fotbromsen
Rostskadade bromsrör
Skadade bromsslangar

Stomme

- Sidobalk
- Tvärbalk
- Golv
- Hjulhus
- Övrigt

Vanliga anmärkningar:
Rostskador i sidobalkar, golv och hjulhus

Drivsystem

- Avgasrening, EGR- system (-88)
- Avgasrening
- Bränslesystem
- Avgassystem
- Avgaser (CO, HC)
- Kraftöverföring
- Drivknut
- Elförsörjning
- Batteri
- Övrigt

Vanliga anmärkningar:
Höga halter av CO
Höga halter av HC
Läckage i avgassystemet
Ej fungerande EGR-ventil
Skadade drivknutsdamasker
Löst batteri

1 Kontroller som utförs från förarsätet

Handbroms

☐ Kontrollera att handbromsen fungerar ordentligt utan för stort spel i spaken. För stort spel tyder på att bromsen eller bromsvajern är felaktigt justerad.
☐ Kontrollera att handbromsen inte kan läggas ur genom att spaken förs åt sidan. Kontrollera även att handbromsspaken är ordentligt monterad.

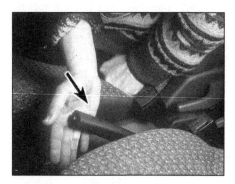

Fotbroms

☐ Tryck ner bromspedalen och håll den nedtryckt i ca 30 sek. Kontrollera att den inte sjunker ner mot golvet, vilket tyder på fel på huvudcylindern. Släpp pedalen, vänta ett par sekunder och tryck sedan ner den igen. Om pedalen tar långt ner måste broms-arna justeras eller repareras. Om pedalens rörelse känns "svampig" finns det luft i bromssystemet som då måste luftas.

☐ Kontrollera att bromspedalen sitter fast ordentligt och att den är i bra skick. Kontrollera även om det finns tecken på oljeläckage på bromspedalen, golvet eller mattan eftersom det kan betyda att packningen i huvudcylindern är trasig.
☐ Om bilen har bromsservo kontrolleras denna genom att man upprepade gånger trycker ner bromspedalen och sedan startar motorn med pedalen nertryckt. När motorn startar skall pedalen sjunka något. Om inte kan vakuumslangen eller själva servoenheten vara trasig.

Ratt och rattstång

☐ Känn efter att ratten sitter fast. Undersök om det finns några sprickor i ratten eller om några delar på den sitter löst.

☐ Rör på ratten uppåt, nedåt och i sidled. Fortsätt att röra på ratten samtidigt som du vrider lite på den från vänster till höger.
☐ Kontrollera att ratten sitter fast ordentligt på rattstången, vilket annars kan tyda på slitage eller att fästmuttern sitter löst. Om ratten går att röra onaturligt kan det tyda på att rattstångens bärlager eller kopplingar är slitna.

Rutor och backspeglar

☐ Vindrutan måste vara fri från sprickor och andra skador som kan vara irriterande eller hindra sikten i förarens synfält. Sikten får inte heller hindras av t.ex. ett färgat eller reflekterande skikt. Samma regler gäller även för de främre sidorutorna.
☐ Backspeglarna måste sitta fast ordentligt och vara hela och ställbara.

Säkerhetsbälten och säten

Observera: *Kom ihåg att alla säkerhetsbälten måste kontrolleras - både fram och bak.*
☐ Kontrollera att säkerhetsbältena inte är slitna, fransiga eller trasiga i väven och att alla låsmekanismer och rullmekanismer fungerar obehindrat. Se även till att alla infästningar till säkerhetsbältena sitter säkert.

☐ Framsätena måste vara ordentligt fastsatta och om de är fällbara måste de vara låsbara i uppfällt läge.

Dörrar

☐ Framdörrarna måste gå att öppna och stänga från både ut- och insidan och de måste gå ordentligt i lås när de är stängda. Gångjärnen ska sitta säkert och inte glappa eller kärva onormalt.

2 Kontroller som utförs med bilen på marken

Registreringsskyltar

☐ Registreringsskyltarna måste vara väl synliga och lätta att läsa av, d v s om bilen är mycket smutsig kan det ge en anmärkning.

Elektrisk utrustning

☐ Slå på tändningen och kontrollera att signalhornet fungerar och att det avger en jämn ton.
☐ Kontrollera vindrutetorkarna och vindrutespolningen. Svephastigheten får inte vara extremt låg, svepytan får inte vara för liten och torkarnas viloläge ska inte vara inom förarens synfält. Byt ut gamla och skadade torkarblad.

☐ Kontrollera att strålkastarna fungerar och att de är rätt inställda. Reflektorerna får inte vara skadade, lampglasen måste vara hela och lamporna måste vara ordentligt fastsatta. Kontrollera även att bromsljusen fungerar och att det inte krävs högt pedaltryck för att tända dem. (Om du inte har någon medhjälpare kan du kontrollera bromsljusen genom att backa upp bilen mot en garageport, vägg eller liknande reflekterande yta.)
☐ Kontrollera att blinkers och varningsblinkers fungerar och att de blinkar i normal hastighet. Parkeringsljus och bromsljus får inte påverkas av blinkers. Om de påverkas beror detta oftast på jordfel. Se också till att alla övriga lampor på bilen är hela och fungerar som de ska och att t.ex. extraljus inte är placerade så att de skymmer föreskriven belysning.
☐ Se även till att batteri, elledningar, reläer och liknande sitter fast ordentligt och att det inte föreligger någon risk för kortslutning

Fotbroms

☐ Undersök huvudbromscylindern, bromsrören och servoenheten. Leta efter läckage, rost och andra skador.

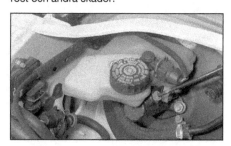

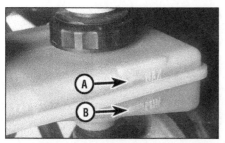

☐ Bromsvätskebehållaren måste sitta fast ordentligt och vätskenivån skall vara mellan max- (A) och min- (B) markeringarna.

☐ Undersök båda främre bromsslangarna efter sprickor och förslitningar. Vrid på ratten till fullt rattutslag och se till att bromsslangarna inte tar i någon del av styrningen eller upphängningen. Tryck sedan ner bromspedalen och se till att det inte finns några läckor eller blåsor på slangarna under tryck.

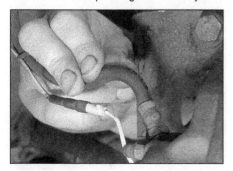

Styrning

☐ Be någon vrida på ratten så att hjulen vrids något. Kontrollera att det inte är för stort spel mellan rattutslaget och styrväxeln vilket kan tyda på att rattstångslederna, kopplingen mellan rattstången och styrväxeln eller själva styrväxeln är sliten eller glappar.

☐ Vrid sedan ratten kraftfullt åt båda hållen så att hjulen vrids något. Undersök då alla damasker, styrleder, länksystem, rörkopplingar och anslutningar/fästen. Byt ut alla delar som verkar utslitna eller skadade. På bilar med servostyrning skall servopumpen, drivremmen och slangarna kontrolleras.

Stötdämpare

☐ Tryck ned hörnen på bilen i tur och ordning och släpp upp. Bilen skall gunga upp och sedan gå tillbaka till ursprungsläget. Om bilen

fortsätter att gunga är stötdämparna dåliga. Stötdämpare som kärvar påtagligt gör också att bilen inte klarar besiktningen. (Observera att stötdämpare kan saknas på vissa fjädersystem.)

☐ Kontrollera också att bilen står rakt och ungefär i rätt höjd.

Avgassystem

☐ Starta motorn medan någon håller en trasa över avgasröret och kontrollera sedan att avgassystemet inte läcker. Reparera eller byt ut de delar som läcker.

Kaross

☐ Skador eller korrosion/rost som utgörs av vassa eller i övrigt farliga kanter med risk för personskada medför vanligtvis att bilen måste repareras och ombesiktas. Det får inte heller finnas delar som sitter påtagligt löst.

☐ Det är inte tillåtet att ha utskjutande detaljer och anordningar med olämplig utformning eller placering (prydnadsföremål, antennfästen, viltfångare och liknande).

☐ Kontrollera att huvlås och säkerhetsspärr fungerar och att gångjärnen inte sitter löst eller på något vis är skadade.

☐ Se också till att stänkskydden täcker hela däckets bredd.

3 Kontroller som utförs med bilen upphissad och med fria hjul

Lyft upp både fram- och bakvagnen och ställ bilen på pallbockar. Placera pallbockarna så att de inte tar i fjäderupphängningen. Se till att hjulen inte tar i marken och att de går att vrida till fullt rattutslag. Om du har begränsad utrustning går det naturligtvis bra att lyfta upp en ände i taget.

Styrsystem

☐ Be någon vrida på ratten till fullt rattutslag. Kontrollera att alla delar i styrningen går mjukt och att ingen del av styrsystemet tar i någonstans.

☐ Undersök kuggstångsdamaskerna så att de inte är skadade eller att metallklämmorna glappar. Om bilen är utrustad med servostyrning ska slangar, rör och kopplingar kontrolleras så att de inte är skadade eller

läcker. Kontrollera också att styrningen inte är onormalt trög eller kärvar. Undersök länkarmar, krängningshämmare, styrstag och styrleder och leta efter glapp och rost.

☐ Se även till att ingen saxpinne eller liknande låsmekanism saknas och att det inte finns gravrost i närheten av någon av styrmekanismens fästpunkter.

Upphängning och hjullager

☐ Börja vid höger framhjul. Ta tag på sidorna av hjulet och skaka det kraftigt. Se till att det inte glappar vid hjullager, spindelleder eller vid upphängningens infästningar och leder.

☐ Ta nu tag upptill och nedtill på hjulet och upprepa ovanstående. Snurra på hjulet och undersök hjullagret angående missljud och glapp.

☐ Om du misstänker att det är för stort spel vid en komponents led kan man kontrollera detta genom att använda en stor skruvmejsel eller liknande och bända mellan infästningen och komponentens fäste. Detta visar om det är bussningen, fästskruven eller själva infästningen som är sliten (bulthålen kan ofta bli uttänjda).

☐ Kontrollera alla fyra hjulen.

Fjädrar och stötdämpare

☐ Undersök fjäderbenen (där så är tillämpligt) angående större läckor, korrosion eller skador i godset. Kontrollera också att fästena sitter säkert.

☐ Om bilen har spiralfjädrar, kontrollera att dessa sitter korrekt i fjädersätena och att de inte är utmattade, rostiga, spruckna eller av.

☐ Om bilen har bladfjädrar, kontrollera att alla bladen är hela, att axeln är ordentligt fastsatt mot fjädrarna och att fjäderöglorna, bussningarna och upphängningarna inte är slitna.

☐ Liknande kontroll utförs på bilar som har annan typ av upphängning såsom torsionfjädrar, hydraulisk fjädring etc. Se till att alla infästningar och anslutningar är säkra och inte utslitna, rostiga eller skadade och att den hydrauliska fjädringen inte läcker olja eller på annat sätt är skadad.

☐ Kontrollera att stötdämparna inte läcker och att de är hela och oskadade i övrigt samt se till att bussningar och fästen inte är utslitna.

Drivning

☐ Snurra på varje hjul i tur och ordning. Kontrollera att driv-/kardanknutar inte är lösa, glappa, spruckna eller skadade. Kontrollera också att skyddsbälgarna är intakta och att driv-/kardanaxlar är ordentligt fastsatta, raka och oskadade. Se även till att inga andra detaljer i kraftöverföringen är glappa, lösa, skadade eller slitna.

Bromssystem

☐ Om det är möjligt utan isärtagning, kontrollera hur bromsklossar och bromsskivor ser ut. Se till att friktionsmaterialet på bromsbeläggen (A) inte är slitet under 2 mm och att bromsskivorna (B) inte är spruckna, gropiga, repiga eller utslitna.

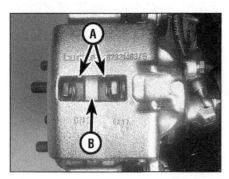

☐ Undersök alla bromsrör under bilen och bromsslangarna bak. Leta efter rost, skavning och övriga skador på ledningarna och efter tecken på blåsor under tryck, skavning, sprickor och förslitning på slangarna. (Det kan vara enklare att upptäcka eventuella sprickor på en slang om den böjs något.)

☐ Leta efter tecken på läckage vid bromsoken och på bromssköldarna. Reparera eller byt ut delar som läcker.

☐ Snurra sakta på varje hjul medan någon trycker ned och släpper upp bromspedalen. Se till att bromsen fungerar och inte ligger an när pedalen inte är nedtryckt.

☐ Undersök handbromsmekanismen och kontrollera att vajern inte har fransat sig, är av eller väldigt rostig eller att länksystemet är utslitet eller glappar. Se till att handbromsen fungerar på båda hjulen och inte ligger an när den läggs ur.

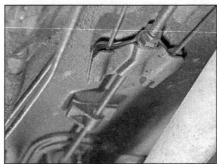

☐ Det är inte möjligt att prova bromsverkan utan specialutrustning, men man kan göra ett körtest och prova att bilen inte drar åt något håll vid en kraftig inbromsning.

Bränsle- och avgassystem

☐ Undersök bränsletanken (inklusive tanklock och påfyllningshals), fastsättning, bränsleledningar, slangar och anslutningar. Alla delar måste sitta fast ordentligt och får inte läcka.

☐ Granska avgassystemet i hela dess längd beträffande skadade, avbrutna eller saknade upphängningar. Kontrollera systemets skick beträffande rost och se till att rörklämmorna är säkert monterade. Svarta sotavlagringar på avgassystemet tyder på ett annalkande läckage.

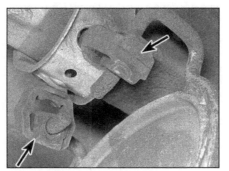

Hjul och däck

☐ Undersök i tur och ordning däcksidorna och slitbanorna på alla däcken. Kontrollera att det inte finns några skärskador, revor eller bulor och att korden inte syns p g a utslitning eller skador. Kontrollera att däcket är korrekt monterat på fälgen och att hjulet inte är deformerat eller skadat.

☐ Se till att det är rätt storlek på däcken för bilen, att det är samma storlek och däcktyp på samma axel och att det är rätt lufttryck i däcken. Se också till att inte ha dubbade och odubbade däck blandat. (Dubbade däck får användas under vinterhalvåret, från 1 oktober till första måndagen efter påsk.)

☐ Kontrollera mönsterdjupet på däcken – minsta tillåtna mönsterdjup är 1,6 mm. Onormalt däckslitage kan tyda på felaktig framhjulsinställning.

Korrosion

☐ Undersök alla bilens bärande delar efter rost. (Bärande delar innefattar underrede, tröskellådor, tvärbalkar, stolpar och all upphängning, styrsystemet, bromssystemet samt bältesinfästningarna.) Rost som avsevärt har reducerat tjockleken på en bärande yta medför troligtvis en tvåa i besiktningsprotokollet. Sådana skador kan ofta vara svåra att reparera själv.

☐ Var extra noga med att kontrollera att inte rost har gjort det möjligt för avgaser att tränga in i kupén. Om så är fallet kommer fordonet ovillkorligen inte att klara besiktningen och dessutom utgör det en stor trafik- och hälsofara för dig och dina passagerare.

4 Kontroller som utförs på bilens avgassystem

Bensindrivna modeller

☐ Starta motorn och låt den bli varm. Se till att tändningen är rätt inställd, att luftfiltret är rent och att motorn går bra i övrigt.

☐ Varva först upp motorn till ca 2500 varv/min och håll den där i ca 20 sekunder. Låt den sedan gå ner till tomgång och iaktta avgasutsläppen från avgasröret. Om tomgången är onaturligt hög eller om tät blå eller klart synlig svart rök kommer ut med avgaserna i mer än 5 sekunder så kommer bilen antagligen inte att klara besiktningen. I regel tyder blå rök på att motorn är sliten och förbränner olja medan svart rök tyder på att motorn inte förbränner bränslet ordentligt (smutsigt luftfilter eller annat förgasar- eller bränslesystemfel).

□ Vad som då behövs är ett instrument som kan mäta koloxid (CO) och kolväten (HC). Om du inte har möjlighet att låna eller hyra ett dylikt instrument kan du få hjälp med det på en verkstad för en mindre kostnad.

CO- och HC-utsläpp

□ För närvarande är högsta tillåtna gränsvärde för CO- och HC-utsläpp för bilar av årsmodell 1989 och senare (d v s bilar med katalysator enligt lag) 0,5% CO och 100 ppm HC.

På tidigare årsmodeller testas endast CO-halten och följande gränsvärden gäller:

årsmodell 1985-88	3,5% CO
årsmodell 1971-84	4,5% CO
årsmodell -1970	5,5% CO.

Bilar av årsmodell 1987-88 med frivilligt monterad katalysator bedöms enligt 1989 års komponentkrav men 1985 års utsläppskrav.

□ Om CO-halten inte kan reduceras tillräckligt för att klara besiktningen (och bränsle- och tändningssystemet är i bra skick i övrigt) ligger problemet antagligen hos förgasaren/bränsleinsprutningsystemet eller katalysatorn (om monterad).

□ Höga halter av HC kan orsakas av att motorn förbränner olja men troligare är att motorn inte förbränner bränslet ordentligt.

Dieseldrivna modeller

□ Det enda testet för avgasutsläpp på dieseldrivna bilar är att man mäter röktätheten. Testet innebär att man varvar motorn kraftigt upprepade gånger.

Observera: *Det är oerhört viktigt att motorn är rätt inställd innan provet genomförs.*

□ Mycket rök kan orsakas av ett smutsigt luftfilter. Om luftfiltret inte är smutsigt men bilen ändå avger mycket rök kan det vara nödvändigt att söka experthjälp för att hitta orsaken.

5 Körtest

□ Slutligen, provkör bilen. Var extra uppmärksam på eventuella missljud, vibrationer och liknande.

□ Om bilen har automatväxellåda, kontrollera att den endast går att starta i lägena P och N. Om bilen går att starta i andra växellägen måste växelväljarmekanismen justeras.

□ Kontrollera också att hastighetsmätaren fungerar och inte är missvisande.

□ Se till att ingen extrautrustning i kupén, t ex biltelefon och liknande, är placerad så att den vid en eventuell kollision innebär ökad risk för personskada.

□ Bilen får inte dra åt något håll vid normal körning. Gör också en hastig inbromsning och kontrollera att bilen inte då drar åt något håll. Om kraftiga vibrationer känns vid inbromsning kan det tyda på att bromsskivorna är skeva och bör bytas eller fräsas om. (Inte att förväxlas med de låsningsfria bromsarnas karakteristiska vibrationer.)

□ Om vibrationer känns vid acceleration, hastighetsminskning, vid vissa hastigheter eller hela tiden, kan det tyda på att drivknutar eller drivaxlar är slitna eller defekta, att hjulen eller däcken är felaktiga eller skadade, att hjulen är obalanserade eller att styrleder, upphängningens leder, bussningar eller andra komponenter är slitna.

Motor

- [ ] Motorn dras inte runt vid startförsök
- [ ] Motorn dras runt men startar inte
- [ ] Motorn är svårstartad när den är kall
- [ ] Motorn är svårstartad när den är varm
- [ ] Startmotorn bullrar eller drar runt väldigt ojämnt
- [ ] Motorn startar men inte omedelbart
- [ ] Motorns tomgång är ä
- [ ] Motorn feltänder i tomgångsvarvtal
- [ ] Motorn feltänder över hela varvtalsområdet under körning
- [ ] Motorn hackar vid acceleration
- [ ] Motorn stoppar
- [ ] Motorn saknar effekt
- [ ] Motorn baktänder
- [ ] Varningslampan för oljetryck lyser när motorn är igång
- [ ] Motorn fortsätter att gå efter avstängning
- [ ] Motorn bullrar

Kylsystem

- [ ] Överhettning
- [ ] Överkylning
- [ ] Externt kylvätskeläckage
- [ ] Internt kylvätskeläckage
- [ ] Korrosion

Bränsle- och avgassystem

- [ ] För hög bränsleförbrukning
- [ ] Bränsleläckage och/eller bränslelukt
- [ ] För mycket buller eller avgaser från avgassystemet

Koppling

- [ ] Pedalen går ner till golvet – inget tryck eller väldigt lite motstånd
- [ ] Kopplingen kopplar inte ur (det går inte att växla)
- [ ] Kopplingen slirar (motorvarvtalet ökar utan att bilens hastighet ökar)
- [ ] Skakningar när kopplingen släpps upp
- [ ] Buller när kopplingspedalen trampas ner eller släpps upp

Manuell växellåda

- [ ] Buller i neutralläge med motorn igång
- [ ] Buller i en viss växel
- [ ] Svårt att lägg i växlar
- [ ] Växlar hoppar ur
- [ ] Vibrationer
- [ ] Smörjmedelsläckage

Automatväxellåda

- [ ] Vätskeläckage
- [ ] Växellådsoljan brun eller har en bränd lukt
- [ ] Allmänna problem med växlingen
- [ ] Det går inte att växla ner (kickdown) med gaspedalen helt nertrampad
- [ ] Motorn startar inte i någon växel eller startar i andra växlar än Park eller Neutral
- [ ] Växellådan slirar, växlar ojämnt, är bullrig eller har ingen drivning i framåtväxlarna eller backen

Drivaxlar

- [ ] Vibrationer vid gaspådrag eller inbromsning
- [ ] Klickande eller knackande oljud vid kurvtagning (vid låg hastighet och fullt rattutslag)

Bromssystem

- [ ] Bilen drar åt ena sidan under inbromsning
- [ ] Buller (gnisslande eller högt gnissel) vid bromsning
- [ ] För lång bromspedalväg
- [ ] Bromspedalen känns svampig när man trampar på den
- [ ] Det krävs att man trampar väldigt hård för att stoppa bilen
- [ ] Skakningar känns genom bromspedalen eller ratten vid inbromsning
- [ ] Kärvande bromsar
- [ ] Bakhjulen låses under normal inbromsning

Fjädring och styrning

- [ ] Bilen drar åt ena sidan
- [ ] Hjulkast och vibrationer
- [ ] För mycket kastande och/eller rullning runt gathörn eller vid inbromsning
- [ ] Dålig kursstabilitet
- [ ] För trög styrning
- [ ] För kraftigt spel i styrningen
- [ ] Dålig servoassistans
- [ ] Överdrivet däckslitage

Elsystem

- [ ] Batteriet håller inte laddningen mer än några få dagar
- [ ] Tändnings-/laddningsvarningslampan fortsätter att lysa när motorn är igång
- [ ] Tändnings-/laddningsvarningslampan tänds inte
- [ ] Lamporna lyser inte
- [ ] Värdena på instrumenten är inte exakta eller också är de felvisande
- [ ] Signalhornet fungerar inte eller också fungerar det dåligt
- [ ] Vindrutetorkarna fungerar inte eller också fungerar de dåligt
- [ ] Vindrutespolarna fungerar inte eller också fungerar de dåligt
- [ ] De elektriska fönsterhissarna fungerar inte eller också fungerar det dåligt
- [ ] Centrallåssystemet fungerar inte eller också fungerar det dåligt

Inledning

En bilägare som utför sitt eget underhåll enligt de rekommenderade serviceschemana bör inte behöva använda detta avsnitt i handboken särskilt ofta. Moderna komponenters tillförlitlighet är sådan att plötsligt funktionsbortfall är jämförelsevis sällsynta under förutsättning att de artiklar som utsätts för slitage undersöks vid de angivna intervallerna. Fel uppstår vanligtvis inte på grund av ett plötsligt funktionsbortfall utan utvecklas under en tid. Större mekaniska fel i synnerhet föregås normalt av karakteristiska symptom under hundratals eller tusentals kilometer. De komponenter som ibland går sönder utan varning är ofta små och kan lätt finnas med i bilen.

För all felsökning gäller att det första steget är att bestämma sig för var underökningarna ska påbörjas. Ibland är detta uppenbart med vid andra tillfällen kan det krävas en del detektivarbete. En ägare som gör ett halvt dussin slumpmässiga justeringar eller byten kan lyckas åtgärda ett fel (eller dess symptom) men han/hon är inte klokare om felet återkommer och kan i slutändan ha använt mer tid och pengar än nödvändigt. Ett lugnt och logiskt sätt att angripa problemen kommer att visa sig vara mer tillfredsställande i det långa loppet. Ta alltid med alla varningssignaler och onormala företeelser som har observerats under den tid som har föregått felet i beräkningen –

strömavbrott, höga eller låga mätarvärden, ovanliga lukter etc. – och kom ihåg att fel på komponenter som säkringar eller tändstift kanske bara tyder på ett underliggande fel.

På följande sidor finns det en enkel referensguide för de vanligaste problemen som kan förekomma under användningen av bilen. Dessa problem och de möjliga orsakerna till dem grupperas under rubriker som betecknar olika komponenter eller system, till exempel Motor, Kylsystem etc.. Det allmänna kapitel som behandlar problemet visas inom parentes. Se relevant del av detta kapitel för systemspecifik information. Oavsett vilket fel det handlar om gäller vissa grundläggande principer, nämligen följande:

Verifiera felet. Detta handlar helt enkelt om att du måste vara säker på att du vet vilka symptomen är innan arbetet påbörjas. Detta är särskilt viktigt om du undersöker ett fel för någon annan som kanske inte har beskrivit problemet särskilt exakt.

Missa inte det som är uppenbart. Om bilen exempelvis inte startar kan du kontrollera om det är bränsle i tanken(Lita inte på någon annans ord när det gäller detta och lita inte på bränslemätaren heller.). Om ett elfel indikeras ska du leta efter lösa eller trasiga kablar innan du tar fram testutrustningen.

Bota sjukdomen, inte symptomet. Om du ersätter ett urladdat batteri med ett fulladdat löser du det tillfälliga problemet men om den underliggande orsaken finns kvar utan att den åtgärdas kommer det nya batteriet att råka ut för samma sak. Detsamma gäller om du byter ut tändstift som har smutsats ner med olja mot en ny uppsättning kommer du att kunna köra igen men kom ihåg att orsaken till nersmutsningen (om det inte helt enkelt var fel tändstiftsklass) måste fastställas och korrigeras.

Ta inte någonting för givet. Glöm i synnerhet inte att en "ny" komponent i sig kan vara defekt (i synnerhet om den har skakat runt i bagageutrymmet i några månader) och undvik inte en feldiagnossekvens för komponenter bara för att de är nya eller nyligen monterade. När du slutligen diagnostiserar ett svårt fel kommer du förmodligen att inse att alla tecken fanns där redan från början.

Fundera på vilket arbete, om något, som har utförts nyligen. Många fel uppstår på grund av att arbetet utförts slarvigt eller under tidspress. Om exempelvis arbete har utförts under motorhuven kan en del av kablaget ha flyttats eller dragits felaktigt eller också kan en slang ha fastnat? Har alla fästanordningar dragits åt ordentligt? Har nya originaldelar och nya packningar använts? Det krävs ofta att en viss mängd detektivarbete utförs i och med att ett synbarligen orelaterat arbete kan ha långtgående konsekvenser.

Feldiagnos dieselmotor

Majoriteten av startproblemen för små dieselmotorer har elektriska orsaker. En mekaniker som känner till bensinmotorer men inte är lika hemma bland dieselmotorer kan vara benägen att se på samma sätt på dieselns insprutningsventiler och pump som bensinmotorns tändstift och fördelare men det är i allmänhet ett misstag att göra detta.

Vid undersökning av klagomål på svår start för någon annan måste du kontrollera att det korrekta tillvägagångssättet för start har förståtts och att det följs. En del förare är omedvetna om innebörden av varningslampan för förvärmning – många moderna motorer är tillräckligt förlåtande för att detta inte spelar någon roll i milt väder men när vintern kommer börjar problemen. I synnerhet glödstift försummas ofta – bara ett defekt glödstift gör att kallstarter blir svåra.

Som en tumregel gäller att om motorn är svår att starta men går bra när den väl har startat är problemet elektriskt (batteri, startmotor eller förvärmningssystem). Om dåliga prestanda uppträder i kombination med startsvårigheter beror problemet troligen på bränslesystemet. Bränslesystemets lågtryckssida (tillförsel) ska kontrolleras innan man riktar sina misstankar mot insprutningsventilerna och högtryckspumpen. Det vanligaste bränslematningssystemet är att luft kommer in i systemet och alla rör från bränsletanken och framåt måste granskas om man misstänker luftläckage.

Motor

Motorn dras inte runt vid startförsök

- [ ] Batteripolanslutningar lösa eller korroderade (se Veckokontroller)
- [ ] Batteriet urladdat eller defekt (kapitel 5)
- [ ] Skadat, löste eller lossat kablage i startkretsen (kapitel 5)
- [ ] Defekt startmotorsolenoid eller tändningsbrytare (kapitel 5 eller 12)
- [ ] Defekt startmotor (kapitel 5)
- [ ] Startmotorns kugghjul eller svänghjulets krondrevskuggar är lösa eller trasiga (kapitel 2A eller 5)
- [ ] Motorns jordremsa trasig eller lossad (kapitel 5)
- [ ] Motorn råkar ut för en "hydraulspärr" (t.ex. p.g.a. att vatten tränger in efter korsning av översvämmade vägar eller p.g.a. en allvarlig inre läcka) – rådfråga en Volvo-verkstad eller en specialist
- [ ] Automatväxellådan inte i läget P eller N (kapitel 7B)

Motorn dras runt men startar inte

- [ ] Bränsletanken tom
- [ ] Batteriet urladdat (motor roterar sakta) (kapitel 5)
- [ ] Batteripolanslutningar lösa eller korroderade (se Veckokontroller)
- [ ] Fel på motorlåsningssystemet eller en "okodad" fjärrenhet används (kapitel 12 eller Reparationer vid vägkanten)
- [ ] Fel på vevaxelgivaren (kapitel 4A)
- [ ] Defekt förvärmningssystem (kapitel 5)
- [ ] Fel på bränsleinsprutningssystemet (kapitel 4A)
- [ ] Luft i bränslesystemet (kapitel 4B)
- [ ] Större mekaniskt fel (t.ex. kamremmen har gått av) (kapitel 2A eller 2B)

Motorn är svårstartad när den är kall

- [ ] Urladdat batteri (kapitel 5)
- [ ] Batteripolanslutningar lösa eller korroderade (se Veckokontroller)
- [ ] Defekt förvärmningssystem (kapitel 5)
- [ ] Fel på bränsleinsprutningssystemet (kapitel 4A)
- [ ] Motorolja av fel kvalitet används (Veckokontroller, kapitel 1)
- [ ] Låg cylinderkompression (kapitel 2A eller 2B)

Motorn är svårstartad när den är varm

- [ ] Smutsig eller tilltäpp luftfilterinsats (kapitel 1)

- [ ] Fel på bränsleinsprutningssystemet (kapitel 4A)
- [ ] Låg cylinderkompression (kapitel 2A eller 2B)

Startmotorn bullrar eller drar runt väldigt ojämnt

- [ ] Startmotorns kugghjul eller svänghjulets krondrevskuggar är lösa eller trasiga (kapitel 2A eller 5)
- [ ] Startmotorns fästskruvar lösa eller saknas (kapitel 5)
- [ ] Startmotorns interna komponenter slitna eller skadade (kapitel 5)

Motorn startar men stoppar omedelbart

- [ ] Vakuumläcka vid gasspjällhuset eller insugsgrenröret (kapitel 4A)
- [ ] Blockerade insprutningsventiler/fel på bränsleinsprutningssystemet (kapitel 4A)
- [ ] Luft i bränslet, möjligen på grund av en lös bränsleledningskoppling (kapitel 4A)

Motorns tomgång är ojämn

- [ ] Tilltäppt luftfilterinsats (kapitel 1)
- [ ] Vakuumläcka vid gasspjällhuset, insugsgrenröret eller tillhörande slangar (kapitel 4A)
- [ ] Ojämns eller låg cylinderkompression (kapitel 2A eller 2B)
- [ ] Slitna kamlober (kapitel 2A eller 2B)
- [ ] Felaktigt monterad kamrem (kapitel 2A eller 2B)
- [ ] Blockerade insprutningsventiler/fel på bränsleinsprutningssystemet (kapitel 4A)
- [ ] Luft i bränslet, möjligen på grund av en lös bränsleledningskoppling (kapitel 4A)

Motorn feltänder i tomgångsvarvtal

- [ ] Vakuumläcka vid gasspjällhuset, insugsgrenröret eller tillhörande slangar (kapitel 4A)
- [ ] Blockerade insprutningsventiler/fel på bränsleinsprutningssystemet (kapitel 4A)
- [ ] Defekt(a) insprutningsventil(er) (kapitel 4A)
- [ ] Ojämns eller låg cylinderkompression (kapitel 2A eller 2B)
- [ ] Vevhusets ventilationsslangar har lossnat, läcker eller har förstörts (kapitel 4B)

Motor (forts.)

Motorn feltänder över hela varvtalsområdet under körning

- [ ] Igensatt bränslefilter (kapitel 1)
- [ ] Defekt bränslepump eller lågt matningstryck (kapitel 4A)
- [ ] Bränsletanksventilation tilltäppt eller begränsat flöde i bränslerören (kapitel 4A)
- [ ] Vakuumläcka vid gasspjällhuset, insugsgrenröret eller tillhörande slangar (kapitel 4A)
- [ ] Defekt(a) insprutningsventil(er) (kapitel 4A)
- [ ] Ojämns eller låg cylinderkompression (kapitel 2A eller 2B)
- [ ] Blockerad insprutningsventil/fel på bränsleinsprutningssystemet (kapitel 4A)
- [ ] Blockerad katalysator (kapitel 4B)
- [ ] Överhettad motor (kapitel 3)
- [ ] Låg nivå i bränsletanken (kapitel 4A)

Motorn hackar vid acceleration

- [ ] Vakuumläcka vid gasspjällhuset, insugsgrenröret eller tillhörande slangar (kapitel 4A)
- [ ] Blockerade insprutningsventiler/fel på bränsleinsprutningssystemet (kapitel 4A)
- [ ] Defekt(a) insprutningsventil(er) (kapitel 4A)
- [ ] Defekt kopplingspedalskontakt (kapitel 6)

Motorn stoppar

- [ ] Vakuumläcka vid gasspjällhuset, insugsgrenröret eller tillhörande slangar (kapitel 4A)
- [ ] Igensatt bränslefilter (kapitel 1)
- [ ] Defekt bränslepump eller lågt matningstryck (kapitel 4A)
- [ ] Bränsletanksventilation tilltäppt eller begränsat flöde i bränslerören (kapitel 4A)
- [ ] Blockerade insprutningsventiler/fel på bränsleinsprutningssystemet (kapitel 4A)
- [ ] Defekt(a) insprutningsventil(er) (kapitel 4A)

Motorn saknar effekt

- [ ] Blockerad luftfilterinsats (kapitel 1)
- [ ] Igensatt bränslefilter (kapitel 1)
- [ ] Blockerade bränslerör eller begränsat flöde i dem (kapitel 4A)
- [ ] Överhettad motor (kapitel 3)
- [ ] Låg nivå i bränsletanken (kapitel 4A)
- [ ] Fel på gaspedallägesgivaren (kapitel 4A)
- [ ] Vakuumläcka vid gasspjällhuset, insugsgrenröret eller tillhörande slangar (kapitel 4A)
- [ ] Blockerade insprutningsventiler/fel på bränsleinsprutningssystemet (kapitel 4A)
- [ ] Defekt(a) insprutningsventil(er) (kapitel 4A)
- [ ] Felaktigt monterad kamrem (kapitel 2A eller 2B)
- [ ] Defekt bränslepump eller lågt matningstryck (kapitel 4A)
- [ ] Ojämns eller låg cylinderkompression (kapitel 2A eller 2B)
- [ ] Blockerad katalysator (kapitel 4B)
- [ ] Kärvande bromsar (kapitel 9)
- [ ] Slirande koppling (kapitel 6)

Motorn baktänder

- [ ] Felaktigt monterad kamrem (kapitel 2A eller 2B)
- [ ] Vakuumläcka vid gasspjällhuset, insugsgrenröret eller tillhörande slangar (kapitel 4A)
- [ ] Blockerade insprutningsventiler/fel på bränsleinsprutningssystemet (kapitel 4A)
- [ ] Blockerad katalysator (kapitel 4B)

Varningslampan för oljetryck lyser när motorn är igång

- [ ] Låg oljenivå eller fel oljekvalitet (se Veckokontroller)
- [ ] Defekt oljetryckgivare eller skadat kablage (kapitel 12)
- [ ] Slitna motorlager och/eller pump (kapitel 2A eller 2B)
- [ ] Motorns arbetstemperatur är hög (kapitel 3)
- [ ] Oljepumpens övertrycksventil är defekt (kapitel 2A eller 2B)
- [ ] Oljepumpens sil är tilltäppt (kapitel 2A eller 2B)

Motorn fortsätter att gå efter avstängning

- [ ] Kraftig uppbyggnad av sotavlagringar i motorn (kapitel 2A eller 2B)
- [ ] Motorns arbetstemperatur är hög (kapitel 3)
- [ ] Fel på bränsleinsprutningssystemet (kapitel 4A)

Motorn bullrar

Förtändning (spikning) eller knackningar under acceleration under belastning

- [ ] Vakuumläcka vid gasspjällhuset, insugsgrenröret eller tillhörande slangar (kapitel 4A)
- [ ] Kraftig uppbyggnad av sotavlagringar i motorn (kapitel 2A eller 2B)
- [ ] Blockerad insprutningsventil/fel på bränsleinsprutningssystemet (kapitel 4A)
- [ ] Defekt(a) insprutningsventil(er) (kapitel 4B)

Visslande eller väsande oljud

- [ ] Läckande insugsgrenrör eller gasspjällhuspackning (kapitel 4A)
- [ ] Läckande avgasgrenrörspackning eller skarv mellan rör och grenrör (kapitel 4A eller 4B)
- [ ] Läckande vakuumslang (kapitel 4A eller 9)
- [ ] Defekt topplockspackning (kapitel 2A eller 2B)
- [ ] Delvis blockerat eller läckande vevhusventilationssystem (kapitel 4B)

Knackande eller skramlande oljud

- [ ] Sliten ventilstyrning eller kamaxel (kapitel 2A eller 2B)
- [ ] Fel på tillhörande komponent (kylvätskepump, generator etc.) (kapitel 3, 5 etc.)

Knackande eller dunkande oljud

- [ ] Slitna storändslager (regelbundna tunga knackningar, kanske mindre under belastning)
- [ ] Slitna huvudlager (muller och knackningar, kanske värre under belastning)
- [ ] Kolvslag – märks mest när motorn är kall, orsakas av att kolven/loppet är sliten/slitet
- [ ] Fel på tillhörande komponent (kylvätskepump, generator etc.) (kapitel 3, 5 etc.)
- [ ] Slitna eller defekta motorfästen
- [ ] Slitna komponenter till framhjulsupphängningen och styrningen (kapitel 10)

Kylsystem

Överhettning

- [ ] Otillräckligt med kylvätska i systemet (se Veckokontroller)
- [ ] Defekt termostat (kapitel 3)
- [ ] Kylarelementet är blockerat eller begränsat flöde i grillen (kapitel 3)
- [ ] Defekt kylfläkt eller fel på styrmodulen (kapitel 3)
- [ ] Felvisande kylvätsketemperaturgivare (kapitel 3)
- [ ] Luftlås i kylsystemet (kapitel 3)
- [ ] Expansionskärlets trycklock är defekt (kapitel)
- [ ] Fel på motorstyrningssystemet (kapitel 4A)

Överkylning

- [ ] Defekt termostat (kapitel 3)
- [ ] Felvisande kylvätsketemperaturgivare (kapitel 3)
- [ ] Defekt kylfläkt (kapitel 3)
- [ ] Fel på motorstyrningssystemet (kapitel 4A)

Externt kylvätskeläckage

- [ ] Försämrade eller skadade slangar eller slangklämmor (kapitel 1)
- [ ] Läckande kylarelement eller värmepaket (kapitel 3)
- [ ] Expansionskärlets trycklock är defekt (kapitel 1)
- [ ] Intern tätning läcker i kylvätskepumpen (kapitel 3)
- [ ] Läckande packning i kylvätskepumpen (kapitel 3)
- [ ] Kokar på grund av överhettning (kapitel 3)
- [ ] Läckande hylsplugg i motorblocket (kapitel 2B)

Internt kylvätskeläckage

- [ ] Läckande topplockspackning (kapitel 2A)
- [ ] Sprucket topplock eller motorblock (kapitel 2A eller 2B)

Korrosion

- [ ] Tömning och spolning sällan (kapitel 1)
- [ ] Fel kylvätskeblandning eller fel typ av kylvätska (se Veckokontroller)

Bränsle- och avgassystem

För hög bränsleförbrukning

- [ ] Smutsig eller tilltäpp luftfilterinsats (kapitel 1)
- [ ] Fel på bränsleinsprutningssystemet (kapitel 4A)
- [ ] Fel på motorstyrningssystemet (kapitel 4A)
- [ ] Blockerat vevhusventilationssystem (kapitel 4B)
- [ ] För lågt tryck i däcken (se Veckokontroller)
- [ ] Kärvande bromsar (kapitel 9)
- [ ] Bränsleläcka som leder till märkbart högre förbrukning (kapitel 1 eller 4A)

Bränsleläckage och/eller bränslelukt

- [ ] Skadad eller korroderad bränsletank, rör eller anslutningar (kapitel 4A)

För mycket buller eller avgaser från avgassystemet

- [ ] Läckande avgassystem eller grenrörsskarvar (kapitel 4A eller 4B)
- [ ] Läckande, korroderade eller skadade ljuddämpare eller rör (kapitel 4A eller 4B)
- [ ] Trasiga fästen som leder till kaross- eller upphängningskontakt (kapitel 1, 4A eller 4B)

Koppling

Pedalen går ner till golvet – inget tryck eller väldigt lite motstånd

- [ ] Luft i hydraulsystemet/defekt huvud- eller slavcylinder (kapitel 6)
- [ ] Defekt hydrauliskt frigöringssystem (kapitel 6)
- [ ] Kopplingspedalens returfjäder har lossnat eller gått av (kapitel 6)
- [ ] Kopplingens urkopplingslager eller kopplingsgaffeln skadat/skadad (kapitel 6)
- [ ] Trasig tallriksfjäder i kopplingens tryckplatta (kapitel 6)

Kopplingen kopplar inte ur (det går inte att växla)

- [ ] Luft i hydraulsystemet/defekt huvud- eller slavcylinder (kapitel 6)
- [ ] Defekt hydrauliskt frigöringssystem (kapitel 6)
- [ ] Kopplingslamell fastnar på räfflorna på växellådans ingående axel (kapitel 6)
- [ ] Kopplingslamell fastnar på svänghjulet eller tryckplatta (kapitel 6)
- [ ] Defekt tryckplattsenhet (kapitel 6)
- [ ] Urtrampningsmekanismen är sliten eller felaktigt monterad (kapitel 6)

Kopplingen slirar (motorvarvtalet ökar utan att bilens hastighet ökar)

- [ ] Defekt hydrauliskt frigöringssystem (kapitel 6)
- [ ] Kopplingens lamellbelägg är för mycket slitna (kapitel 6)
- [ ] Kopplingens lamellbelägg är förorenade med olja eller fett (kapitel 6)
- [ ] Defekt tryckplatta eller svag tallriksfjäder (kapitel 6)

Skakningar när kopplingen läggs i

- [ ] Kopplingens lamellbelägg är förorenade med olja eller fett (kapitel 6)
- [ ] Kopplingens lamellbelägg är för mycket slitna (kapitel 6)
- [ ] Defekt eller förstörd tryckplatta eller tallriksfjäder (kapitel 6).
- [ ] Slitna eller lösa motor- eller växellådsfästen (kapitel 2C)
- [ ] Kopplingslamellnav eller räfflorna på växellådans ingående axel är slitna (kapitel 6)

Buller när kopplingspedalen trampas ner eller släpps upp

- [ ] Slitet urkopplingslager (kapitel 6)
- [ ] Slitna eller torra kopplingspedalbussningar (kapitel 6)
- [ ] Sliten eller torr huvudcylinderkolv (kapitel 6)
- [ ] Defekt tryckplattsenhet (kapitel 6)
- [ ] Trasig tallriksfjäder i kopplingens tryckplatta (kapitel 6)
- [ ] Kopplingslamellens dämpningsfjädrar trasiga (kapitel 6)

Manuell växellåda

Buller i neutralläge med motorn igång

☐ Brist på olja (kapitel 1)
☐ Den ingående axelns lager är slitna (märkbart buller när man släpper upp kopplingspedalen men inte när man trampar ner den) (kapitel 7A)*
☐ Urtrampningslagret är slitet (märkbart buller med kopplingspedalen nertrampad, möjligen mindre när den släpps upp) (kapitel 6)

Buller i en viss växel

☐ Slitna, skadade eller urflisade drevkuggar (kapitel 7A)*

Svårt att lägg i växlar

☐ Fel på kopplingen (kapitel 6)
☐ Slitna eller skadade växlingsvajrar (kapitel 7A)
☐ Brist på olja (kapitel 7A)
☐ Slitna synkroniseringsenheter (kapitel 7A)*

Växlar hoppar ur

☐ Slitna eller skadade växlingsvajrar (kapitel 7A)
☐ Slitna synkroniseringsenheter (kapitel 7A)*
☐ Slitna väljargafflar (kapitel 7A)*

Vibration

☐ Brist på olja (kapitel 7A)
☐ Slitna lager (kapitel 7A)*

Smörjmedelsläckor

☐ Läckande oljetätning till drivaxeln eller väljaraxeln (kapitel 7A)
☐ Läckande husskarv (kapitel 7A)*
☐ Läckande oljetätning till den ingående axeln (kapitel 7A)*

Även om de korrigerande åtgärd som krävs för att åtgärda symptomen ligger utanför vad som är möjligt för en hemmamekaniker bör informationen ovan ge en hjälp när det gäller att isolera orsaken till tillståndet så att ägaren kan kommunicera med en professionell mekaniker.

Automatväxellåda

Observera: *På grund av automatväxellådans komplexitet är det svårt för en hemmamekaniker att diagnostisera eller utföra service på denna enhet. För andra problem än följande ska bilen tas till en serviceverkstad eller till en specialist på automatväxellådor. Ha inte för bråttom med att ta bort växellådan om du misstänker ett fel eftersom de flesta tester utföras med enheten fortfarande monterad. Kom ihåg att, utöver de givare som är specifika för växellådan, många av motorstyrningssystemets givare som beskrivs i kapitel 4A är ytterst viktiga för att växellådan ska fungera korrekt.*

Vätskeläckage

☐ Automatväxellådsolja är vanligtvis mörkröd. Vätskeläckor ska inte förväxlas med motorolja som lätt kan blåsas på växellådan via luftflödet.
☐ För att fastställa källan till läckan ska du först ta bort all ansamlad smuts och fet smuts från växellådshuset och de omgivande områdena med ett avfettningsmedel eller genom ångrengöring. Kör bilen med låg hastighet så att luftflödet inte blåser bort den läckande vätskan långt bort från källan. Lyft upp bilen och fastställ var läckan kommer från. Följande är vanliga läckageområden:

a) *Oljetråg*
b) *Oljemätstickans rör*
c) *Anslutningar växellåda till oljekylare (kapitel 7B)*

Växellådsoljan är brun eller har en bränd lukt

☐ Låg oljenivå i växellådan (kapitel 1)

Allmänna problem med växlingen

☐ I kapitel 7B behandlas kontroll av växelvajern i automatväxellådor. Följande är vanliga problem som kan orsakas av en defekt vajer eller givare:

a) *Motorn startar i andra växlar än Park eller Neutral.*
b) *Indikatorpanelen indikerar en annan växel än den som faktiskt används.*
c) *Bilen rör sig i Park eller Neutral.*
d) *Dålig växlingskvalitet eller ojämna växlingar.*

Det går inte att växla ner (kickdown) med gaspedalen helt nertrampad

☐ Låg oljenivå i växellådan (kapitel 1)
☐ Fel på motorstyrningssystemet (kapitel 4A)
☐ Defekt växellådsgivare eller kablage (kapitel 7B)
☐ Defekt växelväljare (kapitel 7B)

Motorn startar inte i någon växel eller startar i andra växlar än Park eller Neutral

☐ Defekt växellådsgivare eller kablage (kapitel 7B)
☐ Fel på motorstyrningssystemet (kapitel 4A)
☐ Defekt växelväljare (kapitel 7B)

Växellådan slirar, växlar ojämnt, är bullrig eller har ingen drivning i framåtväxlarna eller backen

☐ Låg oljenivå i växellådan (kapitel 1)
☐ Defekt växellådsgivare eller kablage (kapitel 7B)
☐ Fel på motorstyrningssystemet (kapitel 4A)

Observera: *Det finns många orsaker till problemen ovan men diagnosticering och korrigering av dem anses ligga utanför det område som täcks av den här handboken. Om oljenivån och kablaget har kontrollerats så långt som möjligt bör en verkstad eller växellådsspecialist rådfrågas om problemet består.*

Kardanaxel

Knackningar eller klingande ljud när man börjar köra

☐ Sliten universalled (kapitel 8B)
☐ Slitna räfflor i Haldex eller den koniska växelns kugghjul (kapitel 8B)
☐ Lösa drivflänsskruvar (kapitel 8B)
☐ För mycket dödgång i axelns drev (kapitel 8B)

Metalliskt gnisslande ljud som varierar med hastigheten

☐ Kraftigt slitage i universalledens/drivknutens lager (kapitel 8B)

Vibration

☐ Slitage i glidhylsans räfflor (kapitel 8B)
☐ Slitna universalledslager (kapitel 8B)
☐ Slitna drivknutar (kapitel 8B)
☐ Obalanserad kardanaxel (kapitel 8B)

Slutväxel

Buller under körning och överhettning

☐ Slitage i kronhjuls- och kugghjulsdrev (kapitel 8B)
☐ Slitna differentiallager (kapitel 8B)
☐ Fel i huvudväxellådan eller fördelningsväxellådan (kapitel 7A, 7B eller 8B)

Buller som ändrar sig beroende på hastigheten

☐ Slitna navlager (kapitel 8)
☐ Slitna differentiallager (kapitel 8B)
☐ Fel i huvudväxellådan eller fördelningsväxellådan (kapitel 7A, 7B eller 8B)

Knackningar eller klingande ljud när man börjar köra

☐ För mycket kronhjuls- och kugghjulsdödgång (kapitel 8B)
☐ Slitna differentiallager (kapitel 8B)
☐ Slitna drivknutar (kapitel 8A)
☐ Drivaxelmutter eller hjulmuttrar lösa (kapitel 9)
☐ Trasiga, skadade eller slitna komponenter till hjulupphängningen (kapitel 10)
☐ Fel i huvudväxellådan eller fördelningsväxellådan (kapitel 7A, 7B eller 8B)

Oljeläckage

☐ Defekta tätningar till differentialens kugghjul eller bakaxeln (kapitel 8B)
☐ Skadad drivaxeloljetätning (kapitel 8A)

Drivaxlar

Vibrationer vid gaspådrag eller inbromsning

☐ Sliten inre drivknut (kapitel 8)
☐ Böjd eller deformerad drivaxel (kapitel 8)
☐ Slitet mellanlager (kapitel 8)

Klickande eller knackande oljud vid kurvtagning (vid låg hastighet och fullt rattutslag)

☐ Sliten yttre drivknut (kapitel 8)
☐ Brist på drivknutssmörjmedel, möjligen på grund av en skadad damask (kapitel 8)
☐ Slitet mellanlager (kapitel 8)

Bromssystem

Observera: *Innan man utgår från att det finns problem med bromsarna är det nödvändigt att se till att däcken är i gott skick och att de har korrekt tryck, att framhjulsinställningen är korrekt och att bilen inte är lastad med vikt på ett obalanserat sätt. Frånsett kontroll av tillståndet för alla rör- och slanganslutningar bör alla fel som uppstår på de låsningsfria bromsarna överlåtas åt en Volvo-verkstad eller specialist för diagnos.*

Bilen drar åt ena sidan under inbromsning

- [ ] Slitna, defekta eller förorenade bromsbelägg på ena sidan (kapitel 9)
- [ ] Kärvande eller delvis kärvande kolv i bromsoket (kapitel 9)
- [ ] Olika bromsbeläggsmaterial används (kapitel 9)
- [ ] Bromsokets fästskruvar lösa (kapitel 9)
- [ ] Slitna eller skadade komponenter till styrningen eller hjulupphängningen (kapitel 1 eller 10)

Oljud (slipande eller högt gnissel) vid inbromsning

- [ ] Bromsbeläggens material slitet ner till metallunderlaget (kapitel 9)
- [ ] För mycket korrosion på bromsskivorna (syns när bilen har stått stilla under en tid) (kapitel 9)
- [ ] Främmande föremål (stenskott etc.) har fastnat mellan bromsskivan och bromsskölden (kapitel 9)

För lång bromspedalväg

- [ ] Defekt huvudcylinder (kapitel 9)
- [ ] Luft i hydraulsystemet (kapitel 6 eller 9)
- [ ] Defekt vakuumservoenhet (kapitel 9)

Bromspedalen känns svampig när man trampar på den

- [ ] Luft i hydraulsystemet (kapitel 6 eller 9)
- [ ] Försämrade böjliga bromsslangar av gummi (kapitel 1 eller 9)
- [ ] Huvudcylinderns fästmuttrar är lösa (kapitel 9)
- [ ] Defekt huvudcylinder (kapitel 9)

Det krävs att man trampar väldigt hård för att stoppa bilen

- [ ] Defekt vakuumservoenhet (kapitel 9)
- [ ] Defekt vakuumpump – dieselmodeller (kapitel 9)
- [ ] Lossad, skadad eller osäker vakuumslang till bromsservon (kapitel 9)
- [ ] Fel i den primära eller sekundära hydraulkretsen (kapitel 9)
- [ ] Kärvande kolv i bromsoket (kapitel 9)
- [ ] Bromsbeläggen är felaktigt monterade (kapitel 9)
- [ ] Bromsbelägg av fel kvalitet har monterats (kapitel 9)
- [ ] Bromsbeläggen är förorenade (kapitel 9)

Skakningar känns genom bromspedalen eller ratten vid inbromsning

Observera: *Vid kraftig inbromsning kan man känna vibrationer genom bromspedalen i modeller som är utrustade med ABS. Detta är en normal egenskap när ABS-systemet arbetar och utgör inte något fel*

- [ ] Skivorna har för mycket kast eller förvridning (kapitel 9)
- [ ] Slitna bromsbelägg (kapitel 1 eller 9)
- [ ] Bromsokets fästskruvar lösa (kapitel 9)
- [ ] Slitage i komponenter eller fästen till hjulupphängningen eller styrningen (kapitel 1 eller 10)
- [ ] Obalanserade framhjul (se Veckokontroller)

Kärvande bromsar

- [ ] Kärvande kolv i bromsoket (kapitel 9)
- [ ] Defekt handbromsmekanism (kapitel 9)
- [ ] Defekt huvudcylinder (kapitel 9)

Bakhjulen låses under normal inbromsning

- [ ] Bromsbeläggen bak är förorenade eller skadade (kapitel 9)
- [ ] Bromsskivorna bak är skeva (kapitel 9)

Fjädring och styrning

Observera: *Innan fel i hjulupphängningen och styrningen diagnosticeras måste du se till att felen inte beror på felaktigt däcktryck, blandning av olika däcktyper eller kärvande bromsar.*

Bilen drar åt ena sidan

- [ ] Defekt däck (se Veckokontroller)
- [ ] för mycket slitage i komponenter eller fästen till hjulupphängningen eller styrningen (kapitel 1eller 10)
- [ ] Felaktig framhjulsinställning (kapitel 10)
- [ ] Olycksskador på komponenter till styrningen eller hjulupphängningen

Hjulkast och vibrationer

- [ ] Obalanserade framhjul (vibrationer känns huvudsakligen genom ratten) (se Veckokontroller)
- [ ] Obalanserade bakhjul (vibrationer känns i hela bilen) (se Veckokontroller)
- [ ] Ej drivande hjul skadat eller deformerat (se Veckokontroller)
- [ ] Defekt eller skadat däck (se Veckokontroller)
- [ ] Slitna eller skadade kulleder, bussningar eller komponenter till styrningen eller hjulupphängningen (kapitel 1 eller 10)
- [ ] Lösa hjulskruvar (kapitel 1)

För mycket kastande och/eller rullning runt gathörn eller vid inbromsning

- [ ] Defekta stötdämpare (kapitel 10)
- [ ] Trasig eller svag fjäder och/eller komponent till hjulupphängningen (kapitel 10)
- [ ] Slitna eller skadade krängningshämmare eller fästen (kapitel 10)

Dålig kursstabilitet

- [ ] Felaktig framhjulsinställning (kapitel 10)
- [ ] Slitna eller skadade kulleder, bussningar eller komponenter till styrningen eller hjulupphängningen (kapitel 1 eller 10)
- [ ] Obalanserade hjul (se Veckokontroller)
- [ ] Defekt eller skadat däck (se Veckokontroller)
- [ ] Lösa hjulskruvar (kapitel 1)
- [ ] Defekta stötdämpare (kapitel 10)

För trög styrning

- [ ] Kärvande kulled i styrningens länksystem eller i hjulupphängningen (kapitel 1 eller 10)
- [ ] Trasig eller felaktigt justerad drivrem (kapitel 1)
- [ ] Felaktig framhjulsinställning (kapitel 10)
- [ ] Skadad kuggstång (kapitel 10)

För kraftigt spel i styrningen

- [ ] Slitna kulleder på rattstången mellanaxeln (kapitel 10)
- [ ] Slitna kulleder till parallellstaget (kapitel 1 eller 10)
- [ ] Sliten kuggstång (kapitel 10)
- [ ] Slitna eller skadade kulleder, bussningar eller komponenter till styrningen eller hjulupphängningen (kapitel 1 eller 10)

Dålig servoassistans

- [ ] Trasig eller felaktigt justerad drivrem (kapitel 1)
- [ ] Fel servooljenivå (se Veckokontroller)
- [ ] Begränsat flöde i servostyrningens slangar (kapitel 1)
- [ ] Defekt servostyrningspump (kapitel 10)
- [ ] Defekt kuggstång (kapitel 10)

För slitna däck

Däcken är slitna på inner- eller ytterkanterna

- [ ] För lågt tryck i däcken (slitage på båda kanterna) (se Veckokontroller)
- [ ] Felaktig camber- eller castor-vinkel (slitage endast på en kant) (kapitel 10)
- [ ] Slitna eller skadade kulleder, bussningar eller komponenter till styrningen eller hjulupphängningen (kapitel 1 eller 10)
- [ ] För mycket hård kurvtagning eller inbromsning
- [ ] Olycksskada

Däckmönstret uppvisar flöjlade kanter

- [ ] Felaktig toe-inställning (kapitel 10)

Däcken slitna i mitten av mönstret

- [ ] För högt tryck i däcken (se Veckokontroller)

Däcken är slitna på inner- och ytterkanterna

- [ ] För lågt tryck i däcken (se Veckokontroller)

Däcken är ojämnt slitna

- [ ] Obalanserade däck/hjul (se Veckokontroller)
- [ ] För mycket hjul- eller däckkast
- [ ] Slitna stötdämpare (kapitel 10)
- [ ] Defekt däck (se Veckokontroller)

Elsystem

Observera: *För problem som hänger ihop med startsystemet hänvisas till de fel som räknas upp under "Motor" tidigare i detta avsnitt.*

Batteriet håller inte laddningen mer än några dagar

- [ ] Internt fel i batteriet (kapitel 5)
- [ ] Batteripolanslutningar lösa eller korroderade (se Veckokontroller)
- [ ] Drivremmen är sliten eller felaktigt justerad (kapitel 1)
- [ ] Generatorn laddar inte med korrekt utgående värde (kapitel 5)
- [ ] Generatorn eller spänningsregulatorn är defekt (kapitel 5)
- [ ] En kortslutning som orsakar kontinuerlig tömning av batteriet (kapitel 5 eller 12)

Tändnings-/laddningsvarningslampan fortsätter att lysa när motorn är igång

- [ ] Drivremmen är trasig, sliten eller felaktigt justerad (kapitel 1)
- [ ] Internt fel på generatorn eller spänningsregulatorn (kapitel 5)
- [ ] Skadat, löst eller lossat kablage i startkretsen (kapitel 5 eller 12)

Tändnings-/laddningsvarningslampan tänds inte

- [ ] Varningslampans glödlampa är trasig (kapitel 12)
- [ ] Skadat, löst eller lossat kablage i varningslampans krets (kapitel 5 eller 12)
- [ ] Defekt generator (kapitel 5)

Lamporna lyser inte

- [ ] Trasig glödlampa (kapitel 12)
- [ ] Korrosion på glödlampans eller lamphållarens kontakter (kapitel 12)
- [ ] Trasig säkring (kapitel 12)
- [ ] Defekt relä (kapitel 12)
- [ ] Trasigt, löst eller lossat kablage (kapitel 12)
- [ ] Defekt brytare (kapitel 12)

Värdena på instrumenten är inte exakta eller också är de felvisande

Bränsle- eller temperaturmätarna ger inget utslag

- [ ] Defekt givarenhet till mätare (kapitel 3 eller 4A)
- [ ] Öppen krets i kablaget (kapitel 12)
- [ ] Defekt instrumentkluster (kapitel 12)

Bränsle- eller temperaturmätarna ger maximalt utslag kontinuerligt

- [ ] Defekt givarenhet till mätare (kapitel 3 eller 4A)
- [ ] Kortslutning i kablaget (kapitel 12)
- [ ] Defekt instrumentkluster (kapitel 12)

Signalhornet fungerar inte eller också fungerar det dåligt

Signalhornet låter hela tiden

- [ ] Signalhornsknappen antingen jordad eller också sitter den fast (kapitel 12)
- [ ] Kabel för signalhornsknappen jordad (kapitel 12)

Signalhornet fungerar inte

- [ ] Trasig säkring (kapitel 12)
- [ ] Kabel eller anslutningar lösa, trasiga eller lossade (kapitel 12)
- [ ] Defekt signalhorn (kapitel 12)

Signalhornet ger ifrån sig intermittent eller otillfredsställande ljud

- [ ] Kabelanslutningarna är lösa (kapitel 12)
- [ ] Signalhornets fästen är lösa (kapitel 12)
- [ ] Defekt signalhorn (kapitel 12)

Vindrutetorkarna fungerar inte eller också fungerar de dåligt

Torkarna fungerar inte eller fungerar väldigt långsamt

- [ ] Torkarbladen sitter fast på vindrutan eller också sitter länksystemet fast eller kärvar (kapitel 12)
- [ ] Trasig säkring (kapitel 12)
- [ ] Urladdat batteri (kapitel 5)
- [ ] Kabel eller anslutningar lösa, trasiga eller lossade (kapitel 12)
- [ ] Defekt torkarmotor (kapitel 12)

Torkarbladen torkar över ett för stort eller för litet område av rutan

- [ ] Torkarbladen är felaktigt monterade eller också används fel storlek (se Veckokontroller)
- [ ] Torkararmarna är felaktigt placerade på spindlarna (kapitel 12)
- [ ] Onormalt slitage på torkarnas länksystem (kapitel 12)
- [ ] Torkarmotorns eller länksystemets fästen är lösa eller osäkra (kapitel 12)

Torkarbladen misslyckas med att rengöra rutan på ett effektivt sätt

- [ ] Torkarbladets gummi är smutsigt, slitet eller förstört (se Veckokontroller)
- [ ] Torkarbladen är felaktigt monterade eller också används fel storlek (se Veckokontroller)
- [ ] Torkararmarnas spännfjädrar är trasiga eller också sitter armtapparna fast (kapitel 12)
- [ ] Otillräcklig tillsats i spolarvätskan för att ta bort vägfilmen på vindrutan ordentligt (se Veckokontroller)

Vindrutespolarna fungerar inte eller också fungerar de dåligt

Ett eller flera spolarmunstycken fungerar inte

- [ ] Blockerat spolarmunstycke
- [ ] Vätskeslangen har lossats, är böjd eller har ett begränsat flöde (kapitel 12)
- [ ] För lite vätska i spolarvätskebehållaren (se Veckokontroller)

Spolarvätskepumpen fungerar inte

- [ ] Trasigt eller lossat kablage eller trasiga eller lossade anslutningar (kapitel 12)
- [ ] Trasig säkring (kapitel 12)
- [ ] Defekt spolarbrytare (kapitel 12)
- [ ] Defekt spolarvätskepump (kapitel 12)

Spolarvätskepumpen går en stund innan det kommer ut vätska från munstyckena

- [ ] Defekt envägsventil i vätskematarslangen (kapitel 12)

Elsystem (forts.)

De elektriska fönsterhissarna fungerar inte eller också fungerar det dåligt

Fönsterglaset rör sig endast i en riktning

☐ Defekt brytare (kapitel 12)

Fönsterglaset rör sig långsamt

☐ Urladdat batteri (kapitel 5)
☐ Regulatorn har fastnat eller är skadad eller också behöver den smörjning (kapitel 11)
☐ Dörrens invändiga komponenter eller klädselpanel smutsar ner regulatorn (kapitel 11)
☐ Defekt motor (kapitel 11)

Fönsterglaset rör sig inte

☐ Trasig säkring (kapitel 12)
☐ Defekt relä (kapitel 12)
☐ Trasigt eller lossat kablage eller trasiga eller lossade anslutningar (kapitel 12)
☐ Defekt motor (kapitel 11)
☐ Defekt styrmodul (kapitel 11)

Centrallåssystemet fungerar inte eller också fungerar det dåligt

Hela systemet är ur funktion

☐ Fjärrkontrollens batteri, om tillämpligt, är urladdat
☐ Trasig säkring (kapitel 12)
☐ Defekt styrmodul (kapitel 12)
☐ Trasigt eller lossat kablage eller trasiga eller lossade anslutningar (kapitel 12)
☐ Defekt motor (kapitel 11)

Låskolven låses men låses inte upp eller låses upp men låses inte

☐ Fjärrkontrollens batteri, om tillämpligt, är urladdat
☐ Defekt huvudbrytare (kapitel 12)
☐ Skadade eller lossade manöverstänger eller manöverarmar till låskolven (kapitel 11)
☐ Defekt styrmodul (kapitel 12)
☐ Defekt motor (kapitel 11)

En solenoid/motor fungerar inte

☐ Trasigt eller lossat kablage eller trasiga eller lossade anslutningar (kapitel 12)
☐ Enheten fungerar dåligt (kapitel 11)
☐ Skadade, kärvande eller lossade manöverstänger eller manöverarmar till låskolven (kapitel 11)
☐ Fel på dörrens låskolv (kapitel 11)

A

ABS (Anti-lock brake system) Låsningsfria bromsar. Ett system, vanligen elektroniskt styrt, som känner av påbörjande låsning av hjul vid inbromsning och lättar på hydraultrycket på hjul som ska till att låsa.

Air bag (krockkudde) En uppblåsbar kudde dold i ratten (på förarsidan) eller instrumentbrädan eller handskfacket (på passagerarsidan) Vid kollision blåses kuddarna upp vilket hindrar att förare och framsätespassagerare kastas in i ratt eller vindruta.

Ampere (A) En måttenhet för elektrisk ström. 1 A är den ström som produceras av 1 volt gående genom ett motstånd om 1 ohm.

Anaerobisk tätning En massa som används som gänglås. Anaerobisk innebär att den inte kräver syre för att fungera.

Antikärvningsmedel En pasta som minskar risk för kärvning i infästningar som utsätts för höga temperaturer, som t.ex. skruvar och muttrar till avgasrenrör. Kallas även gängskydd.

Antikärvningsmedel

Asbest Ett naturligt fibröst material med stor värmetolerans som vanligen används i bromsbelägg. Asbest är en hälsorisk och damm som alstras i bromsar ska aldrig inandas eller sväljas.

Avgasrenrör En del med flera passager genom vilka avgaserna lämnar förbränningskamrarna och går in i avgasröret.

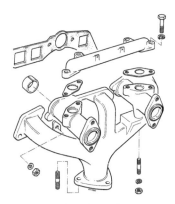

Avgasgrenrör

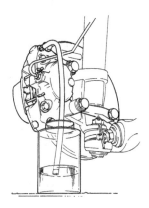

Avluftning av bromsarna

Avluftning av bromsar Avlägsnande av luft från hydrauliskt bromssystem.

Avluftningsnippel En ventil på ett bromsok, hydraulcylinder eller annan hydraulisk del som öppnas för att tappa ur luften i systemet.

Axel En stång som ett hjul roterar på, eller som roterar inuti ett hjul. Även en massiv balk som håller samman två hjul i bilens ena ände. En axel som även överför kraft till hjul kallas drivaxel.

Axialspel Rörelse i längdled mellan två delar. För vevaxeln är det den distans den kan röra sig framåt och bakåt i motorblocket.

B

Belastningskänslig fördelningsventil En styrventil i bromshydrauliken som fördelar bromseffekten, med hänsyn till bakaxelbelastningen.

Bladmått Ett tunt blad av härdat stål, slipat till exakt tjocklek, som används till att mäta spel mellan delar.

Bladmått

Bromsback Halvmåneformad hållare med fastsatt bromsbelägg som tvingar ut beläggen i kontakt med den roterande bromstrumman under inbromsning.

Bromsbelägg Det friktionsmaterial som kommer i kontakt med bromsskiva eller bromstrumma för att minska bilens hastighet. Beläggen är limmade eller nitade på bromsklossar eller bromsbackar.

Bromsklossar Utbytbara friktionsklossar som nyper i bromsskivan när pedalen trycks ned. Bromsklossar består av bromsbelägg som limmats eller nitats på en styv bottenplatta.

Bromsok Den icke roterande delen av en skivbromsanordning. Det grenslar skivan och håller bromsklossarna. Oket innehåller även de hydrauliska delar som tvingar klossarna att nypa skivan när pedalen trycks ned.

Bromsskiva Den del i en skivbromsanordning som roterar med hjulet.

Bromstrumma Den del i en trumbromsanordning som roterar med hjulet.

C

Caster I samband med hjulinställning, lutningen framåt eller bakåt av styrningens axialled. Caster är positiv när styrningens axialled lutar bakåt i överkanten.

CV-knut En typ av universalknut som upphäver vibrationer orsakade av att drivkraft förmedlas genom en vinkel.

D

Diagnostikkod Kodsiffror som kan tas fram genom att gå till diagnosläget i motorstyrningens centralenhet. Koden kan användas till att bestämma i vilken del av systemet en felfunktion kan förekomma.

Draghammare Ett speciellt verktyg som skruvas in i eller på annat sätt fästes vid en del som ska dras ut, exempelvis en axel. Ett tungt glidande handtag dras utmed verktygsaxeln mot ett stopp i änden vilket rycker avsedd del fri.

Drivaxel En roterande axel på endera sidan differentialen som ger kraft från slutväxeln till drivhjulen. Även varje axel som används att överföra rörelse.

Drivrem(mar) Rem(mar) som används till att driva tillbehörsutrustning som generator, vattenpump, servostyrning, luftkonditioneringskompressor mm, från vevaxelns remskiva.

Drivremmar till extrautrustning

Dubbla överliggande kamaxlar (DOHC) En motor försedd med två överliggande kamaxlar, vanligen en för insugsventilerna och en för avgasventilerna.

E

EGR-ventil Avgasåtercirkulationsventil. En ventil som för in avgaser i insugsluften.

Elektrodavstånd Den distans en gnista har att överbrygga från centrumelektroden till sidoelektroden i ett tändstift.

Justering av elektrodavståndet

Elektronisk bränsleinsprutning (EFI) Ett datorstyrt system som fördelar bränsle till förbränningskamrarna via insprutare i varje insugsport i motorn.

Elektronisk styrenhet En dator som exempelvis styr tändning, bränsleinsprutning eller låsningsfria bromsar.

F

Finjustering En process där noggranna justeringar och byten av delar optimerar en motors prestanda.

Fjäderben Se MacPherson-ben.

Fläktkoppling En viskös drivkoppling som medger variabel kylarfläkthastighet i förhållande till motorhastigheten.

Frostplugg En skiv- eller koppformad metallbricka som monterats i ett hål i en gjutning där kärnan avlägsnats.

Frostskydd Ett ämne, vanligen etylenglykol, som blandas med vatten och fylls i bilens kylsystem för att förhindra att kylvätskan fryser vintertid. Frostskyddet innehåller även kemikalier som förhindrar korrosion och rost och andra avlagringar som skulle kunna blockera kylare och kylkanaler och därmed minska effektiviteten.

Fördelningsventil En hydraulisk styrventil som begränsar trycket till bakbromsarna vid panikbromsning så att hjulen inte låser sig.

Förgasare En enhet som blandar bränsle med luft till korrekta proportioner för önskad effekt från en gnistantänd förbränningsmotor.

G

Generator En del i det elektriska systemet som förvandlar mekanisk energi från drivremmen till elektrisk energi som laddar batteriet, som i sin tur driver startsystem, tändning och elektrisk utrustning.

Glidlager Den krökta ytan på en axel eller i ett lopp, eller den del monterad i endera, som medger rörelse mellan dem med ett minimum av slitage och friktion.

Gängskydd Ett täckmedel som minskar risken för gängskärning i bultförband som utsätts för stor hetta, exempelvis grenrörets bultar och muttrar. Kallas även antikärvningsmedel.

H

Handbroms Ett bromssystem som är oberoende av huvudbromsarnas hydraulikkrets. Kan användas till att stoppa bilen om huvudbromsarna slås ut, eller till att hålla bilen stilla utan att bromspedalen trycks ned. Den består vanligen av en spak som aktiverar främre eller bakre bromsar mekaniskt via vajrar och länkar. Kallas även parkeringsbroms.

Harmonibalanserare En enhet avsedd att minska fjädring eller vridande vibrationer i vevaxeln. Kan vara integrerad i vevaxelns remskiva. Även kallad vibrationsdämpare.

Hjälpstart Start av motorn på en bil med urladdat eller svagt batteri genom koppling av startkablar mellan det svaga batteriet och ett laddat hjälpbatteri.

Honare Ett slipverktyg för korrigering av smärre ojämnheter eller diameterskillnader i ett cylinderlopp.

Hydraulisk ventiltryckare En mekanism som använder hydrauliskt tryck från motorns smörjsystem till att upprätthålla noll ventilspel (konstant kontakt med både kamlob och ventilskaft). Justeras automatiskt för variation i ventilskaftslängder. Minskar även ventiljudet.

I

Insexnyckel En sexkantig nyckel som passar i ett försänkt sexkantigt hål.

Insugsrör Rör eller kåpa med kanaler genom vilka bränsle/luftblandningen leds till insugsportarna.

K

Kamaxel En roterande axel på vilken en serie lober trycker ned ventilerna. En kamaxel kan drivas med drev, kedja eller tandrem med kugghjul.

Kamkedja En kedja som driver kamaxeln.

Kamrem En tandrem som driver kamaxeln. Allvarliga motorskador kan uppstå om kamremmen brister vid körning.

Kanister En behållare i avdunstningsbegränsningen, innehåller aktivt kol för att fånga upp bensinångor från bränslesystemet.

Kanister

Kardanaxel Ett långt rör med universalknutar i bägge ändar som överför kraft från växellådan till differentialen på bilar med motorn fram och drivande bakhjul.

Kast Hur mycket ett hjul eller drev slår i sidled vid rotering. Det spel en axel roterar med. Orundhet i en roterande del.

Katalysator En ljuddämparliknande enhet i avgassystemet som omvandlar vissa föroreningar till mindre hälsovådliga substanser.

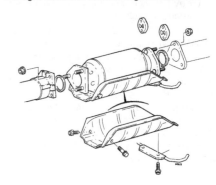

Katalysator

Kompression Minskning i volym och ökning av tryck och värme hos en gas, orsakas av att den kläms in i ett mindre utrymme.

Kompressionsförhållande Skillnaden i cylinderns volymer mellan kolvens ändlägen.

Kopplingsschema En ritning över komponenter och ledningar i ett fordons elsystem som använder standardiserade symboler.

Krockkudde (Airbag) En uppblåsbar kudde dold i ratten (på förarsidan) eller instrumentbrädan eller handskfacket (på passagerarsidan) Vid kollision blåses kuddarna upp vilket hindrar att förare och framsätespassagerare kastas in i ratt eller vindruta.

Krokodilklämma Ett långkäftat fjäderbelastat clips med ingreppande tänder som används till tillfälliga elektriska kopplingar.

Kronmutter En mutter som vagt liknar kreneleringen på en slottsmur. Används tillsammans med saxsprint för att låsa bultförband extra väl.

Krysskruv Se Phillips-skruv

Kronmutter

Kugghjul Ett hjul med tänder eller utskott på omkretsen, formade för att greppa in i en kedja eller rem.

Kuggstångsstyrning Ett styrsystem där en pinjong i rattstångens ände går i ingrepp med en kuggstång. När ratten vrids, vrids även pinjongen vilket flyttar kuggstången till höger eller vänster. Denna rörelse överförs via styrstagen till hjulets styrleder.

Kullager Ett friktionsmotverkande lager som består av härdade inner- och ytterbanor och har härdade stålkulor mellan banorna.

Kylare En värmeväxlare som använder flytande kylmedium, kylt av fartvinden/fläkten till att minska temperaturen på kylvätskan i en förbränningsmotors kylsystem.

Kylmedia Varje substans som används till värmeöverföring i en anläggning för luftkonditionering. R-12 har länge varit det huvudsakliga kylmediet men tillverkare har nyligen börjat använda R-134a, en CFC-fri substans som anses vara mindre skadlig för ozonet i den övre atmosfären.

L

Lager Den böjda ytan på en axel eller i ett lopp, eller den del som monterad i någon av dessa tillåter rörelse mellan dem med minimal slitage och friktion.

Lager

Lambdasond En enhet i motorns grenrör som känner av syrehalten i avgaserna och omvandlar denna information till elektricitet som bär information till styrelektroniken. Även kalla syresensor.

Luftfilter Filtret i luftrenaren, vanligen tillverkat av veckat papper. Kräver byte med regelbundna intervaller.

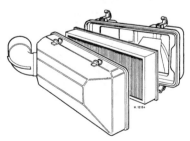

Luftfilter

Luftrenare En kåpa av plast eller metall, innehållande ett filter som tar undan damm och smuts från luft som sugs in i motorn.

Låsbricka En typ av bricka konstruerad för att förhindra att en ansluten mutter lossnar.

Låsmutter En mutter som låser en justermutter, eller annan gängad del, på plats. Exempelvis används låsmutter till att hålla justermuttern på vipparmen i läge.

Låsring Ett ringformat clips som förhindrar längsgående rörelser av cylindriska delar och axlar. En invändig låsring monteras i en skåra i ett hölje, en yttre låsring monteras i en utvändig skåra på en cylindrisk del som exempelvis en axel eller tapp.

M

MacPherson-ben Ett system för framhjulsfjädring uppfunnet av Earle MacPherson vid Ford i England. I sin ursprungliga version skapas den nedre bärarmen av en enkel lateral länk till krängningshämmaren. Ett fjäderben - en integrerad spiralfjäder och stötdämpare - finns monterad mellan karossen och styrknogen. Många moderna MacPherson-ben använder en vanlig nedre A-arm och inte krängningshämmaren som nedre fäste.

Markör En remsa med en andra färg i en ledningsisolering för att skilja ledningar åt.

Motor med överliggande kamaxel (OHC) En motor där kamaxeln finns i topplocket.

Motorstyrning Ett datorstyrt system som integrerat styr bränsle och tändning.

Multimätare Ett elektriskt testinstrument som mäter spänning, strömstyrka och motstånd.

Mätare En instrumentpanelvisare som används till att ange motortillstånd. En mätare med en rörlig pekare på en tavla eller skala är analog. En mätare som visar siffror är digital.

N

NOx Kväveoxider. En vanlig giftig förorening utsläppt av förbränningsmotorer vid högre temperaturer.

O

O-ring En typ av tätningsring gjord av ett speciellt gummiliknande material. O-ringen fungerar så att den trycks ihop i en skåra och därmed utgör tätningen.

O-ring

Ohm Enhet för elektriskt motstånd. 1 volt genom ett motstånd av 1 ohm ger en strömstyrka om 1 ampere.

Ohmmätare Ett instrument för uppmätning av elektriskt motstånd.

P

Packning Mjukt material - vanligen kork, papp, asbest eller mjuk metall - som monteras mellan två metallytor för att erhålla god tätning. Exempelvis tätar topplockspackningen fogen mellan motorblocket och topplocket.

Packning

Phillips-skruv En typ av skruv med ett korsspår, istället för ett rakt, för motsvarande skruvmejsel. Vanligen kallad krysskruv.

Plastigage En tunn plasttråd, tillgänglig i olika storlekar, som används till att mäta toleranser. Exempelvis så läggs en remsa Plastigage tvärs över en lagertapp. Delarna sätts ihop och tas isär. Bredden på den klämda remsan anger spelrummet mellan lager och tapp.

Plastigage

R

Rotor I en fördelare, den roterande enhet inuti fördelardosan som kopplar samman centrumelektroden med de yttre kontakterna vartefter den roterar, så att högspänningen från tändspolens sekundärlindning leds till rätt tändstift. Även den del av generatorn som roterar inuti statorn. Även de roterande delarna av ett turboaggregat, inkluderande kompressorhjulet, axeln och turbinhjulet.

S

Sealed-beam strålkastare En äldre typ av strålkastare som integrerar reflektor, lins och glödtrådar till en hermetiskt försluten enhet. När glödtråden går av eller linsen spricker byts hela enheten.

Shims Tunn distansbricka, vanligen använd till att justera inbördes lägen mellan två delar. Exempelvis sticks shims in i eller under ventiltryckarhylsor för att justera ventilspelet. Spelet justeras genom byte till shims av annan tjocklek.

Skivbroms En bromskonstruktion med en roterande skiva som kläms mellan bromsklossar. Den friktion som uppstår omvandlar bilens rörelseenergi till värme.

Skjutmått Ett precisionsmätinstrument som mäter inre och yttre dimensioner. Inte riktigt lika exakt som en mikrometer men lättare att använda.

Smältsäkring Ett kretsskydd som består av en ledare omgiven av värmetålig isolering. Ledaren är tunnare än den ledning den skyddar och är därmed den svagaste länken i kretsen. Till skillnad från en bränd säkring måste vanligen en smältsäkring skäras bort från ledningen vid byte.

Spel Den sträcka en del färdas innan något inträffar. "Luften" i ett länksystem eller ett montage mellan första ansatsen av kraft och verklig rörelse. Exempel, den sträcka bromspedalen färdas innan kolvarna i huvudcylindern rör på sig. Även utrymmet mellan två delar, exempelvis kolv och cylinderlopp.

Spiralfjäder En spiral av elastiskt stål som förekommer i olika storlekar på många platser i en bil, bland annat i fjädringen och ventilerna i topplocket.

Startspärr På bilar med automatväxellåda förhindrar denna kontakt att motorn startas annat än om växelväljaren är i N eller P.

Storändslager Lagret i den ände av vevstaken som är kopplad till vevaxeln.

Svetsning Olika processer som används för att sammanfoga metallföremål genom att hetta upp dem till smältning och sammanföra dem.

Svänghjul Ett tungt roterande hjul vars energi tas upp och sparas via moment. På bilar finns svänghjulet monterat på vevaxeln för att utjämna kraftpulserna från arbetstakterna.

Syresensor En enhet i motorns grenrör som känner av syrehalten i avgaserna och omvandlar denna information till elektricitet som bär information till styrelektroniken. Även kalla Lambdasond.

Säkring En elektrisk enhet som skyddar en krets mot överbelastning. En typisk säkring innehåller en mjuk metallbit kalibrerad att smälta vid en förbestämd strömstyrka, angiven i ampere, och därmed bryta kretsen.

T

Termostat En värmestyrd ventil som reglerar kylvätskans flöde mellan blocket och kylaren vilket håller motorn vid optimal arbetstemperatur. En termostat används även i vissa luftrenare där temperaturen är reglerad.

Toe-in Den distans som framhjulens framkanter är närmare varandra än bak-kanterna. På bakhjulsdrivna bilar specificeras vanligen ett litet toe-in för att hålla framhjulen parallella på vägen, genom att motverka de krafter som annars tenderar att vilja dra isär framhjulen.

Toe-ut Den distans som framhjulens bakkanter är närmare varandra än framkanterna. På bilar med framhjulsdrift specificeras vanligen ett litet toe-ut.

Toppventilsmotor (OHV) En motortyp där ventilerna finns i topplocket medan kamaxeln finns i motorblocket.

Torpedplåten Den isolerade avbalkningen mellan motorn och passagerarutrymmet.

Trumbroms En bromsanordning där en trumformad metallcylinder monteras inuti ett hjul. När bromspedalen trycks ned pressas böjda bromsbackar försedda med bromsbelägg mot trummans insida så att bilen saktar in eller stannar.

Trumbroms, montage

Turboaggregat En roterande enhet, driven av avgastrycket, som komprimerar insugsluften. Används vanligen till att öka motoreffekten från en given cylindervolym, men kan även primäranvändas till att minska avgasutsläpp.

Tändföljd Turordning i vilken cylindrarnas arbetstakter sker, börjar med nr 1.

Tändläge Det ögonblick då tändstiftet ger gnista. Anges vanligen som antalet vevaxelgrader för kolvens övre dödpunkt.

Tätningsmassa Vätska eller pasta som används att täta fogar. Används ibland tillsammans med en packning.

U

Universalknut En koppling med dubbla pivåer som överför kraft från en drivande till en driven axel genom en vinkel. En universalknut består av två Y-formade ok och en korsformig del kallad spindeln.

Urtrampningslager Det lager i kopplingen som flyttas inåt till frigöringsarmen när kopplingspedalen trycks ned för frikoppling.

V

Ventil En enhet som startar, stoppar eller styr ett flöde av vätska, gas, vakuum eller löst material via en rörlig del som öppnas, stängs eller delvis maskerar en eller flera portar eller kanaler. En ventil är även den rörliga delen av en sådan anordning.

Ventilspel Spelet mellan ventilskaftets övre ände och ventiltryckaren. Spelet mäts med stängd ventil.

Ventiltryckare En cylindrisk del som överför rörelsen från kammen till ventilskaftet, antingen direkt eller via stötstång och vipparm. Även kallad kamsläpa eller kamföljare.

Vevaxel Den roterande axel som går längs med vevhuset och är försedd med utstickande vevtappar på vilka vevstakarna är monterade.

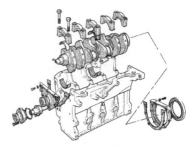

Vevaxel, montage

Vevhus Den nedre delen av ett motorblock där vevaxeln roterar.

Vibrationsdämpare En enhet som är avsedd att minska fjädring eller vridande vibrationer i vevaxeln. Enheten kan vara integrerad i vevaxelns remskiva. Kallas även harmonibalanserare.

Vipparm En arm som gungar på en axel eller tapp. I en toppventilsmotor överför vipparmen stötstångens uppåtgående rörelse till en nedåtgående rörelse som öppnar ventilen.

Viskositet Tjockleken av en vätska eller dess flödesmotstånd.

Volt Enhet för elektrisk spänning i en krets 1 volt genom ett motstånd av 1 ohm ger en strömstyrka om 1 ampere.

Observera: Hänvisningarna i sakregistret är i formen "Kapitelnummer" • "Sidnummer".

Observera: *Hänvisningarna i sakregistret är i formen "Kapitelnummer" • "Sidnummer".*

Observera: *Hänvisningarna i sakregistret är i formen "Kapitelnummer" • "Sidnummer".*

Observera: *Hänvisningarna i sakregistret är i formen "Kapitelnummer" • "Sidnummer".*